总第88集

U1076539

行政执法与行政审判

中华人民共和国最高人民法院
行政审判庭 编

中国法制出版社
CHINA LEGAL PUBLISHING HOUSE

目　　录

权威观点

四级法院审级职能定位改革中行政审判工作的若干问题

于厚森　梁凤云　李小梅

为推动完善我国诉讼制度，明确四级法院审级职能定位，加强审级制约监督体系建设，优化司法资源配置，保障法律正确统一适用，2021 年 5 月，中央全面深化改革委员会审议通过《关于完善四级法院审级职能定位的改革方案》，8 月 20 日，第十三届全国人民代表大会常务委员会第三十次会议通过《关于授权最高人民法院组织开展四级法院审级职能定位改革试点工作的决定》，授权最高人民法院在本院和北京等十二个省（直辖市）的人民法院组织开展四级法院审级职能定位改革试点。9 月 16 日，最高人民法院第 1846 次审判委员会讨论通过《关于完善四级法院审级职能定位改革试点的实施办法》（以下简称《实施办法》）。四级法院审级职能定位改革，与行政审判工作关系密切，对行政审判工作很多方面进行了调整。为优化四级法院审级职能定位，确保法律正确统一适用，充分发挥审级制度诉讼分流、有效监督、资源配置的功能，最高人民法院于 2021 年 3 月公布了《最高人民法院关于正确确定县级以上地方人民政府行政诉讼被告资格若干问题的规定》（法释〔2021〕5 号，以下简称《被告资格规定》）、《最高人民法院关于办理行政申请再审案件若干问题的规定》（法释〔2021〕6 号，以下简称《行政申请再审规定》），并于 4 月 1 日开始施行，对有关改革进行了积极探索。本文结合这两个司法解释的实施情况，通过相关问题的研究，对四级法院审级职能定位改革中行政审判工作的若干重要问题进行一些分析阐明。

一、关于行政审判工作中推进四级法院审级职能定位改革的重要意义

完善四级法院审级职能定位改革是党中央部署的重要改革任务，对于更好构建公正高效权威的中国特色社会主义司法制度，具有重大而深远的战略意义。开展四级法院审级职能定位改革，是坚持习近平新时代中国特色社会主义思想，深入贯彻习近平法治思想的重要举措，是落实习近平总书记“深化诉讼制度改革，推进案件繁简分流、轻重分离、快慢分道”重要指示精神，践行以人民为中心的发展思想，创新发展新时代“枫桥经验”的生动实践。

第一，坚持以人民为中心，实现绝大多数争议在两审之内实质性解决，提升人民群众的获得感。通过四级法院审级职能定位改革，优化诉讼程序、畅通救济途径，将审理难度低、受地方因素影响小、适宜当地解决的案件放在中级、基层人民法院审理，将涉及重大国家利益、社会公共利益，存在严重外部干预或“诉讼主客场”现象的案件由较高层级人民法院审理，进一步实现人民法院审级设置与人民群众司法需求精准匹配。

第二，通过案件繁简分流、轻重分离、快慢分道，完善不同层级人民法院资源配置。目前的行政审判格局，尚未实现梯次过滤、层级相适的分布，各级人民法院审理模式呈现高度“同质化”，一定程度上影响了较高层级法院对下监督指导职能的发挥。本次四级法院审级职能定位改革，通过调整级别管辖标准、完善案件提级管辖机制和再审申请制度，推动各类纠纷分层解决，实现四级法院各尽其能。

第三，将统一法律适用机制融入审级监督指导全过程，切实维护国家法制统一权威。最高人民法院也是四级法院审级职能改革试点单位之一，本次改革通过优化调整向最高人民法院申请再审的案件范围，可以充分发挥其在法制统一、监督指导、政策制定和社会治理方面的优势。借助将最高人民法院的裁判直接转化为指导性案例等机制，有利于建立稳定、可预期、尺度统一的法律适用，从而更好地构建公正高效权威的中国特色社会主义司法制度。

二、四级法院审级职能定位改革中行政审判工作需要注意的问题

根据《实施办法》的规定，为深化诉讼制度改革，本次改革明确了四级

法院不同的职能定位，即基层人民法院重在准确查明事实、实质化解纠纷；中级人民法院重在二审有效终审、精准定分止争；高级人民法院重在再审依法纠错、统一裁判尺度；最高人民法院监督指导全国审判工作、确保法律正确统一适用。根据《实施办法》的规定，最高人民法院在本院和北京、天津、辽宁、上海、江苏、浙江、山东、河南、广东、重庆、四川、陕西十二个省、直辖市开展为期两年的试点，试点期间调整《行政诉讼法》第十五条、第九十条的适用。下一步，在审判工作中，通过调整四级法院的案件结构、运行机制等，全面优化上下级人民法院审判监督指导关系。

（一）关于行政案件级别管辖问题

根据《行政诉讼法》第十五条第一项的规定，对县级以上地方人民政府所作的行政行为提起诉讼的第一审行政案件，由中级人民法院管辖。而在实践中，部分以县级以上地方人民政府为被告的行政案件，基本不存在地方干预，审理难度也不大，从方便当事人诉讼、有利于实质性化解纠纷的角度来说，更适宜由基层人民法院管辖。因此，《实施办法》第二条明确下列以县级、地市级人民政府为被告的第一审行政案件，由基层人民法院管辖：政府信息公开案件；不履行法定职责的案件；行政复议机关不予受理或者程序性驳回复议申请的案件；土地、山林等自然资源权属争议行政裁决案件。需要注意的是，这一条仅适用于改革试点的十二个省、直辖市的基层人民法院。同时，根据《行政诉讼法》第十八条第二款的规定，经最高人民法院批准，高级人民法院可以根据审判工作的实际情况，确定若干人民法院跨行政区域管辖行政案件。因此，根据最高人民法院的批复，已在试点省份实行跨行政区划管辖的法院，如铁路运输法院等，可以适用《实施办法》第二条的规定，集中管辖该条所列四类行政案件。

此外，我们认为，在实施过程中，如果当事人针对集体土地征收、国有土地上房屋征收补偿等事宜，以县级、地市级人民政府为被告，提起不履行法定职责之诉的第一审行政案件，因其对当事人合法权益可能造成较大影响，所以仍应由中级人民法院管辖，确保案件能够得到公正审判。如果《实施办法》第二条规定的四类案件还存在一些不适宜由基层人民法院管辖情形的，可由基层人民法院按照《实施办法》第四条第一款第五项的规定，报请上一级人民法院管辖。另外，为了防止变相抬高管辖法院的级别，受理诉讼的人民法院要结合《被告资格规定》，以“谁行为、谁被告”为原则确定适格被告，既充分保护当事人合法权益，又不人为提级管辖。公民、法人或者其他组织以县级、地市级人民政府为被告提起诉讼，中级人民法院经过审查认为不属于其管辖的，应当按照《实施办法》第三条的规定，告知当事人向有管辖权的基层人民法院提起诉讼。当事人坚持起诉的，可以将案件直接移送到有管辖权的基层人民法院。

（二）关于行政案件提级管辖问题

根据《行政诉讼法》第二十四条的规定，上级人民法院有权审理下级人民法院管辖的第一审行政案件。下级人民法院对其管辖的第一审行政案件，认为需要由上级人民法院审理或者指定管辖的，可以报请上级人民法院决定。这是实现行政案件提级管辖的法律依据和重要渠道。实践中，受制于行政机关的级别等因素，一些具有规则意义或者可能存在“诉讼主客场”现象的案件，难以进入较高层级法院审理范围。因此，改革过程中，一方面要强调推动审判重心下移，另一方面要完善具有普遍法律适用指导意义的案件提级管辖机制，这样才能最终实现四级法院审级职能改革的目的。

1. 下级人民法院报请上一级人民法院审理的问题

根据《实施办法》第四条第一款、第五条第一款的规定，基层人民法院和中级人民法院对其管辖的第一审案件，均可以报请上一级人民法院审理。对于可以报请上一级人民法院审理的案件情形，基层人民法院和中级人民法院均可适用的有三种：具有普遍法律适用指导意义的；上一级人民法院或者其辖区内各基层（中级）人民法院之间近三年裁判生效的同类案件存在重大法律适用分歧，截至案件审理时仍未解决的；由中级（高级）人民法院一审更有利于公正审理的。根据《实施办法》第六条的规定，具有普遍法律适用指导意义的案件，是指法律、司法解释规定不明确或者司法解释没有规定，需要通过司法裁判进一步明确法律适用的案件。同类案件存在重大法律适用分歧是指人民法院在对相同类型案件作出裁判时，未能就法律适用和案件处理达成一致意见，从而造成“同案不同判”的结果。在审判工作中统一法律适用标准，是人民法院依法独立公正行使审判权的基本职责，是维护国家法制统一尊严权威的重要保证，也是提升司法质量和公信力的必然要求。为了正确行使审判权，依法保护当事人合法权益，维护社会公平正义，当中

（基）层人民法院审理的第一审行政案件存在同类案件有重大法律适用分歧时，可以提请上一级人民法院审理。此外，对基层人民法院报请中级人民法院审理的案件情形，还有两种特殊情形的规定，即第四条第一款第一项、第二项，主要是指涉及重大国家利益、社会公共利益，不宜由基层人民法院审理的；以及在辖区内属于新类型，且案情疑难复杂的案件。

2. 上一级人民法院提级管辖的问题

根据《实施办法》第四条第二款、第五条第二款的规定，中级人民法院和高级人民法院对辖区基层（中级）人民法院受理的一审案件，认为有必要由本院审理的，应当决定提级管辖。对于提级管辖的案件情形，中级人民法院和高级人民法院均可适用的有三种情形：具有普遍法律适用指导意义的；其辖区内各基层（中级）人民法院之间近三年裁判生效的同类案件存在重大法律适用分歧，截至案件审理时仍未解决的；由中级（高级）人民法院一审更有利于公正审理的。此外，对中级人民法院提级管辖的案件情形还有两种特殊情形的规定，即第四条第一款第一项、第二项，主要是指涉及重大国家利益、社会公共利益，不宜由基层人民法院审理的；以及在辖区内属于新类型，且案情疑难复杂的案件。

3. 相关程序规定

在下级人民法院报请上一级人民法院管辖、上一级人民法院提级管辖规定实施过程中，需要注意的是，前述完善提级管辖的规定适用于全国，而不局限于十二个试点省份。

根据《实施办法》第七条、第八条第一款规定，案件报请上一级人民法院审理的，应当经原受理诉讼的下级人民法院院长批准后，于案件法定审理期限届满三十日前通过提交请示的方式进行报送。如果相关案件还涉及法律统一适用问题的，还应当经本院审判委员会讨论决定。在具体操作上，对行政案件的提级管辖，应当由下级人民法院将案件报送到上一级人民法院立案庭，由立案庭登记后，转交行政庭进行审查。行政庭须在十五日内作出同意提级管辖的行政裁定，或者不同意提级管辖的批复。原受理诉讼的下级人民法院收到上一级人民法院同意提级管辖的行政裁定后，应当在十日内将案卷材料进行移送，并书面通知当事人。对检察机关根据《行政诉讼法》第二十五条第四款规定提起的诉讼，应当书面通知检察机关。原受理诉讼的下级人民法院收到上一级人民法院不同意提级管辖的批复后，应当继续对案件进行审理。根据《实施办法》第八条第二款的规定，中级（高级）人民法院决定提级管辖的，应当报高级（最高）人民法院立案庭备案。

目前，案件提级管辖机制仍然属于人民法院内部启动的程序，提级管辖也主要依托下级人民法院报送请示的形式实现。下一步，在条件成熟时，也可以探索建立当事人申请提级管辖机制。要注意的是，这种机制的探索建立既要发挥当事人的监督作用，又要防止滥用此权利，变相提高审级。

（三）关于向最高人民法院申请再审的程序问题

根据《行政诉讼法》第九十条的规定，当事人对已经发生法律效力的判决、裁定，认为确有错误的，可以向上一级人民法院申请再审，但判决、裁定不停止执行。根据该规定，当事人申请再审的是“上提一级”提出。因此，最高人民法院自 2015 年 5 月 1 日后受理的行政申请再审案件长期处于高位运行态势，一定程度上影响了监督指导全国审判工作、确保法律正确统一适用职能的发挥。为了凸显最高人民法院作为最高审判机关的地位，适当区分向高级人民法院申请再审和向最高人民法院申请再审的标准和程序，根据《关于完善四级法院审级职能定位的改革方案》的意见和《关于授权最高人民法院组织开展四级法院审级职能定位改革试点工作的决定》，《实施办法》作出了当事人不服高级人民法院生效裁判，应当向原审高级人民法院提出再审申请的原则性规定。只有符合《实施办法》第十一条第一款两种情形之一的，当事人才可以向最高人民法院申请再审。

1. 适用范围

第一，最高人民法院作为本次四级法院审级职能改革的试点法院，上述试点内容的规定适用于最高人民法院所有再审申请案件。即所有向最高人民法院提出再审申请的当事人，均需遵守《实施办法》中这部分的规定，而不仅限于试点的十二个省份中的案件当事人。此外，当事人对中级、专门法院作出的生效行政判决、裁定，认为有错误的，仍应该根据《行政诉讼法》第九十条的规定，向高级人民法院申请再审。

第二，根据《实施办法》第十一条第一款的规定，符合下列情形之一的，可以向最高人民法院申请再审：（一）再审申请人对原判决、裁定认定的基本事实、主要证据和诉讼程序无异议，但认为适用法律有错误的；（二）原判决、裁定经高级人民法院审判委员会讨论决定的。根据上述规定，只有当事人仅对法律适用有异议的，才可以向最高人民法院申请再审。如果当事人不但对法律适用有异议，且对案件基本事实的认定、认定事实的主要证据采信以及原审诉讼程序等也有异议，则应当向原审高级人民法院提出再审申请。此外，对于经过高级人民法院审判委员会讨论决定的案件的再审申请，因不宜再由原审人民法院审查，当事人可以不受《实施办法》第十一条第一款的规定，就此类案件直接向最高人民法院提出再审申请。

2. 当事人向最高人民法院申请再审需要提交的材料

当事人向最高人民法院提出再审申请的，其提交的再审申请书除应载明必需的事项外，还需要根据《实施办法》第十二条的规定，包含以下内容：在再审申请书中声明对原判决、裁定认定的基本事实、认定事实的主要证据、适用的诉讼程序没有异议，同时载明案件所涉法律适用问题的争议焦点、生效裁判适用法律存在错误的论证理由和依据。据此，2021 年 10 月 1 日以后，当事人不服高级人民法院生效行政裁判向最高人民法院提出再审申请的，需在再审申请书中增加以下两个方面的内容：一是对原审行政裁判认定的基本事实、认定事实的主要证据、适用的诉讼程序三者“均”没有异议的声明；二是需要概括出案件所涉及的法律适用争议问题，以及原审行政裁判适用法律错误的论证理由和依据。当事人提交前述材料后，最高人民法院在之后进行的审查活动时，可以基于当事人的声明，仅就法律适用问题作出判断。

3. 最高人民法院职能部门间的分工

当事人向最高人民法院提出再审申请的，由最高人民法院立案庭或各巡回法庭诉讼服务中心对其提交的材料进行形式审核。如果其提交的材料不符合《实施办法》第十一条、第十二条第一款规定的，由最高人民法院立案庭或各巡回法庭诉讼服务中心对当事人给予指导和释明，一次性全面告知其在十日内予以补正相关材料。如果再审申请人无正当理由逾期未予补正的，应当按撤回申请处理。按照撤回申请处理的，不影响当事人在法定再审申请期限内继续行使再审申请权利。

经最高人民法院立案庭或各巡回法庭诉讼服务中心进行形式审核后，认为当事人提交的再审申请材料符合《实施办法》规定的形式要件的，应当将案件编立“行登”案号，并将相关材料转交最高人民法院行政庭或各巡回法庭行政审判团队进行审查。

4. 对当事人再审申请的审查和处理

第一，最高人民法院可以决定将再审申请案件交高级人民法院审查。《行政申请再审规定》《实施办法》均明确规定了最高人民法院交原审高级人民法院审查再审申请案件的具体情形，鉴于上述两个规范性文件都是最高人民法院进行行政申请再审案件审查的重要依据，二者相互补充、并行适用，所以，在具体的操作上，最高人民法院将行政申请再审案件交高级人民法院审查的情形应综合考虑上述两个规范性文件的内容，整合为以下五种情形：案件可能存在基本事实不清、诉讼程序违法、遗漏诉讼请求情形的（两个文件均规定）；原判决、裁定适用法律可能存在错误，但不具有法律适用指导意义的（《实施办法》规定）；再审申请人或者第三人人数众多的；由高级人民法院审查更适宜实质性化解行政争议的；最高人民法院认为可以由高级人民法院审查的其他情形（后三种情形由《行政申请再审规定》规定）。

在具体的程序上，根据《实施办法》第十三条的规定，决定交由高级人民法院审查的，最高人民法院应当自收到行政再审申请书之日起三十日内作出决定，并在决定作出十日内将决定书、再审申请书和相关材料送原审高级人民法院立案庭，并书面通知再审申请人。

第二，由最高人民法院对行政申请再审案件进行审查。最高人民法院经审查，认为所涉案件应当由本院受理的，应按照规定程序将案件编立“行申”案号后继续审查，并根据不同情况，作出以下审查处理决定。

一是由最高人民法院裁定提审。根据《实施办法》第十四条的规定，如果原生效的行政判决、裁定适用法律确有错误，且符合下列情形之一的，最高人民法院应当裁定提审：具有普遍法律适用指导意义的；最高人民法院或者不同高级人民法院之间近三年裁判生效的同类案件存在重大法律适用分歧，截至案件审理时仍未解决的；最高人民法院认为应当提审的其他情形。

二是由最高人民法院裁定提审或者指令再审。根据《行政申请再审规定》第二条的规定，原生效的行政判决、裁定适用法律确有错误的下列行政申请再审案件，最高人民法院应当裁定再审：在全国具有普遍法律适用指导意义的案件；在全国范围内或者省、自治区、直辖市有重大影响的案件；跨省、自治区、直辖市的案件；重大涉外或者涉及香港特别行政区、澳门特别行政区、台湾地区的案件；涉及重大国家利益、社会公共利益的案件；经高级人民法院审判委员会讨论决定的案件；最高人民法院认为应当再审的其他案件。需要注意的是，该规定中的“裁定再审”包括最高人民法院提起再审和指令再审两种方式。我们认为，在《实施办法》发布以后，对于“具有普遍法律适用指导意义的”案件，最高人民法院只能裁定提审，而不能再指令再审。其余情形的案件，最高人民法院可以根据具体的情况作出提审或者指令高级人民法院再审的裁定。

三是由最高人民法院裁定驳回当事人再审申请。根据《行政申请再审规定》第四条的规定，已经发生法律效力的判决、裁定认定事实清楚，适用法律、法规正确，当事人主张的再审事由不成立的，最高人民法院可以迳行裁定驳回再审申请。据此，对于立“行申”案号的案件，最高人民法院可以依照《行政申请再审规定》附件3的文书范本迳行驳回再审申请，也可以对驳回再审申请的理由进行适当的阐述。

5.“适用法律确有错误”的判断

《行政申请再审规定》《实施办法》中均有原判决、裁定适用法律确有错误的规定。我们认为，对于哪些情形属于“法律适用确有错误”，可以参照《最高人民法院〈关于适用中华人民共和国民事诉讼法〉的解释》（法释〔2022〕11号）第三百八十八条关于“原判决、裁定适用法律确有错误”的规定。即有下列情形之一，导致判决、裁定结果错误的，应当认定原判决、裁定适用法律确有错误：（1）适用的法律与案件性质明显不符的；（2）确定民事责任明显违背当事人约定或者法律规定的；（3）适用已经失效或者尚未施行的法律的；（4）违反法律溯及力规定的；（5）违反法律适用规则的；（6）明显违背立法原意的。

（四）关于高级人民法院报请最高人民法院受理申请再审案件的程序问题

根据《实施办法》第十五条的规定，高级人民法院在申请再审案件的审查过程中，认为其受理的行政申请再审案件的原判决、裁定适用法律确有错误，且符合最高人民法院提审条件的，经本院审判委员会讨论决定后，可以报请最高人民法院审理。

我们认为，高级人民法院可以报请最高人民法院审理的行政案件需要符合三项条件，即高级人民法院经过审查认为，所涉案件“适用法律确有错误”，且符合《实施办法》第十四条规定的最高人民法院提审条件，此外，报送之前还需经过高级人民法院审判委员会讨论。

高级人民法院报送的行政案件来源包括以下三种：一是当事人不服高级人民法院辖区内中级或专门人民法院作出的生效行政裁判，依照《行政诉讼法》第九十条规定向高级人民法院申请再审的；二是当事人不服高级人民法院作出的生效行政裁判，根据《实施办法》第十一条规定向其申请再审的；三是最高人民法院交高级人民法院的申请再审案件。对于第三种来源，考虑到最高人民法院决定将案件交高级人民法院审查，只是对案件进行初步审核和判断之后作出的处理，不排除高级人民法院在审查过程中，又发现一些适宜由最高人民法院审理的情形。因此，如果此类案件经高级人民法院审判委员会讨论决定，可以报请最高人民法院审理。

根据《实施办法》第十五条第二款的规定，最高人民法院收到高级人民法院根据前款规定提出的请求后，认为有必要由本院审理的，作出提审的裁定。如果认为没有必要由本院审理的，作出不予提审的批复。

三、狠抓落实，确保行政审判各项改革工作取得实效

“明确四级法院审级职能定位”是中央全面深化改革委员会《关于政法领域全面深化改革的实施意见》部署的重要改革任务，本次试点改革创新力度大，通过同步调整四级法院的审级职能、案件结构及运行机制等，全面优化上下级人民法院审判监督指导关系。各级人民法院行政审判部门要从实际出发，聚焦具体问题，探索创新工作举措，确保试点中行政审判各项改革工作取得实效。在推进本次改革过程中，各级人民法院行政审判部门要及时总结可复制、可推广的经验。对于改革过程中发现的问题和困难，采取积极有效的措施加以解决，同时，向上级人民法院报告相关意见建议。

最高人民法院行政审判庭将继续加大对审级职能如何实现问题的研究和制度设计，确保工作更加聚焦到监督指导全国法院行政审判工作、正确统一适用法律上来。

（作者单位：最高人民法院）

行政协议专题

行政协议案件的司法审查

山东省高级人民法院行政庭

【摘要】行政协议是行政机关基于行政裁量权与行政相对人协商一致而达成的，是行政性和协议性的创造性结合，其虽因行政性有别于民事合同，却又因协商一致而与民事合同性质接近，其中约定的行政机关和行政相对人双方的权利义务必须得到遵守和履行，这也是行政法原理所体现的全面履行原则的应有之义。司法实践中，如何审理行政协议案件越来越成为行政审判的重点和难点，对此，人民法院可以从主旨判断、程序审查、实体审查、裁判应对四个层面确立行政协议案件的审理思路和裁判规则。在主旨判断层面，明确行政协议如何识别、行政协议与民事合同如何区分、行政协议的审查依据，是审理此类案件的首要问题。在程序审查层面，行政协议案件的焦点在是否属于行政诉讼受案范围、诉讼主体是否适格、如何固定和明确诉讼请求以及是否超过诉讼时限。在实体审查层面，人民法院需要从行政性和协议性两个维度对行政协议纠纷进行实体审查，行政性审查体现于审查订立及履行协议时是否具备相应职权、适用依据是否正确、是否遵守相应程序、行为是否明显不当，协议性审查集中于审查行政协议的效力及履行，即协议是否合法有效、是否依约履行、是否依法变更或解除。在裁判应对层面，对进入实体审查的行政协议案件，结合当事人的诉请，基于对行政协议效力、履行、变更、解除等问题的认定，进而确定相应的判决方式。

【关键词】行政协议　行政性　协议性　判决方式

行政协议既有一般合同协商性的特点，也具有行政法上权力性的特征，因此，如何有效平衡二者之间的关系，就成为审理行政协议案件的焦点所在。早在二十世纪初，德国出现行政协议的雏形，后德国在二十世纪三十年代承认了行政协议的合法性，在1976年制定行政程序法时，正式将行政协议纳入法制化轨道，明确规定了行政机关享有单方变更、解除协议的行政优益权，同时规定行政协议可以作为行政机关申请强制执行的依据，这些规定对于大陆法系国家行政协议的司法实践产生了广泛影响。在我国，2015年5月1日新修改的《行政诉讼法》首次将行政协议纳入行政诉讼受案范围，2019年11月12日实施的《最高人民法院关于审理行政协议案件若干问题的规定》（以下简称行政协议司法解释）进一步明确了行政协议案件的审理标准，但尚未形成系统、完备的审查体系。本文以近年来山东法院审理的行政协议案件为视角切入，从行政协议案件的主旨判断、程序审查、实体审查、裁判应对着手分析，以期构建行政协议案件的司法审查模型，从而为行政执法、行政诉讼、行政审判提供有益的探索。

一、行政协议案件的现状审视

经过检索统计，自2018年1月1日至2020年12月31日，山东法院共审理涉各类行政协议案件3154件。这些案件的整体特点为：从结案年度看，结案数呈逐年上升趋势，2018年为264件，2019年猛增为995件，2020年上升至1895件，同比增长90.45%。从地域分布看，涉案数最多的是淄博，共有685件；其次是菏泽，有625件；济南为271件，东营为187件，潍坊为183件，青岛为154件，德州为134件，滨州为133件，临沂为110件，济宁为108件，其他各地市涉案数均在100件以下，其中涉案数最少的为威海，共有15件。从行政协议类型看，3154件案件共涉及18种协议类型，其中涉案数量最多的是土地、房屋等征收征用补偿协议案件，共计1756件，占总数的56%；居第二位的是政府特许经营协议案件，有367件；另外还有国有土地使用权出让合同案件318件、政府与社会资本合作协议案件267件、招商项目投资协议案件139件以及其他类行政协议案件307件。

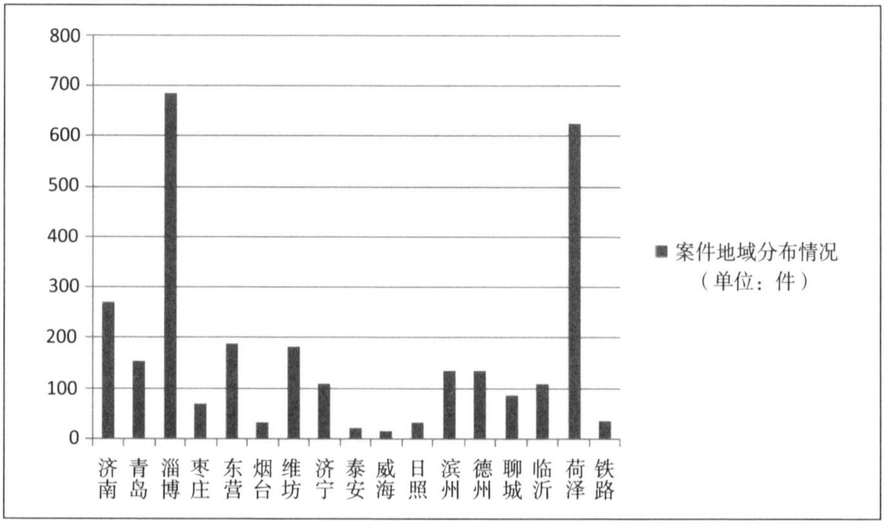

图 1：案件地域分布情况

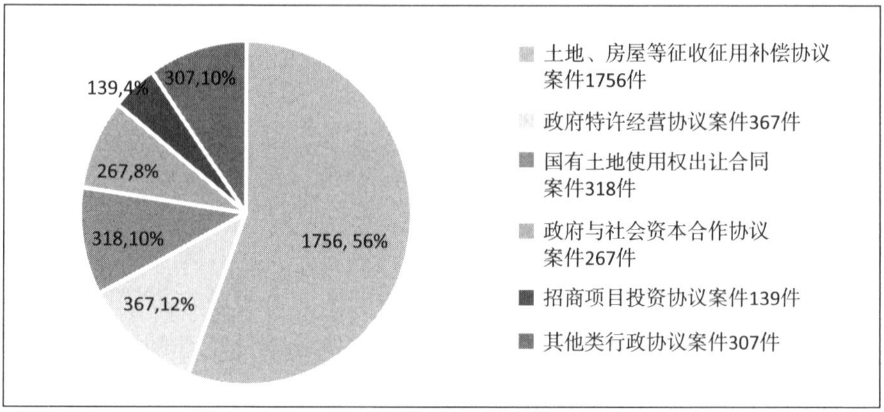

图 2：案件所涉类型情况

（一）价值呈现

从行政协议案件的审理来看，行政协议作为国家治理的一种方式，具有行政处罚、行政强制等干涉行政所不具有的诸多优点。审理相关行政协议案件，既要坚持维护当事人合法权益的原则，也要坚决维护国家和社会公共利益；既要维护契约自由，保护当事人的意思自治，也要坚持依法行政，加强合法性审查，以充分实现行政协议的目的，从而实现行政协议促进良法善治的制度价值。

对行政机关而言。首先，利用行政协议方式实施行政管理，更能够获得行政相对人的支持。通过行政协议方式，行政机关可以在公私合作的基础上，迅速实现行政管理目的，同时可以在传统干涉行政的方式无法实现行政管理目的时，通过行政协议方式解决相关问题。其次，以行政协议方式进行行政管理，有助于减少争议与冲突。在订立、履行行政协议的过程中，特别是在征地拆迁、招商引资、规划管理、社会救助等领域，行政相对人与行政机关有充分的沟通与交流，可以有效地减少行政机关与行政相对人的利益冲突，既避免了对抗，又彰显出文明有序，确保法律效果、社会效果和政治效果的统一。最后，行政协议方式能够有效地减少行政管理成本，提高行政管理效率。利用行政协议来实现行政管理目标，提供公共福利，可以帮助政府大幅度减轻自身的财政预算压力，同时可以充分利用私人部门的运营效率和竞争优势，提高公共部门的生产和技术效率，实现公共利益最大化。以协议方式拆除违章建筑为例，不但减少了行政机关与行政相对人之间的对抗、降低了强制拆除的执法成本，而且有利于迅速、平和地消除违法状态。这种方式一方面实现了对违法建筑的拆除，另一方面又可以保障当事人的合法财产权益，不失为传统管理手段的一种有效补充。

对人民法院而言。首先，有利于充分发挥行政审判职能，监督行政机关依法行政，确保国有资产保值增值。通过对行政协议的订立、变更、履行、解除等各个环节进行合法性审查，规范行政机关的行为，可以有效实现行政诉讼监督，规避民事诉讼不能审查公法行为的问题，更好地维护社会公共利益。其次，避免民事诉讼与行政诉讼对于行政协议案件审理的相互推诿，避免对于因行政协议产生的争议陷入是行政争议还是民事争议的争论，加重当事人的诉累，进而降低行政效率，浪费司法资源。最后，通过行政审判，可以更好地规范行政机关的履约行为，更好地平衡兼顾当事人之间的利益以及国家与社会公共利益。对于行政协议能够继续履行的，法院应判令行政机关守信践诺，只有在不能继续履行协议或者无法实现协议目的时，行政机关的解约行为才能得到法院支持；对于行政协议无效可能导致国家与社会公共利益受损的，法院可以责令行政机关采取补救措施；对于发生当事人签订协议时无法预见的重大变化，导致当事人履约显失公平的，可以判令变更协议内容；对于行政机关单方变更、解除行政协议的，要严格相关适用条件，确保行政机关的行为符合正当程序。[①]

（二）问题凸显

通过对上述行政协议案件的深入分析，可以发现法院在审理此类案件时，存在主旨判断（行政协议的识别）、合法性审查（程序审查+实体审查）及裁判作出标准不一致的问题。

第一，行政协议案件的主旨判断标准不一致。行政协议的主旨判断主要体现在行政协议的正确识别上，主旨判断不一致主要表现为：一是对行政协议如何构成认识不清。如在张某诉某街道办息诉罢访协议案中，街道办查处张某违法占地，强制拆除其违法建设，后张某不断信访，街道办与张某达成协议，约定向其支付相关费用，后该协议在履行过程中发生争议。法院认为，该协议不是街道办在法定职责范围内签订的，不属于行政协议。实际上，是否在法定职责范围内签订协议并非行政协议的构成标准，若严格按该标准审查会把部分行政协议排除在外。二是对行政协议与民事合同如何区分判断不清。如在某公司诉某区政府侵犯企业经营权及行政赔偿案中，区政府与某公司签订协议，约定团购房屋 200 套。法院认定区政府与某公司签订协议属于行政协议，并对该协议进行了实体审查。而事实上，区政府与某公司签订协议的目的是实现单位职工的购房需求，并非实现公共利益或者行政管理目标，故该协议应认定为平等主体之间签订的民事合同，而非行政行为。三是对行政协议的审理依据把握不清。如在李某诉某县政府房屋拆迁安置补偿协议案中，某公司与县政府签订补偿协议，后县政府未按照约定履行协议。法院审理认为，对于 2015 年 5 月 1 日前订立协议产生的纠纷，因当时的法律法规及司法解释没有规定可以提起行政诉讼，故将该案拒之门外。显然，这种认识与行政诉讼法和行政协议司法解释的立法精神以及当前的行政审判理念并不相符。

第二，行政协议案件的合法性审查标准不一致。行政协议的合法性审查既包括程序审查，也包括实体审查，这其中触及的问题主要集中在实体审查方面。一是对订立、变更、履行、解除协议是否应遵循行政程序认识不清。如在某公司诉某市政府解除燃气特许经营协议案中，市政府向某公司发出通知，决定收回其特许经营权，但在收回特许经营权的过程中，没有告知该公

① 参见梁凤云：《行政协议案件的审理和判决规则》，载《国家检察官学院学报》2015 年第 4 期。

司陈述、申辩和听证的权利。一审法院认为，市政府的行为属于对燃气经营授权行政许可的收回，可以不进行听证。而二审法院认为，根据《市政公用事业特许经营管理办法》有关规定，市政府决定解除特许经营协议，收回特许经营权，应当告知相对方享有听证的权利，听取其陈述和申辩。二是对行政优益权的行使判断不清。如在某公司诉某管委会行政协议一案中，法院认为行政协议不仅具有行政性，还具有合约性，故行政机关单方变更、解除行政协议属于行使行政优益权，不仅要符合行政法的相关规定，也需要符合民事法律规范。这在一定程度上存在对行政优益权与合同解除权的不当理解。三是对行政协议的效力认定及履行把握不清。如在赵某诉某区政府不履行行政协议一案中，赵某起诉请求确认拆迁安置补偿协议有效，并判令区政府继续履行拆迁安置补偿协议，向其交付安置房。一审法院认为，区政府并未提供证据证实其与赵某签订涉案的拆迁安置补偿协议具有合法依据，遂判决确认协议无效。二审法院认为，因拆迁安置补偿协议一经签订，就具有公信力和既定力，区政府在无证据证明拆迁安置补偿协议存在无效或可撤销的情形时，应当认定该协议真实有效并应继续履行。

第三，行政协议案件的裁判应对标准不一致。关于行政协议案件如何裁判，行政协议司法解释明确了不同的判决类型，以实践中较为常见的解除协议案件为例，此类案件的裁判方式不一致主要体现在两个方面：一是履行协议案件审理中协议被解除的，存在多种裁判方式。第一种是判决继续履行协议。如在孙某诉某县政府继续履行征收补偿协议案中，法院认为，单方解除理由不充分，依据不足，且诉讼中解除不影响协议效力，仍应当继续履行协议，遂判决县政府全面履行安置补偿义务。第二种是裁定驳回原告起诉。在某公司诉某镇政府不履行征收补偿协议案中，法院认为，涉案协议已经被解除，镇政府的补偿行为虽与涉案协议不一致，但并未减损某公司的补偿利益，某公司仍要求继续履行涉案协议的基础已不存在，遂裁定驳回起诉。第三种是认为解除行为合法而判决驳回原告诉讼请求，并判决对解除协议造成的损失予以补偿。如在王某诉某县政府不履行征收补偿协议案中，县政府经重新测量发现王某房屋位于将建设道路的红线之外，遂单方解除协议，法院对解除协议合法性进行审查后认为解除协议合法，王某请求履行协议的基础丧失，遂判决驳回王某的诉讼请求并判令县政府对其损失予以补偿。二是解除协议行为合法的，是否应主动判决采取补救措施存在不同。有的法院认为原告未提出补偿请求，故无法处理。如在某公司诉区政府行政协议一案中，法院经审理认为解除协议行为合法，但某公司与区政府均未举示上述协议解除后应否补偿或补偿多少的相应证据，据此，关于上述协议解除后应否补偿或补偿多少的问题，无法一并处理，对此不作评述，某公司可另行主张。有的法院则在原告未提出补偿请求的情形下迳行判决采取补救措施。如在某公司诉某市环保局行政协议一案中，法院认为解除协议行为合法，在某公司未就补偿提出请求的情况下，仍判决市环保局对单方解除行为采取相应补救措施。

二、行政协议案件的主旨判断

审理一起行政协议案件，第一步应当厘清该案的诉讼标的是什么，该案的主旨要件是否属于行政协议，如此才能进入行政协议的合法性审查阶段。关于行政协议的概念界定，最高人民法院在综合域外、我国台湾地区相关经验做法及当前行政审判实践的基础上，在行政协议司法解释第一条中给出了明确界定。所谓行政协议，是指行政机关为了实现行政管理或者公共服务目标，与公民、法人或者其他组织协商订立的具有行政法上权利义务内容的协议。明确行政协议如何识别、行政协议与民事合同如何区分以及行政协议的审查依据，是审理行政协议案件的首要问题。

（一）行政协议的识别标准

行政协议的性质识别包含四个构成要素：一是主体要素，即一方当事人必须为行政机关；二是目的要素，即必须是为了实现行政管理或者公共服务目标；三是内容要素，协议内容必须具有行政法上的权利义务内容；四是意思要素，即协议双方当事人必须协商一致。[①] 只有这四个要素同时具备，才属于行政协议。

1. 主体要素。行政协议的主体是行政机关和行政相对人，而行政机关是其中必不可少的主体。行政协议的当事人至少有一方应是行政机关，只有国家、地方团体和公务法人才能签订行政协议。行政协议当事人应有一方是行政主体，此为所有行政协议的必备要素。两类主体地位不完全对等，双方属于行政法律关系，在行政协议履行过程中，为实现行政管理目标，行政机关

① 参见梁凤云：《行政协议的界定标准》，载“最高人民法院第二巡回法庭”微信公众号。

应作为主导方。行政机关的主导性体现为其在行政协议中的优益权。例如，在土地使用权转让、政府采购中的指导、监督权，在行政协议履行过程中的单方变更、解除权，在没有依出让合同要求的期限和条件开发利用土地的惩治、处罚权等。

2. 目的要素。行政机关与行政相对人之间协商订立行政协议的目的，主要为“实现行政管理目标”毋庸多言，这与行政管理职责相契合。除此之外，该目的还可能是提供公共服务。如在政府特许经营协议中，此类协议目的通常是确保行政协议当事人能够提供供电、供暖、供水等公共服务，故行政机关订立协议的目标，包括“实现公共服务目标”。为实现行政管理或公共服务目标能够体现出社会公共利益，但行政协议司法解释并未将“实现公共利益”作为签订协议的目的，这是因为，不能假设行政机关订立行政协议都是为了公共利益，特别是在土地房屋征收补偿协议中，是否为了社会公共利益，属于法院进一步审理的实体问题。任何一个行政目的都很容易与公共利益相结合，则会使任何行政机关所作行为的意图挂上行政目的的名义。使得一个行政行为的公私法属性界分，显得模糊。

3. 内容要素。内容要素是指行政机关与行政相对人订立行政协议约定的内容是行政法上的权利义务。行政法上的权利义务较为抽象，较难理解，可以通过具体案件进行把握。如在某公司诉某市政府招商引资协议案[①]中，涉案协议约定的权利义务，涉及多个行政管理领域，多项行政管理职能，并且存在行政权利义务的约定与民事权利义务的约定互相交织的情形。与民事诉讼程序相比，行政诉讼程序更有利于全面审查协议中有关税收承诺、土地出让价款承诺、行政许可承诺等诸项涉及行政法律规范之适用条款的合法性与合约性；而协议包含的工商、质监、房管、建设、交通等多个行政许可审批事项的约定，适用行政诉讼程序审理也更为适宜。

4. 意思要素。意思要素是指行政主体与行政相对人订立行政协议须经过协商，意思表示要真实一致。行政协议虽属广义行政行为，行政协议中行政主体有行政优益权，但这并不妨碍行政协议呈现的契约性、合意性的一面，缔结行政协议必须充分尊重当事人的意愿，行政机关不得强迫协议另一方缔结行政协议。民事领域的一些基本原则，如平等、自愿、诚实信用等原则同

---

① 详见最高人民法院（2017）最高法行再99号行政裁定书。

样适用于行政协议，这也是行政协议能够适用民事法律规范、与民事合同具有相通之处的原因。行政协议一经签订对双方均有约束力，协议双方均应遵守协议约定，全面履行协议义务，否则将承担相应的违约责任。

（二）行政协议的民事区分

1. 缘何区分

行政协议与民事合同分属行政与民事两个不同的领域，二者通常是一种非此即彼的关系，这也是审判实务中较难把握之处。行政协议与民事合同之所以要进行区分，其意义在于：一方面，在行政协议中行政机关享有行政优益权，为了维护公共利益，行政机关可以单方变更、解除协议，这与民事合同履行中应注重维护交易秩序稳定的价值理念不同；另一方面，民事合同尊重意思自治和契约自由，而在行政协议中行政主体应有相应的行政职能，以实现行政管理为目的。[①] 而且，两类合同产生纠纷后，适用于不同的诉讼程序，法律适用亦有不同。如果区分不清，经常出现行政诉讼案件推给民事，民事诉讼案件又推给行政，或者本应属于民事领域的案件纳入行政诉讼受理范围，致使当事人无所适从的问题。

2. 如何区分

如何对二者进行精准区分，通过行政协议上述构成标准分析不难看出，一般而言，行政协议与民事合同的区别在于，成立合同的主体、内容和目的不同，而非意思表示。民事合同的主体是平等地位的公民、法人或者其他组织，订立目的是公民、法人或者其他组织基于意思自治实现自身的、私人的权益，满足日常物质和文化生活的需要，内容是民事权利义务关系。而行政协议是行政机关的一种行政活动方式，同其他行政活动方式一样，是行政机关为实现行政管理或者公共服务目标而采取的一种行政管理方式。

首先，就法律属性而言，行政协议与民事合同的根本区别在于客体，而非主体。行政协议要求行政机关参与形成的是行政法律关系，即行政法上的权利义务关系。此种行政法律关系的形成是行政机关执行行政管理职能所致，或为行使行政职权，或为履行行政职责。行政机关既可为行政协议主体，又可为民事合同主体。若行政机关并非以公权力主体身份参与形成法律关系，而是以平等民事主体身份行事，则难以构成行政协议。换言之，并非行政机

---

① 参见余凌云：《行政法讲义》（第三版），清华大学出版社 2019 年版，第 303 页。

关与相对方签订的任何协议均属于行政协议。如行政机关购买办公用品、签订办公用房租赁合同、单位职工宿舍楼建设合同等，均属民事合同。再如，在蔡某诉某区政府行政协议案①中，某公司于2008年获颁拆迁许可证。涉案安置协议所载相关内容为，拆迁人为某公司（甲方），被拆迁人为蔡某（乙方）。拆迁指挥部在该协议甲方处盖章。在安置协议签订时，《国有土地上房屋征收与补偿条例》尚不存在，有效的是《城市房屋拆迁管理条例》。从安置协议的有关内容看，蔡某与指挥部协商确定的是拆迁补偿权利义务关系，本案没有证据证明安置协议的签订是区政府行使行政职权或者履行行政职责所致，协议内容也未显示有别于民事合同的行政法上的权利义务关系，故蔡某所持安置协议属于行政协议的主张难以成立。

其次，行政协议的签订目的是行政协议与民事合同的重要区别。如果签订协议的目的是实现民事权利需求，并非实现公共利益或者行政管理目标，协议不涉及行政机关的行政管理职责，协议中也没有关于行政机关享有优益权等内容，就协议约定的内容而言，宜认定为平等主体之间签订的民事合同。反之，有些行政协议在满足行政管理或者公共服务目标之时，也会保障行政相对人的权益，这也符合行政协议的目的要素。此类目的要素是为了规范行政机关签订协议的行为，当事人不能以行政机关签订协议是为了“增加财政收入”等为由，认为此类协议不是行政协议而向法院提起民事诉讼。还有一种情况，虽然行政机关与行政相对人签订的协议有部分条款具有民事权利义务性质，但总体上是为实现公共利益或者行政管理目标，协议约定的权利义务，并非行政机关以机关法人身份而具有的民法上的权利义务，而是其履行行政管理职责过程中所行使的行政法上的权利义务，故此，该协议具有明显的行政协议属性。如在某公司诉某区政府不履行行政协议一案②中，涉案投资协议是区政府及其委托的下属机构为实现行政管理和公共服务目标而签订的具有招商引资协议性质的系列协议。协议约定了包括项目立项、土地征收拆迁、规划管理、招拍挂程序和土地出让、政府配套政策与资金支持、企业投资规模和纳税要求、相关配套证照办理以及相关优惠政策落实等一揽子事项。上述系列协议虽有部分条款具有民事权利义务性质，但总体上是以国有

---

① 详见最高人民法院（2019）最高法行申4103号行政裁定书。
② 详见最高人民法院（2020）最高法行再360号行政裁定书。

建设用地使用权出让为基础的综合性招商引资协议，故该协议不宜认定为民事合同。

（三）行政协议的审查依据

1. 规范适用

从行政诉讼法到行政诉讼法适用的司法解释，再到现如今的行政协议司法解释，可以说，审理行政协议案件所适用的法律规范一脉相承。人民法院审查行政机关是否依法履行、按照约定履行协议或者单方变更、解除协议是否合法，在适用行政法律规范（如通用的《行政诉讼法》，审理国有土地出让协议纠纷适用的《土地管理法》《招标拍卖挂牌出让国有土地使用权规定》，审理政府特许经营协议纠纷适用的《基础设施和公用事业特许经营管理办法》等）的同时，可以适用不违反行政法和行政诉讼法强制性规定的民事法律规范（如通用的原《合同法》和《民法典》等）。也即，人民法院审理行政协议案件，应当适用行政诉讼法的规定；行政诉讼法没有规定的，参照适用民事诉讼法的规定。人民法院审理行政协议案件，可以参照适用民事法律规范关于民事合同的相关规定。

2. 适用等级

虽然行政协议同时表现出行政性和协议性的特征，但是，将其明确为行政诉讼受案范围，主要是基于其行政性特质，而非协议性。因此，行政协议司法解释规定，人民法院审理行政协议案件要优先适用行政法律规范。行政法律规范没有规定时，在不与行政法、行政诉讼法的基本原则相抵触的情况下，可以适用民事法律规范。不是说行政协议既有行政性又有协议性，所以既可以适用行政法律规范，也可以适用民事法律规范。与民事合同类似，行政协议同样基于双方或者多方当事人的意思合致，同样具有合同当事人地位平等以及非强制性等特点。正是基于这种类似性，行政协议诉讼中才可以适用不违反行政法和行政诉讼法强制性规定的民事法律规范。在民事法律规范中，合同相对性原则具有基础地位。该原则是指，合同主要在特定的合同当事人之间发生法律约束力，只有合同当事人一方才能基于合同向合同的相对方提出请求或者提起诉讼，而不能向合同相对方以外的其他主体主张。而行政协议却可以突破此种限制，这也是需要优先适用行政法律规范的原因。[①]

---

① 详见最高人民法院（2020）最高法行申 9651 号行政裁定书。

以当事人起诉请求确认行政协议无效为例，当事人实质是对订立行政协议行为不服提起行政诉讼，起诉是否符合法定起诉条件，应当依照行政诉讼法规定的起诉条件进行审查判断；订立协议行为是否合法有效，应当依照行政诉讼法和相关行政实体法律规范进行审查判断，民事法律规范的适用仅是行政法和行政诉讼法没有相应规定情形下的一种补充适用。

三、行政协议案件的程序审查

厘清审理行政协议案件的主旨构成后，第二步就进入行政协议的合法性审查阶段，该阶段与审理一般行政案件并无二致，主要对行政协议争议进行程序审查和实体审查。从审判实践来看，行政协议案件的程序审查主要集中在是否属于行政诉讼受案范围、诉讼主体是否适格、如何固定和明确诉讼请求以及是否超过诉讼时限四个方面。

（一）诉讼范围

1. 法律规制以内的情形

《行政诉讼法》将行政协议纳入诉讼范围，但对于行政协议的内涵和外延并没有更多的阐述，仅在第十二条列举了行政相对人认为行政机关“不依法履行、未按照约定履行或者违法变更、解除政府特许经营协议、土地房屋征收补偿协议等协议”，可以提起行政诉讼。行政协议司法解释第二条将诉讼范围进一步明确为政府特许经营协议，土地、房屋等征收征用补偿协议，矿业权等国有自然资源使用权出让协议，政府投资的保障性住房的租赁、买卖等协议，政府与社会资本合作协议以及其他行政协议。上述法律规制的变化反映出行政协议受案范围愈加广泛，可以预见，随着经济社会的发展，越来越多的新型行政协议将会出现。如将相关行政协议纳入民事诉讼范围，容易造成同一性质的协议争议由行政民事分别受理的混乱局面，抑或因其行政性民事诉讼不予受理，同时也意味着有关协议将游离于行政法治轨道之外，不利于及时有效解决行政争议，也不利于监督行政机关依法行政。因此，行政协议司法解释以“其他行政协议”作为兜底条款，非常具有必要性和前瞻性，司法实践中只要把握住如何区分行政协议这一前提，就能应对各种行政协议纠纷的挑战。

2. 法律规制之外的情形

一种是，对于2015年5月1日前（行政诉讼法修改前）签订的行政协议，是否属于行政诉讼受案范围。[①] 行政诉讼法对此没有明确规定，行政协议司法解释第二十八条第二款规定："2015年5月1日前订立的行政协议发生纠纷的，适用当时的法律、行政法规及司法解释。"诚然，由于行政协议诉讼起步较晚，实践中存在将此类案件作为民事案件受理的做法。对于当事人于2015年5月1日前签订的具有行政协议性质的协议，如集体土地征收过程中签订的征收补偿协议，因2015年5月1日前的法律法规及司法解释未明确规定此类协议属于民事协议，此类协议也未约定选择民事诉讼或仲裁程序解决纠纷。在此情况下，法院应当尊重当事人对诉讼类型的选择权。当事人据此提起行政协议之诉，法院应当予以受理。另一种是，对于某类具有行政性质的民事合同提起民事诉讼后，民事裁定告知当事人应另行提起行政诉讼的处理方式。[②] 当事人提起民事诉讼后，法院驳回其诉请，并告知其应提起行政诉讼。在此情况下，如果人民法院的行政审判再以其不属于行政诉讼受案范围应由民事诉讼加以处理为由予以驳回，将使当事人告诉无门，而且造成法院内部互相推诿。就此类情况而言，适当的做法是，要么作为行政案件继续审理，要么就民事案件启动审判监督程序。比如，依据《城市房屋拆迁管理条例》规定签订的拆迁补偿协议，属于作为平等民事主体的拆迁人与被拆迁人之间订立的民事合同，理应通过民事诉讼途径解决。但因该协议与作为其制度替代品的房屋征收补偿协议虽然形式有异，但内容相似、功能同一，行政审判对其引起的争议作出处理，并不存在法律和事实上的障碍。因此，在民事裁定已告知当事人提起行政诉讼，且法院已作为行政案件立案的情况下，按照有利于实质解决争议和诉讼经济的原则，继续审理最为适宜。

3. 实践中其他常见情形

除上述若干具体情形外，实践中还有以下几种常见情形值得关注。一是国有土地使用权出让协议。出让协议是出让方为实现社会公共利益或者行政管理目标，在法定职责范围内，与相对方协商订立的，具有行政法上权利义务内容的行政协议。但为何此次行政协议司法解释未以"土地使用权"作为

---

① 详见最高人民法院（2020）最高法行再16号行政裁定书。

② 详见最高人民法院（2016）最高法行申4300号行政裁定书。

“国有自然资源使用权出让协议”的典型代表，而是以“矿业权”代之，这应是搁置争议的结果。长期以来，出让协议一直作为民事案件审理，但出让协议纳入行政诉讼受案范围已是大势所趋。[①] 二是招商引资相关协议。地方各级政府及有关部门为发展经济，通过招商引资向社会及行政相对人作出的行政承诺，属于行政协议。行政机关对此应当守信践诺，不得随意违约毁约。三是政府采购协议。政府采购不一定全部是公共管理目的，很多是采购自用，故难以将政府采购协议统一定性为行政协议。而因《政府采购法》第四十三条第一款明确规定“政府采购合同适用合同法。采购人和供应商之间的权利和义务，应当按照平等、自愿的原则以合同方式约定”，实践中更倾向于将政府采购协议定性为民事合同。但明确了政府采购协议的法律适用问题，政府采购协议的性质界定本就存在争议。行政协议司法解释实施之后，政府采购协议的定性之争可能会更加激烈。四是土地流转协议。在农村土地承包经营权流转过程中，协议一方当事人以另一方（行政机关）对涉案土地的使用违反协议约定的用途为由提起行政诉讼，要求返还土地，实质上是关于协议履行以及协议解除后相关民事权利的处理问题，属于民事争议范畴。[②] 五是息诉罢访协议。息诉罢访协议是行政机关与行政相对人经协商一致签订的协议，该协议签订是为了维护社会和谐稳定和行政管理职能的需要，在政府职责权限的范围内处理信访事宜，协议内容具有行政法上权利义务的性质，属于可诉的行政协议范畴。[③]

（二）诉讼主体

1. 原告主体资格判断

《行政诉讼法》第二十五条第一款原则性规定了行政诉讼的原告资格，即“行政行为的相对人以及其他与行政行为有利害关系的公民、法人或者其他组织，有权提起诉讼”。可见，对于行政行为，不仅是直接的行政相对人可以起诉，自身权益受到影响的利害关系人亦有权起诉。在行政协议法律关系中，行政相对人一般是协议的直接签订者，具有原告资格。那么，与行政协议有利害关系的非签约者是否具有原告资格？民事合同具相对性，其权利义

① 详见最高人民法院（2020）最高法行申 11747 号行政裁定书。
② 详见最高人民法院（2018）最高法行申 5528 号行政裁定书。
③ 详见最高人民法院（2019）最高法行申 11819 号行政裁定书。

务关系仅可约束合同双方当事人。行政协议采用民事合同之形式，合同相对性原则亦应遵循，但行政协议之所以称为行政，自有不同于民事合同之处。当行政协议属于补充或者替代诸如征收补偿这样的单方高权行为，当行政协议具有针对诸如协议实际履行者、限制排除竞争者等第三方的效力，则不应简单地以合同相对性原则排除合法权益受到行政协议影响的第三方寻求法律救济。行政协议的功能是丰富行政机关的行政手段，增进行政相对方的合作与信任，扩大解决问题的弹性余地，如果法律法规没有作相反规定，行政机关原则上有权以协议方式活动，但却不能通过协议方式扩大法定的活动空间，使之成为规避依法行政的特殊领地，更不能借此减损当事人的合法权益与救济权利。因此，行政协议争议并不仅局限于协议相对人之间，虽然行政协议具有相对性，但其订立、履行等过程可能会影响甚至处分第三方的权益，行政协议可以突破民事合同的相对性原理，非签约者只要能举证其与行政协议有利害关系，亦可提起行政诉讼。如在甲公司诉某市政府不履行行政协议案[①]中，虽然涉案投资协议的签订主体为市政府和乙公司，但在协议履行过程中，甲公司已替代乙公司履行了合同义务、享受了合同权利，成为涉案协议的实际履行者，其与涉案协议具有行政法上的利害关系，具备原告主体资格。为此，行政协议司法解释第五条亦将行政协议的利害关系人明确为参与招标、拍卖、挂牌等竞争性活动，认为行政机关应当依法与其订立行政协议但行政机关拒绝订立，或者认为行政机关与他人订立行政协议损害其合法权益的公民、法人或者其他组织；认为征收征用补偿协议损害其合法权益的被征收征用土地、房屋等不动产的用益物权人、公房承租人；其他认为行政协议的订立、履行、变更、终止等行为损害其合法权益的公民、法人或者其他组织。

值得关注的是，如果行政协议争议涉及第三方的权益，即使第三方并未作为行政协议案件的原、被告参加诉讼，也应属于必须参加诉讼的当事人，依据《最高人民法院关于适用〈中华人民共和国行政诉讼法〉的解释》第二十七条之规定，人民法院应当依法通知其参加诉讼，第三方也可以向人民法院申请参加诉讼。如在甲公司诉某市政府履行行政协议案[②]中，甲公司与市

---

① 详见最高人民法院（2017）最高法行再 72 号行政裁定书。

② 详见最高人民法院（2019）最高法行申 1303 号行政裁定书。

政府签订涉案燃气特许经营协议，但此前乙公司已经与市政府签订了特许经营协议，该协议与涉案协议在特许经营范围上有重叠。法院对涉案协议是否履行的判断，直接影响到市政府与乙公司之间协议的履行。因此，乙公司属于必须参加诉讼的当事人，一审法院未通知其参加诉讼，属于遗漏了必要参加诉讼的当事人情形，构成程序违法。

2. 被告主体资格判断

在行政协议法律关系中，与原告资格相对的是，行政协议案件的被告通常是直接签约的行政机关。但行政协议的签订主体并非一概是行政机关，也可能是接受行政机关委托的非行政主体，此时，委托签约的行政机关即为被告。如在李某诉县政府继续履行行政协议一案中，土地收购储备中心与李某签订的涉案国有土地使用权收回及房屋收购合同，实质是县政府委托土地收购储备中心以签订合同的方式收回国有土地使用权的行政管理活动，是县政府实现行政管理目的的一种方式。再如在张某诉镇政府征收补偿协议一案中，某公司与张某签订涉案征收补偿协议，镇政府全程参与了该协议的协商、签订和履行，故张某与某公司所签订的协议，应视为行政机关委托。还有一种情况是，行政协议的实际履行者并非签订协议的行政机关，而是另一行政机关，该行政机关在享有权利的同时，履行了协议约定的义务，理应成为行政协议的一方当事人，并承担相应的法律责任。如在某公司诉某县政府履行工程款支付义务案中，尽管行政协议系某公司与镇政府所签，但从工程建设的组织实施、监督管理、资金拨付等情况看，县政府作为履行协议约定的支付义务主体，符合本案实际。

“被告恒定”是行政诉讼的一大特征，即被告恒定为行政机关，如果允许被告在诉讼中就该协议的订立、履行等提起反诉，则行政机关将会成为原告，这不符合我国行政诉讼的制度设计。因此，当法院受理行政协议案件后，行政机关就该协议的订立、履行、变更、终止等提起反诉的，法院不予准许。对此，如果行政机关认为其合法权益因行政协议行为受损的救济途径是申请强制执行。行政协议司法解释第二十四条规定了行政机关在行政相对人不履约的情况下，可直接作出限期履约决定，相对方收到书面决定后在法定期限内未申请行政复议或者未提起行政诉讼，且仍不履行，协议内容具有可执行性的，行政机关可申请法院强制执行该决定。这一制度也是区别于民事合同的重要特征。行政机关发出的限期履约决定，自送达就产生生效行政行为的应有效力，行政机关无须经历诉讼审理程序，即可申请法院执行其作出的履行决定。如在某公司诉某县政府不履行行政协议案[①]中，涉案资产转让协议约定某公司关停并退出造纸行业，县政府受让某公司资产并支付对价。法院审查认为，在某公司不履行协议约定义务且行政机关又无法起诉的情况下，行政机关可以通过申请非诉执行或者自己强制执行的方式实现协议救济，不存在相对方不履行协议而行政机关无法救济的问题。

（三）诉讼请求

1. 固定诉讼请求

在行政诉讼中，如何行使诉权，包括选择和固定诉讼请求属于当事人的权利，当事人应当遵守行政诉讼法的规定，依照法定程序和起诉条件来提出诉讼请求，人民法院对此应当给予尊重和保障。事实上，如何列明诉讼请求对于行政协议案件能否胜诉至关重要，但这又往往容易被当事人忽略。行政协议司法解释第九条通过列举方式，指引原告如何在起诉状中陈述诉讼请求，结合行政协议争议发生在订立或履行的不同阶段、行政诉讼法规定的诉讼类型以及最高人民法院《关于行政案件案由的暂行规定》中涉及行政协议案由的规定，原告诉请类型基本固定为：第一，对行政协议的效力有异议，提起确认协议效力之诉或撤销、解除协议之诉，请求判决确认行政协议有效或无效，或者撤销、解除行政协议。第二，对行政机关不履行或不依约履行行政协议不服，提起履行协议之诉，请求判决行政机关依法履行或者按照行政协议约定继续履行义务。第三，对行政机关变更、解除行政协议的行为不服，提起撤销行为之诉或确认行为违法之诉，请求判决撤销行政机关变更、解除行政协议的行为或者确认该行政行为违法。第四，因相关行政协议行为给当事人造成损失的，提起违约、补偿或赔偿之诉，请求判决行政机关承担违约责任、补偿或赔偿。可见，行政诉讼中人民法院可审理的行政协议纠纷类型，与民事合同纠纷基本无异。当事人可以针对同一行政协议争议提出某一诉讼请求，也可以提出具有关联性的数个诉讼请求，要求一并审理。对于当事人提出的诉讼请求，人民法院应当把握其实质内涵和诉讼目的，进一步区分诉讼类型并依法裁判，以达到减少当事人诉累、实质性解决纠纷的目的，而不能直接代替当事人选择和固定诉讼请求。如在蒋某诉市管委会行政协议案中，

① 详见最高人民法院（2017）最高法行申 195 号行政裁定书。

蒋某与管委会签订征地拆迁补偿安置协议，后在协议履行过程中双方发生争议，蒋某提出了确认签订涉案协议的行为违法、撤销涉案协议、赔偿损失等多项诉讼请求。一审法院在蒋某的多项诉讼请求中自行决定其中一项并进行审理，处理方式确有不当。

2. 明确诉讼请求

当事人提起行政诉讼，必须要有被诉行政行为，只有认为被诉行政行为侵犯其合法权益，针对被诉行政行为提出明确具体的诉讼请求，才符合法定起诉条件。当事人所诉行政行为指向的诉讼请求不具体、不明确，人民法院将无法进行案件的审理和裁判。在行政协议案件中，行政协议行为往往包括协议的签订、履行、变更以及解除等一系列行政行为，当事人对此提起诉讼，有必要明确具体的诉讼请求。究竟如何明确，需要基于上述选择和固定诉讼请求的方式作出判断。在田某诉某乡政府行政协议案中，田某因其与乡政府之间的拆迁协议发生争议，笼统请求确认行政协议行为违法，属于诉讼请求不够具体明确。根据《行政诉讼法》第五十一条第三款、《最高人民法院关于适用〈中华人民共和国行政诉讼法〉的解释》第六十八条第三款之规定，当事人提起行政诉讼，但诉讼请求不明确的，人民法院应当对当事人进行指导和释明，要求其予以补正，法院不能未经释明直接自行确认被诉行政行为，或者直接以诉讼请求不明确为由驳回起诉。在起诉状内容欠缺或者未正确表达诉讼请求的情况下，人民法院应当进行指导和释明，要求当事人完善起诉状内容，明确或调整诉讼请求。在王某诉某县政府履行行政协议案①中，王某提出多项诉讼请求，一审法院以王某所提诉讼请求不明确为由裁定驳回起诉，二审法院认为王某在诉讼请求中提出确认行政协议无效，是确认之诉，同时在诉讼请求中一并提出返还财产、恢复原状、折价补偿、赔偿损失等，是要求承担协议被确认无效后所产生的法律后果，王某在同一诉讼中所提的上述主张并非诉讼请求不明确的情形，法院对此应进入实体审理并作出裁判。

（四）诉讼时限

1. 起诉期限与诉讼时效

为及时解决行政争议，避免行政管理秩序长期处于不稳定状态，法律明确了当事人提起行政协议诉讼，应在法定期限内进行。一般情况下，起诉期

---

① 详见最高人民法院（2018）最高法行再62号行政裁定书。

限是提起行政诉讼的一种法定起诉条件，而诉讼时效则为民事诉讼的一种实体判决条件。《行政诉讼法》明确将行政协议争议纳入行政诉讼受案范围之后，在行政协议争议领域区分适用起诉期限和诉讼时效变得非常必要，原因是一概适用起诉期限制度不符合行政协议兼具的公法性与私法性的双重属性。对行政协议案件诉讼时效和起诉期限进行细化区分主要涉及三种情形：其一，当事人对行政机关不依法履行、未按照约定履行行政协议提起诉讼的，适用诉讼时效制度。诉讼时效参照民事法律规范确定，根据《民法典》第一百八十八条的规定，“向人民法院请求保护民事权利的诉讼时效期间为三年。法律另有规定的，依照其规定”。并且，根据《最高人民法院关于审理民事案件适用诉讼时效制度若干问题的规定》第三条的规定，诉讼时效的抗辩只能由当事人在诉讼过程中援引，法院不得依职权主动审查。也即，当事人未提出诉讼时效抗辩，法院不应对诉讼时效问题进行释明及主动适用诉讼时效的规定进行裁判。在某公司诉某区政府解除投资协议案[①]中，某公司因区政府未按照约定履行协议提起诉讼。法院认为，本案系行政相对人对政府不履行投资协议提起的请求解除协议诉讼，应当参照适用民事诉讼法关于诉讼时效的规定，不再适用行政诉讼法起诉期限的规定，因此当事人提起本案诉讼并未超过诉讼时效。其二，当事人对行政机关变更、解除行政协议等行政行为提起诉讼的，适用起诉期限制度。起诉期限依照行政诉讼法及其司法解释确定，即根据《行政诉讼法》第四十六条第一款的规定，“公民、法人或者其他组织直接向人民法院提起诉讼的，应当自知道或者应当知道作出行政行为之日起六个月内提出。法律另有规定的除外”。为此，行政相对人在起诉时，一定要注意区分诉讼时效和起诉期限，以免因此丧失胜诉权或者诉权。由此也不难看出，起诉期限是基于行政机关的单方高权行为产生，无证据证明行政机关对行政协议作出单方行为，不宜适用起诉期限制度。如在李某诉某区政府行政协议案[②]中，李某与区政府签订征收补偿协议，协议履行完毕后，李某认为协议中部分费用收取错误，起诉请求区政府退还多收取的契税、房产过户费等费用。一审法院以请求退还多收取的费用已超过法定起诉期限为由裁定驳回起诉。二审法院认为，本案并无证据证明区政府行使权力就补偿协议

① 详见最高人民法院（2018）最高法行再1号行政裁定书。

② 详见最高人民法院（2020）最高法行再105号行政裁定书。

作出单方行为，一审适用起诉期限制度构成适用法律错误，依法应予纠正。其三，当事人提起确认行政协议无效之诉的，是否受起诉期限限制。从《最高人民法院关于适用〈中华人民共和国行政诉讼法〉的解释》第九十四条、第一百六十二条规定可以得出，重大且明显违法的行政行为即无效行政行为，自始、绝对无效，不因时间推移而具有合法效力。当事人对 2015 年 5 月 1 日之后作出的行政行为可以随时提起确认无效请求，不受起诉期限限制。同时，为避免出现当事人滥用确认无效诉讼请求以规避起诉期限制度的情况，原告一方应当对被诉行政行为属于无效情形举证，被告一方亦可提出证据否定对方主张。人民法院应当对行政行为是否属于无效情形进行审查，认为行政行为属于无效情形的，则不受起诉期限限制；认为行政行为不属于无效情形的，人民法院应当向原告予以释明。经释明，原告变更请求撤销行政行为的，人民法院应当继续审理并审查是否符合撤销之诉的起诉期限规定，超过法定起诉期限的，裁定驳回起诉；原告拒绝变更诉讼请求的，判决驳回其诉讼请求。在王某诉某区政府确认征补协议无效案①中，涉案拆迁补偿协议载明的签订时间为 2016 年 12 月 15 日，王某陈述该协议实际签订时间为 2017 年 7 月 6 日，时间节点均在 2015 年 5 月 1 日之后。因此，王某请求确认 2015 年 5 月 1 日之后签订的行政协议无效，不受起诉期限限制。一、二审裁定以王某的起诉超过起诉期限为由，裁定不予立案，适用法律错误，应予纠正。

2. 除斥期间

所谓除斥期间，是指法律对某种权利规定的存续期间，主要适用对象为形成权，如变更权、撤销权、追认权等，其制度目的在于督促权利人尽快行使权利，以维护交易秩序和合同的稳定性。司法实践中，当事人主张撤销或者变更行政协议的，法院应当审查其行使撤销权、变更权的期限是否符合法律规定，以此判断其起诉是否超过法定时限、是否符合法定起诉条件。除斥期间与诉讼时效在制度设计上虽具有一定共性，但也存在不同之处，比如法院可依职权主动审查以确定除斥期间是否届满。根据原《合同法》第五十五条（现《民法典》第一百五十二条）“有下列情形之一的，撤销权消灭：（一）具有撤销权的当事人自知道或者应当知道撤销事由之日起一年内没有行使撤销权；（二）具有撤销权的当事人知道撤销事由后明确表示或者以自

① 详见最高人民法院（2020）最高法行再 341 号行政裁定书。

己的行为放弃撤销权”的规定，并参照《最高人民法院关于贯彻执行〈中华人民共和国民法通则〉若干问题的意见（试行）》第七十三条“对于重大误解或者显失公平的民事行为，当事人请求变更的，人民法院应当予以变更；当事人请求撤销的，人民法院可以酌情予以变更或者撤销。可变更或者可撤销的民事行为，自行为成立时起超过一年当事人才请求变更或撤销的，人民法院不予保护”之规定，行政相对人所主张的行政协议的撤销权、变更权等，应适用上述一年除斥期间的有关规定，且该除斥期间依法为不变期间，不适用诉讼时效中止、中断或者延长的规定，超过该期间，相关权利消灭，不符合行政诉讼的受理条件。如在陈某诉某县政府变更行政协议案①中，陈某与县政府于 2012 年 10 月 26 日签订补偿协议，且所要求变更的内容已于同年实际履行完毕，属于起诉时行为成立已超过一年的情形。即便按照陈某所主张的，其系 2015 年 3 月 27 日才得知当时所签协议显失公平的，则其最迟也应当在 2016 年 3 月 27 日之前向法院提起变更之诉，故现如今陈某提起本案诉讼已超过了变更权行使的一年除斥期间，该变更权已经灭失，不符合行政诉讼的受理条件，应当裁定驳回起诉。

四、行政协议案件的实体审查

如何对行政协议进行实体审查是审理行政协议案件的重中之重。行政协议具有“两面性”，既有行政性又有协议性，是行政性和协议性的创造性结合，其因行政性有别于民事合同，又因其协议性不同于一般行政行为。也即，行政协议因协商一致而与民事合同接近，但又因其为实现行政管理和公共服务的一种方式而具有行政性而有别于一般民事合同。因此，与民事合同纠纷中人民法院根据双方约定条款审查双方的权利义务不同，人民法院对于行政协议纠纷则需要从行政性和协议性两个维度进行实体审查。比如，审查行政机关是否具有行政协议所涉行政法律关系的管理职权，双方意思表示是否真实，协议内容是否合法有效等情形。

（一）行政协议的行政性审查

行政协议的行政性审查，一般是指审查行政协议的订立、履行、变更及

① 详见最高人民法院（2018）最高法行申 3313 号行政裁定书。

解除是否符合行政法律规范。这是对行政协议进行实体审查的第一步。行政协议强调行政性是必要的，唯有如此才能解释为什么行政协议需要在行政程序相关法律中进行规定，并且应获得行政复议、行政诉讼救济，也能解释在行政协议中行政机关为什么享有单方变更、解除行政协议等有别于民事合同的优益权。为此，行政协议司法解释第十一条规定，人民法院审理行政协议案件，应当对被告订立、履行、变更、解除行政协议的行为是否具有法定职权，是否滥用职权，适用法律法规是否正确，是否遵守法定程序，是否明显不当，是否履行相应法定职责进行合法性审查。具体来说，上述规定可以依次概括延展为以下几方面内容。

1. 审查是否具备相应职权

审查行政机关是否具备相应职权主要针对行政机关在协议签订及履行过程中是否履行相应法定职责、是否存在滥用职权等情形。行政机关是否具备相应职权、具备法律规定的缔约资格，是审查被诉行政行为是否合法的前提和基础。以签订和解除行政协议为例，一般来说，签订行政协议的一方主体没有签约权限和行为能力，其签订的协议不能依法成立，有权签订协议的一方主体才有权解除协议。但是，不排除签订协议时存在行政授权和行政委托的情形，也不排除协议签订者与实际履行者不一致的情形，作为实际履行者，可以突破合同相对性的限制，成为有权解除协议的一方主体。如在某公司诉县政府搬迁补偿协议案[①]中，相对人与政府签订企业搬迁补偿协议，约定政府按货币形式安置。法院认为，在行政协议纠纷案件中应该贯彻双重审查的裁判原则，既要审查行政协议的效力性，又要审查行政行为的行政性。对于本案，与相对人签订合同的相对方乃是已被政府撤销的机构“管委会”，其无权实施签约行为，因此该签订协议的行为违法。

2. 审查适用依据是否正确

审查适用依据主要针对行政协议成立本身，判断行政协议在签订及履行过程中所依据的法律法规是否正确，或者协议约定的内容是否具备法律法规的相关依据。在某银行诉某镇政府行政协议案[②]中，某银行针对某镇政府与第三人签订的征地拆迁补偿合同提起确认无效之诉。征地拆迁补偿合同第二

---

① 参见最高人民法院十大行政协议参考案例，载“最高人民法院”微信公众号。

② 详见最高人民法院（2020）最高法行申 8309 号行政裁定书。

条虽约定了被征土地及房屋拆迁补偿，但并无证据证明对涉案国有土地使用权及房屋的收回、补偿遵循《土地管理法》第五十八条或《国有土地上房屋征收与补偿条例》第十九条等条款的规定进行，相关约定显然缺乏依据。因此，在法律规定非常明确的情况下，涉案征地拆迁补偿合同及相关补偿约定明显缺乏依据，构成无效行政行为。最终法院认定征地拆迁补偿合同不具有无效情形，构成适用法律错误，依法应予纠正。

3. 审查是否遵守相应程序

大多数行政协议在签订及履行过程中不仅要符合合同条款，还要符合明文法律规范，需要审查是否遵守法定或正当程序。强调程序的正当性，通常要求行政机关在签约、履约或解约的同时，应当向协议相对人履行基本的告知义务，告知相对人有关原因及能否采取措施予以克服，以保证对方的陈述申辩、提出异议、寻求救济等权利，进而体现出程序的合法性和正当性、体现出比民事合同更加严苛的注意义务。例如，在王某诉某县政府解除行政协议案中，县政府通过邮寄方式发送解除合同的通知。虽然涉案合同中并无通知送达的约定，法院以当地行政程序法规，认为县政府未先以直接送达的方式送达行政文书，存在法定程序错误的问题。可见，行政机关在缔结、履行、解除行政协议过程中，不仅要关注条款内容，同时亦要注重行政法律规范对于其作出行政行为的实体、程序等方面的规定。再如，在某公司诉某市环保局履行特许经营协议案①中，根据《基础设施和公用事业特许经营管理办法》第五十一条的规定，特许经营者认为行政机关作出的具体行政行为侵犯其合法权益的，有陈述、申辩的权利，并可以依法提起行政复议或者行政诉讼。可见，在行政行为作出时，陈述、申辩等权利是行政相对人的法定权利，行政机关对此应履行必要的告知义务，否则构成程序违法。市环保局通知某公司收回其特许经营权，通知中明确告知相对人在收到通知之日起三十日内具有提出书面申辩或要求举行听证的权利，相对人如果认为被诉行政行为侵犯其合法权益，可以通过行使申辩、听证的权利进行补救，这与上述规定相契合。

4. 审查行为是否明显不当

审查行为是否明显不当主要旨在促进法治政府和政务诚信建设，尤其对

① 详见山东省高级人民法院（2017）鲁行终 1170 号行政判决书。

行政机关违反承诺甚至违约毁约的，要依法支持行政相对人的合理诉求，这也是信赖利益保护原则的价值所在。但是，行政机关作出的行政协议必须建立在依法行政的前提下，即行政机关达成的协议必须在其具有裁量权的处置范围内，且不违反法律法规的强制性规定，不会损害国家利益或社会公共利益。在土地房屋征收过程中，征收补偿的款项均来源于公共财政，对征收补偿款不进行合理控制必然会对社会公共利益造成不利影响。行政机关在组织实施征收与补偿工作时，必须遵守法律法规的规定，符合征收决定及房屋征收补偿安置方案的要求，对被征收人给予公平补偿。行政机关违反法律规定，超出征收决定的范围或者征收补偿安置方案确定的补偿标准签订的补偿协议，人民法院应当作出否定性评价。不能将信赖利益保护原则置于依法行政之前，以牺牲社会公共利益来强调政府对所作承诺的遵守。如在某公司诉某区政府征收补偿协议案①中，某公司仅有 72.5 平方米房屋及土地在征收红线范围之内，对该部分的征收亦不影响该公司对剩余土地的使用。因此，区政府与该公司签订征收补偿协议，约定对该公司实施整体征收，超出该次征收的红线范围，不符合《国有土地上房屋征收与补偿条例》的规定，该行为明显不当，不具有法律效力。

（二）行政协议的协议性审查

行政协议的协议性审查又称效力性审查、合同性审查、合约性审查，是指行政协议的订立、履行、变更、解除是否符合民事法律规范（通常为合同法律规范），是对行政协议进行行政性审查之后所进一步采取的审查方式，是行政协议实体审查的重中之重。司法实践中，对行政协议进行协议性审查主要集中在审查协议的效力及履行，即是否合法有效、是否依约履行、是否依法变更或解除。

1. 审查行政协议是否合法有效

第一，行政协议的有效判断。一个行政协议需具备哪些要件，才能认定为合法有效？原《合同法》第四十四条第一款（现《民法典》第五百零二条）规定，依法成立的合同，自成立时生效。类比民事合同的有效要件，行政协议合法有效的要件主要包括三个方面：一是行政相对人具有签订协议的行为能力。对于行政机关而言，一般需要行政机关具有相应职权，前述在行

① 详见最高人民法院（2019）最高法行再 4 号行政裁定书。

政协议的行政性审查中对此已进行了论述。行政相对人一般具有完全行为能力。限制行为能力人、无行为能力人不得亲自签订协议，可以由其定代理人代为签约。例如，土地管理部门可以与限制行为能力人的法定代理人签订征收补偿协议。在特定的行政协议中，还需要行政相对人具有特殊的缔约能力。如在政府特许经营协议中，相关企业需要具备特许经营所需要的资质。二是要有真实的意思表示。这是意思自治原则在行政协议中的反映。意思表示不真实，对协议的效力会产生直接的影响。如果存在欺诈、胁迫、重大误解、乘人之危致使协议显失公平等情形，可能导致协议被变更或者撤销；如果存在欺诈、胁迫情形，且损害国家利益的，还可能导致协议被确认无效。三是要符合法律或社会公共利益。与民事合同不同，考虑到行政协议的公法属性，行政协议并非不违反法律规定就可以成立，还必须符合法律规定。如有地方为规避征地补偿程序，选择直接由开发企业与村民签订置换协议、土地补偿协议等，均违反法律规定。此外，行政协议的签订及履行都应当以诚实信用为原则，同时约定内容不能不加合理控制地损害社会公共利益，维护公共利益与遵守诚信原则作为行政法与民法的共同基本原则，在本质上并无适用先后或高低之分，对其价值衡量和判断应依具体的情由而定。据此，行政协议一经签订，协议双方意思表示真实，符合法律规定或社会公共利益，应认定为合法有效。在对行政协议的效力进行审查时，要对依法行政、保护相对人信赖利益、诚实信用、意思自治等基本原则进行利益衡量，从维护契约自由、维持行政行为的安定性、保护行政相对人信赖利益的角度，慎重认定行政协议的效力。在时某诉二七区政府确认行政协议违法案中，涉案安置补偿协议是二七区政府在实施城中村拆迁改造过程中，与时某经过充分协商自愿签订的行政协议，是双方的真实意思表示，应认定为合法有效。

第二，行政协议的无效判断。行政协议无效，是指行政协议自始不发生法律效力。行政协议兼具行政性和合同性，对于行政协议的无效判断，要以《行政诉讼法》第七十五条“行政行为有实施主体不具有行政主体资格或者没有依据等重大且明显违法情形”关于确认行政行为无效的规定为基础，结合原《合同法》第五十二条（现《民法典》第一百四十六条、第一百五十三条、第一百五十四条）“有下列情形之一的，合同无效：（一）一方以欺诈、胁迫的手段订立合同，损害国家利益；（二）恶意串通，损害国家、集体或者第三人利益；（三）以合法形式掩盖非法目的；（四）损害社会公共利益；

（五）违反法律、行政法规的强制性规定”。关于合同无效情形的规定，在依法行政原则与保护相对人信赖利益、诚实信用、意思自治等基本原则之间进行利益衡量，只有在行政协议存在重大、明显违法，违反法律法规的强制性规定，损害国家利益、公共利益及他人合法权益等情形时，才能确认协议无效，否则应当认可行政协议的效力。动辄将双方经磋商达成合意的行政协议退回原点，既阻碍行政协议功能的发挥，也有悖于行政协议订立目的的实现。例如，在徐某诉某市政府房屋补偿安置协议案中，徐某与市政府签订产权调换补偿协议书，法院对该协议书进行了行政民事双重审查，认为协议书因突破了安置补偿政策，应视为约定内容没有依据，属于无效情形；同时履行协议书可能增加政府在旧城改造中的公共支出，侵犯整个片区的安置秩序，由此该协议书损害社会公共利益，违反上述规定，应被认定为无效协议。再如，在任某诉某市政府土地征收行政协议案①中，任某与市政府签订的补偿安置协议系双方真实意思表示，该协议签订后，其又实际领取了补偿款。该协议并不存在重大明显违法，损害国家利益、公共利益或他人合法权益等无效情形，最终法院判决驳回任某的诉讼请求。

需要注意的是，关于行政协议部分约定无效的处理问题。行政协议部分约定无效，就是有些协议条款虽然违反法律规定，但并不影响协议其他条款的效力。那么，无效部分是否影响协议的整体效力呢？早在罗马法中，就有“有效部分不因无效部分而受影响”的规定。原《合同法》第五十六条（现《民法典》第一百五十五条、第一百五十六条）规定：“无效的合同或者被撤销的合同自始没有法律约束力。合同部分无效，不影响其他部分效力的，其他部分仍然有效。”具有可分性内容的行政协议，协议部分无效，不影响合法部分的效力，即容许行政协议部分有效、部分无效的情形存在。但当部分无效将影响有效部分的效力，或者将导致整个协议无缔约可能性，或者导致整个协议履行不公平的，应当确认行政协议整体无效。在某公司诉某市政府履行行政协议案②中，某公司与市政府签订合作协议，约定某市政府直接向该公司出让开发用地使用权，违反了《招标投标法》有关排除第三人参与竞标的规定，属于违反法律的强制性规定，应确认该条款无效。因涉案协议所确

① 详见最高人民法院（2020）最高法行申 2354 号行政裁定书。
② 详见山东省高级人民法院（2017）鲁行终 495 号行政判决书。

定的该公司的义务已经实际履行完毕，若因该条款无效进而确认协议无效，已不具有现实性和可行性，故从合同的稳定性、公平性角度考量，该无效条款并不影响协议其余部分的效力，协议的整体效力继续存在。

第三，行政协议的可撤销判断。行政协议的可撤销，是指由于行政协议意思表示不真实，通过撤销权人行使撤销权，使已经生效的协议归于消灭。对于可撤销协议，撤销权不行使，协议继续有效；撤销权行使，协议自始无效。原《合同法》第五十四条（现《民法典》第一百四十七条、第一百四十八条、第一百五十条、第一百五十一条）规定了可撤销协议的情形，即："下列合同，当事人一方有权请求人民法院或者仲裁机构变更或者撤销：（一）因重大误解订立的；（二）在订立合同时显失公平的。一方以欺诈、胁迫的手段或者乘人之危，使对方在违背真实意思的情况下订立的合同，受损害方有权请求人民法院或者仲裁机构变更或者撤销。"除依据上述规定对可撤销情形进行审查外，还应当审查当事人行使撤销权的期限是否符合法律规定的除斥期间。从行政协议的特点来看，构成行政协议可撤销的情形主要是两种：一是因重大误解而订立协议。重大误解，是行为人自己的过失、缺乏经验、信息欠缺等造成的，对于这类协议，不能将其等同于无效行政协议处理，而应当允许当事人请求变更或者撤销。需要注意的是：其一，误解须是"重大"误解。包括对协议的性质、对方当事人、协议标的物以及标的物的质量、数量、履行地点、履行期限等发生误解。对于协议无关紧要的细节不构成重大误解。其二，误解是订立协议的原因。正是误解导致了协议的订立。如果没有这种误解，当事人就不会订立协议。二是在订立协议时显失公平。显失公平，是一方当事人在欺诈、胁迫、乘人之危或者缺乏经验的情况下订立的当事人之间权利义务关系严重不对等的情形。这类协议主要是当事人权利义务很不对等、经济利益严重失衡，违反了公平合理原则。据此，原告认为行政协议存在胁迫、欺诈、重大误解、显失公平等情形而请求撤销，人民法院应当审查是否符合法律规定的可撤销情形。在王某诉某度假区管理办公室房屋搬迁协议案中，王某与政府签订房屋搬迁协议，法院认为王某在签署协议时存在被暴力、胁迫的可能，难以认定签订行政协议系相对人的真实意思表示，且政府亦有违反行政程序正当原则的行为，故法院判决撤销该协议。

2. 审查行政协议是否依约履行

第一，行政协议的履约义务。关于全面履行的适用。原《合同法》第八条、第六十条第一款（现《民法典》第五百零九条）规定，依法成立的合同，对当事人具有法律约束力，受法律保护，当事人应当按照约定行使权利、履行义务。行政协议司法解释第十一条规定，原告认为被告未依法或者未按照约定履行行政协议的，人民法院应当针对其诉讼请求，对被告是否具有相应义务或者履行相应义务等进行审查。根据上述规定，行政协议由当事人双方协商订立，体现公私合意，那么对行政协议条款内容的理解，就需要严格遵照民事法律规范及契约精神。行政协议一经签订，应当具有公信力和既定力，行政协议内容不违反法律、行政法规的强制性规定，行政机关无证据证明其签订及履行协议过程中存在可撤销的情形，抑或存在无效的情形，应认定该协议真实有效，对双方当事人均有约束力，双方均应按照协议约定全面履行义务。

关于信赖保护的适用。行政协议双方要本着诚实信用的原则，遵守双方达成的合同约定。在协议已订立生效且部分履行的前提下，行政机关若仅以协议订立过程中存在不符合行政管理之情形为由不履行协议，不利于维护政府的公信力，亦有悖于行政协议制度设立的初衷。在某规划公司诉某县政府土地开发整理行政补偿案[①]中，在行政法律规范没有规定某项行政协议必须以书面形式订立的情况下，可以适用民事法律规范对于合同形式的相关规定。原《合同法》第十条第一款（现《民法典》第一百三十五条）规定，“当事人订立合同，有书面形式、口头形式和其他形式”，行政机关与行政相对人协商约定由相对人一方投资案涉土地开发整理项目，双方虽未签订书面协议，但依据在案证据可以认定双方存在事实上的土地开发整理合作关系。相对人对涉案土地进行了实际投资开发整理。无论从落实国家政策、兑现政府承诺的角度出发，还是从公平的角度出发，行政机关均应对相对人的工作成果予以一定的补偿。行政协议需要协议双方秉承诚实信用的原则切实履行协议义务，尤其作为行政机关一方，更应当作为诚信履则的典范，发挥示范效应，保证行政协议的有效履行。在行政协议内容有明确约定的情况下，应当以协议为准。当事人对行政协议内容的理解有争议的，应当按照协议所使用的词句、协议的有关条款、签订协议的目的、交易习惯以及诚实信用原则，确定该条款的真实意思。如果行政机关对约定内容事先没有作出明确界定，协议

---

① 详见山东省高级人民法院（2017）鲁行 1591 号行政判决书。

签订后又不能作出合法有据的解释，此种情形下应作出对行政相对人一方有利的解释，以防止行政机关借此侵害相对人的合法权益。

第二，行政协议的违约行为。违约行为，是指当事人一方不履行合同义务或履行合同义务不符合约定条件的行为。违约行为是违约责任的基本构成要件，没有违约行为，也就没有违约责任。违约行为的情形多种多样，司法实践中，行政协议双方的违约行为主要表现为以下两种：一是不履行协议义务。所谓不履行协议义务，又称毁约行为，指协议一方拒绝履行任何合同义务。二是履行协议义务不符合约定。所谓履行协议义务不符合约定，是指迟延履行合同义务、履行合同义务有瑕疵或者不完全履行合同义务的行为。

关于不履行协议义务的判断。在行政协议履行过程中，可能遇到行政机关无正当理由单方终止履行、拒绝履行协议的情形，致使相对人的协议目的无法实现，此种行为属于违约行为。在张某诉某区政府行政协议案①中，张某与区政府经过充分协商自愿签订的安置补偿协议，是双方的真实意思表示。行政机关在签订安置补偿协议过程中，处于主导地位，应已了解张某的房屋及宅基地情况和相关补偿规定，双方在协议中对张某宅基地实际使用面积已经进行了确认。现行政机关以张某的宅基地面积超过法定标准且未经确权为由拒绝履行协议，违反了诚实信用原则，损害了行政相对人的信赖利益和协议约定的义务，构成违约，故法院判决行政机关继续履行协议约定的义务，并无不当。

关于履行协议义务不符合约定的判断。在行政协议履行过程中，履行协议不符合约定主要有三种情形：①迟延履行。迟延履行是指协议一方无正当理由，在协议规定的履行期届满时，仍未履行相应义务。协议中未约定履行期限的，协议一方在另一方提出履行催告后仍未履行债务，就是迟延履行。如在齐某诉某区政府房屋征收补偿协议案②中，齐某与区政府拆迁指挥部签订棚户区改造回迁安置协议，但区政府迟迟未履行回迁安置协议。法院审理认为，在涉案协议约定的履行期限届满，区政府仍未履行该协议，且该协议具有履行的现实可能的情况下，区政府应当遵循诚实信用原则按照协议约定全面履行义务。区政府未按约定的期限交付房屋，即构成违约，应当承担违

① 详见最高人民法院（2019）最高法行申 6821 号行政裁定书。
② 详见最高人民法院（2018）最高法行申 1314 号行政裁定书。

约责任。法院应当在查明案件事实的基础上，依法判令区政府在棚户区范围内继续履行协议并承担逾期安置期间的违约赔偿责任。②瑕疵履行。瑕疵履行又叫不适当履行，是指协议一方作出的履约行为不符合法律规定或协议约定的标准，甚至因此造成他人人身、财产的损害。如在某公司诉某管委会行政协议案[①]中，某公司与管委会签订土地置换协议，约定管委会用14.19亩土地进行置换补偿。协议签订后，管委会对7.19亩土地的置换履行完毕，对剩余土地的置换未予履行。法院审理认为，在相对人已履行涉案协议约定义务的情况下，管委会对协议约定的7亩土地逾期十年多未交付给相对人，也未按照协议约定履行相关规划义务，已构成严重的违约行为。相对人因该违约行为丧失了涉案协议中已约定的部分交换利益，无法顺利实现签订协议的目的，其由于长期无法使用置换土地迟迟不能开展建设活动而遭受的经济损失是客观存在的。在此情况下，要求赔偿因违约造成的经济损失是当事人的正当权利。③不完全履行。不完全履行又称不完全给付，是指协议一方虽然以完全给付的意思为给付，但给付不符合债务本旨。如在某水厂诉某县政府履行行政协议给付义务案[②]中，法院审理认为，根据审计结果、工程建设完成实际等情况，确认县政府支付某水厂284052.54元。据此，并根据县政府已于2013年9月接管该水厂的事实，县政府应于2013年10月前履行行政协议给付义务，但其至今尚未完全履行，属逾期付款，构成违约行为。县政府未按约定履行协议的继续履行义务及因此给当事人造成损失所应承担的赔偿责任，应置于同一行政协议给付之诉中整体解决。

3. 审查行政协议是否依法变更或解除

一是关于行政机关变更行政协议的审查。行政协议的变更，是指在协议成立以后，不改变协议主体而使协议内容发生变化的行为。行政机关对行政协议条款的变更需要有正当事由，需要符合法律规定或合同约定。行政机关可以选择协商式的处理方式，与行政相对人协商变更行政协议。但在特殊情况下，为了更好地实现公共利益或者行政管理目标，行政机关可以基于行政优益权单方变更协议，这是对协议的履行作出单方调整，有时也是基于协议存在某种违法的情形，不必双方达成合意。依法行政原则要求行政协议保持

---

① 详见最高人民法院（2018）最高法行申154号行政裁定书。

② 详见最高人民法院（2016）最高法行申4839号行政裁定书。

合法的状态，撤销一切违法的行政行为。但行政优益权的行使，通常须受到严格限制。首先，必须是为了防止或除去对于公共利益的重大危害；其次，当作出单方调整或者单方解除时，应当对公共利益的具体情形作出释明；再次，单方调整须符合比例原则，将由此带来的副作用降到最低；最后，应当对相对人由此造成的损失依法或者依约给予相应补偿。由此可见，行政优益权可以看作行政机关在合同框架之外作出的单方处置行为，行政协议本来能够依照约定继续履行，只是出于公共利益考虑才人为地予以改变。相对人如因违约致使合同目的不能实现，行政机关完全可以依照合同规范作出调整，尚无行使行政优益权的必要。在王某诉某区政府变更行政协议案①中，法院审理认为，区政府与王某签订了搬迁补偿安置协议书，但区政府调查核实，发现王某刻意隐瞒了与他人合作建房的事实，若此协议履行必将损害其他二十二户居民的合法权益，故区政府作出被诉变更行政协议并无不当。

当行政机关缺乏行使行政优益权的条件，行政机关对行政协议条款的单方变更，既不符合协议约定，履行过程中也未涉及法定事由及国家利益或社会公共利益。那么，行政机关的变更行为不符合法定的行政机关单方变更行政协议事由，应适用民事法律规范。原《合同法》第七十七条（现《民法典》第五百四十三条）规定，当事人协商一致，可以变更合同。行政机关对协议的单方变更未能取得行政相对人一方的认可，该变更行为不发生效力。如在某公司诉某区政府变更行政协议一案②中，某公司与区政府签订地块改造协议，根据协议约定，该公司应当支付拆迁补偿安置金 1000 万元、稳定保证金 100 万元、拆迁服务费 163.37 万元，该公司实际交纳了 2263.37 万元，其后区政府通知该公司应交纳动迁安置补偿保证金总计 4500 万元，该通知属区政府对协议条款的单方变更，并未有法律规定行政机关可以单方改变动迁安置保证金数额的约定，本地块改造协议履行中也未涉及法定事由及国家利益或社会公共利益。因此区政府的变更行为不符合法定的行政机关单方变更行政协议事由，区政府对协议的单方变更未能取得当事人认可，该变更并未发生效力。

二是关于行政机关解除行政协议的审查。行政协议在签订时具有违法情

---

① 详见最高人民法院（2018）最高法行申 9010 号行政裁定书。

② 详见最高人民法院（2017）最高法行申 7456 号行政裁定书。

形的，可能导致协议无效或者可撤销，已经被确认无效或者撤销的协议，自始不发生法律效力。协议依法成立之后，在履行完毕之前，可能因被解除而丧失效力。所谓行政协议的解除，是指行政协议成立之后，当事人在法定或者约定的解除协议的条件成就时，依照法定程序使尚未履行完毕的行政协议丧失效力的法律行为。司法实践中，对解除行政协议的行为进行效力性审查一般是对行政协议的解约内容进行审查，审查行政协议的解除条件是否成立。判断解除条件是否成立，根据出现的解约情形不同，可分为法定解除条件是否成立和约定解除条件是否成立。

所谓法定解除，是指法律规定的解除协议的条件成就时，解除权人可以直接单方行使解除权。根据原《合同法》第九十四条（现《民法典》第五百六十三条）规定，“有下列情形之一的，当事人可以解除合同：（一）因不可抗力致使不能实现合同目的；（二）在履行期限届满之前，当事人一方明确表示或者以自己的行为表明不履行主要债务；（三）当事人一方迟延履行主要债务，经催告后在合理期限内仍未履行；（四）当事人一方迟延履行债务或者有其他违约行为致使不能实现合同目的；（五）法律规定的其他情形”。也即，在行政协议履行过程中，出现上述情形时，解除行政协议的法定条件成立，行政机关可以单方解除行政协议。法定解除协议体现出单方性和强制性的特点，实务中，行政机关可能基于行政优益权单方强制解除行政协议。但行政机关若常以影响社会公共利益为由行使行政优益权，往往会令协议相对人难以接受，也给司法审查判断带来一定的难度。行政优益权作为一种强制性的行政管理手段，在解决行政协议问题时要慎用。行政协议作为一种新型管理方式，作为契约的一种类型，终究离不开合同原理的规范约束，协议问题更适宜交给协议本身来解决。审查解除行政协议的法定条件是否成立，更需要看是否符合上述条款规定的五项情形之一，前四项（不可抗力、迟延履行、违约行为等导致合同履行不能的情形）为法定解除的具体情形，第五项为兜底条款。兜底条款可以结合行政协议司法解释第十六条“在履行行政协议过程中，可能出现严重损害国家利益、社会公共利益的情形，被告作出变更、解除协议的行政行为后，原告请求撤销该行为……”进一步明确。换言之，“法律规定的其他情形”可以是“可能出现严重损害国家利益、社会公共利益的情形”。实际上，上述条款的表述最终均可归为一点，就是判断某种情形的出现是否影响行政协议目的实现、损害社会公共利益，这与行政优益权殊途同归。相比而言，运用合同规范解决行政协议问题更容易让协议相对人接受，也更符合现代契约精神。甚至，还可以进一步理解为，合同法定解除情形也是行政机关可以行使行政优益权的情形，行使行政优益权解除可以构成法定解除的特殊形式。上述规定也进一步为行政优益权的行使提供了法律支撑。这样认识和处理，即便运用行政优益权解除行政协议，也不至于简单、粗暴。

所谓约定解除，是指当事人在协议中明确约定（存在解约条款），协议履行中出现特定的解除条件成就时，当事人一方或者双方有解除协议的权利。根据原《合同法》第九十三条（现《民法典》第五百六十二条）规定，当事人协商一致，可以解除合同；当事人可以约定一方解除合同的条件，解除合同的条件成就时，解除权人可以解除合同。也即，在行政协议履行过程中，协议各方约定的解除条件成立时，行政机关可以依约解除行政协议。约定解除协议更加柔性，体现出当事人之间更多的意思自治，在民事合同中较为常见，但目前来看，在行政协议中尚不多见。事实上，约定解除也可以是法定解除（行使行政优益权解除）的表现形式，约定解除与法定解除（行使行政优益权解除）并无必然分界。法定解除（行使行政优益权解除）可以通过双方在协议中约定的方式来体现。相信，随着我国行政协议制度的发展深化，行政协议约定解除必将得到广泛应用。

法定解除（行使行政优益权解除）和约定解除往往体现于行政机关单方解除协议行为。与民事合同不同，行政协议的解除，考虑到行政协议所代表的国家利益或社会公共利益，作为相对人一方的原告不能行使单方解除的形成权。原告解除协议要通过行政复议或行政诉讼程序进行。因此，从解除权行使的方式和效果上看，约定解除、法定解除（行使行政优益权解除）均应依法进行全面审查。值得注意的是，法院在对行政机关单方解除行为进行审查时，在适用法律依据、认定事实、解除程序等方面仍应进行具体案件具体分析，不能一概而论。

五、行政协议案件的裁判应对

人民法院在对行政协议进行程序审查和实体审查的基础上，需要根据案件具体情形依法作出裁判。对止于程序审查、尚未进行实体处理的行政协议案件，人民法院通常以裁定驳回起诉的方式作出裁判。对进入实体审查的行政协议案件，要区分不同情形，分别作出相应裁判。行政协议司法解释第十二条至第二十二条是关于行政协议纠纷案件判决类型的规定。根据“诉判一致”的原则，一般情况下，法院会根据当事人的诉请作出相应的判决。为了更方便适用，在吸收和借鉴上述规定的基础上，结合当事人的诉请，被诉行政行为经过实体审查后，可以从以下三方面对判决类型重新作出整合、判断。

（一）涉及行政协议效力问题的判决方式

1. 行政协议认定为有效时的处理

行政协议经过行政性审查和协议性审查后，协议内容被认定为合法有效，或者协议部分条款无效，不影响协议其他条款的履行和协议的整体效力；当事人请求确认行政协议有效的，人民法院应当判决确认行政协议有效；除此之外，针对当事人提出的涉及行政协议效力问题的其他诉请，人民法院应当判决驳回当事人的诉讼请求。

行政协议经审查后发现，协议的订立、履行过程中虽然存在违法情形，但不足以否定其效力，撤销协议会给国家利益、社会公共利益、他人合法权益等造成重大损害或者行政行为程序轻微违法，尚未达到撤销的程度，故可以保留行政协议的效力；结合《行政诉讼法》第七十四条、第七十六条之规定，人民法院应当判决确认行政协议有效，同时判决确认行政协议的订立行为违法，但不撤销该行为；如有其他损失产生，还可以判令行政机关采取相应的补救措施或承担赔偿责任，以弥补当事人因此造成的损失。①

需要强调的是，判决采取补救措施，主要是指采取防止对原告基于行政协议形成的权益造成损害或者扩大对原告造成损害的措施。判决承担赔偿责任，则需要当事人提出具体的赔偿类目、数额，并提供证据证明，在其未提出赔偿请求的情形下，不宜直接判决赔偿。在某燃气公司诉某政府特许经营协议案中，相对人首先与政府签订燃气特许经营协议之后，政府又与另一相对人签署特许经营协议。法院认为，政府存在将同一区域具有排他性的独家特许经营权先后重复许可给不同主体的行为，该重复许可行为违法，为保护相对人利益和社会公共利益，政府应采取补救措施对双方经营地域范围进行界定，妥善解决各方经营权争议。

---

① 参见梁凤云：《行政协议效力确认的若干审理规则》，载“行政执法与行政审判”微信公众号。

2. 行政协议认定为无效、可撤销时的处理

行政协议经审查被认定为无效或可撤销后，自始不发生协议履行的效力，未履行的也不再履行，人民法院应当判决确认行政协议无效；原告以行政协议存在胁迫、欺诈、重大误解、显失公平等情形为由请求撤销协议的，该协议经审查后发现符合上述可撤销情形，人民法院可以判决撤销该行政协议。

行政协议无效、被撤销后会产生一定的法律后果，原《合同法》第五十八条（现《民法典》第一百五十七条）规定了三种法律后果：返还财产、折价补偿、赔偿损失。另外，根据《行政诉讼法》第七十六条的规定，行政协议效力确定不存在的，可以同时责令被告采取补救措施；给原告造成损失的，还可以判决被告承担赔偿责任。返还财产，一般是指原告对于已经交付的财产享有返还请求权，而接受财产的行政机关则有返还财产的义务，返还财产范围应当以恢复原状、恢复原价值为标准，即便已经交付的财产已经减少或者不存在了，也要承担返还财产责任。所谓折价补偿，也是恢复原状的表现形态，如果不能返还财产或者没有必要返还的，应当采取折价补偿方式。例如，征收补偿协议涉及的房屋已经被拆除。而赔偿损失，一般情况下，行政协议效力导致的纠纷应当按照恢复原状标准来进行赔偿。如果行政协议的无效或撤销完全是由于行政机关依照法律规定行使的行政行为导致的，应当按照国家赔偿法规定的行政赔偿标准来进行赔偿。如果可以按照合同法律规范认定协议无效或撤销，应当承担民事上的损失赔偿责任。因此，行政协议无效、被撤销后，当事人因行政协议取得的财产，人民法院应当判决予以返还；不能返还的，判决折价补偿。因行政机关的原因导致协议被确认无效或者被撤销，还可以同时判决责令采取补救措施；给原告造成损失的，应当判决予以赔偿。当事人根据协议无效条款的约定，以未履行的标的计算其损失，没有法律依据。对此，人民法院可以选择适用，以确保行政机关承担恢复到如同没有订立协议时的责任。

（二）涉及行政协议履行问题的判决方式

1. 行政协议认定为不履行或不依约履行时的处理

行政机关不履行或者不按照约定履行行政协议时，经审查能够认定该行政协议无效，相关约定内容不能作为判决行政机关履行给付义务的主要证据和依据，继续履行的条件不能成就，当事人申请行政机关履行相应义务的理

由不能成立，人民法院应当判决驳回当事人的诉讼请求。

当行政机关不履行或者不按照约定履行行政协议时，经审查可以认定该行政协议有效，行政机关无正当理由不履行行政协议的，人民法院应当判决行政机关继续履行行政协议约定的义务，而不必单独在判项中确认不履行的行为违法。具体来说，人民法院可以依据《行政诉讼法》第七十八条“被告不依法履行、未按照约定履行或者违法变更、解除本法第十二条第一款第十一项规定的协议的，人民法院判决被告承担继续履行、采取补救措施或者赔偿损失等责任”的规定，结合原告诉讼请求，判决行政机关继续履行，并明确继续履行的具体内容；行政机关确实无法履行或者继续履行已无实际意义的，人民法院可以判决行政机关采取相应的补救措施；给原告造成损失的，应当判决予以赔偿。“继续履行、采取补救措施或者赔偿损失等责任”判决是法律责任条款，适用上述条款的前提是要对行政机关不依法履行、未按照约定履行行政协议行为的合法性作出判断。该条款的适用条件是被诉行政协议行为违法情形下的责任判决方式。责任判决方式不能单独适用。对于不履行协议义务行为的合法性，人民法院应当依法作出判断，在此基础上才能考虑对原告的赔偿或补偿问题。在某商贸公司诉某区政府拆迁补偿协议案中，相对人与政府签订了房屋及土地收购货币补偿协议，相对人同意政府收购其房屋，但是对房屋性质、面积以及补偿金额未进行约定，后双方对适用何种补偿标准发生争议。法院认为，该协议不存在以欺诈、胁迫等手段签订收购协议的情形，不宜完全否认该协议的合法性，同时判决政府对相对人的房屋损失采取补救措施。

行政机关不履行行政协议与行政机关撤销或解除行政协议发生竞合时，如何处理？当事人向人民法院起诉要求判令行政机关继续履行行政协议。诉讼中行政机关同时又作出撤销或解除行政协议的行为，此时人民法院应当在履行协议一案中就该撤销或解除行为一并进行合法性审查，并作出相应裁判。而不能迳以该行政协议已被撤销或解除，当事人所诉继续履行协议的前提条件及事实依据已不存在为由，驳回其诉讼请求。当事人即使对行政机关撤销或解除行政协议的行为撤回起诉，并另行提起诉讼，其核心诉求并未发生变化，仍是要求行政机关继续履行行政协议。为节约司法资源，避免当事人诉累，实质化解行政争议，人民法院应当对行政机关不履行行政协议以及撤销或解除行政协议的行为一并进行合法性审查，并依法作出裁判。[①]

2. 行政协议构成违约时的处理

关于违约责任与赔偿责任如何区分的问题。在民事领域，违约责任是指当事人不履行合同义务或者履行合同义务不符合合同约定而依法应当承担的民事责任。违约责任是合同责任中一种重要的形式，违约责任不同于无效合同的后果，违约责任的成立以有效的合同存在为前提。同理，行政机关承担违约责任的前提在于行政协议已依法成立且其存在违约行为。《行政诉讼法》第七十八条的规定借鉴自原《合同法》第一百零七条（现《民法典》第五百七十七条）“当事人一方不履行合同义务或者履行合同义务不符合约定的，应当承担继续履行、采取补救措施或者赔偿损失等违约责任”关于违约责任的规定，行政机关依照该条款承担的法律责任类似于违约责任，即责任产生于对履行义务的违反。因此，行政机关不履行或不依约履行行政协议所承担的赔偿责任，可称为违约赔偿责任。并且，行政协议未约定违约责任并不能成为行政机关不承担违约赔偿责任的理由，人民法院应当在查明案件事实的基础上，依法判令行政机关承担逾期履行期间的违约赔偿责任。另外，因行政机关违约造成行政协议解除的，也不影响其承担赔偿损失的责任。一般来说，赔偿损失的范围包括直接损失和间接损失（可得利益损失）。这种基于合同约定形成的行政机关违约责任以至赔偿责任，与行政机关因行政行为违法而产生的国家赔偿责任并不完全相同。在国家赔偿法上，责任产生于对法定职权的违反，即赔偿因违法行使职权给当事人人身、财产权益造成的损失。行政协议案件的赔偿责任实质是行政协议行为侵权的国家赔偿责任与行政协议违约责任的法律竞合。民事诉讼中，发生民事侵权与违约赔偿法律责任竞合的情况下，当事人只能选择其一提起民事诉讼。根据《行政诉讼法》第二条规定，行政诉讼只能是行政行为侵权的国家赔偿责任，除非法律、法规或规章另有规定，行政机关一般不承担违约责任，更不能判决行政机关既承担行政赔偿责任，又承担协议违约责任。

行政机关不履行或不依约履行行政协议的行为构成违法，原告在履行期限届满之前起诉请求其承担违约责任的，人民法院应予支持；原告要求按照约定的违约金条款或者定金条款予以赔偿的，人民法院应予支持；行政机关

① 详见最高人民法院（2020）最高法行申 2796 号行政裁定书。

因国家利益、社会公共利益的需要依法行使行政职权，导致原告履行不能、履行费用明显增加或者遭受损失，原告请求判令行政机关给予补偿的，基于信赖利益保护，人民法院应予支持。人民法院经审理认为行政机关的行为不构成违约而是行政协议无效的，应当向原告释明，并根据原告变更后的诉讼请求判决确认行政协议无效；因被告的行为造成行政协议无效的，人民法院可以依法判决被告承担赔偿责任。原告经释明后拒绝变更的，人民法院可以判决驳回其诉讼请求。

关于行政协议违约金数额的确定问题。根据原《合同法》第一百一十四条第二款（现《民法典》第五百八十五条第二款）关于“约定的违约金低于造成的损失的，当事人可以请求人民法院或者仲裁机构予以增加；约定的违约金过分高于造成的损失的，当事人可以请求人民法院或者仲裁机构予以适当减少”的规定，人民法院有权根据当事人请求对协议约定的过分高于损失的违约金予以适当减少。行政协议未约定逾期付款违约金标准或损失赔偿额的计算方法。[①] 原《合同法》第一百一十四条第一款（现《民法典》第五百八十五条第一款）规定：“当事人可以约定一方违约时应当根据违约情况向对方支付一定数额的违约金，也可以约定因违约产生的损失赔偿额的计算方法。”因行政协议没有约定逾期付款违约金标准或损失赔偿额的计算方法，参照《最高人民法院关于逾期付款违约金应当按照何种标准计算问题的批复》（现已失效），可以按照中国人民银行规定的金融机构计收逾期贷款利息的标准支付逾期付款违约金。

（三）涉及行政协议变更、解除的判决方式

1. 行政机关单方变更、解除行政协议的处理

法院经审查认定行政机关单方变更、解除协议的行为合法，尚未给原告造成损失的，应当判决驳回当事人的诉讼请求，不予判决补偿；如果对原告造成了损失，就可以同时判决予以补偿。需要注意的是，判决损失补偿一般发生在行政机关在履行协议过程中作出了变更或解除协议的行为，当事人对该行为不服要求撤销，实质是希望继续履行行政协议。在补偿的具体标准上，如果案件审理能够查明的，可以判决确定的标准或者数额；如果双方的证据及陈述不足以证明损失数量或金额的，则判决行政机关在一定期限内给予补

① 详见最高人民法院（2016）最高法行申 4839 号行政裁定书。

偿未尝不可。

对于法院经审查认定行政机关单方变更、解除协议的行为存在《行政诉讼法》第七十条规定的主要证据不足，适用法律、法规错误，违反法定程序，超越职权，滥用职权，明显不当等违法情形，导致该行为应予撤销或部分应予撤销，人民法院可以判决撤销或者部分撤销，并判决行政机关重新作出行政行为。

对于法院经审查认定行政机关单方变更、解除协议的行为违法，人民法院可以判决撤销该行为，但协议尚能继续履行的，结合《行政诉讼法》第七十八条的规定，人民法院可以判决行政机关继续履行协议、采取补救措施，给原告造成损失的判决予以赔偿。在认定解除行为违法时方可判决采取补救措施，行为合法的，是判决补偿，两者存在明显区别。在崔某某诉某县政府招商引资一案中，政府发布招商引资优惠政策的通知，作出招商引资的奖励承诺，但是相对人一直向政府主张兑现奖励承诺未果，政府对奖励条款作出限缩性解释，明确将相对人排除出奖励范围。法院认为，政府对奖励条款进行限缩解释的行为属于运用行政优益权对协议进行单方面变更的行为，该解释不符合社会公众的正常理解，属于滥用行政优益权，从而认定该解释无效，判决政府继续履行奖励承诺。

对于法院经审查认定行政机关单方变更、解除协议的行为存在实体正确、程序违法的情形，协议不宜继续履行，但符合《行政诉讼法》第七十四条的规定，该行为应确认违法但不予撤销的，人民法院可以判决单方变更、解除行政协议的行为程序违法，但不撤销该行为；如有其他损失产生，还可以判令行政机关采取相应的补救措施或承担赔偿责任。例如，在某燃气公司诉某市政府解除特许经营协议案①中，相对人与政府签订天然气综合利用项目合作协议，约定由相对人在某市从事城市天然气特许经营。由于相对人不能在合理的期限内完成天然气项目的建设，导致无法实现给居民供气的公益目的，损害了社会公共利益，法院认为在实体上政府解除协议的法定条件成立，但是在解约程序上，政府未能依据《市政公用事业特许经营管理办法》第二十五条的规定告知相对人享有听证的权利，未能履行相应的告知义务，导致行政机关解除协议的行为违反法定程序。法院进一步论证，如果因为程序违法

---

① 详见山东省高级人民法院（2017）鲁行终 191 号行政判决书。

而撤销该行为将会影响城市发展和居民生活，因此判决该行为违法但不予撤销，由政府采取补救措施，同时补偿相对人的合理投入。

2. 行政相对人请求变更、解除行政协议的处理

行政协议确定的内容明显违反法律法规等相关规定，又不符合当事人的真实意思表示，且产生显失公正后果，原告要求变更的，人民法院可以直接判决变更。《行政诉讼法》第七十七条第一款规定的变更判决主要是针对行政处罚、行政确认等单方行为的，故其所规定的变更判决适用情形并不能与行政协议案件形成很好的呼应。故此，行政协议变更判决的适用情形可以参照原《合同法》第五十四条规定的立法精神。根据该立法可以抽象出直接变更合同的两个法定考量因素，一个是意思表示的真实性，一个是订立协议的公平性。此两个因素再加上协议内容的合法性，就可以成为行政协议变更判决的三个主要考量因素。

行政协议解除后，解除之前的协议关系仍然有效，除非损害国家利益、社会公共利益，法院一般应当予以认可。因此，原告请求解除行政协议，法院经审查认为符合约定或者法定解除情形且不损害国家利益、社会公共利益和他人合法权益的，可以判决解除协议。原《合同法》第九十七条（现《民法典》第五百六十六条）"合同解除后，尚未履行的，终止履行；已经履行的，根据履行情况和合同性质，当事人可以要求恢复原状、采取其他补救措施，并有权要求赔偿损失"规定了解除协议的法律后果。即解除行政协议后，协议确定的尚未履行的义务免除，不再继续履行。如果能够恢复原状、返还财产的，应当恢复原状、返还财产；不能恢复原状、返还财产的，应当通过补偿、赔偿方式予以救济。由于法律法规或政策出台导致当事人签订的行政协议不能履行，以致协议缔约目的不能实现，原告请求法院判决解除协议的，人民法院应予支持。如果协议双方对于因法律、法规或政策出台导致协议不能履行均无过错，对于责任如何承担，人民法院可依据上述规定作进一步处理。[①] 如果行政机关迟迟不依约履行行政协议，后因法律规定的变化导致协议无法继续履行，人民法院应当确认行政机关不履行协议义务的行为违法，并可以同时根据《行政诉讼法》第七十八条的规定，判决解除协议。[②]

---

① 参见（2019）最高法民再 246 号长春某房屋开发有限公司与长春市规划和自然资源局建设用地使用权纠纷再审案，载《最高人民法院公报》2020 年第 6 期。

② 详见最高人民法院（2020）鲁行申 5229 号行政裁定书。

六、结语

路漫漫其修远兮，吾将上下而求索。行政协议作为行政机关的一种新型管理方式，跨越了公法私法界限，构建起诉行政协议诉讼新格局。审理相关行政协议案件，既需要坚持维护当事人合法权益的原则，也要坚决维护国家和社会公共利益，既要维护契约自由，保护当事人的意思自治，也要坚持依法行政，加强合法性审查，以充分实现行政协议的目的，实现行政协议促进良法善治的制度价值。行政协议司法解释确立的行政及民事法律规范兼容的审理规则，对于行政法官、行政机关、行政相对人及其代理律师的法律知识、专业技能等都有更高的要求，但规范的适用仍然需要修改完善。新的挑战，亦是新的机遇。相信，随着行政协议案件审理理念的不断深入、法律规范的不断完善、审查规则的不断确立，其在促进诚信政府建设、提升司法公信力等方面将产生积极而深远的影响。

国有土地上房屋征收与补偿协议案件法律适用问题研究

北京市第一中级人民法院行政庭课题组

【摘要】 国有土地上房屋征收与补偿协议类案件被纳入行政诉讼案件受案范围后，在审理规则及法律适用等方面存在难点，课题组以北京一中院过去五年审理的此类案件为观察对象，兼取全国其他地区的裁判情况和典型案例为据，分析此类案件审理面临的问题，包括：协议相对性与诉讼主体资格之间的关系问题，协议效力认定问题，履行与解除问题，裁判方式的具体适用问题，并在分析问题的基础上提出相应的解决方法，以厘清房屋征补协议案件的整体审理思路，供实践参考。

【关键词】 原告资格　协议的成立与生效　行政优益权　裁判方式

国有土地上房屋征收与补偿协议（以下简称房屋征补协议）类案件并不是新类型案件，在2015年之前实际已经是房屋征收补偿类案件类型之一，但因法律规定欠缺，此类案件的审理规则、法律适用等始终是实践难题。2015年新《行政诉讼法》将此类案件明确以行政协议案件列入受案范围后，还是没有解决缺乏统一审理思路和裁判规则的问题。2020年《最高人民法院关于审理行政协议案件若干问题的规定》（以下简称行政协议司法解释）施行，从行政协议的类型、诉讼主体资格、管辖、诉讼请求、证据规则、裁判方式、法律适用等方面作了系统的规定明确，在很大程度上解了审判实务的“渴”。但由于不同类型的行政协议有不同的特点，需要有相对更细化的具体应对。房屋征补协议明显区别于PPP协议，此类协议较PPP协议而言行政性更强，并且《国有土地上房屋征收与补偿条例》对此类协议的签订、履行有专门的规定，需要在司法解释的基础上对行政协议案件进行更深入的研究，探索更为切实可行的审理规则。从实践看，审理的难点集中于审理思路、证据规则、法律适用等各个方面，同案不同判的现象也不同程度存在，亟须在审理规则方面统一标准。由于近年来北京市国有土地上的征收与补偿工作更多集中在北京市第一中级人民法院（以下简称北京一中院）辖区所在的行政管理区域，课题组以北京一中院过去五年审理的此类案件为观察对象，兼取全国其他地区的裁判情况和典型案例为据，分析此类案件审理面临的问题，并提出相应的解决思路，供实践参考。

一、司法审查现状与问题

（一）案件基本情况

2015 年 5 月 1 日至 2020 年年底，北京一中院共计审理征补协议案件 82 件，均为二审案件。根据原告诉讼请求划分，要求确认协议无效的案件达 41 件，占比 50%；要求撤销协议的案件 22 件，占比 26. 83%；要求履行协议的案件 6 件，占比 7. 32%；其他类型请求的案件 13 件，占比 15. 85%。

从结案方式来看，裁定驳回起诉的案件 63 件，占比 76. 83%。从具体的裁判理由看，不具有原告主体资格案件 35 件、重复起诉的 9 件、不属于行政诉讼受案范围 8 件、错列被告且拒绝变更 6 件、其他 5 件。二审以判决方式结案 15 件，其中行政机关败诉 4 件，实体败诉率为 26. 67%。败诉的原因是协议相对人无权处分被征收房屋导致协议无效或行政机关未履行合同约定义务。

（二）存在的突出问题

一是协议相对性与诉讼主体资格之间的关系问题。民法上强调合同的相对性，合同之外的第三方起诉要求确认合同无效或者撤销的情况不多，大多情况下也不存在对应的请求权基础。然而在房屋征补协议中，大量诉讼由房屋征补协议之外的第三人提起，行政协议司法解释第五条明确了起诉的原告主体资格是有“利害关系”，但是实践中如何把握，其与合同的相对性如何协调等，均有待进一步明确。

二是效力认定问题。房屋征补协议兼具行政性与协议性，并且，此种协议因有《国有土地上房屋征收与补偿条例》的规定以及较高程度的公益性而有较强的行政性。实践中，协议何时成立、何时生效，以及是否有效的判定，是以行政性为先，还是以协议性为重，不仅存在审理规则上的困惑，也面临法律适用的难题。例如，实践中大量诉讼是请求确认协议无效。假使协议被确认无效，虽然行政协议司法解释第十二条规定了确认无效的法律依据包括《行政诉讼法》和民事法律规范。但是，一方面，《行政诉讼法》第七十五条规定的“重大且明显违法”具有较大的裁量空间，套用在行政协议上，标准也不明确；另一方面，《行政诉讼法》第七十五条和民事法律规范的“无效”的认定规则本身也存在很大差异，两者在法律适用上的具体内涵、关系等需进一步厘清。

三是履行与解除问题。除了诉请协议无效，还有大量案件是诉请履行或解除。解决了协议的成立与生效问题后，如果也不存在无效的情形，则面临履行和解决这两部分问题。行政协议司法解释对协议的可撤销、可变更以及解除均作了相应的规定，但是如何适用法律来进行认定尚需要进一步明确。例如行政法与民法上虽然均有“撤销”，但是行政法上行政行为的撤销与民法上合同的撤销权旨趣大相径庭。行政机关单方解除权的行使如何审查亦需要进一步研究。例如，行政协议司法解释第十六条规定了行政优益权行使的内涵、条件、后果等，在房屋征补协议中，对于行政优益权行使有无其他限制或者需要列举一些权力行使原则，又如给原告造成的损失如何界定，是否包括可得利益损失，司法对优益权的审查强度与对合同性审查强度的区分等问题，都有待进一步明确。

四是裁判方式的具体适用问题。行政协议司法解释对“有具体的诉讼请求”作了规定，同时规定了判决履行、撤销、变更、确认无效以及确认违法等裁判方式。一方面，在行政诉讼中，几种不同的裁判方式之间可由法院依职权转化，而从民事角度，适用撤销判决还是确认无效判决有严格的限定要求。行政诉讼中认定违法的情形较民事要宽泛，不仅是事实方面的认定，还包括职权、程序、适用法律等。另一方面，与民事相比，确认违法是行政诉讼的特有裁判方式。对协议确认违法，在民事法律规范中找不到对应的规定，此种裁判方式对应哪些具体情形，需要进一步研究。

（三）房屋征补协议案件整体审理思路

课题组认为，行政协议案件的审理，应注重运用辩证思维，区分房屋征补协议的行政性与协议性，厘清房屋征补协议中各种争议的性质，进而选择正确的出口。第一，对被告行使行政优益权针对房屋征补协议作出的单方行政行为进行合法性审查。第二，对房屋征补协议的效力进行叠加式合法性审查，既遵循行政诉讼合法性审查原则，从职权、程序、内容和法律适用等方面进行全面审查，而不局限于当事人的请求内容，又据当事人依据民法上胁迫、欺诈、重大误解、显失公平等提出的撤销请求进行审查。第三，对房屋征补协议的履行进行合约性审查，在对房屋征补协议进行合法性审查后，只要未被撤销或确认无效，该房屋征补协议可作为合约性审查的依据，法院可根据协议约定对当事人的履约行为进行审查。

循此思路，以下分述之。

二、原告资格问题

（一）存在的主要争议

行政协议司法解释第五条对原告主体资格问题作了概括+不完全列举式规定。具体而言，房屋征补协议案件中，用益物权人、公房承租人具有原告资格，但“其他权益受损人”的范围，则留给了司法实践具体判断，这就导致实践中难以把握、把握不一的情况频频出现，突出表现在以下三个方面：

问题1：房屋产权人其他继承人与房屋征收部门行政征收补偿协议纠纷——产权人去世后，涉案房屋未经法定途径析产，征收部门与产权人的其中一个继承人签订征收补偿协议，房屋产权人的其他继承人是否具有起诉行政协议的原告资格？

案例一：有法院认为涉案房屋未经析产，所有继承人都可能获得房屋的所有权或部分所有权，故行政机关与继承人之一签订行政协议的行为损害了其他继承人的合法权益，其他继承人具有提起行政诉讼的原告资格。[①]

案例二：有法院则认为继承人基于继承取得的权利，有赖于继承民事法律关系的确定，该权利不受征收补偿中的行政法律关系的调整，不影响房屋征补协议的正常签订。基于继承人的身份要求确认全部协议无效，与该协议无法律上的利害关系，依法不具有原告主体资格。[②]

问题2：承租人与房屋征收部门行政征收补偿协议纠纷——普通租赁合

① 天津市河北区人民法院（2020）津0105行初80号行政判决书。

② 安徽省阜阳市中级人民法院（2020）皖12行初230号行政裁定书。

同承租人是否有提起行政协议诉讼的原告资格?[①]

案例三：原告陈某与长沙市某金属公司签订了《房屋租赁合同》后对涉案房屋进行装修。后被告长沙市雨花区征收办与长沙市某金属公司签订了《长沙市国有土地上房屋征收补偿协议（货币补偿方式）》，记载被征收房屋共计补偿约6000万元（包括装饰装修部分），原告认为被告对涉案房屋的装修装饰赔偿标准有误，并聘请其他评估公司对涉案房屋装修部分进行价值评估。原告向一审法院申请对涉案房屋装饰装修价值司法鉴定，并申请撤销被告与长沙市某金属公司签订的征收补偿协议中的有关装修装饰部分的行为。

问题3：贾某等人诉北京市石景山区建设委员会房屋行政合同纠纷——保障行政协议第三人及公共利益的司法审查模式如何构建?[②]

案例四：贾某等四名原告诉称，四名原告均是蔡某仓的近亲属。蔡某仓自二十世纪七十年代起一直租赁使用石景山区北辛安新房子19号房屋，四名原告与蔡某仓共同居住生活，户籍也在该房屋内，2005年蔡某仓去世前，被告未依法定程序，将北辛安新房子19号房屋一分为二，将其中一间承租人确定为本案第三人蔡某仁，并单独与其签订了《北京市公有住宅租赁合同》，但实际上蔡某仁不符合承租该房屋的条件。原告认为被告侵害了其合法权益，诉至法院，请求撤销被告区建委与第三人蔡某仁签订的《北京市公有住宅租赁合同》，将石景山区北辛安新房子19号两间30.6平方米房屋的承租人变更为原告。

案例一、二、三对应的问题均是原告虽然不是协议当事人，但该协议的内容涉及其权利和利益。从整体协议内容上分析与原告具有法律和事实上的利害关系，因而应获得原告主体资格。《行政诉讼法》第二十五条已经明确我国行政诉讼在原告资格认定上采用了“利害关系”标准，同时行政协议司法解释第十一条第二款的规定也对新《行政诉讼法》有关行政协议的受理范围进一步扩展，为协议外第三人针对行政协议提出诉讼释放了适当的空间。可以理解为若第三人与行政协议的签订或履行具有利害关系，则第三人有权提起诉讼。如何判定第三人与行政协议存在“利害关系”成为行政协议获得原告主体资格的关键与难点。司法实践中目前出现的问题是，原告身份类型

① 湖南省高级人民法院（2018）湘行终1834号行政判决书。
② 北京市石景山区人民法院（2009）石行初字第18号行政裁定书。

相同，协议类型，诉讼请求皆相同，却出现了法院对原告资格的态度不同的情况，即裁判尺度不统一的情况。

案例四中，四名原告认为被告北京市石景山区建设委员会未依法定程序将公有住宅一分为二，并与不具备承租公有住宅条件的他人签订租赁合同，侵害了四名原告的合法权益，其诉称理由中明确作为行政机关的被告基于行政优益权对公有住宅进行了单方职务处分，并且该单方职务行为与公有住宅租赁合同紧密融合于一体，相辅相成。由此观之，行政协议与民事合同的迥异之处，可见行政协议之于司法审查的复杂性，既要涉及行政协议中单方职权行为的审查，如协议签订前的单方审批行为、单方解除协议或采取其他行政措施等，还需对行政协议的效力进行审查。[①] 行政协议第三人利益的保障在我国现行司法审查模式下仍有很多需要完善之处。而所谓侵害到“合法权益”又有何种表现形式，何种情况下的“合法权益”侵害会产生肯定协议第三人原告资格的效果，尚需进一步探究。

（二）解决思路

“谁有权或有资格提起行政诉讼，进入法院大门，质问公共行政的合法性？作为扣动司法审查程序的扳机之一，此问题历来受实务与理论的关切。”[②]《行政诉讼法》第二十五条第一款规定，行政行为的相对人以及其他与行政行为有利害关系的公民、法人或者其他组织，有权提起诉讼。确定“行政行为的相对人”较为容易，而确定“其他与行政行为有利害关系的公民、法人或者其他组织”较为复杂。原因有二：一是“利害关系”本身为不确定的法律概念；二是行政诉讼原告资格判定受到多重冲突的价值互相牵制。[③] 针对房屋征补协议提起诉讼的主体有两类，即被征收人和房屋征补协议双方当事人以外的人。就房屋征补协议案件而言，被征收人作为行政相对人，其原告诉讼主体资格自然是不能否认的。难点在于房屋征补协议双方当事人以外的人的原告主体资格认定。我国行政诉讼原告主体资格经历了一个从行政相对人到利害关系人的发展阶段。随着司法实践的不断发展，法院对

---

① 高俊杰：《新〈行政诉讼法〉下的行政合同诉讼》，载《财经法学》2016 年第 2 期。

② 沈岿：《行政诉讼原告资格：司法裁量的空间与限度》，载《中外法学》2004 年第 2 期。

③ 耿宝建：《主管公权力与原告主体资格——保护规范理论的中国式表述与运用》，载《行政法学研究》2020 年第 2 期。

利害关系人也越来越倾向宽松的解释，这是世界性的发展趋势。[①]

课题组将当事人与征收财产之间的法律关系作出如下分类：所有权人型、用益物权人型、公房承租人型、承租人型、抵押权人型、股东型。经过分析，我们认为，具有利害关系的表现形式为所有权人型［其中囊括（1）协议第三人直接主张是涉案被征收房屋的所有人；（2）协议第三人主张其是涉案被征收房屋的共有人；（3）协议第三人主张其是涉案被征收房屋的继承人］、用益物权人型、公房承租人型；不具有利害关系的为抵押权人型；是否具有利害关系存在较大争议的是股东型与承租人型。

1. 具有利害关系的权利人类型及判断依据

（1）所有权人：《国有土地上房屋征收与补偿条例》第二条规定为了公共利益的需要，征收国有土地上单位、个人的房屋，应当对被征收房屋所有权人给予公平补偿。被征收房屋所有权人自然有诉行政补偿协议的原告资格。

（2）用益物权人（国有土地使用人型）：《民法典》第三百二十七条规定："因不动产或者动产被征收、征用致使用益物权消灭或者影响用益物权行使的，用益物权人有权依据本法第二百四十三条、第二百四十五条的规定获得相应补偿。"可见，在征收补偿协议案件中，用益物权人有权依法获得行政诉讼救济。

（3）公房承租人：国有土地上房屋征收与补偿中，公有住房的所有权属于代表国家的产权单位，公房承租人享有使用权。公房承租人之所以有原告资格，是因为公房承租权的性质虽然属于因租赁合同产生的债权，但由于公房具有特殊性，承租人享有除所有权外的"占有、使用、收益"权，公房承租权具有一定的"准物权"性质。实务中，由于公房所有权与使用权分离，对于征收决定提起诉讼的原告资格一般仅赋予公房所有人，但对于在征收或拆迁过程中的补偿，因公房承租人享有的补偿权益与其他不动产权利人无本质上的区别，往往赋予其对于补偿行为或强拆行为提起诉讼的原告主体资格。[②] 公房承租人具有准所有权人的地位，成为行政诉讼的原告是行政裁判实践的公式和通常做法。

---

① 张扩振：《论行政诉讼原告资格发展之历程与理念转换》，载《政治与法律》2015 年第 8 期。

② 最高人民法院行政审判庭编著：《最高人民法院关于审理行政协议案件若干问题的规定理解与适用》，人民法院出版社 2020 年版，第 75 页。

2. 不具有利害关系的权利人类型及判断依据

担保物权人：之所以没有规定担保物权人的原告资格，是考虑到担保物权人的权益可以获得其他法定途径的救济和保障，担保物权担保的权益属于或有债权，需要法律保护的利益是在将来出现。此外，在出现担保或者征用的情形时，抵押权人等担保物权人可以依据民法典的相关规定获得民事诉讼救济。

3. 利害关系存在争议的权利人类型及判断依据

（1）股东

股东代表诉讼制度是《公司法》对股东的权利救济制度的规定。《公司法》第一百五十一条规定了股东代表诉讼，在董事、监事、高级管理人员及其他损害公民利益时，公司意思机关怠于行使诉权，符合条件的股东在经过前置程序后，有权以自己的名义向法院提起诉讼。依照公法上的规定，对公司与行政机关签订的征收补偿协议不服提起行政诉讼的，由于股东对涉案被拆迁房屋不具有物权权利，通常情况下难以根据《国有土地上房屋征收与补偿条例》获得公法上的权利，但是《公司法》第一百五十一条规定的存在，使股东在特定的条件下取得了类似协议相对人的地位，进而就具有了原告资格（此处是基于法律的特别规定而取得的原告资格）。

（2）承租人

承租人的情况较为复杂。试举例说明：在普通的房屋承租人型案件中，张某租王某的房用于居住并签订了《房屋租赁合同》，约定租期五年。在张某租赁期间，行政机关与王某签订了房屋征补协议，此时张某与王某之间通过签订租赁合同形成了债权债务关系。就未达到五年租赁期限的违约行为，张某可以依据该租赁协议向王某主张债权。房屋征补协议的签订并没有导致张某的债权消失，即使该房屋已经被征收，其仍可以通过向王某主张债权获得救济，因此张某就没有撤销或者变更行政机关与王某签订的房屋征补协议的原告资格。

前述案例三中陈某也是一个承租人，但是在该案中陈某对涉案房屋投入了装修成本，并还在运营期间，行政机关在与长沙市某金属公司签订的征收补偿协议中列明了对装修的补偿费用以及对停产停业造成损失的补偿费用，此类费用的补偿不是由长沙市某金属公司基于对涉案房屋的所有权而获得，而是因陈某对涉案房屋的装修、经营产生。征收补偿协议相对人就装修、停产停业获得的补偿利益与陈某对涉案房屋投入的装修费用、停产停业造成的损失具有因果关系，法院进而认定该征收补偿协议与陈某具有利害关系，赋予其原告资格。

综上分析，行政协议外第三人具有原告资格，归根结底系因其与行政协议存在利害关系且其固有权利受损的情形。固有权利是否受到行政协议的损害，是指公民法人或者其他组织的权利义务是否已经或将会必然受到行政行为的实际影响，或置某一方当事人于不利地位。目前，法院能够给予诉讼主体原告资格的案件都是其对涉案征收房屋具有物权性质的法律关系以及对涉案土地具有用益物权。而在征收补偿协议第三人不具有原告资格的案件中，法院主要认为其与被诉协议相对人之间形成的是债权债务法律关系，应当通过民事诉讼获得救济。即便是在承租人型、股东型案件中尚有争议，但是从整体角度而言，物权和债权的区分是符合当前征收协议诉讼对协议第三人原告资格判定标准的。但是仅就物权和债权的区分也无法处理有争议或者案情较为复杂的案件，例如上述案例三。我们认为，在征收补偿协议第三人原告资格认定标准的问题上，可以通过两步走来完成。

第一步，首先要判断行政协议行为对协议外第三人固有权利是否起到了阻断作用，即是否导致固有权利不复存在。如果直接导致了该固有权利的灭失，就判定该征收协议行为阻断了第三人固有权利，因此第三人的权利损失与该征收协议行为之间具有因果关系，故而获得原告资格。如果在此过程中没有阻断其固有权利的存在，也不能完全否定第三人与征收协议之间的因果关系，要进入下一步判断。张某租赁案即属于行政协议行为没有导致固有权利的消失。

第二步，虽然上一步骤已经能够通过区分行政协议行为是否阻断了第三人固有权利判断出其是否享有原告资格，但是鉴于案件实际情况的复杂性，仍有一部分案件需要进一步分析才能得出最终结论，即需要判断协议相对人是否基于第三人固有权利的受损而获益。如果协议相对人所获利益部分是因为对协议第三人固有权利损害而享有，那么就认为征收补偿协议与第三人固有权利损害具有因果关系，认定该第三人具有原告资格。正如案例三所显示判理。

三、协议的效力问题

（一）协议的成立与生效

1. 存在的主要争议

问题 1：协议成立与生效时点的认定

审查此类案件面临的第一个实体判断问题，就是协议的成立与生效问题。典型的情况为：被征收人先签署征收补偿安置协议，在征收部门签署征收补偿安置协议前，被征收人已将被征收房屋交付征收部门拆除的，征收补偿安置协议的成立、生效时间如何界定？

试举一例：李某诉永定镇政府行政协议案①中，李某作为被征收人（乙方）与永定镇政府（甲方）签订了《北京市住宅房屋征收补偿安置协议》，李某签署协议时间为 2012 年 7 月 10 日，后将房屋交付永定镇政府拆除。永定镇政府签署协议时间为 2013 年 8 月 26 日。2013 年 8 月 27 日，永定镇政府向李某发放了征收补偿款共计 3 159 474 元。李某认为永定镇政府迟延发放征收补偿款，请求法院判决永定镇政府支付延迟付款违约金。该协议第 6.1 条第（1）款规定：乙方征收补偿款足以支付定向安置房购房款的，由甲方在项目审计部门审核通过后 20 个工作日内向乙方开具领款凭证，一次性发放抵扣定向安置房购房款后的征收补偿款结算余额 3 159 474 元。

问题 2：缔约履责之诉——被征收人是否可以向人民法院起诉要求征收部门与其订立征收安置补偿协议？

隗某英诉区征收办要求履行签订房屋征补协议职责案②中，2018 年 9 月 18 日，隗某明、隗某海就 136 号房屋与门头沟征收事务中心签署了《北京市门头沟区房屋征收补偿安置协议》，载明：被征收人王某荣（已故）、隗某海、隗某明，根据《门头沟区人民政府征收决定》（门政征字〔2012〕3 号），需要征收被征收人在项目范围内的房屋及附属物。同日，双方签订《北京市门头沟区房屋征收补偿安置补充协议》，载明：房屋腾退前，被征收人因危房及家庭困难等情况，已选房并安置高家园地块 6 楼 802 号 2 居室 1 套和高家园地块 7 楼 202 号 2 居室 1 套。2018 年 9 月 14 日，隗某英、隗某兰

① 北京市第一中级人民法院（2016）京 01 行终 266 号。
② 北京市第一中级人民法院（2019）京 01 行终 851 号。

以隗某海、隗某明、征收事务中心为被告向门头沟区人民法院提起民事诉讼，要求确认隗某海、隗某明与征收事务中心签订的补偿协议无效。2018 年 12 月 7 日，门头沟区人民法院作出（2018）京 0109 民初 5771 号民事裁定书，驳回隗某英、隗某兰的起诉。隗某英仍不服，诉至门头沟区人民法院，请求法院判决门头沟征收办立即对征收隗某英所有的 136 号房屋作出安置补偿，与隗某英签订房屋征收补偿安置协议。该案二审终审裁定认为，虽然行政协议也是行政机关履行职责的一种表现形式，但与单方行政行为不同，需要在双方当事人协商一致的情况下才能达成。当事人能否协商一致需要基于双方当事人的合意，不具有法律上的可强制性，因此是否缔结协议并不能通过司法裁判予以拘束。在房屋征收行政法律关系中，不能强制要求行政机关必须与被征收人协商一致并达成补偿协议。隗某英起诉要求责令门头沟征收办履行就涉案房屋签订征收安置补偿协议的职责，不属于人民法院受案范围，依法应予驳回。

2. 解决思路

关于问题 1，行政协议司法解释第二十七条第二款规定，人民法院审理行政协议案件，可以参照适用民事法律规范关于民事合同的相关规定。《行政诉讼法》对行政协议的成立没有作出特别规定，因此，对行政协议成立时间的认定应当参照民事法律规范的相应规定。《民法典》第四百九十条规定，当事人采用合同书形式订立合同的，自当事人签字或者盖章时合同成立。在签字或者盖章之前，当事人一方已经履行主要义务，对方接受时，该合同成立。第五百零二条规定，依法成立的合同，自成立时生效。被征收人先签署征收补偿安置协议，在征收部门签署征收补偿安置协议前，被征收人已将被征收房屋交付征收部门拆除的，相应征收补偿安置协议应当自房屋交付拆除之日即已成立。上述案例中，李某与永定镇政府签订房屋征收补偿安置协议后即将房屋交付拆除，已经履行主要义务，永定镇政府也予以接受。依据上述规定，双方当事人签订的房屋征收补偿安置协议应当自房屋交付拆除之日即已成立并生效。

关于问题 2，行政协议司法解释第九条第四项规定，请求判决行政机关依法或者按照约定订立行政协议，属于《行政诉讼法》第四十九条第三项规定的“有具体的诉讼请求”。根据该条规定，请求判决行政机关依法或者按照约定订立行政协议已明确属于行政诉讼的受案范围。根据《行政诉讼法》第十二条第一款第十一项的规定，房屋征收安置补偿协议属于行政协议的一种，被征收人当然可以向人民法院起诉要求征收部门与其订立征收安置补偿协议。如果支持被征收人的诉讼请求，判决主文可按照履责之诉的判决方式进行判决，即判决征收部门按照法律规定或者双方约定与被征收人订立征收安置补偿协议，如达不成协议，则要按照《国有土地上房屋征收与补偿条例》第二十六条的规定，报请作出房屋征收决定的市、县级人民政府作出补偿决定。

（二）协议的无效

1. 存在的主要争议

实践中，大量的案件是诉请确认协议无效。对于协议无效的审查认定，最大的难题在于法律适用。行政协议司法解释第二十七条对审理行政协议案件的法律适用进行了规定，但具体到个案审理时如何适用，则是实践难题。民事法律规范对合同无效的情形作了明确规定，不得随意扩张。而《行政诉讼法》第七十五条规定的无效行政行为，则为“行政行为有实施主体不具有行政主体资格或者没有依据等重大且明显违法”。但什么是重大且明显违法，有较大的裁量空间。超越法定职权、违反法定程序、认定事实不清、适用法律错误等均可能构成重大且明显违法，范围与民事法律规范存在交叉的同时，也存在较大的差异。适用《行政诉讼法》第七十五条时，能不能以民事法律规范来具体认定“重大且明显违法”？

例如马某某案。马某某与樊某某原系夫妻关系。2017 年 12 月 27 日，马某某与樊某某协议离婚并办理了离婚登记，双方于当日签署的《离婚协议书》载明夫妻共同所有的位于石景山衙门口上后街 152 号平房 1 间双方各占 50%。2018 年 1 月 28 日，樊某某以马某某的代理人身份与孟某某共同在被诉的《房屋征收补偿协议》上乙方签字处签字确认。2018 年 1 月 29 日，石景山区征收中心作为甲方在被诉的《房屋征收补偿协议》上盖章并签字确认。马某某与樊某某于 2017 年 12 月 27 日解除婚姻关系后，已将二人离婚的事实通知了石景山区征收中心，石景山区征收办、石景山区征收中心亦予以认可。樊某某否认 2018 年 1 月 28 日签订《房屋征收补偿协议》当天持有马某某的身份证、居民户口簿原件，石景山区征收办、石景山区征收中心对此亦予以认可。马某某主张自己于 2018 年 5 月 26 日才得知被诉《房屋征收补偿协议》的相关情况，请求法院判决确认石景山区征收办委托石景山区征收中心与马某某、孟某某签订的《房屋征收补偿协议》无效。该案一审法院判决驳回了马某某的诉讼请求，二审法院改判认为樊某某代理马某某签订《房屋征收补偿协议》并未得到马某某的授权，且此后马某某对此并未作出追认的意思表示，樊某某代理马某某签订《房屋征收补偿协议》系无权代理行为，《房屋征收补偿协议》对马某某不发生效力，改判确认《房屋征收补偿协议》无效。

2. 解决思路

根据行政协议司法解释第二十七条的规定，审理行政协议案件应当优先适用《行政诉讼法》，在其没有规定的情形下，再参照适用《民事诉讼法》或民事合同的有关规定。在具体的案件中，哪些适用《行政诉讼法》，哪些适用民事合同的规定，需要法官在案件中予以甄别。为了便于操作，课题组认为可以采取两分法，即先识别行政协议中具有行政管理方式的“行政性”的内容，该部分适用《行政诉讼法》第七十五条关于行政行为无效的规定；再识别行政协议中作为公私合议产物的“合同性”的内容，该部分适用民事合同相关的规定来认定无效。在两分法中，又要有重点论。课题组认为“行政性”内容的审查是行政协议审查的重点，因为行政协议的本质是行政性，协议只是行政机关履行职责的一种形式，其作为公权力行政的属性并未因其形式的不同而改变。适用《行政诉讼法》审理行政协议，目的不是尽量多地确认行政协议无效，反而是要充分运用行政诉讼的特点，让行政主体去补救、完善行政协议的缺陷，尽量多地让行政协议有效，进而充分保障行政相对人的合法权益，这也是行政协议适用《行政诉讼法》进行审理的优势所在。如果行政协议瑕疵可归咎于行政机关的过错，且行政机关能够通过行使裁量权或者采取补救措施消除有关合同瑕疵，法院也不宜判决行政协议无效，而应当责令行政机关继续履行行政协议，并责令行政机关履行法定职责、采取补救措施，将无效状态治愈成合法状态。

四、协议的履行与解除

（一）行政相对人撤销权、解除权的行使

1. 行政相对人撤销权的行使

根据行政协议司法解释第十四条的规定，行政相对人认为行政协议存在

胁迫、欺诈的情形，可请求撤销协议。此条文涉及胁迫、欺诈的认定标准问题。

就胁迫而言，行政协议中认定行政相对人受到胁迫的标准除需满足“胁迫人主观上有胁迫的故意、客观上实施了胁迫行为、胁迫具有不法性、受胁迫人意思表示与胁迫行为之间具有因果关系”四个构成要件外，还应当着重考量行政机关为了签订行政协议采取的相关行政行为是否具有合法性、手段与目的是否正当。例如，假如行政机关为了快速实施拆迁，通知不在近期签约将加大对企业环保、税收等查处力度。若行政机关的该行为具有相应职权依据并且属于正当行使职权的话，此种情形就不能认为是胁迫。若行政机关通过断水、断电等方式促成签约，违反《国有土地上房屋征收与补偿条例》第三十一条的规定，不具有行使职权的合法性和正当性，此种情形就可能属于胁迫。

就欺诈而言，行政协议中认定行政相对人受到欺诈需满足“欺诈人主观上有欺诈的故意、客观上实施了欺诈行为、被欺诈人因欺诈行为陷入错误判断、受欺诈人基于错误判断作出意思表示”四个构成要件，可参照《民法典》第一百四十八条、第一百四十九条的规定进行判断。需要注意的是，行政相对人认为其受到欺诈的认定并不需要客观上遭受损害的事实，只需行政相对人因行政机关的欺诈行为作出订立行政协议的意思表示即可成立欺诈。例如，行政机关告知行政相对人房屋征补协议中补偿金额或置换房屋的位置面积等条件特别优厚，骗取行政相对人在空白协议上签字，事后在协议中填写的金额及面积与约定不符，即为欺诈。

2. 行政相对人解除权的行使

根据行政协议司法解释第九条第五项、第十七条的规定，行政相对人请求解除合同的，除需符合约定解除或者法定解除的情形外，还需满足不损害国家利益、社会公共利益和他人合法权益这一条件。此条文涉及的争议问题是行政相对人行使解除权的条件及判断标准。

就行政相对人行使约定解除权而言，为防止权力滥用，首先，协议中的约定解除条款必须明确具体，约定不明视为没有约定；其次，解除权系形成权，行政相对人未在确定期限内或合理期限内行使解除协议的形成诉权，则法院不应支持行政相对人的诉求；再次，限制解除的事由不可一概而论，法院可根据协议各方的违约程度，遵循不损害公共利益、利益平衡等原则，结合具体案件情况进行判定；最后，即使约定解除条件成就，若行政机关违约程度显著轻微，不影响行政相对人协议目的实现，行政相对人请求解除协议的，法院也应不予支持。

就行政相对人行使法定解除权而言，《民法典》第五百六十三条规定了法定解除的情形，但就法定解除权情形的判断标准而言，行政相对人与行政机关应建立双重标准体系。例如，因不可抗力致使不能实现合同目的行使解除权的情形，就政府行为能否作为不可抗力的判断，行政机关相较于行政相对人具有更强的预见能力和更高的勤勉注意义务，抵抗不可抗力的能力也比行政相对人更强。因此，判断政府行为是否构成行政协议的不可抗力事由，行政机关和行政相对人遵循的主观要件和客观要件均不相同，行政机关应遵循专业标准，而行政相对人则遵循民事合同的善意一般人标准。①

（二）行政机关撤销权、解除权的行使

1. 行政机关撤销权的行使

传统民法上的可撤销合同主要有三种：受胁迫或欺诈所订立的合同，因重大误解所订立的合同及显失公平的合同。行政机关作为管理者，属于“更有能力”的强势一方，实践中不宜承认行政机关会“受胁迫”、产生“重大误解”或签订“显失公平”的合同。因此，行政机关不因“受胁迫”“重大误解”或签订“显失公平”的合同而行使撤销权。但实践中不乏行政机关存在“受欺诈”的可能。此条文涉及的争议问题是行政机关受欺诈的认定标准。

就欺诈而言，行政相对人在与行政机关签订行政协议时隐瞒有关情况或提供虚假材料，以及行政相对人与他人采取恶意串通等违法手段，使行政机关对签订协议的相关事实产生错误的认识，从而与相对人签订行政协议。此种情形下，行政机关可以行使撤销权。法院在审查行政机关行使撤销权是否合法时，应当着重审查行政机关是否就行政相对人提供的材料尽到了实质审查义务，是否在调查时穷尽了所有的合法合理手段，是否具有相应完备的程序。例如，在房屋征收补偿协议签订过程中，相对人提供的房屋权属证明是伪造的，在此情况下行政机关已经尽到审查义务的，可以撤销或变更已签订

① 王静波：《论政府行为作为行政协议诉讼中的不可抗力》，载《华东政法大学学报》2020 年第 4 期。

的协议。

2. 行政机关解除权的行使

行政协议既具有“行政性”，又兼具有“协议性”。基于此，行政机关具有双重地位，既是协议的一方，享有民法典赋予的约定解除权、法定解除权，又享有行政诉讼法赋予的行政优益解除权。此三种解除权虽然同属解除权，性质却截然不同，但在实践中的外在表现形式均为行政机关向行政相对人发送解除通知书，最终实现的是行政机关单方解除行政协议。此条文涉及的争议问题是如何理解行政优益解除与约定解除、法定解除之间的关系，行政机关行使解除权的审查要点。

第一，行政优益解除、法定解除均可以通过约定解除的形式在协议中体现。第二，行政优益解除可作为法定解除的特殊形式。根据行政协议司法解释第二十七条的规定，审理行政协议案件应当适用《行政诉讼法》的规定，参照适用《民事诉讼法》及民事法律规范关于民事合同的相关规定。《民法典》第五百六十三条第一款第五项规定了法定解除的兜底条款，即法律规定的其他情形。而行政协议司法解释第十六条第一款规定，在履行行政协议过程中，可能出现严重损害国家利益、社会公共利益的情形，行政机关作出解除协议的行为后，原告可请求撤销该行为。由此可判断，“严重损害国家利益、社会公共利益的情形”亦可构成《民法典》第五百六十三条第一款第五项规定的其他情形。第三，从解除权行使的方式和效果上看，行政优益解除、约定解除、法定解除最终体现的均为行政机关单方解除行政协议，均应根据合法性审查原则对行政机关的解除行为进行全面审查。

（三）行政优益权的行使

1. 存在的主要争议

行政优益权作为协议解除的特别情形，有必要作进一步分析。房屋征补协议中的行政优益权指的是行政机关在协议签订、履行过程中作为公共利益的代表，所享有的并给予公共利益考量方可行使的相对于合同相对方合同利益的一种优先权，具体可以包括单方变更、解除征补协议等。行政优益权的行使容易有滥用之虞。在司法审查中，行政优益权行使是否合法、适当的审查，因缺乏相应的法律规定，需要对审查思路、审查强度作进一步明确。

例如，房屋征补协议约定将相关的房屋征收决定和征收补偿方案作为征收补偿依据，征收补偿方案中对平房补助费的计算方式和标准进行了明确约定，而双方签订的房屋征补协议对该补助费只约定了一个数字，无其他约定，且价格明显高于按照征收补偿方案计算的金额。征收部分向房屋被征收人发送了更正通知书更正相关金额。法院以征收机关在行政协议中具有行政优益权为由，支持了相关更正决定。①

2. 解决思路

课题组认为，房屋征补协议中行政优益权的行使应遵循诚实信用原则和信赖保护原则，尊重协议约定，避免权力滥用。因而，对行政机关行使优益权进行审查时，可以从五个方面进行把握：

一是要审查权力来源是否具有专门条款授权②及是否是职权条款的延伸③。因优益权体现了房屋征补协议行政性的一面，应有明确授权方可行使。

二是行政优益权的行使须有"严重损害国家利益、社会公共利益"的情形。行政协议司法解释第十六条对优益权的行使规定了明确的行使条件，行政机关应尽可能详尽地阐述对国家利益、社会公共利益等带来的严重损失以及通过行政机关单方变更、解除等权利的行使，如何防止相关损失。比如，可能对地方整体规划或长远发展造成实质性障碍的可视为损害公益④，而可能引发财政负担不应被视为损害公益。⑤ 另外，是否可能导致损害公益的举证责任应由行政机关负担。⑥

三是应遵循比例原则，行政机关需在穷尽其他方式手段的情况下，才能

---

① 北京市第一中级人民法院（2020）京01行终619号行政判决书。

② 《市政公用事业特许经营管理办法》第十三条规定："获得特许经营权的企业承担政府公益性指令任务造成经济损失的，政府应当给予相应的补偿。"《基础设施和公用事业特许经营管理办法》第三十六条规定："因法律、行政法规修改，或者政策调整损害特许经营者预期利益，或者根据公共利益需要，要求特许经营者提供协议约定以外的产品或服务的，应当给予特许经营者相应补偿。"《土地管理法》第五十八条规定："有下列情形之一的，由有关人民政府自然资源主管部门报经原批准用地的人民政府或者有批准权的人民政府批准，可以收回国有土地使用权：（一）为实施城市规划进行旧城区改建以及其他公共利益需要，确需使用土地的；（二）土地出让等有偿使用合同约定的使用期限届满，土地使用者未申请续期或者申请续期未获批准的；（三）因单位撤销、迁移等原因，停止使用原划拨的国有土地的；（四）公路、铁路、机场、矿场等经核准报废的。依照前款第（一）项的规定收回国有土地使用权的，对土地使用权人应当给予适当补偿。"

③ 最高人民法院（2017）最高法行申4595号。

④ 最高人民法院（2019）最高法行申7782号。

⑤ 最高人民法院（2018）最高法行申3009号。

⑥ 最高人民法院（2018）最高法行申9005号

行使行政优益权，并且应选择对相对人伤害最小的方式。倘使行政机关通过行使民法上的权利即可维护自身利益，便不宜再行使单方变更、解除合同的权力。例如，房屋征补协议若约定将相关的房屋征收决定和征收补偿方案作为征收补偿依据，相关的方案对某些补助费往往会列举详细的计算标准，而双方签订的房屋征补协议对该补助费只约定了一个数字且无其他约定。此时，行政机关便可以借助合同解释的方法，根据补助费计算标准进行相应调整，这也并未超出房屋征补协议相对人的预期，亦不需要行使优益权。

四是优益权的行使应遵循法定的程序，遵循正当程序的要求，履行及时告知、说明理由、听取相对人意见等程序，保障相对人陈述、申辩的权利，不能肆意变更、解除征补协议。若行政机关违反法定程序或者正当程序要求，则其单方变更、解除征补协议的行为将被撤销或者被确认违法。

五是给相对人造成损失时，行政机关是否进行补偿。鉴于损失是否包括可得利益损失还有进一步研究的空间，可先限于直接损失。

五、裁判方式的选择

根据行政协议司法解释、《最高人民法院关于适用〈中华人民共和国行政诉讼法〉的解释》（以下简称行政诉讼法解释）等规定，审理征补协议案件时，在对该协议的合法性审查的前提下，可以确认判决、撤销判决、解除判决等。如前所述，房屋征补协议作为行政协议的一种，兼具行政行为属性和合同属性。因此，司法实践中，法院审理房屋征补协议案件时，要依据行政协议的相关规定，并从公共利益、征补协议当事人利益、第三人利益以及协议合作的安定性等方面综合考量，选择适用符合法律规定的裁判方式。

（一）裁判方式现行规定

1. 确认效力判决

在行政协议司法解释中，针对协议的效力规定有：确认协议无效（存在重大且明显违法情形，可适用民事法律规范确认）、确认协议有效（无效的原因在一审法庭辩论终结前消除的）、确认协议未生效（行政协议尚未发生法律效力）三种裁判方式。

2. 撤销判决

针对撤销判决的适用范围，主要有以下两个层面：（1）行政协议存在胁迫、欺诈、重大误解、显失公平等情形，法院经审查认为符合法定可撤销情形的，可以依法判决撤销该协议。涉及的是当事人意思表示有瑕疵，从而造成可撤销的情形而由法院予以依法撤销。（2）被告变更、解除行政协议的行政行为存在《行政诉讼法》第七十条规定情形的，人民法院判决撤销或者部分撤销。撤销判决针对的是当事人意思表示有瑕疵或者行政机关不当行使行政优益权的情形。

3. 解除协议判决

解除协议判决适用于行政机关行使行政优益权违法或者符合民事法律规范确定的合同之法定解除、约定解除的条件的，法院可以判决解除该协议。

4. 继续履行、采取补救措施和赔偿损失判决

一般情况下，出于维护公共利益考虑，法院应尽量保障协议的有效性，确保协议得以继续履行。但因行政机关在行政协议中违约、违法或者行使行政优益权的原因，致使行政协议被确认无效、被撤销或解除，法院判决被告继续履行协议、采取补救措施无法继续履行或者继续履行已无实际意义的，可判决行政机关采取相应的补救措施；给协议相对人造成损失的，判决予以赔偿。

（二）存在的主要问题及应对

1. 引入“确认违法判决”，完善“撤销判决”

行政协议司法解释仅规定了协议存在重大且明显违法情形时，法院确认协议无效的判决方式。行政协议属于行政行为的一种，还有其他导致无效的情形。行政协议存在下述情形之一的，可以认定为无效：（1）行政行为的实施主体不具有行政主体资格；（2）行政行为没有法律规范依据；（3）行政行为内容上客观上不能实施；（4）行政行为的实施将导致犯罪或者严重违法；（5）行政行为内容明显违背公序良俗；（6）行政行为的实施将严重损害公共利益或者他人合法权益的；（7）其他重大且明显违法等。[①] 但司法实践中，还存在行政协议轻微违法甚至一般违法，但是并未达到“重大且明显违法”而须判令无效的程度，行政协议规定及相关司法解释并未给出明确的规定。

2017 年修正的《行政诉讼法》将政府特许经营协议、土地房屋征收补偿

---

① 江必新、梁凤云：《最高人民法院新行政诉讼法司法解释理解与适用》，中国法制出版社 2015 年版，第 160 页。

协议等行政协议纳入行政诉讼的受案范围，而该法第七十条、第七十四条规定了撤销判决、确认违法判决的适用情形，行政协议属于行政行为的一种，因此在审理行政协议案件时可以适用上述规定，对涉案行政协议合法性进行审查，作出相应的撤销判决、确认违法判决。在行政协议轻微违法甚至一般违法，但是并未达到“重大且明显违法”并且维持协议的效力不会对国家利益、社会公共利益造成重大损害的情况下，为了平衡协议的合法性和稳定性，对于行政协议轻微违法设置“确认违法判决”更为可取，一方面判决确认违法考虑到协议契约的稳定性，在本质上维持了协议的效力，另一方面又指出了其违法属性，将纠正违法状态的责任委诸行政机关，使之能够采取补救措施来进行违法性治愈。对于一般违法行为采取撤销判决，撤销协议中违法的部分而保留协议中合法的部分，“相比于‘确认违法判决’，人民法院运用‘撤销判决’处置行政协议效力争议，能够为存在一般违法的行政协议搭建‘阶梯化’的法律后果体系，从而通过对协议之效力进行具体调解，更好地平衡‘公法管制’与‘意思自治’之间的复杂矛盾”。①

2. 针对行政优益权起诉撤销与履责之裁判方式考量

根据行政协议司法解释的规定，行政机关在行政协议的履行过程中，为维护国家利益或者社会公共利益，可以变更、解除行政协议。否则，不能随意单方变更、解除协议。如行政机关单方变更、解除协议，协议相对人可以向法院起诉请求确认行政机关该行为违法，并请求判决其继续履行协议。

实践中，存在行政机关解除行政协议，但行政协议的相对人向法院提起履责之诉，要求法院判决行政机关继续履行行政职责案件。根据行政协议司法解释第九条的规定，在行政协议案件中，明确了具体的诉讼请求，其中第一项、第二项包括撤销行政优益权之诉、缔约之诉、履约之诉等。当行政机关行使行政优益权解除行政协议时，相对人提起履责之诉的目的亦即否认行政优益权行使的合法性，因此在该类诉讼中，应向当事人释明，引导其准确确定诉讼请求。但如当事人坚持起诉要求行政机关继续履行协议，本着对具体行政行为进行全面审查的原则，从实质性化解纠纷角度出发，法院应审查行政机关是否具有相应的职责，行使行政优益权是否合法，而不应简单地以行政协议已经被单方解除为由确认行政机关没有相应职责，进而判决驳回原

① 陈天昊：《行政协议合法性审查机制的构建》，载《法学》2020 年第 12 期。

告的诉讼请求。例如，在任某某诉某区政府履行房屋安置补偿协议案[①]中，当事人提起行政诉讼要求行政机关履行涉案协议。针对行政机关单方撤销涉案行政协议的行为，法院应当在本案中就该撤销行为一并进行合法性审查，并依法作出裁判，而不能迳以涉案协议已被撤销，当事人所诉继续履行涉案协议的前提及事实依据已不存在为由，驳回其诉讼请求。当事人即使撤回本案起诉，另行就行政机关撤销涉案协议的行为提起诉讼，其核心诉求也并未发生变化，仍是要求行政机关继续履行涉案协议。这必然要求法院对撤销行为进行合法性审查，故其实与本案实质上并无区别。行政机关单方变更、解除协议的，行政诉讼法赋予公民、法人或者其他组织诉权的目的就在于维护其在行政协议中的合法权益。如果行政机关随意变更、解除协议，没有相应的监督和司法审查程序，协议就不存在了，那么就可能存在行政机关以这种方式随意终止协议效力或者不履行的情况。因此，行使行政优益权，行政协议确定的权利义务关系仍然存在。如法院经审查，认定该行为合法，则应判决驳回原告的诉讼请求，造成损失的，予以补偿；如单方变更、解除确实存在违法行为，应确认行政协议的效力，判决撤销或部分撤销，判决被告继续履行协议、采取补救措施；给原告造成损失的，判决被告予以赔偿。

3. 撤销诉讼与给付诉讼之间的关系

行政协议司法解释确定的补偿赔偿原则是行政协议无效、被撤销或者确定不发生效力后，当事人因行政协议取得的财产，人民法院应当判决予以返还；不能返还的，判决折价补偿。因被告的原因导致行政协议被确认无效或者被撤销，可以同时判决责令被告采取补救措施；给原告造成损失的，人民法院应当判决被告予以赔偿。相对人可以提起撤销之诉和给付之诉。在撤销之诉中，经审查确认行政机关存在违法行为的话，则可对行政协议予以撤销或部分撤销，给相对人造成损失的，应当予以补偿或者赔偿。当相对人仅提出请求判决行政机关赔偿、补偿的给付之诉时，需依附于撤销之诉，法院应审查是否存在能够予以补偿或者赔偿的前提，即行政机关相关的行政协议行为是否存在已经被确认无效、被撤销或其他依法应予赔偿、补偿的情形。如相对人提出要求继续履行之给付之诉，则要在诉讼中审查行政协议的效力，进而作出是否继续履行的判决。

---

① 最高人民法院（2020）最高法行申 2796 号行政裁定书。

行政协议司法审查中的诉讼类型

——以 78 份政府特许经营协议行政判决为样本

陈　默

【摘要】 行政协议争议纳入行政诉讼后，就其审理产生普遍的争论，焦点主要在于行政行为与行政协议的关系以及现有诉讼规则的冲突。通过分析行政协议的诉讼类型，可以为解决争议提供思路。从审判实践上，通过对 78 份政府特许经营协议行政判决进行实证分析，行政协议诉讼类型应以给付诉讼为主。从理论上分析，行政协议争议中给付诉讼可以吸收大多数撤销诉讼与确认诉讼。我国传统行政诉讼实践以撤销诉讼为中心，而行政协议诉讼类型与传统行政诉讼类型具有显著差异，为解决不同的诉讼规则产生的冲突，实质性保护当事人权益，行政协议诉讼类型应以给付诉讼为中心。

【关键词】 行政协议　给付诉讼　诉讼类型

如何审理行政协议争议，是理论界和实务界争论不休的领域。大多数学者讨论的着眼点在于“关系说”和“行为说”，执着于行政行为和行政协议之间的关系。但这种讨论存在两方面缺陷：一方面是割裂了行政行为和法律关系之间的必然联系①，人为在行为和关系之间造成了对立；另一方面是架空讨论不同诉讼规则之间的冲突，忽略了诉的启动系以当事人提出诉讼请求为基础，应以不同的诉讼类型为基础适用不同的诉讼规则。

本文首先从行政诉讼的诉讼类型入手，阐明行政诉讼类型发展与行政任务的变化密不可分，行政协议则是行政任务变化的典型代表；其次以 78 份政

---

① 通说认为行政行为是行政主体作出的能够产生行政法律效果的行为，显然行政行为可以改变法律关系。

府特许经营协议的行政判决为样本，实证分析当事人的诉讼目的如何转化为裁判，适用不同的诉讼类型对当事人权益救济产生的差异；最后从理论维度、法律适用以及实践中当事人权益保护三个角度分析，得出行政协议诉讼中给付诉讼相比撤销诉讼、确认诉讼具有优势地位的结论。

一、某种程度的“一因二果”：行政诉讼类型发展与行政协议的兴起

诉讼的开始是当事人向法院提出诉讼请求，因此与诉讼请求及目的结合最为紧密的诉讼类型分类——撤销之诉[①]、给付之诉和确认之诉，是大陆法系普遍采取的分类方式。在任何国家或地区，诉讼制度的形成和发展某种程度上都反映了社会功能需要的变迁，行政诉讼类型的发展也不例外。

（一）域外的行政诉讼类型发展

在第二次世界大战前的德国，行政审判主要指的是法院对于行政行为的事后审查，即主张行政行为违法并要求予以撤销的撤销诉讼。当时行政法的核心理论，是奥托·迈耶的行政行为理论，认为国家作为统治权的主体，相对于国民是上下级之间的关系，能够强制命令国民，因此公法中的私人权利，系依靠行政机关的行政行为完成，将行政诉讼看作对行政活动的事后校正，是慎重程序下行政行为的延伸。[②] 因此，撤销诉讼几乎是当时唯一的诉讼形式。

随着现代国家的确立，臣民逐渐变为公民。一方面，司法最终原则成为行政救济的基本原则，无漏洞救济原则[③]成为普遍的认知，这就对基于当事人诉讼目的的诉讼类型发展提出了要求。另一方面，自第二次世界大战结束以来，社会法治国家理念逐渐取得统治地位，行政任务呈现多样化、复杂化趋势，除传统的秩序行政外，给付行政、服务行政纷纷兴起，并逐渐取代传统的行政行为。行政行为并非仅出于管理和管制的目的，而逐渐成为满足社会需要的工具。[④] 行政任务的变化，也必然反映为行政争议的变化，进而，行政诉讼的诉讼类型逐步多样化，其中，与传统的撤销诉讼相比更具有灵活性

---

① 撤销诉讼是形成诉讼的一种，是行政诉讼最经典的诉讼类型。

② 参见［日］原田尚彦：《诉的利益》，中国政法大学出版社 2014 年版，第 63 页。

③ “对于侵犯公民权利的每一种国家权力行为，都必须有一个适当的诉讼种类可供利用。”参见［德］弗里德赫尔穆·胡芬：《行政诉讼法》，莫光华译，法律出版社 2003 年版，第 204 页。

④ 参见陈新民：《公法学札记》，中国政法大学出版社 2001 年版，第 105—106 页。

且直接对应当事人权利义务的给付诉讼就变得越来越重要。[①]

由于行政任务的变化以及对民众权利保护的需要，第二次世界大战后，西德《行政法院法》导入了给付诉讼。日本则在《明治宪法》被废止后，于1945年至1962年之间，确定了行政诉讼类型法定化。[②] 我国台湾地区过去仅承认撤销诉讼，1998年10月2日修改“行政诉讼法”后，确认诉讼及给付诉讼方被认可，并在“行政诉讼法”第三条至第六条及第八条规定了各诉讼类型的要件以及之间的关系。[③]

（二）从比较法的功能主义方法论看我国行政诉讼类型化的发展

所谓比较法的功能主义方法论，即“作为一项法律规则甚或作为整体的法律体系具有何种社会的功能，然后，通过选择一种外在于法律的衡量标准，来对不同的法律规则和法律体系加以比较”。[④] 对其理解，就是对于法律制度的认识，不应作纯粹的概念分析或者规范分析，应当立足于目的需要，从解决实际问题的社会功能出发，分析“法律如何处理这一问题”[⑤]，其中，提炼社会对法律功能的共性要求是功能主义分析的基础。评价各国行政诉讼类型发展对我国行政诉讼类型化的借鉴意义，考量的要素则是行政任务的变化是否同样在我国出现，行政诉讼制度设置是否良好地解决了由行政任务变化引发的新类型行政争议。

过去我国的行政诉讼制度设计，几乎完全围绕撤销诉讼进行，一定程度上忽视了对行政相对人的权益保护，给付诉讼和确认诉讼的容许性被压缩。这使行政诉讼无法有效应对新类型的行政争议，无法全面回应当事人的权益救济请求，除此之外，还存在监督行政权缺乏针对性、裁判方式缺乏科学系统性等方面的不足。[⑥] 2014年《行政诉讼法》修正时，多位学者呼吁诉讼类型化。出于对我国行政相对人诉讼能力的欠缺以及司法实践的接受度等多方面因素考量，修正后的《行政诉讼法》并没有直接对诉讼类型进行成文界

---

① 参见［德］弗里德赫尔穆·胡芬：《行政诉讼法》，莫光华译，法律出版社2003年版，第17页。

② 参见王丹红：《日本行政诉讼类型法定化制度研究》，法律出版社2012年版，第70页。

③ 参见翁岳生：《行政诉讼法逐条释义》，五南图书出版公司2003年版，第41—116页。

④ ［荷］杨·斯密茨：《法学的观念与方法》，法律出版社2017年版，第29页。

⑤ 参见朱淑丽：《挣扎在理想与现实之间：功能主义比较法90年回顾》，载《中外法学》2011年第6期。

⑥ 参见李光宇、王振宇：《行政诉讼类型化：完善行政诉讼制度的新思路》，载《法律适用》2012年第2期。

定，但在条文的设计和表述上都具有诉讼类型化的趋向[①]，并留下了今后进一步扩展的可能性[②]，司法实践中，法官也运用诉讼类型化思维审理了大量案件[③]。

与一般的行政行为纠纷相比，行政协议纠纷更为复杂。一般认为，行政协议是我国改革开放的产物。[④] 随着社会不断发展，行政协议在我国已经应用到了特许经营、环保、征收征用、公共工程承包、政府科研、执法和解等多个领域。[⑤] 从某种意义上说，行政协议的发展体现了行政任务的变化和行政机关行使行政权力方式方法的改变。[⑥] 我国行政权行使方式逐渐从“高权”到“柔性”，从“单方”到“合意”，与世界范围内国家治理理念的发展变化趋势是一致的。从功能主义方法论看，行政诉讼制度设计需要回答的问题则是如何良好解决以行政协议为代表的新类型行政争议。

“我们不能从当前的事情推断将来的事情，迷信恰恰是相信因果联系。”[⑦] 但从前述的分析中，可以看出行政协议的兴起以及行政诉讼类型的发展，某种程度上都顺应了现代国家行政任务的变化，是某种程度上的“一因二果”。对行政协议的司法审查，更需要正确运用相关新型诉讼类型，尤其是给付诉讼来予以解决。这种思路在 2020 年 1 月 1 日起实施的《最高人民法院关于审理行政协议案件若干问题的规定》（以下简称行政协议司法解释）中也有所体现，行政协议司法解释为审理行政协议提供了丰富而具有扩展空间的实践

---

① 参见闫尔宝：《论我国行政诉讼类型化的发展趋向与课题》，载《山东审判》2017 年第 5 期。

② 参见梁凤云：《新行政诉讼法讲义》，人民法院出版社 2015 年版，第 7 页；梁凤云：《行政诉讼法司法解释讲义》，人民法院出版社 2018 年版，第 175 页；章志远：《行政诉讼类型构造论》，法律出版社 2021 年版，第 85 页。

③ 例如最高人民法院李广宇法官撰写的《诉讼类型化与诉的利益》（法律出版社 2018 年版）、《裁判是怎样写成的》（法律出版社 2021 年版）等书中，大量运用诉讼类型方法对案件进行分析，并形成行政审判文书。

④ 参见江必新：《中国行政合同法律制度：体系、内容及其构建》，载《中外法学》2012 年第 6 期；刘莘：《行政合同刍议》，载《中国法学》1995 年第 5 期。

⑤ 参见杨解君、陈咏梅：《中国大陆行政合同的纠纷解决：现状、问题与路径选择》，载《行政法学研究》2014 年第 1 期。

⑥ 参见王利明：《论行政协议的范围——兼评〈关于审理行政协议案件若干问题的规定〉第 1 条、第 2 条》，载《环球法律评论》2020 年第 1 期。

⑦ ［奥］路德维希·维特根斯坦：《逻辑哲学论》，韩林合译，商务印书馆 2021 年版，第 58 页。

指引，其第九条[①]间接规定了行政协议案件的诉讼类型。第一项、第五项属于撤销诉讼，而第二项、第四项、第六项属于给付诉讼[②]，第三项属于确认诉讼[③]。同时，根据不同的诉讼类型规定适用不同的法律规定，例如该解释第二十五条规定，行政机关未如约履行的，诉讼时效参照民事法律规范确定。其原因就是请求履约的诉讼类型属于给付诉讼，而给付诉讼的存在系基于公法上的请求权存在。[④]

二、从诉到裁判：以政府特许经营协议为代表的行政协议诉讼类型分析

前述从比较法及制度沿革角度，分析行政协议的兴起与诉讼类型发展之间的关系，如果此时得出结论称，新型的行政任务——行政协议争议，需要更多运用新型的诉讼类型——给付诉讼来解决，还只属于制度构想上的推测。那么通过分析实践中行政协议案件的诉讼类型，观察当事人的诉讼目的如何转化为裁判，运用不同的诉讼类型对当事人权益救济产生的差异，可能更具有实证上的说服力。

为避免争议且具有代表性，选取行政协议类型中最无分歧且运行相对成熟的政府特许经营协议为代表，在裁判文书网以“特许经营权”“政府特许经营协议”作为关键词，以全国为范围，作出时间为 2017 年 1 月—2021 年 10 月，审级为一审，裁判类型为判决的条件对于行政案件进行筛选，共搜索到 110 份裁判文书。通过逐份阅读，筛除不属于政府特许经营协议的案件，共保留 78 份样本文书。在此基础上，以人工采样的方式，通过描述统计和交

---

① 行政协议司法解释第九条规定：“在行政协议案件中，行政诉讼法第四十九条第三项规定的‘有具体的诉讼请求’是指：（一）请求判决撤销行政机关变更、解除行政协议的行政行为，或者确认该行政行为违法；（二）请求判决行政机关依法履行或者按照行政协议约定履行义务；（三）请求判决确认行政协议的效力；（四）请求判决行政机关依法或者按照约定订立行政协议；（五）请求判决撤销、解除行政协议；（六）请求判决行政机关赔偿或者补偿；（七）其他有关行政协议的订立、履行、变更、终止等诉讼请求。”

② 此处及下文均未区分课予义务之诉和一般给付之诉，理由是此两种诉讼类型都属于给付诉讼，而具体分类应当根据案件实体不同进行。

③ 参见梁凤云：《行政协议司法解释讲义》，人民法院出版社 2020 年版，第 113—128 页。

④ “如同主观私权利，主观公权利也可以分为支配权、请求权和形成权。”参见［德］汉斯·J. 沃尔夫、奥托·巴霍夫、罗尔夫·施托贝尔：《行政法》（第一卷），高家伟译，商务印书馆 2007 年版，第 503 页。

叉分析，对“起诉请求”“诉讼类型”“裁判结果”“是否单方解除”等11个条件的数据进行统计。

（一）缔约阶段的诉讼类型分析

缔约阶段中发生争议的有13个案件，其中9个是缔约主体提起诉讼，4个是竞争权人提起诉讼。

表1：政府特许经营协议缔结阶段争议诉讼类型分析表

<table>
<tr><td>原告地位</td><td colspan="4">缔约主体</td><td colspan="3">竞争权人</td></tr>
<tr><td>数量</td><td colspan="4">9</td><td>1</td><td colspan="2">3</td></tr>
<tr><td>原告诉讼目的</td><td colspan="3">确认中标 签订协议</td><td>给付前期投入</td><td>公开他人拟缔约信息</td><td colspan="2">撤销处理决定，撤销对他人中标通知书</td></tr>
<tr><td>数量</td><td colspan="3">8</td><td>1</td><td>1</td><td colspan="2">3</td></tr>
<tr><td>诉讼类型</td><td colspan="3">给付诉讼</td><td>给付诉讼</td><td>给付诉讼</td><td colspan="2">撤销诉讼</td></tr>
<tr><td>判决方式</td><td>返还保证金</td><td>补偿损失</td><td>驳回诉讼请求</td><td>补偿判决</td><td>责令政府信息公开</td><td>重新作出处理决定</td><td>驳回诉讼请求</td></tr>
<tr><td>数量</td><td>5</td><td>1</td><td>2</td><td>1</td><td>1</td><td>2</td><td>1</td></tr>
</table>

缔约主体与行政机关发生争议的9个案件中，由于中标后，行政机关拒绝签订政府特许经营协议引发的案件有8个，占比89%。当事人提出的诉讼请求主要包含撤销作出的终止缔结通知、签订协议、赔偿损失、发放中标通知书等几种组合，综合分析其诉讼请求、目的及案件事实，行政机关前期作出的终结缔约通知，属于行政机关拒绝给付的行为，而发放中标通知书是签订政府特许经营协议的法定前置程序。因此虽然表面形式不同，实际诉讼目的均属于行政协议司法解释第九条第四款规定的“请求判决行政机关依法或者按照约定订立行政协议”，诉讼类型属于给付诉讼。另1个案件诉讼请求为补偿前期投入，同样属于给付诉讼。从裁判结果上看，并没有法院判决结果为应当缔约，而是通过判决返还保证金、补偿损失等方式对行政相对人进行补偿。[1]

---

① 这也体现了除非没有裁量空间，否则人民法院不会以司法权取代行政权。而行政协议的缔结显然更多属于裁量权范围内。

4 个竞争权人提起的诉讼，其中 3 个是请求撤销对他人的中标通知书，1 个是请求公开与他人拟缔约的信息。与民事合同缔结更强调合同相对性不同，政府特许经营协议缔结受到法定的招拍挂程序以及行政法中正当程序原则的限制，竞争权人[①]可以在政府特许经营协议缔结阶段提起诉讼[②]，通常在招投标过后，向行政机关投诉[③]，对处理结果不服的，提起行政诉讼。但因招投标领域相对专业化，法院通常不会作出直接认定中标有效或者中标无效的判决，而是对认为存在问题的争议责令行政机关重新作出处理决定。

（二）履约阶段的诉讼类型分析

1. 原告为竞争权人的争议诉讼类型分析

样本中共有 20 个案件是行政机关与第三人签约后，竞争权人提起诉讼的。[④] 主要有两种情形：一种是经过招投标后，原告与第三人均系投标人，原告对行政机关与第三人签订协议不服，提起诉讼。另一种是原告在案涉区域原有政府特许经营权，因对同一区域重复与第三人签订政府特许经营协议有异议，从而提起诉讼。此时当事人往往提出撤销行政机关与第三人协议及确认与第三人协议无效、违法等诉讼请求，虽然请求表现不同，其核心目的是否认行政机关与第三人签订的协议效力，从而实现专有的排他性经营权利，样本中共有 19 个案件属于此类，其诉讼类型为撤销诉讼。还有一个案件是请求行政机关对第三人侵犯经营权的行为作出监管处罚，属于给付诉讼。

---

① 行政协议司法解释第五条规定："下列与行政协议有利害关系的公民、法人或者其他组织提起行政诉讼的，人民法院应当依法受理：（一）参与招标、拍卖、挂牌等竞争性活动，认为行政机关应当依法与其订立行政协议但行政机关拒绝订立，或者认为行政机关与他人订立行政协议损害其合法权益的公民、法人或者其他组织；……"

② 通常这种竞争权人的主体资格不会作扩大解释，一般界定在同期参加招投标等公开竞争活动的范围内。

③ 《招标投标法实施条例》第六十条第一款规定："投标人或者其他利害关系人认为招标投标活动不符合法律、行政法规规定的，可以自知道或者应当知道之日起 10 日内向有关行政监督部门投诉。"

④ 在政府特许经营协议类型案件中，竞争权人提起诉讼请求撤销第三人协议的比例远大于其他类型的行政协议，一部分是因为协议性质的原因，另一部分是因为竞争权人的诉讼主体资格本身就要求有共同公开的竞争阶段。

表 2：履约阶段原告为竞争权人的诉讼类型分析表

原告地位	竞争权人				
数量	20				
原告诉讼目的	撤销与第三人协议				行政机关停止第三人侵犯经营权行为
数量	19				1
诉讼类型	撤销诉讼				给付诉讼
判决方式	撤销协议	确认违法、部分违法、责令补救	驳回诉讼请求	确认部分无效	驳回诉讼请求
数量	6	7	5	1	1

从裁判结果看，由于政府特许经营协议具有公共服务特点，贸然否定协议效力可能影响公众利益。此时，法院判决表现出了实用主义色彩，往往根据协议是否实际履行作出不同判决。对于已经履行的第三人协议，通常通过确认违法，保持协议效力，责令行政机关补救的判决方式进行处理；而对于已成立但未实际履行的协议，则判决撤销或者无效。这种处理方式与法国的PPP纠纷解决机制的规定有异曲同工之处①，体现了我国行政审判法官的司法智慧。

撤销行政行为和撤销行政协议的一个显著区别，就在于行政协议涉及第三人的意思表示和利益。通说认为，撤销行政协议的依据，既可以是民法中的规定，也可以是行政法中的规定。② 笔者认为，二者在司法审查中的裁量尺度应有不同，撤销行政协议应当比撤销行政行为要求更为严重的违法性，如果撤销行政协议的标准完全等同撤销行政行为的标准，不利于协议安定性，不利于保护第三人的意思表示和权利，不利于稳定市场交易秩序。③

---

① 陈天昊：《法国PPP纠纷解决机制——在协议合法性与协议安定性之间》，载《中国法律评论》2018年第4期。

② 参见梁凤云：《行政协议案件适用合同法的问题》，载《中国法律评论》2017年第1期。

③ 在法国撤销合同也比普通的撤销行为要求更为严重的违法性。“只有当合同存在严重违法性时，包括合同之内容的严重违法或双方当事人达成合意之条件本身严重违法，行政法官才可以判决撤销合同，合同即溯及既往地失去效力。”参见陈天昊：《在公共服务与市场竞争之间：法国行政合同制度的起源与流变》，载《中外法学》2016年第6期。

2. 原告为协议相对人的诉讼类型分析

样本中，协议相对人在协议履行阶段提起诉讼的共有 43 个案件。其中当事人诉讼请求为撤销行政机关单方解除行为，包含请求撤销解除行为及接管行为①的共有 19 个。分析其诉讼目的，这些案件符合行政协议司法解释第九条第一项的规定，属于撤销诉讼，其中 9 个案件的原告同时提出了请求赔偿或继续履行的给付请求。原告的诉讼目的是继续履行，包含请求继续履行、请求确认解除协议违法并继续履行协议等案件共有 14 个，属于给付诉讼。原告请求由法院解除行政协议的案件 8 个，属于形成诉讼，其中有 6 个案件的原告同时提出了赔偿、补偿、返还原物等给付请求。

表 3：履约阶段原告为协议相对人的诉讼类型分析表

原告地位	协议相对人													
数量	43													
原告诉讼目的	撤销行政机关单方解除行为				履行协议					解除协议			撤销行政复议	确认部分协议无效
数量	19				14					8			1	1
诉讼类型	撤销诉讼/确认诉讼②				给付诉讼					形成诉讼/确认诉讼③			撤销诉讼	确认诉讼
兼有给付请求数量	9									6			0	1
判决方式	驳回诉讼请求	撤销解除通知	确认解除违法	赔偿、补偿	确认违法	确认无效	履行协议	驳回诉讼请求	作出处理决定	解除协议	驳回诉讼请求	确认无效	驳回诉讼请求	驳回诉讼请求
数量	11	4	3	1	2	1	3	5	3	6	1	1	1	1

① 通常认为，行政机关对于特许经营项目的接管行为和对于特许经营协议的解除行为的法律性质并不完全一致，但本次样本中涉及接管项目的 6 个案件，接管均并非临时行为，行政机关随后均作出解除的意思表示，主张协议已经被解除。

② 关于解除权争议的诉讼类型，民事诉讼上认为普通解除权属于形成权，由此引发的诉讼属于确认诉讼。需要经由法院裁判解除的解除权是形成诉权，由此引发的诉讼是形成诉讼，但实践中也并未统一。参见刘哲玮：《普通形成权诉讼类型考辩——以合同解除权为例》，载《中外法学》2014 年第 5 期。而行政法学者通常认为撤销解除通知属于撤销诉讼。

③ 参见刘哲玮：《普通形成权诉讼类型考辩——以合同解除权为例》，载《中外法学》2014 年第 5 期。

通过分析样本发现，撤销解除行为的诉讼请求和履行协议的诉讼请求出现了混用的现象。行政机关单方解除协议后，部分相对人提起撤销解除行为之诉，部分相对人提起履行协议之诉。在 14 个诉讼目的为履行协议的案件中，有 7 个案件行政机关曾先行单方解除协议。此时应当综合分析，当事人提起诉讼，诉讼请求可能不同，但往往同时具有两方面目的，即撤销解除行为和恢复行政协议的效力。当事人请求撤销解除行为，往往有继续履行协议的目的，当事人起诉请求履行协议，则暗含着否定行政机关解除行为效力的目的。

从裁判结果看，对于撤销行政机关单方解除行为的撤销诉讼，法院往往单独对撤销行为作合法性审查，并未涉及协议的继续履行问题，致使判决可执行性差，当事人的权益并未获得全面救济。还有部分案件，当事人请求确认不履行协议行为违法，法院作出了确认违法判决。但确认诉讼具有补充性，确认违法后还面临给付的问题，因此当事人请求确认不履行协议行为违法，应当告知其变更为请求履行协议。对诉讼类型的错误使用，导致行政争议无法实质性解决，当事人为获得救济还需要另外提起诉讼。

还有 2 个案件是在协议履行完毕后，协议相对人提起诉讼，请求行政机关依职权对于其因履行协议造成的损失进行补偿。属于给付诉讼。

三、以给付为中心：行政协议司法审查诉讼类型适用分析

我国传统行政诉讼以撤销诉讼为中心，而行政协议争议与传统行政行为争议具有显著差异，行政协议司法审查中，应当确立给付诉讼的中心地位。理由主要有以下几点：

（一）从实践运行看，以给付诉讼为中心有利于实质性保护相对人权益

1. 绝大多数行政协议诉讼目的具有给付性质

全部 78 个样本中，共有 42 个案件当事人提出给付请求，占比 53.8%。在缔约阶段的 13 个样本中，共有 10 个案件的诉讼目的是请求给付，占比 76.9%。履约阶段，协议主体提起诉讼的 43 个样本中，共有 29 个案件的当事人单独提起给付请求或者与其他请求一并提起给付请求，占比 67.4%；竞争权人提起诉讼的 20 个样本中，诉讼目的是给付的为 1 个，占比 5%。考虑

到竞争权人请求撤销行政机关与第三人的协议这种案件类型多存在于政府特许经营协议争议中，而在其他类型行政协议中则较少见。可以说明，行政协议争议中，大多数诉讼目的具有给付性质，行政相对人提起诉讼，往往并不是为了监督行政机关依法行政，而是为了通过诉讼实现自己在行政协议中应有的权利义务。和传统的行政案件不同，当事人的诉讼目的也往往不能仅通过撤销否定相对人协议权利的行政决定来实现，而是应当经由法院作出给付判决予以实现。

2. 以给付诉讼为中心可以实现对当事人的全面救济

行政协议诉讼能否实现对当事人的全面救济是学者们担忧的主要问题之一。[①] 传统行政诉讼以撤销诉讼为中心，通过撤销诉讼审查行政协议案件主要存在两个问题：第一是撤销诉讼附带的给付责任往往是基于国家赔偿的赔偿责任，仅对于直接损失进行赔偿，不利于实现对于当事人的全面救济。而以给付诉讼为中心，适用民法中关于合同的规定，可以实现完全赔偿原则。第二是撤销诉讼往往针对行政行为对于当事人的不利影响，对于行政机关应当负担的协议责任，其不能产生直接效果。

（二）从司法审查看，行政协议给付诉讼可以有效吸收大多数确认诉讼和撤销诉讼

1. 给付诉讼可以吸收大多数撤销诉讼

如何理解解除行为和协议效力之间的关系，是行政法学界讨论的争议点。笔者认为，可以通过确定给付诉讼的优先性来解决这个争议。协议履行过程中，行政机关以决定形式单方变更、解除行政协议，应当视为否定协议效力的行为。当事人提起请求履约的给付诉讼时，法院应当在给付诉讼中一并对单方变更、解除协议的合法性进行审查。而不应以有生效行政决定改变原协议为由裁定驳回起诉或者驳回诉讼请求，也不应指导当事人另行提起诉讼。

① 参见金城轩：《行政协议纠纷的契约属性——兼对王利明教授〈论行政协议的范围〉一文的回应》，载《行政法学研究》2021 年第 6 期。

同时应当向当事人释明，在两种诉讼类型中优先适用给付诉讼。[①]

这个观点有以下几点理由：第一，合法性审查是人民法院的法定职权。行政协议履行中行政机关的单方变更、解除决定，人民法院可以主动审查其合法性。相对人提起请求履约的给付之诉，也蕴含着否定行政机关单方解除行为的意图。因此，从当事人主义和法院的合法性审查职权上看，行政机关单方变更、解除行政决定均并非法院审查给付诉讼的障碍。第二，诉讼经济原则。首先，避免循环诉讼。如果相对人实现履约的给付诉讼需先行经过单独的撤销诉讼来审查行政决定的合法性，则行政机关可能在履约过程中随意不断作出变更、解除协议的行政决定，造成循环诉讼。其次，在行政协议关系中，作为协议方的行政机关可能作出很多行为，引起的争议可以通过给付诉讼一并解决，不宜逐一就单独的行为审理，导致人民法院对每一个单独行为的审查结论都无法就当事人整体法律关系中的权利义务作出判断和调整。第三，有利于实质性解决行政争议。实践中，行政机关变更、解除协议的意思表示有可能实际是拒绝履行协议的表现形式；原告起诉的实际目的也往往并非撤销被诉行政行为，而是通过撤销解除、变更行为实现行政协议的继续履行，或者获得行政赔偿或补偿。因此，通过给付诉讼一并审查，更有利于实质性解决行政协议争议。第四，避免以单方行政行为取代行政协议。德国[②]、法国和我国台湾地区，都认为行政协议中行政机关的行为并不简单等同于普通意义上的行政行为。行政机关与相对人签订协议的目的本身就是以行政协议代替行政行为，应当避免协议履行中，又以单方行为取代协议的情况出现。

2. 给付诉讼可以吸收大多数确认诉讼

确认诉讼与给付诉讼相比，具有保护权利的间接性。因此大多数确认诉

---

① “对于这两种诉讼的界定颇有帮助的，是行政程序法第 48 条第 1 款第 2 句对授益性行政行为的合法定义（一个行政行为，它已经设立或确认一个权利或者一个权利上的显著利益。即使在那样的授益行政行为被拒绝之后，真正的诉讼目标也不会因此就是对拒绝的撤销，而仍然是授益行为本身，所以，把拒绝称为施加负担的行政行为，这很容易引起误解，因为处于中心地位的，最终不是施加负担，而是没有实现的授益）。”参见［德］弗里德赫尔穆·胡芬：《行政诉讼法》，莫光华译，法律出版社 2003 年版，第 217 页。

② 参见［德］汉斯·J. 沃尔夫、奥托·巴霍夫、罗尔夫·施托贝尔：《行政法》（第二卷），高家伟译，商务印书馆 2007 年版，第 147—163 页。

讼可以被给付诉讼吸收。[①] 从本案涉及的样本分析看，具体体现在两个方面：一方面，当事人提起履约之诉的给付诉讼，则人民法院支持给付请求系以协议具有法律效力为前提，当事人无须单独提起确认协议有效力的诉讼。另一方面，如果当事人提起确认不履行协议违法并赔偿，应当告知当事人变更诉讼请求为请求履行协议。

（三）从法律适用看，以给付诉讼为中心有利于避免法律适用冲突

行政协议司法解释第二十七条[②]规定了对民事法律的参照适用。民事诉讼中，给付诉讼及其判决是最先出现的诉讼及判决类型，体现了民事诉讼法与实体法之间的关系，也是保护私权最主要的武器[③]，相应的法律规定也相对完善。行政协议以给付诉讼为中心，在不违反行政法律法规强制性规定的情况下，可以有效参照适用相关民事法律。行政协议司法解释第十五条规定，行政协议无效后，当事人因行政协议取得的财产，人民法院“应当”判决返还；因被告原因造成原告损失的，人民法院“应当”判决被告予以赔偿。第十六条规定，原告请求撤销行政机关单方变更、解除协议行为，该行为合法但给原告造成损失的，人民法院判决予以补偿；该行为违法的，判决行政机关赔偿。有的学者对此提出质疑，认为上述条文存在“不诉而判”的问题。[④] 但如果确定给付诉讼为中心，如前述及，绝大多数第十五条规定的确认诉讼、第十六条规定的撤销诉讼，或者是给付诉讼应解决的前提，或者是经人民法院释明后的请求，就可以有效结合当事人主义和合法性审查，在一次诉讼中实现行政协议权利义务关系平衡。

（四）正确的诉讼类型与人民法院的释明义务

由于诉讼能力的普遍缺乏，行政协议相对人提起诉讼时，可能存在选择

---

① 德国《行政法院法》第 43 条规定：“如果原告可以或者原本可以通过形成之诉或给付之诉实现其权利，则不得提起确认之诉。”参见何海波编：《中外行政诉讼法汇编》，商务印书馆 2018 年版，第 673 页。

② 行政协议司法解释第二十七条规定：“人民法院审理行政协议案件，应当适用行政诉讼法的规定；行政诉讼法没有规定的，参照适用民事诉讼法的规定。人民法院审理行政协议案件，可以参照适用民事法律规范关于民事合同的相关规定。”

③ 参见曹志勋：《〈民法典〉背景下民事给付之诉的原理与认定：以给付的内容为核心》，载《南大法学》2021 年第 5 期。

④ 参见章程：《行政协议诉讼类型的区分、融合与转换》，载《行政法学研究》2021 年第 3 期。

诉讼类型不当的情况，此时应当由法院提供释明的方式予以协助。当法院认为原告的诉讼目的与起诉状上记载诉讼请求表面表现的不一致时，应当进行释明，探求原告起诉的真实目的，避免原告提起的诉讼不能产生满足其诉讼目的的效果，增加诉累，浪费司法资源。德国①和我国台湾地区②均认为应当就诉讼类型进行释明，并承认诉讼类型转换的容许性，法国则通过完全管辖权之诉对此予以解决。

（作者单位：辽宁省高级人民法院）

① “如果原告选择了错误的诉讼种类，法院必须依照行政法院法第 86 条第 3 款，首先通过解释，必要时可以通过转换，但至少要通过一个具体的指示，使之成为一个适当的诉讼种类。”参见［德］弗里德赫尔穆·胡芬：《行政诉讼法》，莫光华译，法律出版社 2003 年版，第 204 页。

② 参见翁岳生主编：《行政诉讼法逐条释义》，五南图书出版公司 2003 年版，第 401 页。

从审理行政协议案件中的问题整合统一行政协议类案件的审查路径和审查标准

——以陕西法院近六年审结的563件行政协议案件为样本

陕西省高级人民法院行政庭课题组

【摘要】 近年来，行政协议类案件数量不断上升，类型繁杂，成为行政审判新的发展方向和重大研究课题。由于行政协议的实体规定严重不足，且行政协议案件与传统行政诉讼在审判理念和方式上有较大的不同，给行政审判造成困惑，裁判标准和结论不统一等问题不断暴露。调研中，我们发现当前一些问题是由于审判理念、审判思路和审判标准方面的分歧造成的。所以，我们通过梳理问题，结合行政诉讼法及行政协议司法解释规定，提出审理行政协议案件应该坚持双重审查理念。在具体案件审查中，应遵循的基本审查路径是：第一，固定清晰规范的诉讼请求；第二，行政协议识别；第三，审查是否符合起诉条件；第四，对行政协议的效力进行审查判定；第五，对履约行为进行审查；第六，对变更解除行为进行审查；第七，对责任性质及范围进行审查判断；第八，依法作出裁判。希望通过调研，促进裁判结果统一，提升审判效率，并能起到促进规制政府行政协议行为，推进法治政府和服务型政府建设的作用。

【关键词】 行政协议　审查路径　审查标准

行政协议作为一种新型的行政管理和公共服务方式，是现代行政管理活动发生变革的重要体现。2015 年 5 月 1 日起，新修正的《行政诉讼法》正式实施，最有意义的在于将行政协议纳入行政诉讼的受案范围，并明确规定了行政协议案件的裁判方式。2015 年 4 月，《最高人民法院关于适用〈中华人民共和国行政诉讼法〉若干问题的解释》（现已失效）用 6 个条文，对审理行政协议案件的相关内容作了进一步明确。2020 年 1 月 1 日起施行的《最高人民法院关于审理行政协议案件若干问题的规定》（以下简称行政协议司法解释），共29条，是审理行政协议案件的专项司法解释。近年来，在行政诉讼领域，越来越多的行政案件类型开始以行政协议方式展现出来。行政协议类案件不断上升，类型繁杂，成为行政审判新的发展方向和重大研究课题。由于行政协议的实体规定严重缺乏，且行政协议案件与传统行政诉讼在审判理念和方式上有较大的不同，审理行政协议案件既要认识到行政协议具有行政性与合约性的双重属性，又要在法律适用上体现公法规则与私法规则，这种双重审查理念，以及公私利益价值衡量观念，给行政审判法官造成困惑，行政审判中裁判标准和结论不统一等问题不断暴露。为此，我们以陕西法院2015年至2020年六年期间审结的563件行政协议案件为样本进行调研，梳理问题，结合行政诉讼法及行政协议司法解释规定，提出解决问题的思路和理念，明确审理行政协议类案件的审查路径和裁判标准，促进裁判结果统一，提升审判效率；并希望通过依法审理行政协议案件起到规制政府行政协议行为，完善政府守信践诺机制，推进法治政府和服务型政府建设，更好地实现行政管理和公共服务目标的作用。

一、近六年陕西法院审结行政协议案件的基本情况

（一）行政协议案件呈逐年上升趋势

2015年至2020年六年间，陕西法院审结行政协议案件563件，案件数量呈逐年上升趋势。其中，2015年审结5件，2016年审结37件，2017年审结87件，2018年审结95件，2019年审结112件，2020年审结227件。六年间，案件数量上升幅度大，呈跨越式增长。其中，2019年比2018年审结案件增长17.89%，2020年比2019年审结案件增长102.6%。行政协议案件逐渐成为行政诉讼主要案件类型之一。

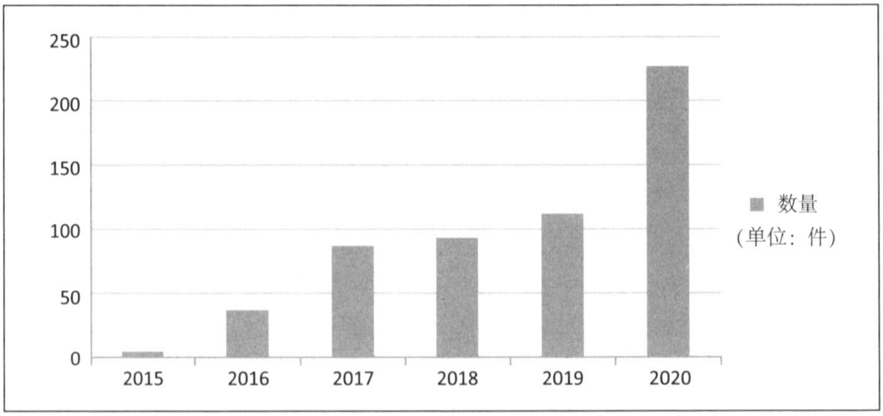

图 1：2015—2020 年陕西省行政协议案件数量

（二）三成案件集中在省法院，且各区域间不平衡

调研样本大多集中在各中院及省法院。其中，省法院审结案件数量最多，审结 185 件，占比 32.86%，占比超过三成。11 个中级人民法院中，西铁中院 257 件，占比 45.65%；渭南中院 50 件，占比 8.88%；汉中中院 26 件，占比 4.62%；咸阳中院 16 件，占比 2.84%；延安中院 15 件，占比 2.66%；商洛中院 14 件，占比 2.49%。其余没有此类案件。各地区差异较大，案件数量不均衡。

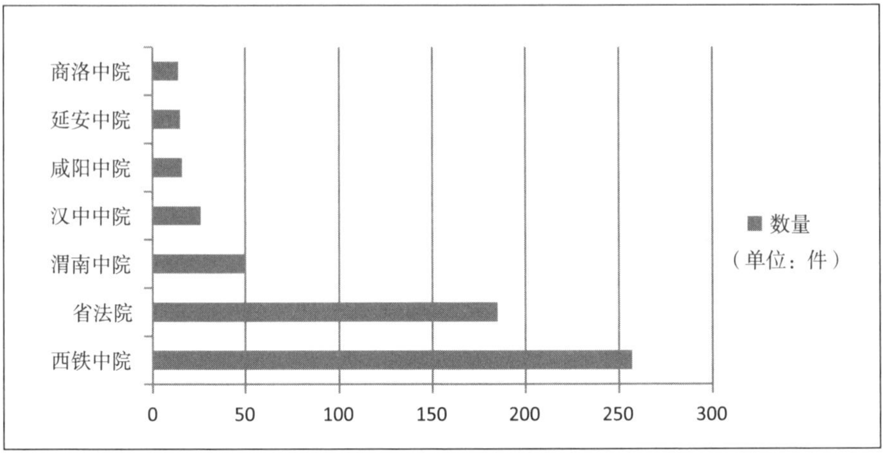

图 2：各区域行政案件数量

（三）原告多为签订行政协议的相对方

调研样本中，原告是签订行政协议相对人的 441 件，占比 78. 33%。原告是行政协议利害关系人的 122 件，占比 21. 67%。

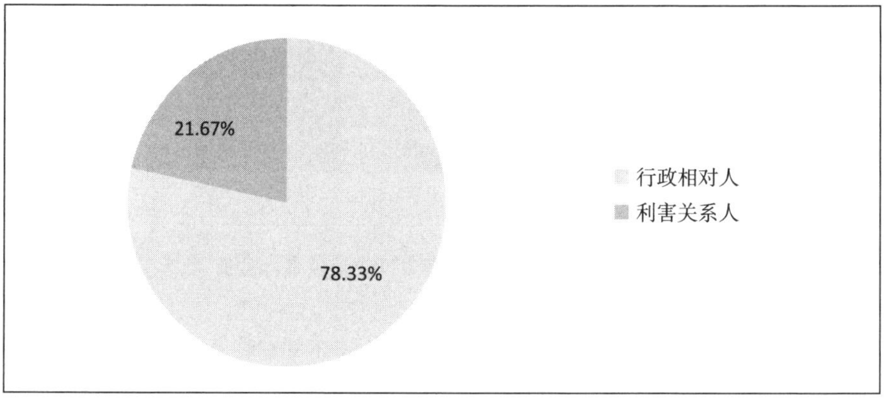

图 3：原告类型

（四）被告为区级政府的比例较高

调研样本中，被告为区政府 177 件，占比 31. 44%；各级政府职能部门 106 件，占比 18. 83%；街道办 93 件，占比 16. 52%；其他类（城改办、指挥部等）54 件，占比 9. 59%；管委会共计 36 件，占比 6. 39%；县政府 33 件，占比 5. 86%；市政府 32 件，占比 5. 68%；镇政府 32 件，占比 5. 68%；省政府无。

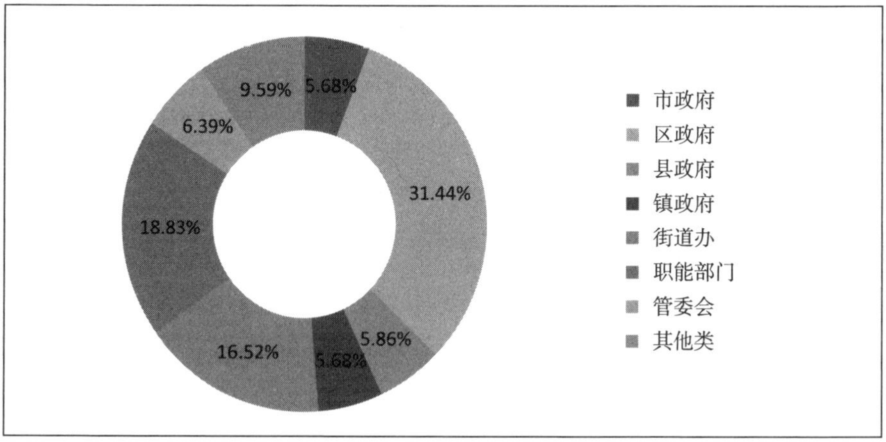

图 4：被告类型

（五）诉讼请求多为要求继续履行行政协议

调研样本中，当事人提起诉讼请求中，要求继续履行协议的148件，占比26.29%；撤销协议的143件，占比25.4%；确认协议无效的115件，占比20.43%；要求履行职责的52件，占比9.24%；变更协议的40件，占比7.1%；确认协议违法的35件，占比6.22%；行政赔偿的11件，占比1.95%；解除协议的10件，占比1.78%；确认协议有效的3件，占比0.53%；确认违法及赔偿的3件，占比0.53%；返还土地的1件，占比0.18%，查处非法买卖土地的1件，占比0.18%；退还费用的1件，占比0.18%。综上，当事人诉求主要集中在要求继续履行协议，以及撤销协议、确认协议无效三大类。

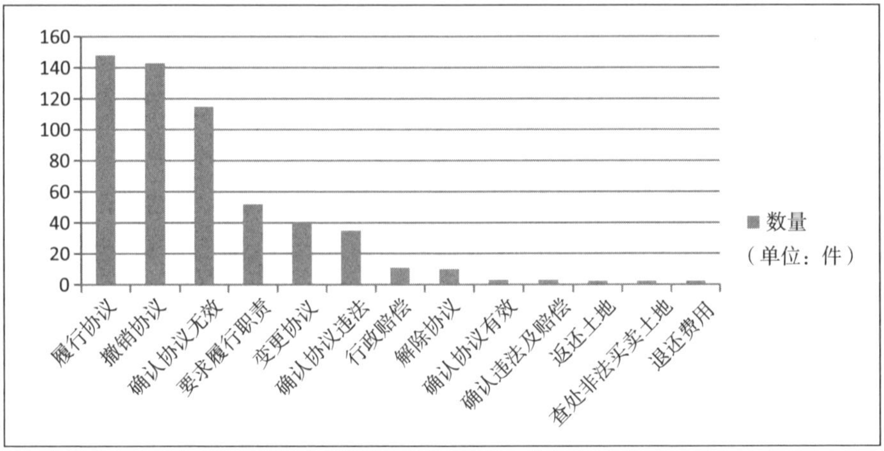

图5：诉讼请求数量

（六）涉及房屋土地征收补偿类行政协议案件占比较高

调研样本中，涉及协议类型日益丰富，案件类型为房屋征收协议326件，占比57.9%；土地征收协议161件，占比28.59%；地上附着物补偿协议29件，占比5.15%；行政补偿协议15件，占比2.67%；文化行政合同8件，占比1.42%；资源开采经营权合同9件，占比1.6%；土地承包合同6件，占比1.07%；投资协议4件，占比0.71%；国有土地出让合同1件，占比0.18%。其他4件，占比0.71%。可见，涉及征收补偿类协议案件数量最多，与其他类型行政协议相比占绝对优势。

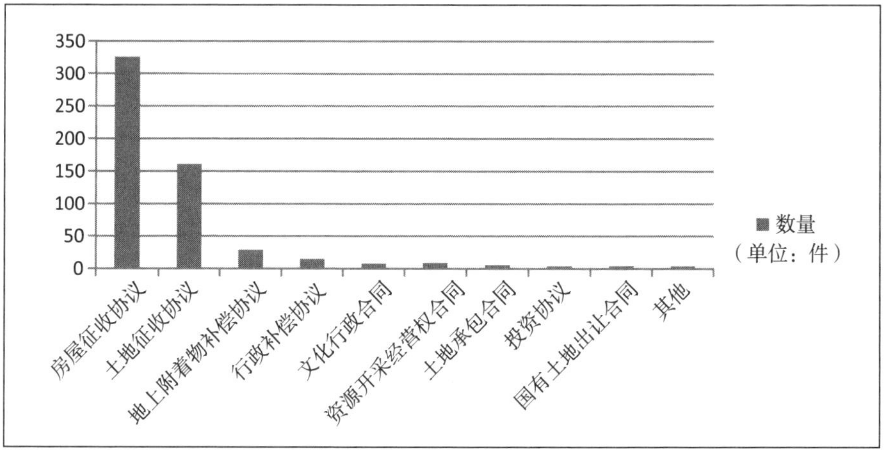

图 6：案件类型数量

（七）法院裁定驳回起诉及判决驳回诉讼请求比例较高

调研的 563 件案件样本中，以判决方式结案 335 件，占比 59.5%；以裁定方式结案 228 件，占比 40.5%。

以判决方式结案 335 件，其中驳回诉讼请求 149 件，占全部判决方式结案的 44.48%；履行协议 65 件，占全部判决方式结案的 19.4%；确认协议无效 41 件，占全部判决方式结案 12.24%；履行职责 39 件，占全部判决方式结案的 11.64%；政府支付损失、补偿金、赔偿金、过渡费 21 件，占全部判决方式结案的 6.27%；撤销协议 6 件，占全部判决方式结案的 1.79%；收回第三人补偿款 3 件，占全部判决方式结案的 0.9%；撤销通知 2 件，占全部判决方式结案的 0.6%；确认协议违法 2 件，占全部判决方式结案的 0.6%；返还补偿款 2 件，占全部判决方式结案的 0.6%；政府退还税款及过渡费 1 件，占全部判决方式结案的 0.3%；变更协议 1 件，占全部判决方式结案的 0.3%；解除合同 1 件，占全部判决方式结案的 0.3%；其他 2 件，占比 0.6%。

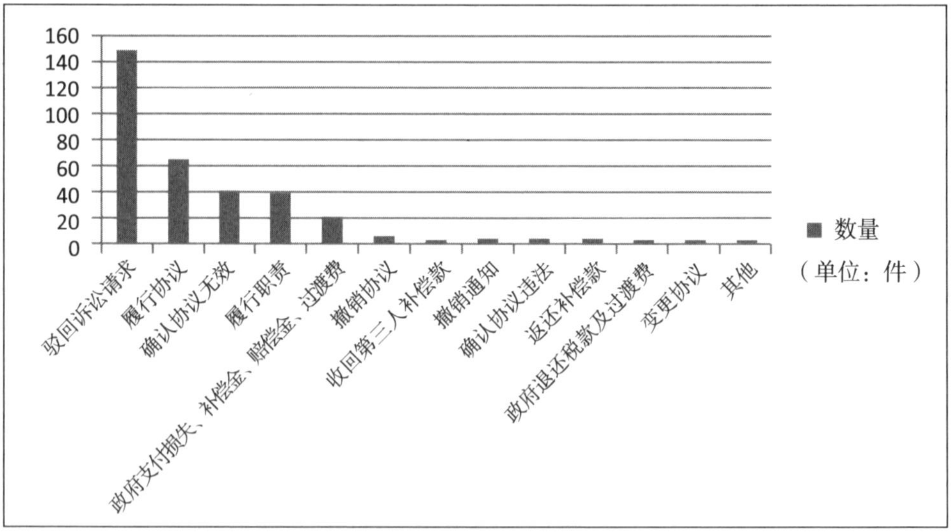

图 7：判决结果数量

以裁定方式结案 228 件，其中驳回起诉 107 件，占全部裁定方式结案的 46.93%；驳回再审申请 28 件，占全部裁定方式结案的 12.28%；不予受理 24 件，占全部裁定方式结案的 10.53%；撤回起诉 24 件，占全部裁定方式结案的 10.53%；撤销一审裁定指令继续审理 19 件，占全部裁定方式结案的 8.33%；发回重审 13 件，占全部裁定方式结案的 5.7%；调解结案 7 件，占全部裁定方式结案的 3.07%；裁定移送管辖 6 件，占全部裁定方式结案的 2.63%。

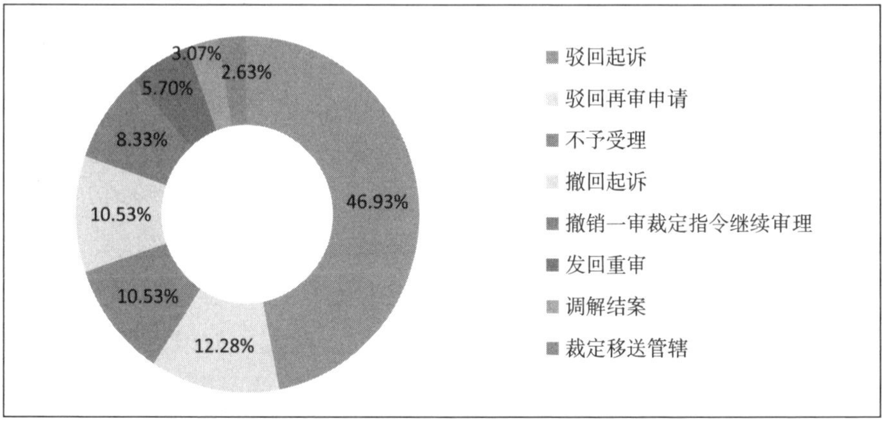

图 8：裁定结果

从以上数据可见，四成的案件被裁定驳回起诉，未进入实体审理中；进入实体审理的案件中，约44%的案件被判决驳回诉讼请求。说明当事人对行政诉讼的起诉条件和如何正确救济自身权利把握不准，难以实质化解争议。

综上，陕西法院审理的行政协议案件，呈现案件数量逐年大幅上升趋势；案件类型主要集中在土地房屋征收协议类；当事人的诉讼请求集中在要求继续履行协议、撤销协议及确认协议无效三大类；涉诉行政机关主要集中在区县级人民政府。法院审结案件中裁定驳回起诉及判决驳回诉讼请求的占比较高，通过法院实体判决，实质解决行政争议的比例有待进一步提升。

二、审理行政协议案件中存在的问题

（一）审查步骤和思路不清

行政协议案件不同于传统行政案件，不能完全套用原有对行政行为的审查步骤。调研中发现，法院在审理行政协议案件时，大多按照原有行政案件思维模式审查，且审查步骤和思路多样，极不一致。主要问题有：一是审查起诉期限时不关注当事人诉求。如有的案件直接审查起诉期限，以超过《行政诉讼法》及司法解释规定的起诉期限为由裁定驳回起诉。但因未考虑到该案当事人诉求为要求履行协议，按照行政协议司法解释规定应适用诉讼时效，被二审法院以适用法律错误为由，撤销原裁定指令继续审理。二是审查顺序随意。如有的先审查是否超过起诉期限，再审查是否属于行政协议，结果以不属于行政协议为由裁定驳回。一般来说，应该先审查受案范围，如果不属于受案范围，也就没必要再审查起诉期限。还有的先审查是否违约，再论述合同有效性等。三是对行政协议类案件双重属性认识不足。行政协议既有行政性又有合约性，审理此类案件既要适用行政法及行政诉讼法规范，又要适用民事法律规范。如有的法院没有认识到这一点，不加辨别，均以行政协议签订之日为起算点计算起诉期限，造成裁判错误。《行政诉讼法》规定的起诉期限从知道或者应当知道作出行政行为之日起算，而协议签订之日与知道、应当知道之日并非同一概念，也不必然指向同一时间，故以协议签订之日作为起算点的表述不够准确。且行政协议案件中还涉及民事法律规范的适用，如民事诉讼时效、撤销权行使等，都有不同的起算和法律适用规定。

（二）被诉行政协议是否应纳入受案范围的判断不准确

司法实践中，首先要解决的问题是什么样的协议纠纷可以纳入行政诉讼，审查时既要判断该协议的性质，同时还要准确理解司法解释中有关时间、阶段层面的规定。主要问题有：一是对行政协议的甄别认识不一。《行政诉讼法》第十二条第一款第十一项及行政协议司法解释第二条列举了有名行政协议，但实践中还有哪些无名协议可纳入行政诉讼受案范围，审判实践中的认识仍不统一。比如对于国有土地使用权出让合同、息诉罢访协议等属于行政协议还是民事协议存有争议。二是对 2015 年 5 月 1 日前签订的行政协议受理问题判断不准确。行政协议司法解释第二十八条规定："2015 年 5 月 1 日后订立的行政协议发生纠纷的，适用行政诉讼法及本规定。2015 年 5 月 1 日前订立的行政协议发生纠纷的，适用当时的法律、行政法规及司法解释。"有的直接以 2015 年 5 月 1 日为时间节点，凡是此前签订的协议，均认为适用该规定不属于行政诉讼受案范围。这种理解是错误的。对于属于行政协议性质，且当时的法律法规也没有将其纳入民事诉讼等其他救济渠道的，则不受时间限制，该协议签订时间无论在修正后的《行政诉讼法》实施前还是实施后，均应纳入受案范围。如刘某诉某区人民政府确认行政协议违法一案中，一审法院认为该协议签订于 2015 年 5 月 1 日前，故依据行政协议司法解释第二十八条规定，裁定驳回起诉。二审法院认为，首先，涉案协议系在某城中村改造项目中，以实现旧城改造的行政管理目标而签订的协议，具有行政协议的特征。其次，涉案行政协议虽形成于 2015 年 5 月 1 日之前，但此类行政协议依照当时的法律、行政法规、司法解释没有规定具体的争议解决途径，也未明确将其在行政诉讼的受案范围中予以排除，属于行政诉讼受案范围。故裁定撤销原裁定，指令继续审理。

（三）原告主体资格的认定标准不清晰

对协议外哪些主体赋予原告主体资格是常见的困惑。主要表现是：一是不能仅以合同相对人为标准确定原告主体资格。行政协议司法解释明确了行政协议诉讼特有的原告资格。由于行政协议往往涉及国家利益和社会公共利益，在行政协议的订立过程中，需要遵循"公开、公平、公正"的行政法原则。行政协议案件中，行政协议的订立和履行不仅涉及协议当事人的权利义务，也涉及行政协议当事人之外的利害关系人的权利义务。该司法解释第五条不局限于民事合同的相对性原则，规定了行政协议利害关系人的原告资格。为保证公平竞争权人在行政协议订立中的权益，规定了公平竞争权人的原告资格；为保障被征收人、征用人、公房承租人等弱势群体的实体权益，规定了用益物权人和公房承租人的原告资格等。如程某某诉某区政府撤销行政协议一案，一审认为涉案拆迁安置补偿协议是征收部门与程某某之子签订的，根据合同相对性原理，程某某不是被诉协议的相对方，不具有原告资格，裁定驳回起诉。省法院认为，农村村民一户拥有一处宅基地，涉案协议是征收部门与程某某家庭所签的补偿安置协议，该协议针对整户宅基地及地面附着物，涉及户内每个成员的利益，程某某作为户内成员对涉及其利益的协议提起诉讼，具有原告主体资格。遂裁定撤销原裁定、指令继续审理。二是村民个人是否具有对其所在农村集体经济组织与行政机关签订的土地补偿协议、征地协议等提起行政诉讼的资格。《最高人民法院关于审理涉及农村集体土地行政案件若干问题的规定》第三条第一款规定“村民委员会或者农村集体经济组织对涉及农村集体土地的行政行为不起诉的，过半数的村民可以以集体经济组织名义提起诉讼”，我们认为，该规定也应适用于行政协议类案件。如邵某某要求确认某管委会与邵某某所在村村委会签订的《农村集体土地统征协议》无效案，二审法院认为，该统征协议征收的土地属于某村集体所有，由某村村委会经营、管理。某村村委会与该土地统征协议具有利害关系，具备本案行政诉讼原告主体资格。依据《最高人民法院关于审理涉及农村集体土地行政案件若干问题的规定》第三条第一款规定，因该土地统征协议涉及全体村民利益，邵某某若认为该协议无效需提起诉讼的，应根据上述法律规定的途径和形式，将其个人意愿转化为集体经济组织的意愿，提起行政诉讼。本案某村共有 1375 名村民，邵某某以个人身份提起诉讼，不符合上述法律规定。

（四）适格被告认识不统一

关于行政协议案件被告是否为协议签约主体认识不一，一种观点认为根据合同的相对性原则，谁签订合同，谁为被告。另一种观点认为不能简单根据协议相对性来确定被告资格，实践中的缔约主体与协议当事人在很多情况下并不统一，应分情况而定，比如授权、委托情形下，应按照行政诉讼法原则确定被告。如张某某诉某市政府履行协议一案，法院认为某市政府虽未以其名义直接签订涉案拆迁补偿协议书，但作为该拆迁补偿协议书中拆迁人的某项目建设领导小组办公室，是根据市委、市政府办公室联合制发的文件规定，由市委、市政府决定组建成立的临时机构，且市政府亦认可委托某街办对该项目拆迁工作具体实施。根据《行政诉讼法》及司法解释有关规定，某市政府是本案适格被告。

行政诉讼适格被告的认定直接涉及行政协议法律责任承担问题，但合同相对性原则与行政法授权委托理论交织，给行政协议适格被告的确定增加了难度。如指挥部、管委会虽然是行政协议签订的一方，但其能否作为行政诉讼适格被告；街道办作为实际签约主体，却并非补偿安置方案确定的征收部门，如何确定适格被告等，实践中均存在认识分歧。

（五）起诉期限和诉讼时效难区分

行政协议司法解释第二十五条原则上规定了起诉期限和诉讼时效适用的不同条件，但区分标准还不明确。实践中的问题有：一是未注意区分不同的法律适用标准。未甄别当事人诉请是因履行协议问题提起的，还是要求变更或解除协议。如某酒店诉市政府不履行行政协议案，一审认为超过起诉期限，裁定驳回起诉。省法院认为，针对某酒店提起的履行行政协议的诉请，应适用民事法律规范关于诉讼时效的规定，一审法院适用起诉期限，属于适用法律错误，撤销原裁定，指令继续审理。二是在区分标准理解认识上存在困惑。对“不依法履行、未按照规定履行行政协议提起诉讼的”规定，是诉讼类型还是引起诉讼类型的原因？如果是引起诉讼类型的原因，无论是要求履行还是解除、撤销协议等都应适用诉讼时效制度；对于单方变更、解除协议等行为提起诉讼的，无论是要求履行还是解除、撤销协议等都应适用起诉期限制度；另外，对适用诉讼时效，法院能否依职权审查？三是请求撤销行政协议的，适用起诉期限还是诉讼时效，还是按照行使撤销权的除斥期间审查。如王某某诉某区政府撤销安置补偿协议一案，一审法院认为涉案协议签订于2018年5月20日，王某某应该在签订《搬迁安置补偿协议书》之日起一年内提起行政诉讼，但王某某于2020年6月30日才向法院提起行政诉讼，超过了法定的起诉期限且无正当事由，裁定驳回王某某的起诉。二审法院认为根据行政协议司法解释第二十七条、原《合同法》第五十五条（现《民法典》第一百五十二条）关于撤销权的规定，本案中，王某某向原审法院起诉时已经超过上述规定的一年除斥期间，应当裁定驳回起诉。一、二审法院虽然均认为应裁定驳回起诉，但理由及适用法律规范完全不同。

（六）行政协议双重审查的适用标准及衡量尺度不明确

行政协议司法解释第十一条规定了法院审理行政协议案件，合法性审查及合约性审查的双重审查标准。两种审查标准交织，如何平衡是实践中的难题。一是如何判断协议的成立？如相对人签字之后，行政机关未在协议上签名或盖章，是否视为协议不成立？肖某某诉某区政府履行行政协议案，指挥部未在涉案协议上签字盖章，但该协议是在2012年协议的基础上达成的，肖某某于2012年移交了涉案房屋且房屋已被指挥部拆除，指挥部已向肖某某发放加盖指挥部印章的拆迁安置卡、选房顺序号，双方已履行了主要义务。据此，二审法院认为该协议依法成立。二是集体土地征收中，尚未获得土地审批文件，行政机关与被征收人签订的安置补偿协议是否无效？一种观点认为应确认无效，因为根据修改前的《土地管理法》及《土地管理法实施条例》规定，集体土地必须经农用地转用征地审批后，才能签订安置补偿协议予以征收，故该协议违反法律强制性效力性规定。另一种观点认为不宜确认无效。《土地管理法》及其实施条例的规定属于强制性管理性规定，并非强制性效力性规定。判断协议是否无效主要依据的是《行政诉讼法》第七十五条及原《合同法》第五十二条规定的无效情形进行判断。

（七）行使行政优益权单方解除或变更行政协议的条件认定及审查认知有分歧

行政协议中行政主体既是签订协议的一方当事人，又享有行政诉讼法赋予的特殊的行政优益权。如何把握行政机关是否行使优益权，是否合法恰当地行使优益权，实践中认识不一。如某保险公司诉某区政府未按约定履行补偿协议案，区政府答辩认为协议约定商业房面积错误，为避免国家利益损失，应按照现在认定的面积安置。一审法院以协议内容与实际情况不符为由变更原协议，作出判决。二审法院认为双方签订原协议中商业房面积是在评估报告基础上协商的结果。某区政府认为面积有误，并未以正当程序告知对方，且涉案协议未经依法撤销或者确认无效，应按原约定履行协议。遂依法改判一审判决。

三、行政协议类案件的审查路径和审查标准

美国鲁格罗·亚狄瑟在《法律的逻辑——法官写给法律人的逻辑指引》中认为“思维方式甚至比他们的专业知识更为重要，因为专业知识是有据可查的，而思维方式是靠长期专门训练而成的”。[①] 系统的法律知识和清晰的审判思路对法官职业同等重要。行政协议类案件不同于传统行政案件，作为新类型行政案件客观上也存在相关法律规定较为欠缺的实际困难。但是，通过调研，我们也发现一些问题是由于审判理念、审判思路和审判标准方面的分歧造成的。我们认为，当前，应该从现实出发，秉持一套适合审理行政协议案件的审判理念和审查思路，并以此促进裁判结果的公正、裁判标准的统一。

遵循合法性、合约性双重审查理念。行政协议是行政相对人与行政机关通过平等协商、意思表示一致形成的合意。在审理此类案件时，应不同于对传统行政行为的审查思路，在坚持合法性审查的同时，还应当体现民法中意思自治、诚实信用等基本原则和理念。应将行政法律规范与民事法律规范有效衔接，既坚持依法行政又重约守信，既遵守法律法规又尊重双方意思自治，既维护公共利益又促进交易安全，在行政管理目标实现和私人权利保障之间寻求平衡。行政协议案件在审理中，应贯彻依约行政和依法行政并重理念。[②]

在贯彻双重审查理念的基础上，我们要结合行政协议案件特点，形成对此类案件的基本审查路径以及审查标准。在具体案件审查中，基本审查顺序和步骤是：第一，固定清晰规范的诉讼请求，这是后续审判的基础。第二，行政协议识别。判断被诉协议是否为行政协议，是否属于行政诉讼受案范围。第三，审查是否符合起诉条件。依照《行政诉讼法》第四十九条及司法解释相关规定对起诉条件进行审查。第四，对行政协议的效力进行审查判定。第五，对履约行为进行审查。第六，对变更解除行为进行审查。第七，对责任性质及范围进行审查判断。第八，依法作出裁判。下面结合具体审查步骤和审查标准论述如下：

---

① ［美］鲁格罗·亚狄瑟：《法律的逻辑——法官写给法律人的逻辑指引》，唐欣伟译，法律出版社2007年版，第5页。

② 参见耿宝建、殷勤：《行政协议的判定与协议类行政案件的审理理念》，载《法律适用》2018年第17期。

（一）固定清晰规范的诉讼请求

《行政诉讼法》第四十九条规定，提起诉讼应当有具体的诉讼请求。具体、清晰、明确的诉讼请求是案件审判的基础，且行政协议案件中不同的诉讼请求还影响到民事或行政法律规范的区别适用问题。所以，法官首先要审查当事人诉讼请求是否明确、规范，如不明确、规范，应向当事人释明，引导当事人依据行政协议司法解释第九条"'有具体的诉讼请求'是指：（一）请求判决撤销行政机关变更、解除行政协议的行政行为，或者确认该行政行为违法；（二）请求判决行政机关依法履行或者按照行政协议约定履行义务；（三）请求判决确认行政协议的效力；（四）请求判决行政机关依法或者按照约定订立行政协议；（五）请求判决撤销、解除行政协议；（六）请求判决行政机关赔偿或者补偿；（七）其他有关行政协议的订立、履行、变更、终止等诉讼请求"的规定，规范地提出具体诉讼请求，确保案件审查对象正确。同时，引导当事人提出的诉讼请求最大限度贴紧其实际需要解决的问题。如有的当事人可能想要解决的是协议履行或变更的问题，诉讼请求却是确认无效。此时，法官就要和当事人释明沟通，将其诉讼请求明确为需要解决的履约或变更之诉。

另外，需要注意的是，在审理行政协议案件时，法官的释明义务贯穿整个审理过程。虽然，当事人在起诉时确定了具体的诉讼请求，但在审理中如果出现以下两种法律规定情形的，法官仍应履行释明义务。一是依照行政协议司法解释第二十二条规定，原告以被告违约为由请求人民法院判令其承担违约责任，人民法院审理后认为行政协议无效，此时的行政协议已经丧失履约之基础。因此，人民法院有义务向原告释明，并根据原告变更后的诉讼请求判决确认行政协议无效。如果原告经释明后拒绝变更诉讼请求，人民法院应当判决驳回其诉讼请求。二是现行行政诉讼法司法解释第九十四条规定也适用于行政协议案件。原告起诉要求确认协议无效，法院经审理认为不构成无效情形的，可以向原告释明，变更为撤销协议等请求，并依法作出判决。如拒绝变更诉讼请求，则判决驳回其诉请。

（二）审查受案范围——行政协议的识别

1. 基本原则

行政协议司法解释明确了行政协议的内涵，行政协议包括四个要素，一是主体要素，即一方当事人必须为行政机关；二是目的要素，即必须是为了实现行政管理或者公共服务目标；三是内容要素，协议内容必须具有行政法上的权利义务内容；四是意思要素，即双方当事人必须协商一致。只有满足这四个要素才属于行政协议。正是这些特征构成了行政协议与传统民事合同的重要区别。[①] 这也是判断是否属于行政协议的基本原则和标准。

2. 特殊规定

（1）关于2015年5月1日时间节点的正确理解

行政协议司法解释第二十八条规定："2015年5月1日后订立的行政协议发生纠纷的，适用行政诉讼法及本规定。2015年5月1日前订立的行政协议发生纠纷的，适用当时的法律、行政法规及司法解释。"可见，对于2015年5月1日前订立的行政协议发生纠纷的，需要符合一定条件，才能纳入受案范围。该条件即是：该行政协议订立时依据当时的法律、行政法规、司法解释等没有规定因该类协议发生争议时应按照民事或其他的途径解决的，该协议也未约定民事诉讼或仲裁程序的。此时，当事人提起行政协议之诉，法院应当予以受理。如在某公司诉某区人民政府解除投资协议并赔偿经济损失一案[②]中，法院认为，协议签订时的法律、行政法规、司法解释或者我国缔结或参加的国际条约没有规定其他争议解决途径，当事人选择通过行政诉讼解决相关的争议，并不违反相关法律的规定。

但是，如果按照当时的法律、行政法规、司法解释等规定有争议解决途径的，应按照当时的规定处理。如在已取得房屋拆迁许可证，依据《城市房屋拆迁管理条例》实施的项目中，因订立的拆迁补偿协议发生争议，按照最高人民法院（2007）民立他字第54号复函规定，该拆迁安置补偿协议争议应当通过民事诉讼途径予以解决，则此类案件作为民事案件，不属于行政诉讼受案范围。如蔡某诉某区人民政府行政协议纠纷一案[③]中，法院认为，双方于2008年10月30日依据《城市房屋拆迁管理条例》《西安市城市房屋拆迁管理办法》等法律法规和规章签订拆迁安置协议，系平等主体之间签订的协议，对此产生的争议属于民事纠纷范畴。根据《国有土地上房屋征收与补偿

① 黄永维、梁凤云、杨科雄：《行政协议司法解释的若干重要制度创新》，载《法律适用》2020年第1期。

② 详见最高人民法院（2018）最高法行再1号行政裁定书。

③ 详见陕西省高级人民法院（2018）陕行终556号行政裁定书。

条例》第三十五条规定，该条例施行前已依法取得房屋拆迁许可证的项目，继续沿用原有的规定办理。本案蔡某所诉属于因履行民事协议产生的纠纷，不属于行政诉讼的受案范围。

（2）几类协议的认定

——息诉罢访协议属于行政协议。此类协议实际上是行政机关在职权范围内为实现社会管理目标而进行的约定，具有行政法上的权利义务内容，属于行政协议。如韩某某诉黑龙江省某县人民政府行政协议一案中，法院认为，行政机关与信访人签订的息诉罢访协议，实质上是行政机关为了维护社会和谐稳定、公共利益和实现行政管理职能的需要，根据属地主义原则在其职责权限范围内，与信访人达成的具有行政法上权利义务内容的协议，属于可诉行政协议范畴。[①]

——招商引资协议属于行政协议。招商引资属于地方政府的行政职责，关系地方的经济发展，属于行政协议。如某公司诉某区人民政府履行招商协议一案[②]中，法院认为，2015 年 5 月 1 日之前的法律法规及司法解释未明确规定招商协议属于民事协议。在此情况下，法院应当尊重当事人对诉讼类型的选择权。因此，某公司提起本案履行招商协议之诉，法院应当予以受理。

——集体土地上房屋征迁协议及适用《国有土地上房屋征收与补偿条例》签订的协议均为行政协议。《国有土地上房屋征收与补偿条例》于 2011 年 1 月 21 日实施，采用国家征收并予以补偿安置的方式，故该条例实施后签订的房屋征迁补偿协议，属于行政协议。集体土地上房屋征迁协议属于行政协议。

（三）审查起诉条件

1. 审查是否具备原告资格

行政协议相对方及符合条件的协议外利害关系人均具有原告资格。符合条件的协议外利害关系人具有原告资格，这是不同于民事协议之处。行政协议因其行政性属性，也应适用《行政诉讼法》第二十五条所确立的“与行政行为有利害关系”的认定标准。因此，当受到行政协议影响的第三人寻求法律救济时，人民法院不能因行政协议的相对性原则而直接排除其原告资格，而是应结合第三人诉请保护的权益，判断其原告资格之有无。这里，需要注

① 详见最高人民法院（2016）最高法行申 45 号行政裁定书。

② 详见最高人民法院（2020）最高法行再 16 号行政裁定书。

意的是，符合条件的协议外利害关系人不得直接主张合同中的履行权益，只能主张合同之外的与行政协议整体存在直接利害关系的固有权益。第三人的主张仅与行政协议的前置或过程中的单方行政行为以及基础纠纷行为有关联时，不应认定与被诉行政协议存在利害关系。应告知原告起诉与其具有利害关系的相关单方行政行为或基础纠纷。

国有土地上被征收房屋的公房承租人对于征收补偿协议具有原告主体资格。私房承租人不是征收补偿行政法律关系的相对方，不具有协议之诉的原告资格。但若其是经营性房屋承租人，认为征收补偿协议侵犯其重大添附的财产权等，具有原告资格。

集体土地上房屋征收，一般以户为单位，户内成员共同享有宅基地上房屋所有权，户主代表该户签订的征收补偿协议，户内成员与协议有利害关系，具有原告资格。

2. 审查被告是否适格

行政协议系行政机关采用合同方式实施行政职权，故应遵循合同相对性原则确定被告资格。即通常情况下，以能独立承担责任的行政协议签约一方主体为适格被告。但由于行政管理的多样性及行政主体资格的复杂性，在考量合同相对性的同时还要结合行政委托授权理论，判断确定适格被告。如以“领导小组”“指挥部”名义签订的协议，该类机构大多系由政府组建的临时机构，不具有独立承担责任的能力，此时应以组建该机构的行政机关为被告。还有以管委会名义签订的协议，要结合现行行政诉讼法司法解释第二十一条规定审查判断，只有国务院、省级人民政府批准设立的开发区管理机构才为适格被告，其他开发区管理机构不具有行政主体资格，应以设立该机构的地方人民政府为被告。

3. 审查起诉期限，准确适用诉讼时效

行政协议司法解释第二十五条对不同诉讼类型作了区分。基于行政协议的行政性特点，对行政机关单方变更、解除行政协议等行政行为提起诉讼，应适用起诉期限制度；基于合约性的考量，对行政机关不依约、依法履行协议行为提起诉讼，适用诉讼时效制度。实践中应注意的问题：一是适用诉讼时效制度，对当事人未提出诉讼时效抗辩的，法院不需要主动依职权审查。

如游某某诉某区人民政府未按约定履行行政协议一案[①]中，法院认为，原审法院在某区人民政府未提出诉讼时效抗辩，且没有新证据证明游某某的请求权已过诉讼时效期间的情况下，主动认定游某某超过诉讼时效，有违法定程序。二是请求撤销行政协议的，适用民事法律规范中除斥期间的规定。除斥期间是否届满将直接影响相对人实体权利是否存续，法院可依职权主动审查。如某远洋航运公司诉某市、某区人民政府行政协议及行政赔偿一案[②]中，法院认为，2008 年《最高人民法院关于审理民事案件适用诉讼时效制度若干问题的规定》第七条第一款（现第五条第一款）规定："享有撤销权的当事人一方请求撤销合同的，应适用合同法第五十五条关于一年除斥期间的规定。对方当事人对撤销合同请求权提出诉讼时效抗辩的，人民法院不予支持。"原《合同法》第五十五条（现《民法典》第一百五十二条）规定，具有撤销权的当事人自知道或者应当知道撤销事由之日起一年内没有行使撤销权的，撤销权消灭。涉案《拆迁协议》于 2010 年 7 月 31 日签订，2013 年 5 月 28 日已经履行完毕。但远洋航运公司于 2017 年 9 月 15 日才提起诉讼，主张《拆迁协议》显失公平，签订时存在欺诈情形，并请求撤销《拆迁协议》，明显超过上述法律规定的一年除斥期间。

（四）审查行政协议

1. 审查原则

行政协议司法解释第十一条规定："人民法院审理行政协议案件，应当对被告订立、履行、变更、解除行政协议的行为是否具有法定职权、是否滥用职权、适用法律法规是否正确、是否遵守法定程序、是否明显不当、是否履行相应法定职责进行合法性审查。原告认为被告未依法或者未按照约定履行行政协议的，人民法院应当针对其诉讼请求，对被告是否具有相应义务或者履行相应义务等进行审查。"可见，对行政机关订立、履行、变更、解除行政协议的行为采取的是合法性审查原则，对行政机关履约行为采取的是合约性审查原则。这就要求在审理中，法院结合当事人诉请，从行政协议不同阶段，即协议是否订立，是否生效，是否无效，是否有变更、解除、撤销情形，是否履约，责任承担方式等各阶段针对不同的行为采用不同审理规则进行审查，

---

① 详见最高人民法院（2019）最高法行申 2322 号行政裁定书。
② 详见最高人民法院（2020）最高法行申 1475 号行政裁定书。

审查中要秉持双重审查原则，处理好依法行政与契约自由的关系。

2. 无效行政协议的审查认定

行政协议无效是对双方合意有效性的根本否定评价，法院在认定行政协议效力时，应对行政协议中的公法关系与私法关系进行全面审查，既要适用《行政诉讼法》第七十五条关于无效行政行为的规定，同时也要符合民事法律规范中对无效民事法律行为的认定。实践中，一是要准确把握不具有行政主体资格等重大且明显违法情形的内涵，不宜以未经过批准征地、未作出征收决定等轻易否定协议效力。如庄某等诉某县人民政府行政协议案[①]中，法院认为，认定协议无效的核心要件是欺诈、胁迫、恶意串通、具有非法目的、损坏社会公共利益、违反法律及行政法规的效力性强制性规定等。庄某认为在征地批复作出前即签订安置协议，据此主张安置协议无效。经查，虽然2014年《土地管理法实施条例》第二十五条规定，征收土地方案经依法批准后，土地行政主管部门负责补偿安置工作，但前述顺序的规定应当理解成类似民事诉讼中的“管理性强制性规定”，而不是“效力性强制性规定”，不能据此认定安置协议无效。二是对于违反法律、行政法规的强制性规定行为应认定无效。这里的强制性规定是指效力性强制性规定，即如果允许合同继续履行，将损害国家利益、社会公共利益等基本法律秩序或社会秩序的情形。如游某与某区政府履行协议一案[②]，双方在涉案土地挂牌之前签订被诉协议，确定了70万元/亩的交易底价，同时约定实际出让价格高出部分全额返还给游某，该约定实际上控制出让土地价格，以不正当方式强化了游某的竞争优势，进而排挤并损害了其他竞买者参与竞买的权利，更违反了拍卖出让土地使用权应当遵循的公平公开原则。且双方约定的返还标的直接指向土地出让金，亦损害国家利益。故被诉协议中上述相关约定应为无效条款。三是如果行政协议无效的原因在一审法庭辩论终结前消除，法院可以确认行政协议有效，不宜判决行政协议无效。

3. 行政机关基于优益权单方解除变更协议行为的审查

由于行政协议行政性的属性，行政协议司法解释中承认了行政机关区别于协议相对人的，单方面解除或变更协议的行政优益权。并明确协议相对方

---

① 详见最高人民法院（2020）最高法行申866号行政裁定书。

② 详见最高人民法院（2019）最高法行申2322号行政裁定书。

可请求撤销行政机关行使优益权的行政行为或者确认该行为违法。法院对行政机关行使优益权的行政行为适用合法性审查原则。如何对行政机关基于优益权单方变更解除协议行为进行审查，当前相关法律规定不明确，实践中认识也不一致，我们认为审查中要厘清以下几点：

首先，审查行政机关是否以正当程序及形式行使了单方解除权。行政机关基于行政优益权单方解除变更协议的，应依照有关合同解除方面规定，以一定形式告知对方，说明解除变更理由，并应当给对方陈述意见的权利。最终决定解除或变更后，还应告知对方诉讼等救济途径。如果行政机关在诉讼中认为协议内容有误，以行使优益权作为对其不履行协议的抗辩，不能视为其行使了行政优益权。

其次，具备必要条件才能行使解除变更协议的行政优益权。行政机关对协议内容的单方变更、解除权只能基于国家、公共利益或协议基础事实发生变化，履行协议会给国家或者社会公共利益造成重大损失的特定情形才能行使。行政优益权的行使是有限制条件的，一是必须是协议订立后出现了由于实现公共服务或行政管理目标的需要或者法律政策重大调整，协议基础事实发生变化情形，必须变更或者解除协议；二是单方解除变更须符合比例原则，即变更解除协议比继续履行协议给国家公共利益带来的损失小；三是应当对相对人由此造成的损失依法或者依约给予相应补偿。①

最后，对解除变更协议的行为采用全面的合法性审查原则。从行政机关是否具有法定职权、是否滥用职权、是否正确适用法律法规、是否遵守正当程序、是否明显不当等方面全面审查。

（五）审查确定责任性质及标准

行政协议司法解释中规定了缔约过失责任、违约责任、补偿责任等。

1. 关于被告的缔约过失责任。一是适用情形。行政协议司法解释第十三条、第十五条第二款明确了被告的缔约过失责任，即协议约定被告负责履行批准等程序而被告未履行，原告要求被告承担赔偿责任的，人民法院应予支持。因被告的原因导致协议被确认无效或者被撤销，可以同时判决责令被告

① 参见郭雪、杨科雄：《传统行政协议优益权的行使》，载《法律适用》2021 年第 6 期。

采取补救措施；给原告造成损失的，人民法院应当判决被告予以赔偿。[①] 二是责任承担范围。对于协议无效情形下产生的赔偿责任，即缔约过失责任，其赔偿责任范围主要是信赖利益损失，即过错方赔偿对方因信赖协议有效成立而实际遭受的损失。包括缔约过程中发生的费用损失，为履行协议而发生的其他费用损失等。其目的在于使无过错方利益能够恢复至协议签订之前状态。故赔偿部分不应包括若协议有效而可能获得的预期履行利益损失。[②]

2. 违约责任。行政协议司法解释第十九条、第二十条规定，行政机关违约的，应当充分赔偿当事人的实际损失。该实际损失不仅包括直接损失，也包括预期损失。具体赔偿范围应把握以下几点：一是协议有约定，应当按照约定承担违约责任；二是对约定过高的，法院可以参照民事法律规范予以调整。行政协议约定的违约金明显高于原告实际损失的，法院可以判决调整违约金。如洪某诉某区人民政府履行行政协议一案[③]，双方签订的《征收住宅房屋货币补偿协议》约定：如未按约定期限向洪某支付各种补偿费，自违约之日起每日按房屋征收总额的3‰向洪某支付滞纳金。在洪某未提供证据证明其实际损失的前提下，其实际损失为安置补偿费的利息。日3‰的违约金折算为月利率为月9%，远高于实际损失，法院依据《最高人民法院关于适用〈中华人民共和国合同法〉若干问题的解释（二）》（现已失效）第二十九条第一款规定，“当事人主张约定的违约金过高请求予以适当减少的，人民法院应当以实际损失为基础，兼顾合同的履行情况、当事人的过错程度以及预期利益等综合因素，根据公平原则和诚实信用原则予以衡量，并作出裁决”，综合考虑各种因素后，酌定违约金按安置补偿费的银行同期贷款利率计算。

3. 补偿责任。行政协议司法解释第十六条规定，在履行行政协议过程中，可能出现严重损害国家利益、社会公共利益的情形，被告作出变更、解除协议的行政行为后，原告请求撤销该行为，人民法院经审理认为该行为合法的，判决驳回原告诉讼请求，给原告造成损失的，判决被告予以补偿。补偿标准原则上不低于行政赔偿标准。

---

① 黄永维、梁凤云、杨科雄：《行政协议司法解释的若干重要制度创新》，载《法律适用》2020年第1期。

② 详见最高人民法院（2020）最高法行申3832号行政裁定书。

③ 详见最高人民法院（2020）最高法行申13758号行政裁定书。

（六）依法裁判

行政协议的司法审查围绕原告的诉讼请求展开。相应地，行政协议案件的裁判方式也以诉讼请求为出发点。结合行政协议司法解释第九条、第十四条、第十五条、第十六条、第十七条、第十九条、第二十二条规定，依法作出裁判。行政协议的判决方式主要有判决驳回诉讼请求、判决确认违法、判决确认协议无效并承担赔偿责任等。

后果裁判下行政协议合法性瑕疵补救的思考

——基于422份裁判文书的实证分析

熊娇娇

【摘要】行政协议司法解释明确了行政协议无效转化的规定，但其并未明确何种瑕疵违法可补救治愈。由此，在瑕疵补救的考量裁判中，如何平衡行政协议行为合法性与有效性之间的结构张力与冲突弥合？这是尚欠理论研究的司法实践问题，单纯的法教义学无法回应。虽然行政法官有意无意运用了后果裁判的方法，但是该论证方法的运用却是隐而不显的，可能导致受众对裁判混乱的体认，而这恰恰是值得我们警惕和思考的。因此，本文试图将协议瑕疵补救的理论研究兴趣点从基本理论延伸到裁判理论，从外部视角嵌入成本收益为核心的利益衡量，从构建瑕疵补救的立体结构、明确补救规范的价值考量、健全补救“阶梯式”裁判防护网等方面，厘清瑕疵补救如何界定、如何裁判考量等问题，以优化裁判方法，统一裁判尺度。

【关键词】行政协议　合法性瑕疵　补救　成本收益

实践中大量不同程度的行政协议合法性瑕疵，种类繁多，效力判定不一，能否补救或赋予何种补救，亟须司法机关承担事后审查功能。关于行政协议合法性瑕疵，参考各学者观点，并未仅限于“微小的不当”，而是将其概括为不符合或欠缺行政协议合法性要件之瑕疵[①]，主要指行政协议所具有的可能影响其效力的各种法定瑕疵，原则上并非无效，尚有得撤销或废止等各种不同效果。[②] 2015年《最高人民法院关于适用〈中华人民共和国行政诉讼法〉

① 江嘉琪：《行政契约的瑕疵及其法律效果》，载《月旦法学教室》第61期。

② 参见吴庚：《行政法之理论与实用》，三民书局1999年版，第273—276页；林明锵：《行政契约法研究》，瀚芦图书出版有限公司2006年版，第66页；蔺耀昌：《行政契约效力研究》，法律出版社2010年版，第54—68页。

若干问题的解释》第十五条第二款首次规定了行政协议无效判决。2019 年《最高人民法院关于审理行政协议案件若干问题的规定》（以下简称行政协议司法解释）第十二条第三款增加了无效转化的规定，虽然弥补了行政协议实体制度的部分缺失，但关于瑕疵补救问题的规范仍有所不足。我们不难发现传统法教义学方法在协议瑕疵补救裁判中存在审理障碍，因为行政法官作出的裁判不是简单适用法律的结果，而是有意无意运用了后果主义推理的方法。但是，该后果裁判的论证方法在个案裁判中，因行政法官价值考量侧重不同，可能导致裁判结果相悖。因此，如何处理，争议较大。鉴于此，有必要对此予以探讨。

一、实证考察：行政协议合法性瑕疵案件的裁判梳理

（一）个案钩沉：瑕疵判定之微观己见

1. 困境之一："合法性瑕疵"标准界定难

案例 1[①]：钟某作为户主与某街道办事处于 2012 年签订征用集体所有土地房屋拆迁住房安置协议。2016 年，案涉集体所有土地经省文件批准征收。2018 年，案涉集体征收土地补偿安置方案经市政府批准同意。2020 年，案涉房屋共同所有权人钟某之未成年子女康某等认为街道办事处未与其协商，且街道办事处不具备拆迁主体资格，违反先批后征法定程序，向法院请求确认协议无效。

案例 1 反映了实践中，协议瑕疵的表现形式多样，瑕疵是否违法、违法程度如何，在个案中因行政机关"补救"情况不同而界定不同。有的认为案涉瑕疵已得到有效弥补，可忽略不计；有的认为案涉瑕疵不影响协议的合法性，仅轻微违法；有的认为尚不足以导致撤销，构成一般违法；有的认为行政机关未批先征，越权订立协议，已构成重大违法。

2. 困境之二："合法性瑕疵"效力判断难

案例 2[②]：李某与某镇政府签订《拆迁补偿协议书》和《回购安置房协议书》。履行拆迁补偿协议后，镇政府发现李某实际上不具备安置补偿方案中规

---

① 详见四川省成都市中级人民法院（2020）川 01 行终 676 号行政判决。

② 一审：南昌铁路运输法院（2018）赣 7101 行初 256 号行政判决；二审：南昌铁路运输中级法院（2018）赣 71 行终 604 号行政裁定。

定的回购安置房资格，以该协议有损社会公共利益为由，拒绝履行回购约定。李某不服，诉至法院要求继续履行该协议。

案例2反映了人民法院在后果裁判下陷入了依法行政与契约严守的两难抉择。在相对人不符合回购资格的情形下，对于行政机关“拒绝履行”回购协议的做法，一审法院从尊重契约严守，防止公权力随意毁约角度，认定协议有效，判决行政机关履行约定。而二审法院以避免对国家利益、集体经济组织成员共同利益以及社会公平正义造成侵害为由，否定协议效力，撤销一审判决，发回重审，要求行政机关依法依规重新进行安置房回购资格及人数的认定工作。

3. 困境之三：“合法性瑕疵”规制方式难

案例3①：周某与某区房管局签订国有土地上房屋征补协议，约定：采取产权调换方式安置周某，该户两年内有过户转移，故不享受补齐36平方米居住困难户补助政策。协议签订后，周某提出，上述签订的协议条款违法，请求法院确认补偿协议无效。

案例3反映了面对行政议合法性瑕疵，行政法官由于其个体裁判的差异性，极易导致裁判认定不一。有的认为，相对人是否符合补助政策不明，该协议效力待定，应当待有关部门调查核实后予以判定；有的认为，该协议条款系当事人合意协商所签订，应合法有效。而法院认定，该协议条款因违反法律、行政法规强制性规定而无效，且判定行政机关采取调查补救措施。该后果裁判也从侧面反映出司法实务中目前有限的行政协议瑕疵规制方式难以有效适应多元化的实践需求，仍有待法院主动以一定补救手段调适协议瑕疵效力。

（二）样本索隐：瑕疵补救之宏观探赜

为深入研究司法实践中，行政法官在面临多重价值利益冲突和矛盾时，如何对行政协议合法性瑕疵补救进行判定考量，笔者随机选取422份有效样本（详见表1），并对相关内容进行剖析：

表1：样本总体情况

案件类型	土地房屋征收补偿协议（218份）；国有土地等国有自然资源使用权出让协议（87份）；特许经营协议（36份）；特定范围内的政府采购协议（29份）；招商引资协议（24份）；PPP协议（18份）；其他行政协议（10份）

---

① 详见南昌铁路运输法院（2018）赣7101行初718号行政判决。

续表

案件审级情况	一审文书（87份）；二审文书（183份）；再审文书（152份）
案件地域分布	华北地区（87份）；华东地区（103份）；华南地区（67份）；西南地区（29份）；华中情况地区（47份）；西北地区（53份）；东北地区（36份）
案件来源	北大法宝案例数据库

1. 样本要素归纳分析

经样本梳理，当事人诉争的行政协议合法性瑕疵，按照要素归纳主要表现在三个方面（详见表2）：

表2：行政协议合法性瑕疵要件类型

瑕疵类型	案例列举	主要特征	占比
主体瑕疵	案例1、2	（1）不具有行政主体资格的被设立或被委托的组织以自己的名义订立协议； （2）欠缺处分权或代理权的缔约主体以自己名义订立协议。	41%
内容瑕疵	案例3	（1）协议内容缺乏事实或法律依据； （2）内容客观上可能不能实施； （3）损害社会公众利益或第三人利益； （4）以合形式掩盖非法目的； （5）违反法律、行政法规强制性规定。	37%
程序和形式瑕疵	案例4、5	（1）违反“公开透明、强制竞争”程序缔结； （2）采取不正当手段订立协议； （3）违反权利告知等正当程序； （4）违反法律规定的书面形式订立协议； （5）不符合协议成立的条件或形式要件。	18%
其他			4%

（1）主体瑕疵。缔约主体作出缔约意思表示之行为能力或者行政职权存在欠缺。如上述案例1、2中协议签订主体资格存在的瑕疵。

（2）内容瑕疵。双方合意约定内容有违公法管制的规范边界。如上述案例3中约定的格式条款内容严重违法。

（3）程序和形式瑕疵。主要指行政协议的缔结是否违反法律法规予以特别规定的程序要求或形式要件。如案例4① 中法院认为，不能以协议程序代替法律规定的招拍挂程序；案例5② 说明法律并未明确规定补偿协议的形式，口头协议也可成为拆迁补偿协议形式，但须满足口头协议成立条件。

“补救”与现行审判规则是否“琴瑟和鸣”，不同立场有不同的见解。行政主体和相对人作为协议签订主体所代表的利益不同，因而其以自我利益最大化为视角而得出的结论也并不相同。行政法官基于行政协议事实认定和法律适用维度的审查，对瑕疵界定及补救规范涵摄也并不统一，以致裁判结果也各异（详见表3）。具体表现在：

表3：不同维度瑕疵类型案件效力认定对比

维度	瑕疵类型	瑕疵案件效力认定列举对比
纵向维度	主体瑕疵	案例6：被告与第三人签订的协议处置了原告的房屋，原告虽不同意，但原告收到了款项并使用了被告安置的地块进行房屋修建，其以行为表示了接受，应视为原告对第三人无权处分的追认，法院认定该协议有效。 案例7：徐某儿子未经徐某同意，与镇政府签订的拆迁补偿安置协议，法院确认该协议无效。
横向维度	内容瑕疵 程序/形式瑕疵	案例8：被告在上级政府的授权范围内与原告签订独家特许经营权许可合同，违反了《反不正当竞争法》第七条的强制性规定，法院认为应认定无效。 案例9：上诉人诉称被上诉人直接以行政协议的形式进行征收，其征收程序违法。法院认为，该拆除合同是由于环境保护需要而实施的拆除补偿行为，且不违背法律规定，应予以支持。上诉人不能提供被上诉人在与其签订拆除合同时存在胁迫等违法情形的有效证据支持其主张，协议合法有效。
综合维度	程序/形式瑕疵	案例10：法院认为，被告在征地方案未获批准的情况下与原告签订了《征收协议书》，属于程序违法。但不损害社会公共利益等情形，故法院作出违法有效认定。 案例11：法院认为，虽然在征地过程中存在“先征后批”的问题，但是，征地实施程序存在的瑕疵不影响征地安置协议的合法性。故法院认定协议合法有效，驳回原告诉讼请求。

① 详见最高人民法院（2020）最高法行申3832号行政裁定。
② 详见内蒙古自治区高级人民法院（2018）内行终618号行政判决。

（1）从行政协议纵向维度分析，瑕疵“补救”在协议不同阶段，呈现不同的效力判断结果。在案例 6[①]、案例 7[②] 中，因协议缔约的法定要件不同，以及是否履行等不同阶段涉及的补救考量因素不同，因而协议补救效力认定亦不同。

（2）从行政协议横向维度分析，瑕疵“补救”在不同类型协议案件中，凸显不同的价值考量因素。在案例 8[③]、案例 9[④] 中，因不同类型协议所涉及的瑕疵违法程度不同，瑕疵补救考量亦不同。

（3）从行政协议综合维度分析，同类型协议同瑕疵案件，因具体个案中瑕疵补救评判不同，法院裁判亦不同。如案例 10[⑤]、案例 11[⑥] 中，瑕疵补救都侧重公共利益的考量，但行政协议因瑕疵补救治愈程度评判不同而呈现不同的效力认定。

2. 样本后果论证分析

关于判定行政协议合法性瑕疵法律效果之补救考量，有两种不同倾向（详见表 4）：

一是肯定性判定模式（详见表 4 案例 A 列举的诸多案例）：经合法性审查，协议即使存在违法性瑕疵，仍予以保留协议效力。该模式肯定补救审查及法律效果，主要理由包括：（1）不违反法律的强制性规定；（2）不影响处理结果正确性的；（3）并未造成相对人合法权益的实质性损害；（4）该协议已经实际履行完毕，不损害社会公共利益等。

① 详见贵州省黔东南苗族侗族自治州中级人民法院（2017）黔 26 行终 20 号行政判决。
② 详见河南省郑州市中级人民法院（2019）豫 01 行终 842 号行政判决。
③ 详见四川省凉山彝族自治州中级人民法院（2016）川 34 行赔初 8 号行政判决。
④ 详见青海省海北藏族自治州中级人民法院（2019）青 22 行终 3 号行政判决。
⑤ 详见广东省韶关市武江区人民法院（2017）粤 0203 行初 212 号行政判决。
⑥ 详见重庆市第五中级人民法院（2020）渝 05 行终 71 号行政判决。

表 4：司法判决中行政协议合法性瑕疵补救的判定模式

补救肯定性判定模式（占比 75%）					补救否定性判定模式（占比 25%）			
案例 A 要素	（1）（2017）最高法行申 6163 号； （2）（2018）浙行终 13 号； （3）（2017）最高法行申 8386 号； （4）（2016）最高法行申 2247 号； （5）（2015）浙金行终字第 59 号； （6）（2016）晋 0723 行初 2 号； （7）（2018）闽 0203 行初 99 号； （8）（2017）豫 04 行初 89 号； （9）（2015）益法行初字第 42 号。				案例 B 要素	（1）（2016）川 15 行终 36 号； （2）（2016）皖 0824 行初 2 号； （3）（2018）桂行终 712 号； （4）（2019）粤 20 行终 4 号； （5）（2019）豫 01 行终 842 号； （6）（2019）辽 14 行初 175 号； （7）（2020）最高法行申 3832 号； （8）（2019）浙 03 行终 848 号； （9）（2019）沪 03 行终 669 号。		
瑕疵情形	主体（案例 A）1、2、6、7、8	内容（案例 A）3、9	程序形式（案例 A）4、5、6	VS	瑕疵情形	主体（案例 B）1、2、5、7	内容（案例 B）3、4、6、7、8、9、10	程序形式（案例 B）7
认定考量	追认表见代理；行为默认	协议的安定性；社会公共利益；不影响合同效力	不影响处理结果正确性；不损害原告实质权利		认定考量	不具有主体资格；无权处分	损害社会公共利益；违反法律、行政法规规定	程序严重违法
裁判依据	《行政诉讼法》第 69、74、76、78 条；《民法典》第 170 条等				裁判依据	《行政诉讼法》第 75 条；行政诉讼法司法解释第 99 条；《民法典》第 144、146、153、154 条等		
协议效力	有效、违法有效、效力待定、未生效等				协议效力	无效		

二是否定性判定模式（详见表 4 案例 B 列举的诸多案例）：经审查认为，协议违法性不能经补救予以治愈，协议无效。该模式否定补救或忽视补救审查及法律效力，主要理由包括：（1）协议违反法律、行政法规规定；（2）损害第三人和社会公共利益；（3）不具有行政职权或民事行为能力；（4）程序严重违法。

目前我国行政法官判定行政协议无效的主导规则依然是“重大且明显违法”标准，而对于协议合法有效的判定，通常是通过不具有无效情形而反向证成的。因此，从某种程度上说，行政协议瑕疵效力判定问题须经行政法官个案权衡，考量违法性的严重程度以及否定协议对公共利益、相对人利益以及第三人利益可能带来的伤害，以此权衡多重利益关系的价值。在案件数量上，协议合法性瑕疵有效认定占绝大多数，而无效仅占样本比例 25%，且均违法程度重大，瑕疵难以补救治愈。

二、解构剖析：行政协议合法性瑕疵补救的逻辑追问

通过实证分析，笔者分别从微观与宏观的视角剖析了行政协议合法性瑕疵案件的裁判困境。尽管上文已表明“合法性瑕疵”补救广泛存在，但对于合法性瑕疵是否补救，以及如何裁判补救，行政法官经常在“依法行政”与“契约自由”之间摇摆不定。因此，仍有必要对其裁判现实基础的内在逻辑予以讨论。下文将从三个层面进一步探究。

（一）第一层面：“合法性瑕疵”补救效力的边界尺度

行政协议是行政行为和相对人法律行为动态关系的混合。人民法院审理行政协议案件时，都隐含着对行政协议效力进行判断的前提。[①] 因此须首要结合行政协议有效性和合法性之间的关系，探讨“合法性瑕疵”补救效力的边界尺度问题。

1.“无效论”：尊重公法管制，却违背行政效率

行政协议是实现行政管理或公共服务的方式或手段。“无效论”强调：如果行政协议一旦经合法性审查存在瑕疵，如主体资格、协议内容、程序和形式等方面存在瑕疵，无论瑕疵违法程度如何，一律拒绝或忽视补救效力，看似严格尊重公法管制，防止公权力滥用，实则显得过于苛刻，不仅违背行政效率，也不利于形成稳定的社会关系，最终也有悖实质法治的要求。

2.“有效论”：注重意思自治，却忽视公平正义

“有效论”主张：尽管行政协议存在合法性瑕疵，但补救能弥补或调适瑕疵所带来的不利后果，不破坏协议的忠诚原则，应予承认协议有效性。该裁判思路克服了确认无效带来的协议不稳定的不利结果。法国“贝兹耶案”（Béziers I）反映了加强合同安定性维护的重要性，同时也有效防止合同一方当事人为恶意规避合同约定而主张合同关系仅因过去微小瑕疵就溯及既往地

---

① 江必新、梁凤云：《最高人民法院新行政诉讼法司法解释理解与适用》，中国法制出版社 2016 年版，第 154 页。

消灭。[1] 但是，如一律强调补救效力，维持协议有效，却忽视了依法行政的本质作用，又将在一定程度上助长瑕疵违法的风气，有违公平正义。

3. “在有效与无效之间”：多元化法评价性效力

行政协议属于行政法上之意思表示，效力相应地也分为与“意思”内容相关的内部效力和与“表示”相关的外部效力。[2] 行政协议效力因规范、价值和事实等不同要素的交织，并不是静态不变的，而是呈现互动结构，动态发展状态。因此，从行政协议效力动态过程上看，行政协议合法性与有效性之间并非一一对应关系。[3] 围绕行政协议的行政审判实践，行政法官也从过去只能在有效与无效之间进行“非此即彼”的判定选择向现今灵活运用多种司法权利在各种价值利益的综合权衡中寻求最佳平衡方式转变。

（二）第二层面：“合法性瑕疵”容许补救的考量因素

人民法院对于行政协议合法性瑕疵的效力要适度参与审查，要慎重作出价值判断，进而认定行政协议的效力。该价值考量的背后，实则反映“补救”考量的必要性。具体从以下三个方面予以分析：

1. 现实考量：行政协议效力减损与瑕疵补救的迫切调节。从规范主义过渡到功能主义，合法性判断已不再是协议效力判断的唯一标尺，而是诸多考量因素之一。诸如行政协议瑕疵的违法程度，协议履行所实现的政策目标，以及该判决可能给各方带来的利益后果等，均是法官在判决时应当考量的因素。正如法国公法学者所言，“对行政协议之命运判断，不再严格依照既定条件判断，而日益服从于一种结果主义的逻辑”。[4]

2. 基础考量：行政协议治理功能与救济空间的弹性伸张。现代社会关系已发生重大变革，行政权已由传统消极行政向现代积极行政转变。在行政机关的角色由适法的传统监控者角色向充分考虑行政目标和任务实现的管理者转变的同时，行政行为形式理论随之也逐渐向行政行为形式自由选择理论转变。行政协议改变了传统行政法中的命令与服从的对抗关系，其在提升行政治理效能的同时，其补救权能也必然要求随之增强。

---

① M. Long, P. Weil, G. Braibant, P. Delvolvé, B. Genevois, préecité, p. 949. 转引自陈天昊：《在公共服务与市场竞争之间：法国行政合同制度的起源与流变》，载《中外法学》2015 年第 6 期。

② 杨科雄、郭雪：《行政协议法律制度的理论与实践》，中国法制出版社 2021 年版，第 125 页。

③ 江必新：《行政行为效力判断之基准与规则》，载《法学研究》2009 年第 5 期。

④ 转引自陈天昊：《行政协议合法性审查机制的构建》，载《法学》2020 年第 12 期。

3. 效果考量：人民法院在审查行政协议合法性瑕疵案件时，已经意识到上述审查逻辑的变化。行政法的定位也不再限定于单向度地约束控制行政权，转而强调对行政机关高效履职的引导与激励。由此，在审判实践中，人民法院应当注重瑕疵补救裁判的后果论证，平衡多元主体的利益冲突，实现社会效益最大化。但是，不容忽视的是，实践中，由于公权力目的所关涉的“公共利益”概念的不确定性，各法益价值的多元性，个案的复杂性，审查理念的抽象性，瑕疵补救的考量因素也呈现多样性，进而不同法官考量审查瑕疵补救的深度和广度也会有所偏差。

（三）第三层面：“合法性瑕疵”补救评判的裁量空间

通常认为，行政协议“合法性瑕疵”补救的目的在于治愈弥补瑕疵效力的不足。然而，如何判断“补救”是否“适当”，本就是一个关涉裁量权如何行使的问题。

1. 目的与手段：补救认定的悖论性

瑕疵补救是衡平缓解行政协议在市场冲击中所形成的利益冲突及紧张关系的有利方式。然而，现实社会生活关系促使个案事实趋于复杂，法律和事实上的不确定性加剧裁量空间滥用的可能。对于行政协议合法性瑕疵补救，是要求行政机关采取的补救措施只要稍微合目的性，还是要求其所采取的补救须完美治愈瑕疵效力所有的不足。毕竟，“有枣没枣打三竿”或“高炮打麻雀”式的补救方式，于常理而言，并不可取。如何识别补救是否适当？因评判尺度控制不同，极易造成连锁悖论，得出逻辑难以自洽的答案。

2. 具象与隐喻：比例原则的偏颇性

首先，当前立法并没有对行政协议合法性瑕疵补救的具体规则进行规定，也未对补救所应达到的效力标准予以明确。其次，对合法性瑕疵进行违法程度判断，很难找到一个相对准确的节点进行明确的划分，除属行政机关专业判断权领域之外的事项，很大程度上依赖法院的利益衡量。最后，行政实务中，通常运用比例原则对瑕疵补救的利益衡量予以限制。但是，比例原则在瑕疵补救的审查中更侧重于静态的适当性，忽视动态的适当性，无法全面地关照外部视角下理性标准人应考虑的各种成本、收益因素，尤其是关涉“适当”还是“过度”的判断在隐喻的利益衡量层面也远非具象层面那么直观，可能产生禀赋效应、损失趋避等偏见。①

3. 主观与客观：补救评判的不统一

如何有效识别瑕疵补救是否是根据公共利益及个案具体情况，在合乎宪法基本原则和法律价值的范畴内，作出的合乎公行政目的与私法权益保障的判断。实践中，判断补救的“适当性”，有两种观点：一是从“主观适当性”方面考量，以补救作出时为判断时点，审查行政机关采取的瑕疵补救手段是否具有合目的性；二是从“客观适当性”方面考量，以补救后的实际效果产生后为判断时点，审查行政机关采取的瑕疵补救手段是否具有合目的性。诚如案例 2 中，一、二审法院对于合法性瑕疵补救是否适当的评判，不同的判断方式可以得出两种截然不同的答案，亦反映出瑕疵补救评判标准的不统一。

三、衡平有据：嵌入成本收益分析为核心的利益衡量

诚然，协议瑕疵补救在司法裁判中运用后果主义推理已获得了广泛认可，但受制于内在逻辑考量因素的影响，折射补救认定的不确定性，价值考量的失衡，裁判评价的背离，从而这种后果裁判不免让人怀疑：个案裁判是否流于恣意，沦为法官直觉性裁判？法官进行后果考量是否不受法规范限制，存在“先定后审”？因此，有必要从外部视角嵌入成本收益分析为核心的利益衡量，去考究补救所承载的价值期待。

（一）效率为先：细化理性公正的补救认定规则

效率是行政法的价值取向之一，对行政活动具有重大意义。某种程度上说，合法性瑕疵补救有利于实现效率经济，促进协议双方除去瑕疵所造成的不利益结果。基于效率理论反思并结合域外经验，协议违法并不必然归于无效，而是“违法状态的纠正委诸行政机关”，由行政机关采取弹性的补救措施加以治愈违法性。② 但是如何认定行政机关作出的补救是更趋理性的判断以及人民法院如何主动以一定补救手段调适行政协议瑕疵的效力，行政协议司法解释未作出规定。为弥补该规范缺漏，有必要基于成本收益分析，在行政协议司法解释第十二条第三款的基础上，细化有关瑕疵补救认定的适用规则。

---

① 戴昕、张永健：《比例原则还是成本收益分析法学方法的批判性重构》，载《中外法学》2018 年第 6 期。

② 参见王贵松：《论我国行政诉讼确认判决的定位》，载《政治与法律》2018 年第 9 期。

1. 周延瑕疵补救的范围。行政协议司法解释第十二条转介《行政诉讼法》第七十五条关于行政行为无效的规定，将行政协议无效情形大致限定在“重大且明显违法情形”。而对于行政协议无效的原因，如能够在一审辩论终结前消除的，人民法院可以确认行政协议有效。据此，人民法院对瑕疵补救的范围不能仅限于存在一般轻微违法的情形，其对介于严重违法与完全合法之间的瑕疵违法情形均可进行瑕疵补救。另外，因行政协议具有行政性与合约性双重属性，行政行为与民事合同合法性要件不尽相同，故也不宜限缩补救的种类，而应抽象出瑕疵补救的共性，即是否符合成本收益分析，对补救范围作兜底规范。为此，通过构建理性公正的一般性补救规范框架，将瑕疵补救范围的不确定性定位到相对确定性中。

2. 规范瑕疵补救的程序。首先，根据个案的不同，瑕疵补救的启动主体既可能是签订协议的当事人，又可能是具有行政管理职权或监督管理职责的行政机关或行政复议机关，还可能是人民法院基于公共利益的考量通过裁判方式主动对协议瑕疵进行补救。其次，为保证补救程序的公平公正，启动主体应当在一审法庭辩论终结前提供补救申请或说明等相关材料，并由书记员记录留存案卷。最后，为有效考量补救的公正合理性，避免法院单方面认定，影响瑕疵补救的判断，有必要保证诉讼中的利益主体对瑕疵补救的相关材料进行质询。

3. 概化瑕疵补救的方式。德国的行政程序法以及我国台湾地区和澳门特别行政区的行政程序法违法行政行为效力采取全面、多层次的法律评价，对瑕疵可作补救论，包括补正、转换。补救后，行政行为在法律评价上即合法，其效力不受原违法情形影响。[①] 对民事合同瑕疵而言，域内外观点也并非“一刀切”否定，而是可采取“一部无效、合同解释、无效行为的转换、合同改订”等具体的补救措施，使某些无效合同之有效，裨益合同当事人及交易的便利。[②] 因而，针对行政协议瑕疵补救方式，为避免挂一漏万，便于实务运用，有必要结合案件实际情况，对补救方式应予概括化，灵活接纳以上措施。

---

① 杨登峰：《行政行为的多元矫正制度研究》，清华大学出版社 2018 年版，第 28 页。

② 韩世远：《合同法总论》（第四版），法律出版社 2018 年版，第 240—243 页。

（二）兼顾公平：注重合目的性考量的补救价值

行政法的全部发展过程就是行政机关与相对人的权利义务从不平衡到平衡的过程。[1] 法院在对行政协议合法性瑕疵进行审理时，要求行政法官必须结合社会需求，通过利益衡量，努力在多元价值关系中寻找平衡，以实现社会公平正义。然而，对于如何权衡价值，拉德布鲁赫认为，思考的重点不应放在抉择何者和舍弃何者，而应同时兼顾各种理念，合目的性予以考量。[2] 将行政协议合法性瑕疵补救考量的价值关系统一放在成本收益分析的框架下，解决的不仅是价值“量化”的公式与数据，而是一个永恒的公法难题——在面向行政的合法性审查下，如何协调依法行政与契约自由、安定性的关系；公共利益与个人利益以及不同私益之间的关系；法律效果与社会效果等的关系。

成本收益分析既是一种方法，也是一个过程。孙斯坦认为，面对一些存在深层利益冲突或根本价值分歧的议题，由于无法强迫人们改变价值立场，要在理论和逻辑上达成共识殊为不易，因而他提出一种“不完全理论化协议”（Incompletely Theorized Agreement），即理论观念悬殊的人们对于具体做什么事达成共识，以推动公共生活前进。[3] 换言之，我们要注重衡平价值关系的冲突，注重补救的程序公开，注重征求不同利益主体的意见，注重多元化协商，在考量过程中寻求补救考量价值侧重的共识。因此，在搁置深层理论争议的前提下，成本收益分析能够在协议瑕疵补救所涉及的价值关系考量的实操层面展开。原则上而言：补救规范的内在活力在于兼顾协议的合法性与安定性之间的平衡。行政协议合法性瑕疵补救既需要行政法官在具体个案中审慎平衡各方利益，也需要在整体上把握协议合法性与协议安定性之间的关系；既维护协议的合法性以纠正协议中各类瑕疵违法，又避免合法性审查过度侵扰协议安定性而引发市场的严重不确定性。

（三）基于实际：围绕后果裁判下补救归位的评判标准

成本收益分析不仅是经济学上的分析方法，其作为规制工具在美国行政

---

① 罗豪才、袁曙宏、李文栋：《现代行政法的理论基础——论行政机关与相对人一方的权利义务平衡》，载《中国法学》1993 年第 1 期。

② 赵宏等：《法治国下的行政行为存续力》，法律出版社 2007 年版，第 109 页。

③ 凯斯 · R. 孙斯坦：《法律推理与政治冲突》，金朝武等译，法律出版社 2004 年版，第 35 页。

法领域也已得到广泛运用。[1] 有别于传统对成本收益的理解，“成本”和“收益”也可指任何在现行社会规范下人们认可的价值增减。[2] 由此，借助“卡尔多—希克斯”主流成本收益理论模型分析，权衡行政机关待补救的措施可能导致的各类有利和不利后果即成本和收益，在此基础上，比较待补救举措与其他可能的替代性举措，判断何者最优。[3] 成本收益分析强调公开透明，既预防行政机关通过“补救”进行权力寻租与监管俘获，进而避免大量不正当的“补救”；同时，也有助于规制行政不作为，防止损失风险扩大。因此，关于行政协议合法性瑕疵补救是否符合理性的评判，取决于是否满足“收益”大于“成本”这个基本前提。换言之，成本收益分析在如何认定补救的过程中，不再仅仅满足补救后果能否在现有公法管制中找寻落脚点，而倾向于进一步检视协议合法性瑕疵补救过程是否理性而公正。

通常而言，法院应以一个理性标准人处于权利冲突中对行政协议合法性瑕疵补救效力的评价为准，不拘泥于制定法文字本身，而应全面考虑与协议有关的主客观因素，包括周围情势，作出形式合法与实质正义相统一的补救评判。试举一例，在案例 4 中，案涉协议在缔约程序、主体职权、协议内容三个方面皆存在严重违法，如通过成本收益分析方法，能直观地把最高人民法院考量侧重公法管制的价值，“补救成本大于收益”呈现出来，进而得出涉案协议的效力瑕疵不能通过简单事后追认治愈的结论。由此，对于上文中肯定型和否定型补救模式中的诸些案例，公众也能轻易接受上述结论，而不会产生体认混乱的错觉。

结合上文实证分析，可作如下评判：1. 若在协议未履行阶段，消灭违法协议成本低于补救，则应当依法对协议瑕疵违法性作出效力判决。2. 若协议已经全部履行或部分履行，此时消灭协议会给交易各方带来“恢复原状”等相应成本，则需要具体分析：其一，若补救成本大于消灭协议效力成本，且消灭协议效力能够给社会公众或相对人带来新的收益，则应当倾向于消灭协

---

① 刘权：《作为规制工具的成本收益分析——以美国的理论与实践为例》，载《行政法学研究》2015 年第 1 期。

② See Louis Kaplow & Steven Shavell , Fairness versus Welfare , Cambridge: Harvard University Press, 2002, p. 18.

③ 参见戴昕、张永健：《比例原则还是成本收益分析——法学方法的批判性重构》，载《中外法学》2018 年第 6 期。

议之效力；其二，若补救成本小于消灭协议效力成本，且瑕疵补救会给社会公众或相对人带来新的收益，则应当倾向于维持协议之效力；其三，若补救成本即使小于消灭协议效力成本，且瑕疵补救给行政机关带来收益，但须基于更长远的视角对整个社会效果进行利益衡量，有损政府公信力的，则应当倾向于消灭协议的效力。

四、路径构建：行政协议合法性瑕疵补救的视角探索

不可否认，行政协议制度一直处于不断发展完善的过程中，其合法性瑕疵补救亦是一项系统工程。本文结合我国的实际，在后果裁判下，综合瑕疵补救的认定、考量、评判三个部分因素，分别以此划定规制范式，予以探讨补救的路径构建。

（一）要件视角：构建瑕疵补救的立体结构

行政协议合法性瑕疵可分为主体瑕疵、内容瑕疵、程序和形式瑕疵。针对协议瑕疵补救，应将其放置在整个行政协议要件体系中看待，借鉴法国公法学者围绕平衡公共服务与市场竞争理念所作的思考。[①]

首先，按照协议要件属性构建分层结构体系。根据行政协议与公共服务之间关系的紧密程度，对行政协议进行排序，进而根据排序决定行政机关在多大程度上对瑕疵适用补救。为平衡公共服务与交易安全之间的关系，应当赋予所涵公共服务意识更强的行政协议更多空间的补救手段。

其次，根据协议要件特性，适用相应的补救手段。根据协议要件特性特点，区别出一般与特别属性，以立体多层次的方式进行归类，进而与适用于各类行政协议的一般规则及特殊规则实现分层对接。例如根据行政协议不同要件特性区分为权益填补类、资源交易类等协议，在此基础上，又可将权益填补类协议细分出具体类型的补偿协议，据此分别适用“量身定做”的特别规则，这样就形成一套“行政协议—居中类型合同—各类专门合同的主体结构”[②]，以此因材施教地根据协议特性探索最佳补救方案。

---

① 参见 Gabriel ECKERT, précité, p. 11。转引自陈天昊：《在公共服务与市场竞争之间：法国行政合同制度的起源与流变》，载《中外法学》2015 年第 6 期。

② 参见 Francoie Bernet, précité, pp. 277—288。转引自陈天昊：《在公共服务与市场竞争之间：法国行政合同制度的起源与流变》，载《中外法学》2015 年第 6 期。

最后，根据协议要件目的，考察补救的成本收益。行政协议的目的在于实现行政管理力或者公共服务目标，其救济的合理性不可能只关注一个维度。瑕疵本身就涉及多方利益的衡量，同时补救也并不意味着不惜一切代价去追逐协议不利益后果最小化的目标。我们还需综合考虑协议各要件目的所涉及的各种影响因素，运用成本收益分析为核心的利益衡量，平衡行政性和契约性等多重关系，实现法律效果和社会效果的统一。

（二）阶段视角：明确补救规范的价值考量

如前文所述，行政协议合法性瑕疵补救在行政协议订立、履行、变更解除等阶段所考察的侧重点是不一样的。

借鉴法国 PPP 纠纷解决机制的裁判思路：1. 协议合法性瑕疵效力争议集中在缔结阶段解决，以防在双方已经实际履行时，再引发协议效力诉讼，增加协议交易成本；2. 允许协议外第三人提起协议效力诉讼，争议协议缔结行为的合法性，以此更高效地在协议缔结阶段发现合法性瑕疵；3. 为了防止缔结阶段第三人提起诉讼导致诉累，维护契约交易的稳定性，既要对第三人诉讼范围及诉讼时效、事由等进行限制，也要赋予行政法官处理缔约阶段违法性更灵活的裁判工具。①

基于此，行政协议合法性瑕疵补救不同阶段所考量的价值目标也不同。在订立阶段，重视协议合法性，强调协议签订的透明公正性，维护市场稳定性及社会公共利益，避免将合法性瑕疵留存到协议的履行阶段。在履行阶段，以维护协议安定性为优先目标，以成本收益衡平考量补救所涉及的各种价值关系，尽量避免交易损伤，尊重双方当事人对于纠纷解决机制的意思自治，监督各方当事人善意履约。在变更解除阶段，强化对协议相对人的保障，限制主观公权力行使，防止补救成本远大于收益的不良后果，更充分地衡平保障公共利益与个人利益等多重价值利益的最大化。

（三）类型视角：健全补救“阶梯式”裁判防护网

为规范行政法官评判统一性，在判决维持协议关系到确认无效之间，应为合法性瑕疵补救搭建“阶梯化”裁判防护网。具体可将协议瑕疵违法以区间形式分为三个阶梯，分别授予行政法官在原有判决的基础上，灵活运用行

---

① 陈天昊：《法国 PPP 纠纷解决机制——在协议合法性与协议安定性之间》，载《中国法律评论》2018 年第 4 期。

政协议判决种类，健全效力阶梯式的裁判方式：

1. 第一阶梯介于合法到轻微违法之间的瑕疵违法类型，侧重考量意思自治。行政法官判决维持协议关系的同时，可视个案情况不同，具备不同尺度灵活处理的权力，授予责任主体采取相应补救措施的时限要求，如责令行政机关出具具体补救方法的承诺函以防后续不作为现象。

2. 第二阶梯介于轻微违法到一般违法之间的瑕疵违法情形，注重考量意思自治与公法管制的衡平，行政法官须在具体个案中审慎平衡各方利益，把握协议合法性与安定性之间的关系，通过补正、转换、解释等方式消减或治愈瑕疵违法效力。同时考虑到行政协议不同于私法合同的特殊性，在兼顾公共利益与私人利益的原则下对行政协议的处理应作出特殊安排。如可在直接适用《行政诉讼法》第七十四条有关确认违法判决的规定判决确认违法并保留其法律效力的同时，责令有关机关或组织采取补救措施（包括予以追认等）或补偿继续履行合同而给原告造成的损失等。或者增加变更判决，如符合《行政诉讼法》变更判决情形的，可以判决直接变更，而对协商一致的部分则应当经当事人合意才能变更，否则只能撤销或者解除。

3. 第三阶梯介于一般违法到严重违法之间的瑕疵违法情形，侧重考量公法管制的价值。行政法官在充分保障当事人程序权力的前提下，通过合同改订、无效转换、一部无效等方式，尽可能形成违法而有效的行政协议关系，如确实不能消减瑕疵协议严重违法的法律效果，考虑到行政协议司法解释第十四条规定的撤销判决仅规定了意思表示瑕疵的情形。因此在必要时可以适用《行政诉讼法》有关撤销判决的规定对行政协议增加行政协议内容违法的撤销判决。或在未来可考虑为解除协议之判决设置生效期限，如判令该判决待一至二年后生效。①

结语

当前中国司法实践中，大量诉诸法外因素的论证遮蔽了裁判结论正当化的法律依据和理由，隐藏了后果裁判论证合法性争议，无形中增加了中国行政法官的裁判压力。行政协议合法性瑕疵补救作为法律适用的例外状态，最能反映出何种因素决定裁判。本文以此类案件的司法裁判为窗口，在探讨补

---

① 杨科雄、郭雪：《行政协议法律制度的理论与实践》，中国法制出版社 2021 年版，第 354 页。

救规则的外观下，深藏着的是影响法官裁判理念和方法的制度正义、权力保障和利益衡平。而本文的思考则试图揭开尚未被足够重视却又是中国行政法官必须面对的真实中的一角。

（作者单位：南昌铁路运输中级法院）

理论与实践

行政诉讼中“滥用职权”审查标准的适用偏差与矫正

——以《最高人民法院公报》及八省份共32份行政裁判文书为样本

朱远军

【摘要】 通过对“滥用职权”审查标准在我国行政诉讼中的适用现状予以考察，发现其存在适用罕见、被混同适用、被转换适用或被泛化适用等一系列问题。滥用职权审查标准出现适用中的偏差有深层次的原因，规范内涵的模糊性，合法性与合理性审查争议，以及行政裁量实质合法性审查方法的缺位与复杂，这些因素不仅阻遏了滥用职权标准的司法适用性，而且束缚了法院对行政裁量权的司法控制，还加剧了法官对滥用职权标准弃而不用的现象。通过立法层面上《行政诉讼法》第七十条立法结构的调整、行政裁量合理性审查规定的明确，司法审查技术层面上审查强度的类型化，以及多元化实质合法性审查方法的构建，可有效破解滥用职权标准对行政裁量司法控制成效不足的难题。

【关键词】 滥用职权　行政裁量　司法审查

一、现状：滥用职权审查标准在行政裁判中适用的实然样态

案例1①：原告徐某某系Z县某镇沪声村建设组村民，其在办理了建设用

① 详见江西省抚州市临川区人民法院（2017）赣1002行初60号行政判决书。

地规划许可等批准手续后开始建房。建房过程中，被告Z县城市管理局派出20余名工作人员赶到现场，将原告刚建的约50厘米高的墙群进行了拆除。法院判决书认为："被告Z县城市管理局未经任何调查，未告知当事人任何陈述申辩权利，未向当事人作出任何行政处理决定，迳行将原告的建筑物拆除，严重违反法定程序，属滥用职权。"

案例2[①]：原告中国石油某化工厂按照协议约定向被告Y市国土资源局下属单位Y市建设用地事务中心支付征地补偿费用后，该中心亦向原告交付了涉案土地。2004年3月起，原告多次向被告送交土地报批资料，均因各种原因未予审批。直到2014年6月12日，被告以原告未供即用、非法占地为由作出行政处罚。法院判决书认为："被告单方认定原告构成未供即用，非法占用国有建设用地的行为与事实不符，被告的行政处罚行为明显不当，构成滥用职权。"

在案例1中，法院明显将"违反法定程序"的行政行为认定为"滥用职权"。在案例2中，法院将被诉行政行为同时认定为"明显不当"与"滥用职权"。但是，《行政诉讼法》第七十条分别规定了"违反法定程序""明显不当""滥用职权"等六种不同的司法审查标准。[②] 不无疑问的是：法院为何将"滥用职权"审查标准与其他标准混同适用？"滥用职权"标准在行政裁判中的适用现状到底如何？

（一）滥用职权审查标准在行政裁判中的适用概况

1. 滥用职权审查标准适用极为罕见。"滥用职权"作为法院审查和判断行政行为是否可被撤销的标准之一，自1989年《行政诉讼法》施行时便已规定。换言之，该审查标准实际上在审判实践中已经适用了三十年。笔者对《最高人民法院公报》上刊载的126份[③]行政裁判文书（自1985年创刊以来至2020年3月总共281期）进行梳理后发现，法院认定行政行为构成"滥用

---

① 详见宁夏回族自治区银川市中级人民法院（2015）银行终字第76号行政判决书。

② 《行政诉讼法》第七十条还规定了"主要证据不足""适用法律、法规错误""超越职权"三种审查标准。

③ 其中行政诉讼案件文书118份，行政赔偿案件文书8份。

职权”的文书仅有7份[①]，占比仅为5.6%。

笔者以“滥用职权”为关键词在裁判文书网检索，2015—2019年，含有“滥用职权”的裁判文书有16616件。按照经济发展水平的不同，笔者选取了上海、江苏、湖北、江西、海南、甘肃、青海、宁夏八省（直辖市、自治区）的裁判文书为研究对象，逐一阅读后发现，“滥用职权”绝大多数出现在原告或上诉人主张中，“本院认为”部分如有涉及，通常也仅是为适用其他审查标准在引用《行政诉讼法》第七十条时顺带出现，法院以“滥用职权”为由认定被诉行政行为违法的文书寥寥无几，有的省份数据甚至为零（详见表1）。

表1：2015—2019年八省份认为构成“滥用职权”的文书与文书总量对比情况[②]

省份	含“滥用职权”的行政裁判文书（份）	以“滥用职权”认定行政行为违法的行政裁判文书（份）	占比（%）
上海	63	0	0
江苏	223	4	1.8
湖北	155	9	5.8
江西	63	5	8
海南	37	1	2.7
甘肃	122	2	1.6
青海	19	0	0
宁夏	14	4	28.6

2. 滥用职权发生领域相对集中。笔者将《最高人民法院公报》刊载的7份文书及上海等八省份以“滥用职权”认定行政行为违法的25份文书作为研

① 7个案例分别为：谢某某诉Y乡人民政府违法要求履行义务案（1993年第1期）；某某物资总公司诉H市公安局违法扣押财产案（1996年第1期）；路某某诉J县人民政府行政决定案（2002年第3期）；王某某诉Z县交通局行政赔偿纠纷案（2003年第3期）；某某建筑装修工程公司与D县人民政府收回国有土地使用权及撤销土地证案（2015年第2期）；刘某某诉T市公安局交通警察支队某一大队道路交通管理行政强制案（2017年第2期）；崔某某诉F县人民政府行政允诺案（2017年第11期）。

② 笔者逐一阅读各省文书后，经分析，湖北省有3份行政判决书［（2015）鄂大冶行初字第102、103、104号］系同一行政机关针对不同对象作出的相同行政行为，故仅作1件计算；宁夏回族自治区有2份文书［（2019）宁04行终112、115号］系不同的行政机关针对同一对象作出的同一行政行为，故作1件计算。

究样本，分析后发现，“滥用职权”发生的行政管理领域相对集中，主要集中在城乡建设行政管理、公安行政管理领域（详见图1）。

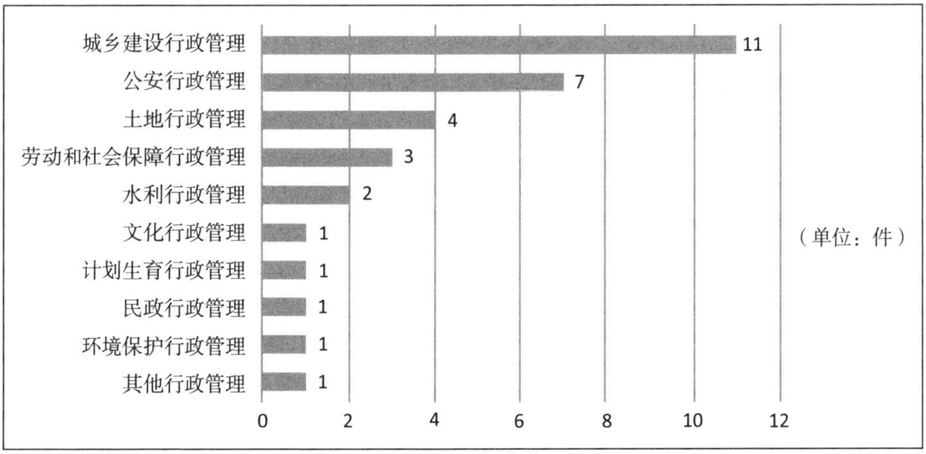

图1：32份文书样本呈现出的“滥用职权”发生的行政管理领域

（二）滥用职权审查标准的适用类型化分析

上述32份文书样本虽然数量有限，也不能全面呈现滥用职权审查标准适用的全貌，但管中窥豹，还是能在一定程度上反映出滥用职权审查标准适用的现状。

1. 被混同适用的滥用职权。滥用职权标准适用时，往往会侵入到其他几种审查标准的“领地”，导致相互之间发生交叉混同。常见的混同情形如：

一是与“超越职权”标准混同。如在“路某某诉J县人民政府行政决定案”① 中，二审法院判决书认为：“县政府在J政发（1999）172号文件中实施的这些具体行政行为，不仅超越职权，更是滥用职权。”

二是与“违反法定程序”标准混同。除了前述案例1，还如在“某东南眼科医院诉S市生态环境局等行政处罚决定案”② 中，一审法院判决书认为：“S市生态环境局没有在发出《责令改正违法行为决定书》所限定的六个月届满后才酌定是否给予东南医院行政处罚，而是直接作出24号处罚决定，违反了《行政诉讼法》第七十条第一款第三项、第五项之规定，属于滥用职权、

① 详见《最高人民法院公报》2002年第3期。

② 详见海南省三亚市中级人民法院（2019）琼02行终126号行政判决书。

违反法定程序的行为。”

三是与“适用法律、法规错误”标准混同。如在“朱某诉B市公安局、B市人民政府行政处罚及复议案”[①] 中，法院判决书认为：“案发时废旧金属已不属于国家限制收购的物品的范畴，故B市公安局以朱某收购国家禁止收购的其他物品为由对其进行行政处罚，适用法律明显错误，属于滥用职权行为，应予撤销。”

四是与“明显不当”标准混同。如在前述案例2中，法院判决书认为：“被告的行政处罚行为明显不当，构成滥用职权。”

2. 被转换适用的滥用职权。在“焦某某诉T市某公安分局治安管理处罚决定案”[②] 中，原告诉称认为：“被告对不服申辩的原告加重处罚，是滥用职权违法行政。”但一审法院认为，被告“随意地自行变更处罚决定，程序明显违法”，遂适用1989年《行政诉讼法》第五十四条第二项第三目的规定，即以“违反法定程序”为由撤销被诉行政行为。二审法院认为，被告在没有调查取得任何新证据的情况下，作出的对原告加重的行政处罚明显违反行政处罚法的规定。二审法院实际上以“适用法律、法规错误”为由认定被诉行政行为不合法。不难看出，一、二审法院均回避了对被诉行政行为是否构成滥用职权的司法审查，而是将其巧妙地转换成其他审查标准进行审查。

3. 被泛化适用的滥用职权。前述相关案例，一方面反映出滥用职权审查标准与其他标准发生了适用上的混同；另一方面则反映出，在一些案件中，法官甚至将滥用职权审查标准作为其他审查标准的上位概念，宽泛性地予以适用。类似的案例还有，在“朱某诉L县某镇人民政府行政赔偿案”[③] 中，二审法院认为被上诉人不遵循法定的实施程序，而迳行将涉案房屋认定为违法建筑并强制拆除，属于滥用职权。在该案中，法院明显将“违反法定程序”的行政行为也认定为滥用职权。此外，法院有时还将“违法”的行政行为宽泛地理解为滥用职权。如在“某建材有限责任公司诉G县城乡规划局规划行政强制案”[④] 中，法院判决书认为：“被告对不在本次《公告》范围之内的原告2001年建的铁皮厂房也实施了强制拆除的行为属滥用职权。”

---

① 详见甘肃省高级人民法院（2019）甘行终68号行政判决书。

② 详见《最高人民法院公报》2006年第10期，该案例不在32份文书样本范围内，在此说明。

③ 详见宁夏回族自治区固原市中级人民法院（2019）宁04行终131号行政判决书。

④ 详见江西省万年县人民法院（2018）赣1129行初37号行政判决书。

表 2：“滥用职权”标准在另外一些文书中的表述情况

类型	典型案例	裁判文书表述
被混同适用	（2016）鄂 0115 行初 6 号	被告在办理过程中按照房屋初始登记程序为第三人夏某某办理房屋权属登记，属于滥用职权和适用法规错误。
	（2017）鄂 0281 行初 44 号	被告违反法定程序未依法责令原告限期自行拆除并告知相关救济权利，其径行强制拆除该违法建（构）筑物，属滥用职权行为。
被泛化适用	（2018）甘 1225 行初 2 号	被告 D 县公安局仅凭户籍整顿、完成工作任务的需要及联系不到户籍管理相对人的事实状态，就对原告户籍进行注销，属于滥用职权。
	（2016）赣 0729 行初 10 号	被告向原告陈某、陈某某作出的 Q 县计生征决〔2016〕第 1707 号《J 省征收社会抚养费决定书》仍加盖“Q 县人口和计划生育委员会”印章，属滥用职权的行政行为。
	（2015）鄂大冶行初字第 00102 号	被告 D 市规划局既无法定授权又无合法委托，对原告房屋进行拆除，属滥用职权。（同时与“超越职权”标准混同）

二、探因：滥用职权审查标准适用偏差的原因透视

（一）法律规范：规范内涵极具模糊性

“滥用职权”作为法律概念，最早规定于 1989 年《行政诉讼法》第五十四条第二项第五目中。关于“滥用职权”的内涵，法律规范层面一直未给出清晰明确的解释，“其与大多数法律概念一样具有不明确性和多义性，是一个不确定法律概念，其规范内涵具有模糊性”。① 这就造成了法院适用上的障碍。通过查证早期的文献资料，在由全国人大常委会法制工作委员会编、胡康生主编的 1989 年版《行政诉讼法释义》一书中，认为“滥用职权是指行政机关作出的具体行政行为虽然在其权限范围以内，但行政机关不正当地行

① 朱思懿：《“滥用职权”的行政法释义建构》，载《政治与法律》2017 年第 5 期。

使职权，不符合法律授予这种权力的目的”。[①]《行政诉讼法》修改后，在由全国人大常委会法制工作委员会编、信春鹰主编的2014年版《行政诉讼法释义》一书中，仍旧认为“滥用职权是指行政机关作出行政行为虽然在其权限范围以内，但行政机关不正当行使职权，违反了法律授予这种权力的目的”。[②] 通过对上述解释加以揣摩和分析，不禁又要追问：何为“不正当”地行使职权？法律授予权力的“目的”又是什么？因此，可以说，上述解释仍具有模糊性，不足以清晰界定“滥用职权”的内涵。

“法的适用在很大程度上就是法律概念的解释和应用。”[③] 滥用职权作为一个不确定的法律概念，其规范内涵的模糊性客观上造成了其在实践中与其他审查标准（特别是“明显不当”）之间界限不清，相互之间极易发生适用上的混同，法官也因对滥用职权的内涵拿捏不准而容易“张冠李戴”、混同适用或错误适用。此外，滥用职权内涵与外延的不确定性，也导致其易与作为日常用语的“滥用职权”或一些事实行为发生混同，客观上导致被泛化适用。

（二）司法立场：合法性与合理性审查争论激烈

1989年《行政诉讼法》第五条明确规定：“人民法院审理行政案件，对具体行政行为是否合法进行审查。”新《行政诉讼法》第六条亦规定：“人民法院审理行政案件，对行政行为是否合法进行审查。”这就确立了我国行政诉讼司法审查的合法性审查基本原则，即“把法院对行政的干预边际限定在‘合法性审查’之内”[④]，行政裁量的合理性属于行政的“固有领域”，司法权不得染指。“这里的逻辑似乎是行政裁量=合理性问题=排除司法审查。”[⑤] 正因如此，司法实践中，“多数法官对于行政裁量问题的审查处于一种集体无意识的局面，要么对于法律规范中设定的裁量空间视而不见，没有意识到行政裁量的存在，更不知道应该如何审查；要么认为行政裁量是行政机关的自治领域，法院不能干预”。[⑥] 然而，学界通常认为，我国《行政诉讼法》第七十

---

① 胡康生主编：《行政诉讼法释义》，北京师范学院出版社1989年版，第92页。

② 信春鹰主编：《行政诉讼法释义》，法律出版社2014年版，第189页。

③ 王贵松：《行政裁量的构造与审查》，中国人民大学出版社2016年版，第56页。

④ 周佑勇：《行政裁量治理研究——一种功能主义的立场》，法律出版社2008年版，第225页。

⑤ 王贵松：《行政裁量的构造与审查》，中国人民大学出版社2016年版，第140页。

⑥ 刘富梅：《以行政裁量之司法审查促法治政府建设——立足于行政审判实践对行政机关自由裁量权的考察》，载最高人民法院行政审判庭编：《行政执法与行政审判（总第76集）》，中国法制出版社2019年版，第70页。

条规定的“‘滥用职权’和‘明显不当’（在 1989 年《行政诉讼法》中为‘行政处罚显失公正’）的审查标准是与行政裁量相关的”。[①] 不仅如此，相关司法解释中的有关条款（详见表 3）也有关于合理性审查的隐晦规定。这就似乎“动摇”了我国行政诉讼法所确立的合法性审查基本原则，换言之，“‘合法性审查’已经在一定程度上包涵了合理性审查的内容，从而使法条规定的合法性审查在一定程度上具备了实质法治原则的部分特征”。[②]

表 3：行政诉讼法及相关司法解释中关于合理性审查的规定

法条	具体规定
1989 年《行政诉讼法》第 54 条第 2 项、第 4 项	（二）具体行政行为有下列情形之一的，判决撤销或者部分撤销，并可以判决被告重新作出具体行政行为：……5. 滥用职权的。 （四）行政处罚显失公正的，可以判决变更。
新《行政诉讼法》第 70 条	行政行为有下列情形之一的，人民法院判决撤销或者部分撤销，并可以判决被告重新作出行政行为：……（五）滥用职权的；（六）明显不当的。
新《行政诉讼法》第 77 条第 1 款	行政处罚明显不当，或者其他行政行为涉及对款额的确定、认定确有错误的，人民法院可以判决变更。
《最高人民法院关于行政诉讼撤诉若干问题的规定》（法释〔2008〕2 号）第 1 条	人民法院经审查认为被诉具体行政行为违法或者不当，可以在宣告判决或者裁定前，建议被告改变其所作的具体行政行为。
《最高人民法院关于执行〈中华人民共和国行政诉讼法〉若干问题的解释》（法释〔2000〕8 号，现已失效）第 56 条	有下列情形之一的，人民法院应当判决驳回原告的诉讼请求：……（二）被诉具体行政行为合法但存在合理性问题的；……
《最高人民法院关于审理国际贸易行政案件若干问题的规定》（法释〔2000〕27 号）第 6 条	人民法院审理国际贸易行政案件，应当依照行政诉讼法，并根据案件具体情况，从以下方面对被诉具体行政行为进行合法性审查：……（五）是否滥用职权；（六）行政处罚是否显失公正；……

① 王贵松：《行政裁量的构造与审查》，中国人民大学出版社 2016 年版，第 147 页。

② 卜晓虹：《行政合理性原则在行政诉讼中之实然状况与应然构造——论司法审查对行政自由裁量的有限监控》，载《法律适用》2006 年第 1 期。

那么，应当如何理解我国行政诉讼法所确立的合法性审查基本原则呢？除对行政行为进行合法性审查外，是否对行政裁量进行合理性审查？这也是学术界和实务界争议不断的问题。对于上述问题的争议，主要可以归纳为两种观点："一种观点持形式法治的立场，主张二元的（形式）合法性与合理性（正当性）审查原则；另一种观点则持实质法治的立场，主张一元的实质合法性审查原则。"[①] 合法性与合理性审查争议，使法官们不能轻易突破合法性审查原则，以至于在面对行政机关滥用行政裁量时裹足不前，进而导致对行政裁量权的司法控制成效也有所折扣，客观效果上导致"滥用职权"案件减少。

（三）审查技术：实质合法性审查方法缺位且复杂

学界普遍认为，为满足对实质正义的追求，有必要把司法干预的边际延伸到行政权行使的内部，对行政裁量进行实质合法性审查。那么，到底应当如何对行政裁量进行实质合法性审查？其合法性判断标准又是什么？虽然我国《行政诉讼法》第七十条规定了"滥用职权"与"明显不当"，但没有对具体的审查方法作出明确规定，学界与实务界对此问题的研究亦较为不足。这就导致没有明确具体的规则可供法官在司法审查时予以运用。但也有法官认为，审查判断是否存在滥用职权、明显不当的步骤和方法如下：一是确认被诉行政行为是否属于自由裁量的行政行为；二是审查被告的目的和考虑的因素；三是审查法律、法规的目的、原则；四是通过比较行政相对人的权利义务是否相称、被告对同样案件的处理结果是否差异较大，进而审查处理结果是否存在明显不合理的问题。[②] 而在此之前，被诉行政行为势必已经经过了法官对法定职权、事实依据、行政程序、法律适用等方面的合法性审查。换言之，法官除了要对该行政行为进行合法性审查，还要按照上述审查步骤和方法深入审查行政裁量权运用的合理性问题，若是存在明显不合理的情形，则可能构成滥用职权或明显不当。这不仅明显增加了法官审查的复杂程度，而且"对于违反目的、错误考虑等裁量瑕疵进行主观性审查，往往极其困难"。[③] 此外，对"明显不合理"的判断本身就见仁见智。"有学者认为，滥

① 郭兵：《论行政程序裁量的司法审查标准》，载《政治与法律》2015 年第 4 期。

② 参见蔡小雪：《行政行为的合法性审查》，中国民主法制出版社 2020 年版，第 202—205 页。

③ 周佑勇：《司法审查中的滥用职权——以最高人民法院公报案例为观察对象》，载《法学研究》2020 年第 1 期。

用职权在司法实践中运用极为罕见。原因不在于滥用职权的情况较少，而是由于采用‘滥用职权’的撤销条件很难认定。”[①] 因此，法官们常常会根据其审查偏好，巧妙适用“转换型”审查策略，将滥用职权审查标准“与其他审查标准体系之间发生勾连，比如，对相关考虑的审查，有的时候可能会跨越到有没有说明理由的程序违法审查”。[②]

三、出路：滥用职权审查标准适用偏差的矫正策略

（一）单独构建行政裁量合理性审查的标准

在当前通过修法专门对“滥用职权”的内涵进行界定尚不现实的情形下，可以尝试通过简单易操作的立法结构调整纾解滥用职权审查标准与其他标准之间混同适用的乱象。学界普遍认为，“滥用职权”与“明显不当”审查标准，二者共同构成了对行政裁量的合理性审查标准。与“滥用职权”标准一样，“明显不当”标准在司法实践中亦经常与其他审查标准混用。[③] 可以说，这与《行政诉讼法》第七十条本身不无关系。“主要证据不足，适用法律、法规错误，违反法定程序，超越职权”这四个审查标准适用于对所有行政行为（包括羁束行政行为与裁量行政行为）的审查，而“滥用职权”与“明显不当”标准只针对裁量行政行为，第七十条将这六项审查标准并列规定，难免会发生适用上的混同。因此，为有效破解这一困局，在立法模式上，宜将第七十条第五项、第六项删除，将“滥用职权”和“明显不当”单独作为第七十条第二款加以规定。或者不改变现有法条的结构，而是将第五项修改为“裁量滥用”，将第六项修改为“裁量明显不当”。

（二）明确行政裁量合理性审查的立法规定

《行政诉讼法》修改时增加了“明显不当”审查标准，实属来之不易。“明显不当”标准在一定程度上大大补强了“滥用职权”标准对行政裁量合理性审查的不足，我国行政诉讼的合理性审查又向前迈进了一步。尽管如此，

---

① 江必新、梁凤云：《行政诉讼法理论与实务》，法律出版社 2016 年版，第 1606 页。

② 余凌云：《对行政机关滥用职权的司法审查——从若干判案看法院审理的偏好与问题》，载《中国法学》2008 年第 1 期。

③ 参见王东伟：《行政裁量行为的合理性审查研究》，载《北京理工大学学报（社会科学版）》2018 年第 6 期。

法官们对行政裁量的合理性审查仍然处于“犹抱琵琶半遮面”的状态。问题的根源仍在于我国行政诉讼司法审查所确立的合法性审查基本原则。“仅仅确立中国特色的合法性审查标准显然是徒劳无功的”[①]，立法者对法官们适度进行合理性审查的鼓励并不能从根本上解决这一问题。因此，不妨借鉴行政复议审查模式[②]，将《行政诉讼法》第六条修改为：“人民法院审理行政案件，对行政行为是否合法、合理进行审查。”或者修改为：“人民法院审理行政案件，对行政行为是否合法进行审查；如果行政行为属于裁量行政行为的，还应当对其合理性进行审查。”

（三）类型化行政裁量的司法审查强度

1. 最小限度的审查。对于行政裁量空间大或涉及不甚重要的权益的，应进行最小审查。即只有当行政裁量明显不当、裁量滥用等构成违法时，才对其进行审查。反之，如果只存在一定的合理性问题，则一般不予审查。

2. 中等程度的审查。一是对于行政机关享有“判断余地”的行政裁量，审查时应有所抑制。比如，法院对于专利问题、学术问题、考试中的评判，一般都应尊重行政机关、专家、评阅人的判断。二是对于行政机关是否考虑了相关因素、是否听取了相关意见、是否研讨了替代的方案等判断过程的审查，审查时应有所放松。三是对于专业性、政策性比较强的行政裁量或预测未来的规划裁量，法院囿于自身审查能力的不足，应当予以尊重。

3. 最严格审查。对于涉及当事人重大法益保护，且具有下列情形之一的行政裁量，应对其进行严格审查：一是对于行政机关不享有“判断余地”，且裁量权属于羁束裁量时，法院可代为进行实体性判断；二是对于《行政诉讼法》第七十七条第一款[③]规定的明显不当型行政处罚，应当严格审查，法院审查后认为行政处罚明显不当，且只能得出唯一的结论时，应作出变更判决；三是当个人的生命、健康和财产等重大法益濒临危险，将行政裁量的空间压缩为零时，此时法院可责令行政机关履行法定职责，此即以法院的判断替代了行政机关的判断。

---

① 周佑勇：《行政裁量基准研究》，中国人民大学出版社2015年版，第182页。

② 《行政复议法》第三条规定，行政复议机关对行政行为的“合法”与“适当”进行审查。

③ 《行政诉讼法》第七十七条第一款规定：“行政处罚明显不当……人民法院可以判决变更。”

（四）构建多元化的行政裁量实质合法性审查方法

1. 违反目的型审查。行政机关行使裁量权必须受到法律目的的限制，即使其形式上在裁量范围内，如果与法律、法规设定该职权的用意和目的相去甚远，则仍然是违法的。法院对作出行政裁量的目的进行审查，并非以自己臆想的目的取代行政的目的，而是要审查行政的目的与法律、法规授权的目的是否一致。如在“张某某诉 R 市某镇人民政府行政撤销决定案”① 中，法院判决书认为：“镇政府作出的行政撤销决定，不符合江苏省人民政府第 26 号令第一条确立的保护被征地农民和农村集体经济组织的合法权益，保障被征地农民基本生活的原则，属于滥用职权的行为。”如果法律、法规没有作出明确规定的，则应审查行政的目的是否与作为一般目的的公共利益相违反。当然，对行政目的的正当性乃至合法性的审查极其困难。为破解行政裁量主观性审查难题，具体的设想为：

一是课予被告向法庭就其作出行政裁量的目的和其考虑的相关因素说明理由的义务。二是要求被告向法庭陈述其作出行政行为所依据的法律、法规的目的、原则，并宣读相关条文，进而判断被诉行政行为是否与之相符合。三是如果法律、法规未作出明确规定的，那么审查被告行使权力的目的是否是出于公共利益，是否存在不适当的考虑。如在“严某某诉 B 县自然资源和规划局撤销房屋行政登记决定案”② 中，法院判决书认为：“被告作出撤销房屋登记决定明显具有规避承担行政赔偿责任的目的，考虑了不该考虑的因素，属于滥用职权。”四是要求被告陈述行政行为不存在“明显不合理”的问题的理由，并考察被告是否存在无正当理由违反惯例，违反比例原则，以及严重违背“尽其最善”的原则等。

2. 社会观念型审查。审查判断行政裁量是否属于滥用职权，还要看被诉行政行为是否存在明显不合理的问题，而对于明显不合理的判断，则可以通过导入社会观念来判定。社会观念，即社会的一般观念，与习惯、常识大体相当。如果行政裁量在社会观念上明显缺乏妥当性，则可判定其明显不合理，即属于滥用职权。如在“S 县某网络会所诉 S 县文化广电新闻出版局行政强

① 详见江苏省南通市中级人民法院（2016）苏 06 行终 36 号行政判决书。

② 详见江苏省高邮市人民法院（2019）苏 1084 行初 121 号行政判决书。

制案”[①] 中，法院判决书认为：“被告对原告的147台电脑主机采取证据先行登记保存措施，扩大了证据登记保存的范围，明显超过了合理限度，属滥用职权。”

运用社会观念对行政裁量进行审查，这就要求法官应当多听取人民陪审员的意见，或者跳出法律人固有的思维模式，用普通人朴素的“常识、常情、常理”来判断行政行为是否存在明显不合理。

3. 法律原则型审查。法律原则以其所特有的抽象化特征而发挥着解决规则之间的冲突或者填补规则之漏洞的作用，并发挥着较之于行政规则更强的规范化预期作用。[②] 行政裁量违反一般行政法原则，特别是必要性和比例性，即构成裁量瑕疵。[③] 有法官也认为，滥用职权的行政行为表现之一即是违反均衡原则（又称比例原则）。[④] 更有学者提出，司法制衡的路径已不再仅追求一种单纯的“规则至上”，而应当通过法律原则在司法审查中的适用，更加有效地发挥司法对行政裁量的能动制衡功能。[⑤] 因此，在缺乏法律规则加以审查时，完全可以运用法律原则对行政裁量进行审查。如在《最高人民法院公报》2017年第11期刊载的“崔某某诉F县人民政府行政允诺案”中，法院判决书即认为：“F县政府以此为由，拒绝履行允诺义务，在一定程度上构成了对优益权的滥用，有悖于诚实信用原则。”

审判实践中，法官可运用比例原则、平等原则、信赖保护原则等对行政裁量进行审查。其中，比例原则中的妥当性、必要性和均衡性内涵较为明确，可操作性强，在行政强制等案件中可以多加运用；平等原则所包含的“同等情况同等对待”“不同情况区别对待”“比例对待”情形在行政处罚等案件中具有较强的可操作性；信赖保护原则在行政征收等案件中具有较大的适用空间。另外，在未来制定《行政程序法》或《行政法总则》时，可对上述原则作出明确规定。

---

① 详见江苏省宿迁市宿城区人民法院（2014）宿城行初字第0067号行政判决书。

② 参见［英］马丁·洛克林：《公法与政治理论》，郑戈译，商务印书馆2002年版，第358页。

③ 参见［德］哈特穆特·毛雷尔：《行政法学总论》，高家伟译，法律出版社2000年版，第131页。

④ 参见蔡小雪：《行政行为的合法性审查》，中国民主法制出版社2020年版，第201页。

⑤ 参见周佑勇：《行政裁量治理研究——一种功能主义的立场》，法律出版社2008年版，第215页。

结语

滥用职权审查标准对于行政裁量权的司法控制具有重要的制衡价值，但其在实然层面所发挥的控制成效却并不尽如人意。通过对本文的分析，可以管窥法院对行政裁量进行司法审查的艰难与不易。因此，一味地责难法官将滥用职权标准转换适用甚至弃而不用所可能导致行政裁量司法审查的“沦陷”，或者非议审查技术的粗陋而诱发的适用乱象，均有失公允。随着我国法治建设的不断推进，以及学说与判例的发展，我们有理由相信，行政裁量司法审查技术必将日臻娴熟。

（作者单位：江苏省高邮市人民法院）

“认定书”类行政行为的司法救济需求与可诉性理论架构

——以交通事故认定书为例

朝之悦

【摘要】当事人、司法者、行政机关均对“认定书”类行政行为有着强烈的救济和监督需求，但现有的行政复核与证据审查制度无法进行有效的救济和司法监督，难以满足现实需求。供需之间的鸿沟根源在于“认定书”的性质、证据类型、可诉性等理论争议较大，阻碍了实践创新改革的脚步。为了满足各方主体的实践需求，需要暂时搁置理论争议，从诸多理论中找到对化解现实问题更为有利的观点，加以整合梳理：承认“认定书”为具体行政行为，明确其证据类型为“公文书证”，赋予其独立的可诉性；并在理论妥协的前提下，尝试制度创新先行：赋予其复议权与行政诉权，选择复议则行政裁决终局，可以单独在行政诉讼中审查，也可在刑民事诉讼中一并审查。

【关键词】认定书　司法救济　可诉性

引言

有一类由行政机关作出的行为，它们的身份十分神秘且充满争议。关于它们到底是否属于行政行为、是否具有独立可诉性、是否直接影响当事人权利义务、如何进行权利救济的讨论在理论界和实务界都从未停歇。它们统一以“认定书”三个字为尾，由行政机关作出，以证据的身份出现在与其内容相关的刑事、民事、行政诉讼当中。2005 年 1 月 5 日，全国人民代表大会常务委员会法制工作委员会作出了法工办复字〔2005〕1 号立法解释，即《关于交通事故责任认定行为是否属于具体行政行为，可否纳入行政诉讼受案范围的意见》，其中认定：交通事故认定书作为处理交通事故案件的证据使用，交通事故责任认定行为不属于具体行政行为，不能向人民法院提起行政诉讼。这一权威解释似乎以“交通事故责任认定书”为例，为这些“认定书”类行为的性质作出了定论。然而随着时代的发展，与各类“认定书”相关的诉讼数量大幅增长，但无论是在刑事还是民事案件的审理中，人民法院根据证据规则排除或改变“认定书”的案件可谓“凤毛麟角”“难得一见”。“认定书”们成了影响力大大超越证据范畴的“预先判决”，相关当事人的“命运”在其作出时就已经决定了。这种局面偏离了立法初衷。而在 2015 年 5 月 1 日《行政诉讼法》与立案登记制实施后，是否“具体行政行为”不再是行政诉讼受案范围的标准之一，继续以立法解释的观点来回应对“认定书”类行为进行司法救济的呼声开始显得不那么理直气壮了。找到一条符合司法实践需求的针对“认定书”类行为的司法救济和监督途径已经成为亟待解决的问题。

有鉴于交通事故责任认定书是日常生活和司法实践中最为常见且具有代表性的一种“认定书”，所以接下来的讨论也将以它为例来展开。

一、渴望：司法救济及监督的多主体需求侧考察

需求决定供给。对“认定书”类行为进行有效司法救济的需求并不限于相关当事人，来自司法者尤其是刑事、民事法官的呼声近年来也是不绝于耳，制作“认定书”的职权机关也开始逐渐认识到另辟救济途径的必要性而产生了对这类行为进行专门司法监督的需求。

（一）当事人：难以反抗的直接权益影响

新《行政诉讼法》实施后，虽然将交通事故责任认定书排除在行政诉讼受案范围之外并非简单因为它是否是具体行政行为的判断，而还有较为复杂的理论背景，但通常法院会向当事人释明：因为交通事故责任认定书自身的作出并不会直接影响当事人的权益，而是要通过在相关刑民事诉讼中作为证据的方式影响其权益，因为这种影响是“间接”的，所以不能将其作为行政行为纳入司法审查的范围。

然而，就现阶段交通事故责任认定书在日常生活和司法实践两方面对当

事人的影响来看，其实都是直接而且巨大的。在日常生活中，交通事故责任认定书中的责任划分认定比例决定着各方是否是过错方或过错较大方，并进而必然对接下来的自行和解或行政调解产生决定性影响。通俗地说，它决定了当事人是“肇事人”还是“受害人”，也决定了赔偿与否和多少。而在司法案件中，交通事故责任认定书作为认定事实和判断责任划分的证据，其影响力之大堪称相关案件的“预判决”，当事人是否应当承担相应的刑事或民事、行政责任早已被其决定。

然而，可以直接决定当事人命运的“认定书”却是由行政职能部门自行侦查、办理、认定的，这种“三位一体”的作出模式缺乏必要的透明度和可信度，当事人很难“心悦诚服”地接受。而申请复核则是通过作出部门的上级主管部门，当事人往往会心存疑虑。若要在相关诉讼中进行审查，由于其专业性极强，当事人又很难凭借一已之力在法庭质证中取得优势，只好被迫接受。

（二）司法者：无法摆脱的“预判决”枷锁

1. 降低个案审查的难度

对于刑民事法官来说，审查交通事故责任认定书并非其所长，审查难度较大。无论是将交通事故责任认定书作为公文书证还是鉴定结论乃至证人证言，都不会影响对其“可采性”的审查必须是全面而严格的，其审查强度和标准必须等同于一次针对交通事故责任认定书的行政诉讼，即确定其是否事实认定清楚、证据充分、适用法律正确和程序正当。这就意味着刑民事法官在刑民事案件中“嵌套”了一个“被告”不必举证也不必出庭的行政诉讼，在一个案件审理期限中完成两个不同类型案件的审理并保证结论的正确，其难度不可谓不大。

2. 打破“不采信”的尴尬结局

若在审理中排除了对交通事故责任认定书的采信，则法官会陷入无证可依而需自行认定事故责任甚至自行查明事故事实的尴尬境地，从而在心理上产生对交通事故责任认定书进行审查的抗拒。毕竟在并非针对其提起的诉讼中，法官既不能撤销交通事故责任认定书，也不能判令行政机关重做，也不能确认违法。但判决的作出又必须建立在查明交通事故的事实和明确划分各方责任的基础上，法官尤其是刑民事法官，既无法身临其境掌握交通事故的现场一手资料，也无法具备认定交通事故事实和划分责任的专业知识和经验。

3. 统一裁判尺度滥用的规避

统一裁判尺度是应“同案同判”的公众呼声和司法需求而生的。统一裁判尺度既可以有效规制司法者的自由裁量权，又可以通过个案释法来发挥法律的指引预测功能。在审理交通事故案件中，刑民事法官都极易通过对比交通事故责任认定书中关于事故事实的认定和责任的划分来进行案件是否可以作为“同案”进行“同判”的判断。而对交通事故责任认定书结论的过度依赖，就会导致统一裁判尺度规则被滥用，使得相似的交通事故责任认定书成为个别法官怠于发现个案区别、作出形式化的“同案同判”的借口。

（三）行政职权机关：定分止争的外部权威结论

作出交通事故责任认定书的行政机关，本应没有对自己行为进行司法监督的需求。但是由于交通事故责任认定书没有司法救济途径，其制作过程中行政部门的自由裁量权过大，容易滋生渎职和腐败，而且当事人无法诉讼便会采用信访、闹访等方式甚至是不理智的方式来维权，也给行政机关带来了压力。

1. 增加行政执法透明度和执法水平

由于现有交通事故责任认定书是行政机关以“三位一体”的方式作出的，并且唯一的救济途径也是由其主管部门进行复核，导致整体流程始终处于同一系统行政机关的行政权之下，对错功过都由自己来评说，缺少来自第三方的评价，使其透明、公开、公正的程度难免受到质疑。

2. 减轻来自非司法途径维权的压力

既然道路交通事故责任认定书对于当事人权益的影响是直接且巨大的，那么当事人必然不会放弃任何一个可以表达异议的途径，而失去了司法救济途径的当事人又很容易在相关刑民事诉讼中被迫接受道路交通事故责任认定书的内容和结论，所以一些当事人最终会走上信访、闹访以求解决争议的道路，反而给行政机关带来了更多的工作负担和压力。

二、鸿沟：现有救济制度无法满足现实需求

虽然当事人对交通事故责任认定书存有异议的现象十分普遍，来自各方主体的独立审查救济需求也很强烈，但现有救济制度却仅有职权机关行政复

核和诉讼中证据审查两种方式。而且在实践中，这两种救济制度所能实现的法律效果却都不甚理想。

（一）行政复核制度形式重于实体

2009 年 1 月 1 日实施的《道路交通事故处理程序》中首次规定了针对交通事故责任认定书的复核制度，实质上是利用行政机关内部监督的方式为交通事故责任认定书的异议提供了一条救济渠道。然而在实际运行中，这项制度的形式权利保障意义远大于实体救济意义。

1. 易被打断和中止

复核程序规定了交通事故责任认定书相关交通事故一旦诉至法院并被受理，则复核程序自然终止或不再受理。这实际上就是为当事人的异议权利加上了可能含有人为因素的限制条件。一旦交通事故责任认定书中的不利方提起或试图提起复核，则有利方就可以通过先行起诉立案的方式来打断复核程序的进行，并以此彻底断绝对方通过复核制度来主张权益的进路，使得有利于自己的认定书减少被审查的机会，并最终推动有利于己方的裁判结果出现。

2. 单纯内部监督作用受限

复核制度来源于部门规章，其性质属于行政机关内部监督程序。我国行政机关上下级之间的遵从关系明显、意见一致性较强。遇到较为复杂疑难的工作，可能会以给予指导、下派协助或共同办理的方式来应对。这种工作方式使得交通事故责任认定书在作出时就天然包含着上级机关的意见。而依托上级机关进行的复核制度则缺少思维和工作方式上的独立性，很可能会作出相同的认定内容和结论，很难真正实现对当事人异议的有效审查。

3. 当事人异议能力有限

由于复核程序中，对于异议部分需要由当事人承担举证责任，而当事人作为非专业机构，无法全面收集和掌握证据材料，也无法从中提炼出关乎异议部分的核心证据。这就导致了在复核程序中申请复核当事人与被申请机关之间能力的不对等。而复核程序对于被申请行为的审查方式规定较为简略、标准相对宽松，在当事人难以举出有利证据的情况下，复核机关听取被申请机关单方面意见的情况比较常见，当事人的异议无法得到充分的重视和支持。

（二）证据审查制度理论难以自洽

刑事、民事、行政案件中都会有“认定书”类证据的出现。但是由于

“认定书”类行为的性质尚未确定，所以它究竟是何种证据、应如何加以有效审查、如何看待其证明力等重要问题还处于争议之中，导致司法实践中的具体做法也存在较大差异，审查效果并不理想。但是出于案件审理需要，司法者常常会对其内容和结论全盘接受并进而作出与之一致的判决，使得司法与行政两种本应是不同标准下的判断产生了简单粗暴的“同案同判”结论，当事人的异议无处伸张，以审查证据的方式来对“认定书”进行司法救济的方式难以满足实际需求。

1. 认定行为的性质之争

《道路交通安全法》中将交通事故责任认定书界定为处理交通事故的证据，但在理论界和实践中都存在较大的分歧。由此方才在 2004 年出现了湖南某市法院与行政机关之间就是否能单独提起针对交通事故责任认定书的行政诉讼产生争议进而请示全国人大法工委的情况。2005 年法工委作出了交通事故责任认定不是具体行政行为，将其排除在行政诉讼案件受案范围之外的答复。但答复意见不是法律，关于交通事故责任认定书的性质仍有理论与实践中无法自洽的模糊部分。首先，“具体行政行为”与“作为证据审查”之间是否存在逻辑上的互斥关系呢？答案是否定的。从证据学角度，具体行政行为可以成为诉讼中的证据。从司法实践角度，也往往成为民事诉讼过程中具有重要意义的证据。[①] 故而欲将交通事故责任认定书作为证据在各类诉讼中审查并不需要首先否定其具体行政行为的属性。其次，如果交通事故责任认定书是具体行政行为，是否会影响对其进行证据审查呢？答案依然是否定的。证据规则中无须举证证明的事实部分并不包含具体行政行为，而具体行政行为一旦作为证据进入各类诉讼，则司法权天然对其具有了进行审查的权力，“行政行为无论作为诉讼证据还是裁判依据，民庭应当享有程序性审查权，其内容包括：行政行为存在的客观性，与民事争议之间的关联性，双方对行政行为争议的焦点以及民庭是否享有主管权限和管辖权限，是否需要移送其他机关或部门现行处理以及能否将之作为定案依据等程序制度内容”。[②] 故而，答复中对于因为交通事故责任认定不是具体行政行为方可对其进行证据审查，或者为了对其进行证据审查而必须否定其具体行政行为属性的逻辑是存在问

① 俞永民：《论具体行政行为作为民事诉讼证据》，载《行政法学研究》2006 年第 2 期。

② 曹达全：《民事诉讼过程中行政行为处理之我见——从诉讼法角度加以论证》，载《海南大学学报》2011 年第 1 期。

题的。所以关于交通事故责任认定书的性质尚有可以讨论之余地。

2. 证据种类争议导致的审查难题

以交通事故责任认定书为例，在三大诉讼法中均未明晰其证据类型。目前，理论界和实务界对于交通事故责任认定书的类型归属有着司法认知说、证人证言说、公文书证说、鉴定笔录说、综合证据说、勘察勘验笔录说等。在没有就证据类型达成共识的前提下，很难确定相应的审查标准，而标准不定，法官就难以实现对交通事故责任认定书的有效监督。

而且在交通事故案件中，除交通事故责任认定书外还存在大量的原始基础证据，它们既是行政机关作出交通事故责任认定书的依据，也是诉讼中的证据。这些原始基础证据在诉讼中的地位和证明力本应与交通事故责任认定书势均力敌。但是在司法实践中，交通事故责任认定书往往凭一己之力决定着相关案件的审理结果，其证明力远超其他证据。即使持有异议的当事人能够举出其他证据来证明自己的异议，也很难达到足以让法官推翻交通事故责任认定书的程度，交通事故责任认定书已经成为相关诉讼中足以“一锤定音”的孤证。

3. 应然的双重标准与实然的一致结论

交通事故责任认定书的主体是对于交通事故的事实描述、成因认定和责任划分，在交通主管部门作出以上内容的认定时，其依据的标准中包含大量行政规范。同样的交通事故，在司法者对其进行审查时，则只能依照法定原则对犯罪构成或是侵权关系等进行认定。二者对于事实的评价、因果关系认定、推定原则的适用以及自由裁量的尺度等都本应适用不同标准，进而作出或同或异的结论。然而实际上，无论是刑事还是民事诉讼中都会依据交通事故责任认定书的结论来认定事实和划定各方责任，对行政与司法之间不同因果关系认定规则的坚持不足。

三、弥合：理论供给向实践需求的妥协式靠拢

实际上，现有的行政复核制度与证据审查制度都是行政权与司法权之间相互妥协的结果。立法时正是考虑到司法没有足够的人力物力资源和工作经验来独自处理交通事故纠纷，而行政机关又不愿因制作责任认定书而承担败诉的风险和成为被告的诉累，从全局出发只好各退一步，形成了现在这种行

政机关制作交通事故责任认定书，为法院处理交通事故案件提供权威依据，但不承担相对应的诉讼风险，异议只能通过内部监督和证据审查的方式提出的现状，以这样的方式达到了暂时的平衡。然而时移世易，是时候重新考量并建立一套更为行之有效的制度来满足现实中对“认定书”类行为的巨大司法救济需求了。

（一）搁置理论争议，确定行为性质与证据种类

1. 确定具体行政行为的性质

正如上文所述，交通事故责任认定书对当事人的权益具有直接且重大的影响，而且其在诉讼中需要以证据的身份被审查并不与其是否为具体行政行为存在对应关系。所以应单独考察“认定书”类行为的特征，进而判断其行为性质。“具体行政行为是指具有法律赋予的行政职权的行政机关运用行政权力，对特定的行政相对人设定、变更或消灭权利义务的单方行为。”① 而“认定书”恰好符合以上特征，完全具有确定力、拘束力和执行力，应被认定为具体行政行为。

2. “公文书证”与“认定书”更为契合

公文书证需要具有的特征包括：制作主体为法律授权的行政机关；制作和发布需依照法定程序和条件；是行政职权的意思表示且作出后即具有法律效力。②“认定书”类行为作为具体行政行为完全符合上述特征，作为职权行政机关在处理交通事故中行使管理交通的职能，依照法定程序查明事故成因并划分事故责任的意思表示的书面载体，应将其归入“公文书证”的证据类型中。

（二）拓宽制度路径，复议诉讼多轨并行

理论的正确与否与价值都需要通过相应的实践来得以验证，一旦确定了“认定书”类行政行为属于具体行政行为的性质，那么建立相应的实践制度相对而言就容易许多了。

1. 复议与诉讼择一而行

我国的诉讼模式相对独立，行政庭、民庭、刑庭各有职能、各行其是。而关于各类“认定书”的案件又大概率可能发生行民刑交叉的情况。如果对于交通事故责任认定书的救济制度采用较为常见的既可复议也可诉讼和复议

① 姜明安：《行政与行政诉讼法》（第六版），北京大学出版社、高等教育出版社 2015 年版。
② 卞建林：《证据法学》，中国政法大学出版社 2005 年版。

后不服依然可以诉讼的模式，会增加救济制度的程序复杂度，拖慢整体救济速度，导致司法监督的程序效率下降。为了避免当事人的权益反被司法救济程序的低效而损害，在赋予当事人申请复议和提起行政诉讼权利的同时还要对其加以限制，即两种救济方式只能择一进行。

2. 复议终局机制

一旦当事人选择行政复议的救济方式，则进入行政复议终局机制，虽然目前对于行政终局裁决机制也存在较大的争议，但是其本质就是通过法律授予行政机关对个别特定具体行政行为进行最终裁决的权利。而且，从现阶段国情出发，这一机制对于快速定分止争和更好维护社会秩序的作用是毋庸置疑的。尤其是“对于专业性极强且非常复杂的具体行政行为，亦可以设定行政终局裁判机制”。[①] 毕竟各类“认定书”的制作均属专业极强的工作，除专业知识、技能外，丰富的实践经验也不可少，由更为专业的行政机关进行终局裁决并非为了限制诉权，而是为了更好更快地实现各方合法利益的平衡。

3. 纳入行政诉讼受案范围

“裁量权的控制，主要不是依靠实体法，而是行政程序法。”[②] “认定书”是具体行政行为的具象化载体，既然认可了其具体行政行为的性质，就必然要在制度上将其纳入行政诉讼的受案范围。而且，就具体行政行为的合法性审查而言，行政法官是相较于其他司法者来说更为专业的审查人。另外，行政诉讼不同于其他诉讼的“全面审查”模式也可以确保当事人与行政机关之间的诉讼能力差异被法官主动审查弥补，进而提升对于具体行政行为的审查有效性。

4. 创设刑/民事附带行政诉讼

随着行政权的扩张，行政行为对于人们的影响不再仅限于行政法领域，而是逐渐向民法和刑法领域渗透。行、民、刑三种法律关系所调整的社会关系也呈现出交叉乃至重合的趋势。如果单纯将“认定书”类行政行为交给行政诉讼来审查，将导致大量的相关民事、刑事案件处于等待行政案件结论的漫长静止期，这显然不利于对当事人的权益救济和对行政权的司法监督。为了更快实现定分止争的目的，如果民事、刑事案件已经先于单独针对“认定

① 姜明安：《行政与行政诉讼法》（第六版），北京大学出版社、高等教育出版社 2015 年版。

② 方世荣：《行政法与行政诉讼法学》，人民法院出版社 2003 年版。

书”的行政案件立案，则应允许在民事、刑事案件中一并审理对于“认定书”的争议，可以由当事人或法官发起，并在合议庭中引入行政法官进行专业辅助，提升审查效率。这样不仅可以有效提升司法效率，更可以避免产生各类诉讼结论不一致的风险，增强司法公信力。

结语

法律的制定与修改，需要紧随时代发展的步伐。随着行政权对公民权利的影响越来越大，拓宽对其进行有效司法监督的路径已经是大势所趋。

制度的优化与创新，需要面对价值取向的选择。为了满足实践需求而暂时搁置理论争议，运用制度创新来解决现阶段实际问题才是司法为民价值取向的应有之义。

但搁置不意味着漠视，妥协不代表着放弃，对于“认定书”类行政行为的理论研究反而应当在新制度的运行中发现问题、汲取养分并最终形成更加成熟和权威的成果，进而反哺实践，实现理论与实践的良性互动。希望在不久的将来，关于“认定书”类行政行为的理论研究和制度创新都能结出丰硕的果实。

（作者单位：黑龙江省哈尔滨市中级人民法院）

城市更新进程中集体土地征收补偿“以拆代征”偏离现象透视与帕累托最优校正

——以广州地区381件一审败诉案件为样本

侯建文　张天晟

【摘要】 近年来，带有农村集体土地征收补偿背景的强制拆除、违建查处案件占据一定比例，“以拆代征”现象在败诉案件中较为多发。实践中，面对人民法院已经固定的裁判观点，一些基层人民政府及相关职能部门依然我行我素。“以拆违促征收”偏离现象背后，体现的是具有不完整合法权属证明农村建筑在集体土地征收补偿与违法建设治理制度之间的耦合，反映了效率与公平这对现代行政法理论中老生常谈的价值冲突。“以拆代征”手段，实际上是政府因应被征地村民的征收补偿决策而作出的回应。从法理学的角度出发，在征收补偿关系中，公平这一价值位阶应当高于效率，在保护“一户一宅”村民基本生存权和符合法不溯及既往等基本原则的基础上，对于被纳入集体土地征收补偿地域范围，具有历史因素、存在信赖利益或者具有合法权属的农村建筑，应当通过征收补偿程序予以处理，不宜一概认定为违法建设予以查处和强制拆除。

【关键词】 以拆代征　集体土地征收补偿　违法建设

引言

近年来，随着城市更新进程不断推进，城镇化水平不断提高，全国各地尤其是一线城市集体土地征收补偿工作正在大力推进。以广州市为例，黄埔、南沙、白云、荔湾等区城市更新工作重点推进，随之而来的是城建类案件，尤其是强制拆除、违法建设认定查处等行政诉讼案件大量增加。相较国有土地上房屋征收补偿而言，集体土地征收补偿工作具有涉及的法律法规不系统（包括《土地管理法》《城乡规划法》以及各地的征收补偿条例）、涉及人数多、征收补偿标准广泛（征收补偿对象包括土地补偿费、安置补助费、地上附着物和青苗补偿费、社会保障费用等）、集体土地上建筑补偿缺少参照、历史因素复杂等特点，工作开展较国有土地上房屋征收补偿难度亦更大。在农村集体土地征收补偿工作中，对于农村建筑的补偿是近年来一个重要且复杂的课题。随着经济不断发展，相较于耕种功能而言，集体土地，特别是城郊、城镇中心的“城中村”地区集体土地，承载的更多是对农村村民生活保障功能，而在当前房地一体的政策背景下，农村住宅征收补偿影响农村村民的基本生存权，应当引起充分重视。

分析广州地区中级、基层两级法院新收一审行政案件以及败诉案件类型，笔者发现，具有集体土地征收补偿背景的“拆违”案件占据相当一部分，其中不乏“以拆代征”等征地补偿中的偏离现象。对于此类不符合征地拆迁机制的操作模式，司法层面上早已形成固定的裁判观点，无论是最高人民法院公报案例，还是最高人民法院发布的人民法院征收拆迁典型案例，均从职权、程序、目的正当性等层面论述了“以拆代征”方式的不合法，但从当前审判实践来看，“以拆代征”现象仍然多见于行政诉讼案件，占据行政机关败诉案件的重要比例。对于政府在参与行政诉讼活动时，涉及征地拆迁补偿、强制拆除相关案件“屡败屡战”的非常规状态，值得研究和分析。

一、问症：“以拆代征”偏离现象多发

（一）审判实践：城建类及涉基层执法案件数量高企与涉集体土地的征收补偿、强制拆除类案件败诉多发

笔者于 2021 年 6 月 30 日使用裁判文书网对案件数据进行搜索。笔者使用高级检索功能，在全文搜索“以拆代征”关键词，共检索到 152 篇文书。以“以拆违促征收/征拆/拆迁”分别为关键词，共检索到 404 篇文书。从全国裁判情况可以看出，浙江、河南、广西、北京等地倾向于直接在文书中指出“以拆代征”背景。

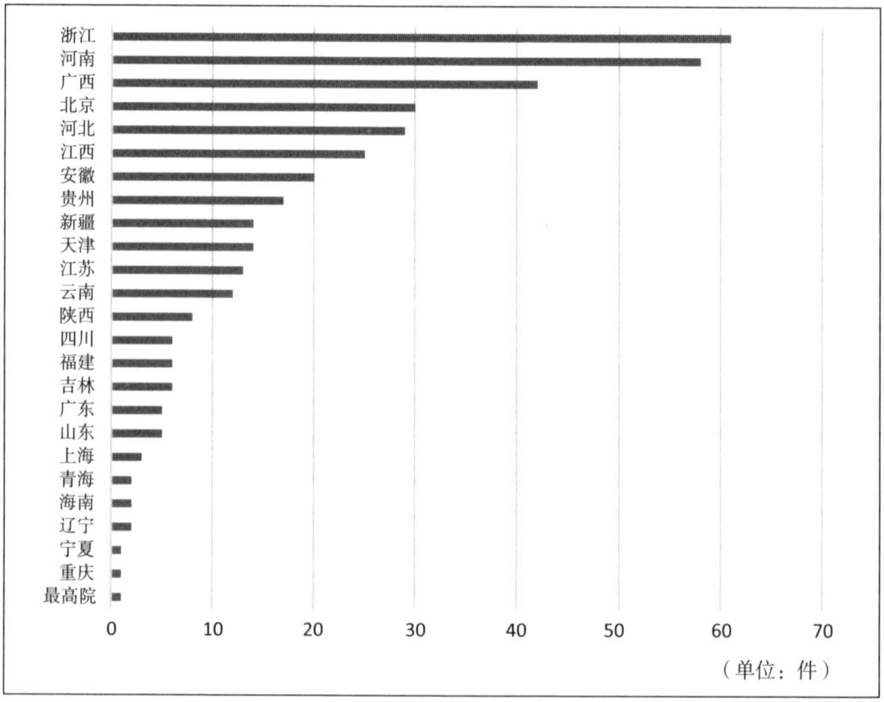

图 1：案件数量

以广州地区为例，2020 年全年，新收一审行政诉讼案件 6477 件，其中，涉及规划、土地、拆迁等除房屋登记以外的其他城建类案件 1692 件，涉及基层执法的乡政府类案件 1073 件[①]，以上两类案件共占新收全部一审行政诉讼案件的 42.69%，案件数量高企，相关领域社会矛盾多发，亟待重视。

① 数据来自人民法院大数据管理和服务平台。

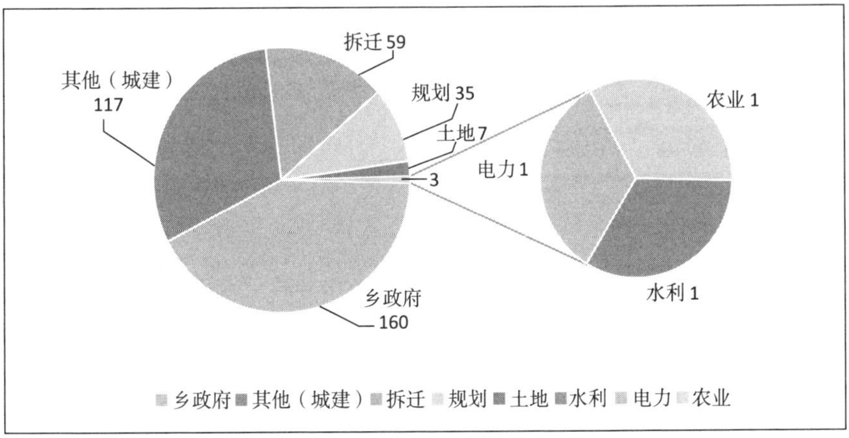

图 2：涉农村征地补偿及涉征地强制拆除败诉案件领域情况

2020 年全年，广州地区行政机关一审败诉案件共 780 件①，其中，涉农村集体土地征收补偿或具有征收补偿背景的强制拆除案件共 381 件②，占当年全部一审败诉案件的 48.85%，有近半的一审败诉案件来自于集体土地上的征收补偿及违建治理工作。

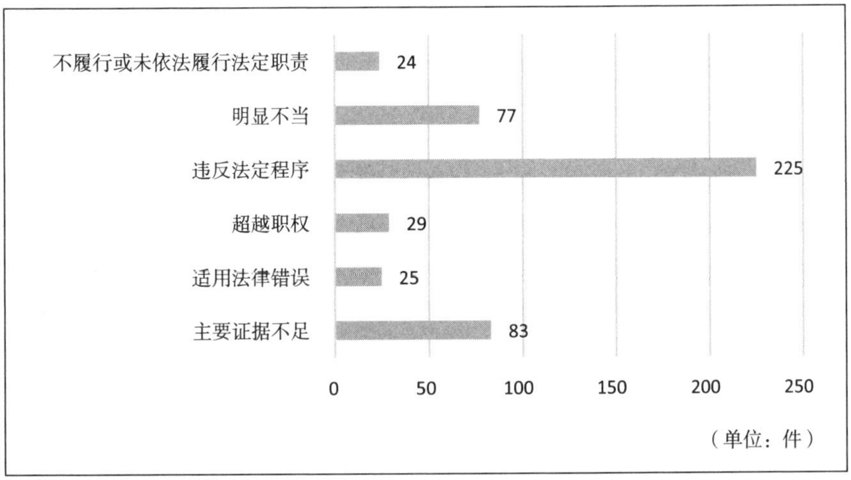

图 3：涉农村征地补偿及涉征地强制拆除败诉案件原因情况③

---

① 数据来自《广铁法院 2020 年度行政诉讼情况报告》。

② 数据来自广东省法院综合业务系统通过“案件查询”功能及人工筛选修正，下文数据如无特别标注，均为通过此途径导出。

③ 包括同一案件存在多个败诉理由的情形。

381件涉农村集体土地征收补偿一审败诉案件中，有73件案件裁判文书直接援引《行政诉讼法》第七十条第六项，以“明显不当”为由判决行政机关败诉，占19.16%。其中，52件案件合议庭直接指出案涉建筑已被纳入征收补偿范围，行政机关又启动违法建设查处或强制拆除程序，属于重复处理，明显不当。承办法官更倾向于避免直接以“以拆违代征拆”为理由，而是在阐明征地拆迁背景的情形下，指出镇、街以及有关职能部门在职权、程序方面的不合法之处，认定“违反法定程序”或“超越职权”，分别占比28.85%和7.61%。

（二）制度竞合：不完整权属证明农村建筑同时涉及强制拆除与集体土地征收补偿双重行政管理制度

1. 制度竞合的内部成因：合法与违法部分具有不可分割性

《土地管理法》第二条第四款规定：“国家为了公共利益的需要，可以依法对土地实行征收或者征用并给予补偿。”在被纳入征收补偿区域范围的建筑物中，对于具有宅基地证、乡镇政府批准等完整建房审批手续，符合建设规划的合法建筑，属于合法财产，应当纳入征收补偿程序，根据征收补偿标准予以补偿；而对于完全不具有权属证明的违法建设，因不具有合法利益，应当纳入违法建设查处程序（开展违法建设拆除过程中，重大添附、合法财产因拆除程序违法、未妥善保管等原因致损的，所有权人有权主张行政赔偿，但并不属于征收补偿法律关系）。以上两种情形，虽然也有合同承租人、财产所有权人就集体土地征收补偿或行政强制拆除、违法建设认定等行政行为提起行政诉讼或行政赔偿诉讼，但在司法实践中，对于上述两种情形，建筑物权属的性质具有唯一性，或完全合法，或完全违法，政府对相关情形采取的措施一般亦具有唯一性，前者不会启动查违程序，后者则直接通过查违程序处理，不涉及征收补偿。对司法机关而言，不同角色是否具有集体土地征收补偿权益，与征收补偿行为是否具有利害关系等问题，已经形成了较为明确的审判观点。

实践中，集体土地征收补偿中存在如审批手续不完整、存在瑕疵或错误，或者涉及信赖利益等集体土地权属合法性不完全等多种复杂情形，加之目前对宅基地证的审批收紧，在此种现实情形下，如何在“一户一宅”[①] 原则下，保障农村村民的基本生存权，同时依法限制不符合条件的人员违法享受集体土地征收补偿利益，是开展农村集体土地征收补偿工作的一个重要课题。

《城乡规划法》第四十一条第一款规定：“在乡、村庄规划区内进行乡镇企业、乡村公共设施和公益事业建设的，建设单位或者个人应当向乡、镇人民政府提出申请，由乡、镇人民政府报城市、县人民政府城乡规划主管部门核发乡村建设规划许可证。”在集体土地上建设房屋，应当依法取得城市、县人民政府城乡规划主管部门核发的乡村建设规划许可证，方属于具有完整审批程序的合法建设。但在审判实践中，农村集体土地上建筑往往不具有完整的审批手续，主要包括下列一些具体情形：如仅获得乡、镇人民政府和村集体的审批以及“两信息一铭牌”，但未获得乡村建设规划许可证；获得宅基地证，但存在超高超大建设；取得乡村建设规划许可证，但房屋未经完整审批手续拆旧建新；在《土地管理法》出台之前已建成；基于历史原因和信赖利益（如政府承诺村民拆迁安置并确定拆迁安置地区，村民在拆迁安置地区建设房屋后却由于用地指标相关问题未得到落实而导致违法建房）等。之所以出现上述案件数量增加、行政机关败诉案件多发的情形，主要原因在于前述具有不完整权属证明的农村建筑同时具有合法（信赖）利益以及违法部分，一方面，具有合法利益部分应当被充分尊重和保障，应当纳入集体土地征收补偿程序中充分考虑，而对于违法建设部分，则应当严格纳入违法建设查处程序，但实践中，绝大多数涉及农村违法建设治理的案件中，农村建筑的合法权属部分与违法建设部分具有不可分割性，这就导致在被纳入农村集

---

① “一户一宅”问题是我国农村来源已久的问题。1997 年以来，耕地保护形势相当严峻，城市城镇建设用地资源相对不足，导致城乡接合部土地价格飞涨，宅基地使用权隐性流转导致集体土地资源流失严重并扰乱土地利用总体规划。为此，我国开始实行最严格的土地管理制度。1997 年中共中央、国务院《关于进一步加强土地管理切实保护耕地的通知》以及 1998 年颁布和 2004 年修正的《土地管理法》中明确规定，农村居民每户只能拥有一处不超过标准的宅基地。2004 年原国土资源部印发的《关于加强农村宅基地管理的意见》除再次提到“一户一宅”外，还特别强调要明确宅基地的申请条件，严格宅基地申请流程。2007 年国务院办公厅出台《关于严格执行有关农村集体建设用地法律和政策的通知》再次强调了“一户一宅”，城镇居民不得到农村购买宅基地和住房，不得利用集体土地搞房地产开发。2008 年国务院《关于促进节约集约用地的通知》着重指出各地要完善人均宅基地标准并严格执行，防止新的“一户多宅”产生。但应该指出的是，在目前村民自治的背景下，农村社会特殊的关系网络导致“一户一宅”政策难以严格得到执行。村集体对农民违法占地建房行为的管控本质上属于社会治理问题，案件中仅以村集体组织出具的证明认定“一户一宅”不一定符合村民居住权的真实情况，行政机关在执法的过程中未对该情况进行了解，将造成法院审判过程中裁判标准的难以确定。

体土地征收补偿范围后，行政机关具有启动征收补偿和违建查处程序权力的双重性。在因个别被征收人的不愿妥协影响整体征收拆迁工作进程时，行政机关往往倾向于启动违建查处程序，将村民的征收拆迁利益转换为行政赔偿权益，将被动停滞局面转化为主动。

2. 制度竞合的外部成因：效率与公平的分歧

在中共中央、国务院的战略部署下，城市更新工作成为当前和今后一个时期的重点工作。以广州为例，广州市人民政府印发了《广州市国民经济和社会发展第十四个五年规划和2035年远景目标纲要的通知》，其中城市更新成为“十四五”发展主要目标之一。“十四五”时期，广州城市更新工作投资额达3315亿元，城市治理达到新水平成为今后五年广州市经济社会发展主要目标。城市更新工作的大力推进，伴随的是出于公共利益需求，对大量不符合社会发展的低效用地形态进行重置调整，其中，违法建设查处作为广州市一项重点工作，需要与城市更新、土地储备等重点工作有机结合，发挥规模效应、整体效果。在城市更新工作进程的大背景下，违法建设查处特别是农村违建治理工作强调减少农村违建存量，维护土地和规划秩序（公共利益）和使用效率，拓展经济社会高质量发展空间。

而2019年《土地管理法》修改，再次明确征收补偿的基本原则是保障被征地农民原有生活水平不降低，长远生计有保障。以区片综合地价取代原来的年产值倍数法，在原来的土地补偿费、安置补助费、地上附着物和青苗补偿费的基础上，增加农村村民住宅补偿费用和被征地农民社会保障费用的规定，从法律上为被征地农民构建更加完善的保障机制。切实做好集体土地上征收补偿，通过更加完善的征收补偿机制，制定更为公平、公正、可协商的标准，充分保障农村村民的基本生存权、发展权等个人权利。

在集体土地上违法建设查处以及征收补偿工作中，体现着城市更新效率性（征地工作的急切性）与征收补偿的公平性（失地村民的基本生活保障）之间的分歧，蕴含着效率与公平这对现代行政法理论中争论已久的价值冲突。

（三）位阶对比：冲突价值的博弈与衡平

公平与效率的法律价值则属于相互控制约束，互相前进发展的关系。公平含有公正和平等两方面的意思，通俗地讲就是得其所应得。而效率的含义则较为清楚，一般指投入与产出或成本与收益之间的关系。公平价值是由正义所衍生出来的内容，而效率价值最开始属于经济学领域的术语，直到后来被法学界所引用，效率的价值才逐渐成为经济法的重要价值内容之一。二者在价值取向上存在明显的差异：公平的关注重点是均衡与统一，而效率的关注重点则是发展与高速，因此二者在一定程度上存在价值上的矛盾。具体到本文所涉城市更新进程中集体土地征收补偿工作的背景下，效率所对应的是政府开展土地征收所涉及的土地出让收益与支付农村村民征收补偿款成本，以及城市更新规划如期实现与收回集体土地投入的时间成本之间的对比关系。而公平则对应农村村民作为土地所有权人（村集体）成员以及土地承包权人等利害关系人所获得的征收补偿利益是否能够覆盖集体土地所提供的当前及今后的基本生活保障水平。根据强世功教授的理论，集体土地征收补偿语境下的公平更多指的是分配公平（分配正义），即机会均等的条件下每个人获得与自己投入有效资源相称的收益。①

在经济学理论中，效率处于优先位阶，承认个体差异释放创造力，促进效率的提高；而平等（公平）诉求可能造成经济发展的低徊。但从法理学视角进行深入研究，笔者认为，效率的价值地位状态应该低于公平，作为法律制定和社会治理的核心思想，一味寻求高效率而危害了公平是不合理的。在当前社会主义市场经济蓬勃发展的背景下，社会资源财富较为丰富，对于效率的要求已经从最初的温饱阶段发展到从“拥有”向“富有”方向转变。对于效率与公平之间关系的理解，亦从最初的“效率优先，兼顾公平”发展为“初次分配和再分配都要处理好效率和公平的关系，再分配更加注重公平”。在此基础上，笔者认为，在保护“一户一宅”村民基本生存权和符合法不溯及既往原则的基础上，对于被纳入集体土地征收补偿地域范围，具有历史因素、存在信赖利益或者具有合法权属的农村建筑，应当通过征收补偿程序予以处理，不宜一概认定为违法建设予以查处和强制拆除。

值得一提的是，效率与公平二者之间的联系类似于存在冲突也能够共同发展的状态，虽然会发生问题以及纠纷，但是这种问题可以被解决，从而达成协调统一，共同发展的目标。② 即，对于具有部分合法权属的建筑，应当充分保障农村村民的征地补偿利益，但在此基础上，如何通过优化征收补偿制

① 强世功：《法理学视野中的公平与效率》，载《中国法学》1994 年第 4 期。

② 杨霄雯：《基于公平与效率视角下的民商法与经济法的价值取向初探》，载《法治与经济》2018 年第 2 期。

度、规制违建治理工作开展、统一司法裁判等方式，指引不同社会角色调整决策，以在确保公平的前提下，尽可能保障城市更新、违建治理工作的效率，是当前和今后一个时期的重要命题。

二、反思：帕累托最优原则在集体土地征收补偿范围确认中的适用

（一）“策略行为”与决策树理论①下政府与农村村民的决策分析

在农村集体土地征收补偿工作中，政府与农村村民的决策是双向博弈的过程。笔者拟通过决策树理论对具有不完整权属证明的农村建设开展征收补偿及违建查处中政府、农村村民的决策进行量化和模拟。假设政府开展集体土地征收补偿工作的时间和金钱（支付征地补偿款）以及参与行政诉讼承担败诉风险成本均可量化，政府通过集体土地征收获得的利益为 a，按照征收补偿方案给予不完整权属证明农村建筑村民补偿为 c，政府因履行征收补偿催告等程序付出的时间成本为 d，参加诉讼并承担败诉风险成本为 e，村民通过诉讼程序最终获得的行政赔偿为 x，具体决策树情况如下②：

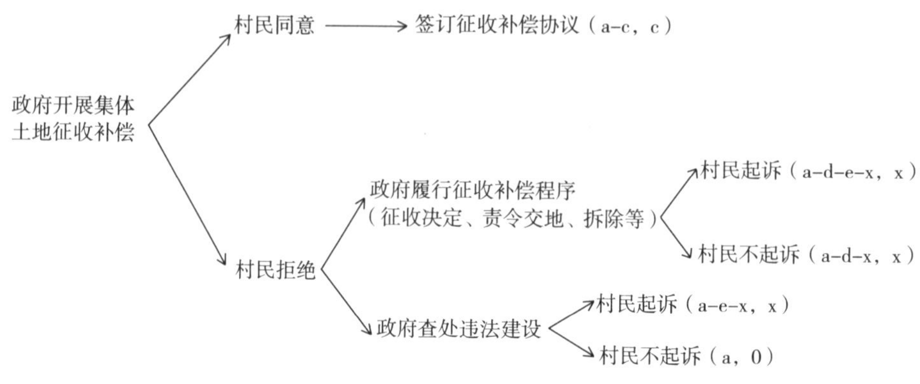

图 4：决策树示意图

① 策略行为是德国哈贝马斯用语。与“交往行为”相对，指参与者通过以自我为中心的利益计算来指导其行为。它是工具主义的和以自我为中心的，其特点是个体行事者们力求通过一切有效手段而达到各自的目的，以产生对自己的最大利益。

② 决策树图中括号部分代表政府与村民的收益，具体为（政府收益，村民收益），开展违法建设查处占用的时间成本可忽略不计。对农村村民而言，征收补偿及诉讼程序造成的时间成本与征收补偿收益相比可忽略不计。从审判实践来看，众多行政案件中均出现“以拆代征”的情况，说明相较于耗费征收补偿决定程序中的时间成本，政府更倾向于选择承担败诉的风险及不利后果，故决策树中 d>e。

在决策树的分析中，需从后端根据不同决策角色的利益情况向前倒推其采取的策略。对农村村民而言，在政府履行征收补偿程序一支，村民一般倾向于起诉争取不确定的浮动收益；而在政府查处违法建设一支，村民毫无疑问将选择起诉。故经过推理后的决策树情况如下：

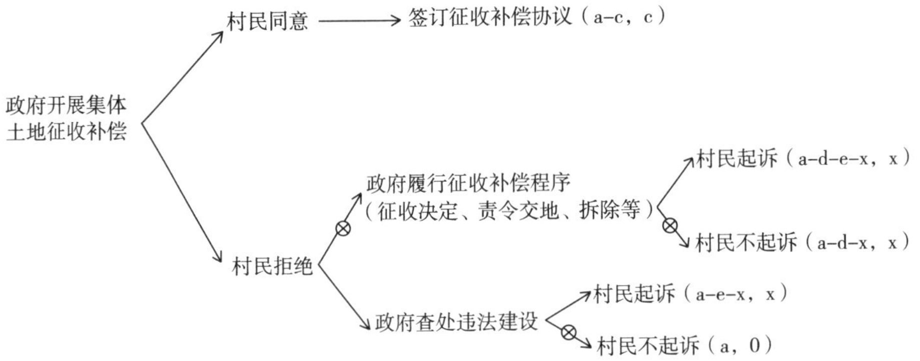

图 5：决策树示意图

对政府而言，在村民拒绝征收补偿的情况下，因履行征收补偿程序后村民起诉的收益（a-d-e-x）比查处违法建设后村民起诉的收益（a-e-x）低，故政府在开展征收补偿协调工作中，倾向于实施查违程序，通过“以拆代征”方式推进。而对于村民而言，由于最终征地补偿款收益 c 与村民起诉后获得的行政赔偿 x 之间的收益对比具有不确定性，故具有不完整权属证明的农村村民选择起诉违法建设查处行为以及接受征收补偿的情况均有发生。且与此同时，策略行为的不断升级，可能导致“边缘政策”的使用。“边缘政策”的本质在于故意创造风险，其意味着一方孤注一掷而让双方共担风险，一旦对方作出与威胁相反的行为，局面便彻底失控。较为轻微的“边缘政策”手段体现为农村村民实施的包括根据不同主体，将征收补偿行为拆分为各个具体环节起诉，以及由征地补偿所引发的不履行法定职责、政府信息公开之诉等，形成滥诉。而政府一方实施的则包括暴力征拆、“以拆代征”等。倘若不加以限制和提前介入，则可能引发群体性事件的发生，影响社会稳定。

（二）社会行为范式与帕累托最优①原则的适用

长期以来，不同学者尝试用不同方式划分社会学理论的基本模式。其中，托马斯·库恩的“范式”理论在社会学界引起了积极的回应。社会学家对库恩理论的借用进行了改进和偏离。为了使范式的概念能够在社会学中更为灵活地使用，瑞泽尔提出可以在不同层面上使用“范式”概念。周晓虹教授在瑞泽尔的理念上，以互为交织的两对理想类型，宏观—微观、自然主义—人文主义为建构基础，形成了四种理论范式。②

表 1：周晓虹教授的四种社会学理论基本范式

	社会事实范式	社会行为范式	社会批判范式	社会释义范式
目的	理解、预测和控制社会事实	理解社会行为及决定或影响人类社会行为的内外部因素	强烈批判现实社会，强调知识的反思性及指导行动的意义	理解作为社会行动者的个人行动的主观意义，以及这种意义对行动者和社会现实的影响
假设	人的行为是社会结构的派生现象	社会行为或受制于外部刺激因素或受制于人类的本能	事物的本质存在于对现实的否定之中	社会现实是由人的有意义的社会行为建构的
方法	社会调查方法	实验室实验	历史—社会的分析方法	实地研究
理论	结构—功能理论和冲突论	功利主义帕累托最优，精神分析理论	历史唯物主义、辩证唯物主义，法兰克福学派	韦伯的社会行动理论，符号互动理论，现象学社会学，日常生活方法论等

政府开展集体土地征收补偿以及违法建设查处工作，村民根据自身利益需求决定接受或者拒绝征收补偿方案，以及是否就征收补偿或违建查处提起行政诉讼，属于典型的社会行为范式，应当通过帕累托最优原则，达到社会治理效能的最优解。

---

① 帕累托最优（Pareto Optimality），也称为帕累托效率（Pareto Efficiency），是指资源分配的一种理想状态，假定固有的一群人和可分配的资源，从一种分配状态到另一种状态的变化中，在没有使任何人境况变坏的前提下，使至少一个人变得更好，这就是帕累托改进或帕累托最优化。

② 周晓虹：《社会学理论的基本范式及整合的可能性》，载《社会学研究》2002 年第 5 期。

欲逼近集体土地征收补偿过程中政府与村民决策的帕累托最优状态，可运用经济学中的边际成本理论（边际成本是指额外一单位产量所引起的总成本的增加①），对于效率与公平这对关系，当在该状态上，任意改变都不可能使至少一个人的状况变好而又不使任何人的状况变坏时，则达到帕累托最优。即对于政府而言，在支付给村民征地补偿款成本基本固定的前提下，尽可能减少征地补偿工作时间，降低进入诉讼的频次和败诉的风险；而对于村民而言，可能倾向于通过起诉等手段，争取到最大的征收补偿利益。如前所述，不完整权属证明农村建筑集体土地征收补偿决策树的走向，关键在于农村村民对于预期收益与通过征收补偿、行政赔偿能够获得的实际利益之间关系的认知。欲达到帕累托最优状态，关键亦应从此方面切入。

三、应对："以拆代征"偏离现象的理性校正

（一）从双向博弈到多方协作

社会治理是政府、社会组织、企事业单位、社区、个人等多种主体通过平等合作、对话、协商、沟通等方式，依法对社会事务、社会组织和社会生活进行引导和规范，其目的在于最终实现公共利益最大化。前述分析集体土地征收"以拆代征"现象下政府与农村村民博弈和决策的模型，采用的是双向博弈的分析方式。但要实现集体土地征收补偿工作中社会公共利益的最大化，绝不仅是简单的双向博弈。除政府、个人两个角色外，将党委、人民法院、上级政府、媒体等角色参与的作用和收益囊括入社会治理的考量范畴，以真正实现对以城市更新工作为代表的社会治理利益最大化的追求。事实上，在前述决策树的分析中，虽然对于基层政府及个别职能部门而言，通过违法建设查处的方式推进征拆工作，降低了需要耗费的时间成本，实现了自身利益最大化，但对于党委、上级政府、人民法院而言，时间成本的降低伴随着边缘策略和诉讼数量的增加，是以产生矛盾、维稳风险和诉讼压力为代价的。以人民法院为例，广州地区四成以上行政诉讼案件产生于除房屋登记外的城建和基层执法领域，大量行政机关败诉案件由征地拆迁与强制拆除产生。在诉讼中，对于作为被告一方的基层政府及职能部门而言，败诉情况作为绩效

---

① ［美］N. 格得里高利·曼昆：《经济学原理》（微观经济学分册）（第六版），梁小民、梁砾译，北京大学出版社2012年版，第272页。

考核指标，迫使其不得不走完一审、二审、再审等诉讼程序，而对于农村村民而言，穷尽救济途径亦是其主张个人权利、争取利益最大化的必然手段，会造成社会、行政和司法资源的损耗。社会矛盾的连锁反应对当地党委、政府形成的维护社会稳定压力是不小的。与此同时，以广州地区集中管辖行政诉讼案件的中级、基层两级法院为例，2020 年全年，两级法院员额法官人均结案量高达 407.27 件，对人民法院审判工作及定分止争职能的正常发挥带来了巨大的压力。因此，为了真正实现社会治理利益最大化，人民法院应当从以下两个方面投入到社会治理和多方协作进程中。

一方面，应当加强司法裁判的指引工作，强化对以“以拆代征”为代表的涉集体土地征收补偿的违建治理案件的释法说理。如前所述，判决行政机关“以拆代征”败诉的案件裁判理由较为分散，现有的一、二审裁判理由散见为职权、程序、目的正当性、行政行为合理性等。其中，一审法官更倾向于不直接指出“以拆代征”的不正当性。笔者认为，为阐明对“以拆代征”行为的性质与态度，人民法院对该类案件的裁判，除指出政府在职权、程序方面存在的问题外，还应当直接指出“以拆代征”行为的目的不具有正当性。

表 2：部分人民法院裁判情况

案号	法院	裁判理由
（2021）京 03 行赔终 66 号	北京市第三中级人民法院	建筑虽然未取得规划许可手续，但其修建具有政府招商引资的特殊背景，行政相对人系基于对属地政府招商引资行为合法性及连续性的信赖，方投资建设的该建筑。且该建筑所在土地存在相关占地项目，行政机关在启动违法建设查处程序前，曾对该建筑进行了测绘清登，并曾与行政相对人就补偿问题进行协商。在此情形下，基于维护政府公信力、保护当事人信赖利益及维持相关项目补偿平等性等因素考量，不宜将该建筑定性为违法建设直接拆除。
（2019）粤 71 行终 95 号	广东省广州铁路运输中级法院	鉴于涉案房屋已被列入征收拆迁范围之内，应遵循政府相关征收拆迁补偿规定来处理涉案房屋的拆除和补偿问题。被上诉人应知晓涉案房屋的上述情况，仍在涉案地块的征收补偿工作已开展 8 个多月，涉案房屋无人居住的情况下，以涉案房屋涉嫌违法建设为由进行立案查处，属于重复处理。

续表

案号	法院	裁判理由
（2017）豫行终2450号	河南省高级人民法院	由于农村发展程度及行政管理的实际情况等，农村集体土地上房屋普遍存在只有部分建设手续甚至完全缺乏建设手续的情况，这是一种客观现实，不是农村村民能够克服和解决的，其不存在过错。兰考县政府推进征收实施工作，已与大部分村民签订补偿协议，因本案一审原告没有签订补偿协议，兰考县政府便不遵循法定的组织实施程序，而迳行将涉案房屋认定为违法建筑并强制拆除，其执法目的不是严格农村土地的管理使用，而是避开法定的组织实施程序、加快拆除进程，属于滥用职权，其所称据此作出的限期拆除决定、限期拆除通知、强制拆除公告等法律文书，法院均不予认可，也不能成为本案被诉的强制拆除行为的依据。
（2020）京0113行初394号	北京市顺义区人民法院	乡镇政府是目前村民住宅用地的审核批准机关，即使村民持有的《集体土地建设用地使用证》存在手续不完善的问题，其作为审核批准机关，也应积极履行职责，完善手续。在棚改项目启动后，乡镇政府在未完善相关手续的前提下迳行拆除村民房屋存在以拆违代拆迁的嫌疑。村民在未取得规划许可手续的情况下在宅基地上建房是大部分农村地区长期以来的普遍情况。行政机关如果不予以平等对待，不仅将损害政府公信力，而且置行政相对人的合法利益于不顾，不具有可取性。

另一方面，应当强化此类案件的协调化解工作。此类案件在征收补偿阶段，政府与村民双方达不成一致意见，主要原因在于村民对政府作为征收补偿相对方的不确定性。人民法院作为居中裁判方，可通过生效裁判的释明以及诉讼风险和后果的明示，促成协调化解的成功，防范重大风险的发生。

（二）压实对可得利益的合理预期

实践中，部分农村村民对其可得利益存在过高预期，影响征地补偿工作的效率性。如部分建筑存在超高超大建设的情形，村民要求对整个建设予以补偿，部分村民要求参照完全合法权属标准补偿不完全权属建筑，部分村民主张参照市区国有土地上房屋价格标准给予补偿或者置换。在前期签订征收补偿协议时，因村民对其能够获得的征收补偿利益存在过高预期，故初期征收补偿难以达成，双方的博弈出现“以拆代征”偏离现象，经长时间的一审、二审、再审程序后最终形成司法的终局性裁判。如前述决策树分析，正常征收补偿与“以拆代征”两种情形均有发生的其中一个重要因素，是农村村民对征收补偿利益 c 与行政赔偿利益 x 存在不同认知。在近年发布的征收补偿方案中，政府已经将具有不完整权属证明建筑情况囊括至征收补偿标准中。如在广州市白云区人民政府办公室作出的云府办〔2018〕67 号《广州市白云区人民政府办公室关于印发珠三角城际轨道交通广佛环线广州南站至白云机场段项目钟落潭镇段住宅房屋征收补偿工作方案及征收弃产补偿办法的通知》中，弃产补偿办法第六条集体土地上住宅房屋产权认定及补偿原则第二项规定：“无法提供第六条第（一）款材料的未完善相关手续的历史房屋，其建成时间经村、镇审核确认在本项目《征地预公告》发布之日起前建成的，房屋实际测绘面积小于或等于 280 平方米的部分可享受 3000 元/平方米的弃产奖励……”与此同时，人民法院对于涉及集体土地征收补偿“以拆代征”案件的赔偿标准亦有明确的裁判观点。最高人民法院行政案件法官会议纪要针对违法强制拆除的赔偿内容与赔偿标准问题认为，确定赔偿方式和赔偿金额应当公平合理，不应低于被征收人依据补偿安置方案可以获得的征收补偿。确定赔偿项目和赔偿金额应结合违法行为的类型与违法情节的轻重，准确适用《国家赔偿法》规定的赔偿方式、赔偿项目、赔偿标准，并参照补偿安置方案规定的补偿方式、补偿项目、补偿标准。赔偿金额应包括被征收房屋的价值、违法强制拆除造成的物品损失等。被征收人按照补偿安置方案应当获得的搬迁费、临时安置费、停产停业损失等，可以视为《国家赔偿法》第三十六条第八项规定的“直接损失”。可见，在确认涉及征收补偿的合法权属建筑被强制拆除造成的行政赔偿标准，司法实践中持“不低于征收补偿标准”的观点，在具体案件审理中，因集体土地征收补偿不像国有土地上房屋征收，房屋价值可以依照周边地区同类房屋参考价格确定，对于集体土地上房屋价值的举证，一般村民一方的举证能力较为薄弱，人民法院倾向于以征收补偿标准确认行政赔偿，即大部分行政赔偿案件中，行政赔偿利益 x 与征收补偿利益 c 是相等的。故在农村集体土地征地补偿过程中，农村村民应当对自己所有的农村建筑权属情况、是否符合法律法规以及政策规定有清晰的认知，压实对可得征收补偿利益的合理预期。与此同时，可通过尽可能保留相关证据、邀请第三方评估等方式，对房屋价值予以确认，不论是在初期的征收补偿工作，还是在行政赔偿案件审理过程中，均可最大限度地争取征收补偿利益。

（三）提升征收补偿工作的合法性和合理性

人民法院在审查涉“以拆代征”行政案件时，一般作为强制拆除房屋案件进行审查。首先，对原告是否适格主体、执法主体是否具有法定职权以及执法程序是否合法进行审查。其次，审查关键在于案涉建筑合法权属情况以及相对人“一户一宅”情况。最后，审查执法主体是否对合法建筑及违法建设部分进行区分对待，执法过程中对合法财产（包括重大添附、财物）是否进行妥善保管，如因疏忽造成合法财产的损失且原告提出赔偿请求，相应的直接损失金额为多少。对于普通行政案件，仅需审查案涉建筑是否具有合法权属情况即可，但如原告提出赔偿请求，则需针对权属合法性情况进行深入审查，以最终确认损失金额及需要承担的赔偿数额。

在开展征收补偿工作过程中，基层政府应当结合人民法院司法审查标准，对农村建筑的基本情况做好充分的调研和摸查。对于前述具有不完整权属证明的农村建筑，首先应当对农村村民持有的部分权属证明情况进行审查。笔者将农村建筑不完整权属证明情况主要分为以下三种：一是农村村民因信赖利益、历史因素等非自身因素导致权属证明不完整情况，如房屋建成于土地管理法实施之前，建房或乡镇政府批准但未申领到乡村规划许可，因政府公共利益需要迁至当地，但因其他因素未能取得建房许可等。二是因基层政府及相关职能部门疏忽，不正确颁发了相关权属证明。三是虽然领取了宅基地证、乡村规划建设许可等，但经查明，合法权属证明系基于行贿、骗取、抢建等非法手段获得，实际上并不符合申领条件。对于第一种情况，当前征收补偿方案中一般已经囊括了该情况的征收补偿标准，应当按照征收补偿标准，综合评估农村建筑不完整权属情况，根据相应标准予以补偿。对于第二种情况，农村村民可能存在不符合“一户一宅”条件或者申请建设面积超高超大等情形，但因基层政府或者职能部门疏忽，导致审批的发放不符合法律规定，在此情形下，一种观点认为，虽然村民自身可能不符合建设条件，但基层政府或者职能部门在违规发放审批中存在过错，村民对不符合规定的农村建设具有信赖利益，应当根据审批状况予以补偿。而另一种观点认为，审批不符合法律法规规定，应当根据法定情况予以补偿。笔者支持前一种观点。但在此种情况下，应当根据各方过错程度以及对直接损失的影响程度确定责任承担方。如乡镇政府应当对其审查过错违规发放相关审批负相应责任，村民应当对明知不符合审批条件而依旧开展建设负相应责任，拆除的职能部门应当为对拆除行为负相应责任，如涉及开发商违规建设、销售等，还应当厘清合同损失等民事赔偿责任，以准确界定行政赔偿责任。而对于第三种情况，行贿、骗取、抢建等非法手段已经导致权属不合法，即使其所取得的权属证明形式合法，但仅是以合法手段掩盖非法目的，不具有合法征收补偿利益主张，对其征收补偿利益诉求，应当予以驳回。

（作者单位：广东省广州铁路运输中级法院）

案例分析

单方变更行政协议行为的性质分析及责任认定

郑红葛　蔡维琴

【裁判要旨】

公共设施管理使用合同系行政机关为了实现行政管理或公共服务目标，与行政相对人订立的具有行政法上权利义务内容的协议，属于行政协议。

行政机关作出单方变更、解除协议的行政行为，虽没有法律法规规章及行政规范性文件上的依据，但不变更、解除协议可能出现严重损害国家利益、社会公共利益的情形，且变更、解除协议对公民、法人或者其他组织合法权益的损害符合比例原则的，人民法院可以支持。

【案情】

原告（二审上诉人）：上海跃邦广告有限公司（以下简称某邦公司）。

被告（二审被上诉人）：南昌市西湖区城市管理局（以下简称西湖区城管局）。

某邦公司与西湖区城管局于2013年7月24日、9月25日、10月20日签订《南昌市西湖区道路果壳箱设置合作协议书》及两份补偿协议书。双方约定在协议有效期内（2013年8月8日至2018年8月8日），某邦公司可于西湖区多条道路上设置环保型果壳箱，并享有果壳箱的广告发布权和收益权，西湖区城管局不予干涉。协议还对果壳箱的日常清洗与维护、设置具体地点等其他事项进行了约定，其中清洗费用为10元/月/个。

协议签订后，某邦公司在西湖区共设置853个果壳箱，并与案外人南昌旷野广告传媒有限公司（以下简称旷野公司）签订《户外广告发布合同》。根据合同约定，某邦公司自2014年7月1日至2018年7月1日接受旷野公司委托在1553个果壳箱上（含西湖区之外设置的果壳箱）发布商业广告，按140元/个/月标准收取广告费。合同同时约定，某邦公司未按约定发布广告或未及时修复破损广告的，旷野公司依标准按日扣除广告费用，并向对方支付3个月广告费作为补偿。

在《户外广告发布合同》履行期间，因创建国家卫生城市，西湖区城管局于2016年6月16日通知某邦公司暂停发布皮肤病、性病类商业医疗广告。为此，某邦公司于当日中止履行《户外广告发布合同》，并于同年7月21日与旷野公司进行结算，确认每月广告费为210000元，应收广告费用3990000元，并需支付违约金346000元。

2016年6月后，某邦公司仍按约定对果壳箱进行日常维护，直至协议期满之日止。为补偿日常维护费用，西湖区城管局返租某邦公司125个果壳箱广告发布权，支付租赁费25000元。2017年12月14日，西湖区城管局《关于中山路广告果壳箱提前拆除赔偿的纪要》明确，对某邦公司在中山路设置的43个果壳箱提前终止有关合同事项，协商赔偿80000元。

2017年4月25日至2017年9月18日，某邦公司为弥补日常维护费用亏损，共利用54个果壳箱发布了其他类型的短期广告，共收取广告费24800元。

【审判】

南昌铁路运输法院一审认为，案涉《南昌市西湖区道路果壳箱设置合作协议书》及两份补偿协议书系行政协议。西湖区城管局因创建国家卫生城市工作需要，要求某邦公司自2016年6月起暂停在辖区内果壳箱上发布有关商业广告，其后也未恢复履行，违反双方协议约定，应赔偿某邦公司受到的损失。某邦公司主张赔偿的全部经济损失为3499100.1元，其中违约金346000元、广告费2933595.1元、维护清洁费219505元。但是，某邦公司主张的广告费系签订合同后预期可以获得的利益，并非其损失范围，该项费用不予支持。因双方已对中山路43个果壳箱的赔偿问题协商一致且某邦公司已获得80000元赔偿款，应在本案赔偿费用的计算中予以扣减，即赔偿费用的计算以810个果壳箱为基数。某邦公司与旷野公司《户外广告发布合同》约定，如有一方违约须向对方支付3个月广告费作为补偿。据此，违约金应为328590元（210000元/月×3个月÷1553个×810个）。另外，自2016年6月至2018年8月8日，某邦公司仍负责810个果壳箱的清洗，西湖区城管局须按约定的10元/月/个的标准支付25个月8天的清洗费204660元（810个×10元×25月+810个×8天×10/30元）。2017年4月25日至2017年9月18日，某邦公司与商户签订的多份短期广告发布合同，自认已履行合同金额为24800元，应在损失中扣减。综上，原告的损失为328590元+204660元-24800元=508450元。遂判决西湖区城管局于判决生效之日起十日内向某邦公司赔偿全部经济损失508450元；驳回某邦公司的其他诉讼请求。

判决后，某邦公司不服，提起上诉。

南昌铁路运输中级法院二审认为，2016年6月16日，西湖区城管局向某邦公司发出暂停发布商业广告的通知。对此，某邦公司认为是要求其停止发布所有商业广告，系单方违约行为，而西湖区城管局则认为仅是要求停止发布皮肤病、性病类商业医疗广告，并未限制其发布其他合法商业广告，系单方变更合同内容的行为。结合某邦公司自认在通知前案涉果壳箱投放的广告均为皮肤病类商业医疗广告的事实，且2017年4月至2017年9月，某邦公司与其他案外人签订了非皮肤病、性病类商业医疗广告合同，可以证明西湖区城管局通知的内容为要求某邦公司停止发布皮肤病、性病类商业医疗广告，并未通知中止、终止或解除案涉合同，该通知属于单方变更协议的行政行为。某邦公司在2016年6月16日接到通知时即应当知道该单方变更行为的内容，其于2018年9月18日提起本案诉讼，已超过《最高人民法院关于执行〈中华人民共和国行政诉讼法〉若干问题的解释》（现已失效）第四十一条规定的法定起诉期限。至于某邦公司所称双方就赔偿问题一直在协商的事由，不属于《行政诉讼法》第四十八条规定的“不可抗力或者其他不属于其自身的原因耽误起诉期限的”情形，不能作为起诉期限被耽误的合法理由，故某邦公司关于单方变更协议的行政行为违法的诉请依法不能进行实体审查。

在西湖区城管局单方变更协议尚未被其他有权机关依法确认违法或撤销的情况下，该行为仍属合法有效的行政行为。同时，《广告法》第三条规定，广告应当真实、合法，以健康的表现形式表达广告内容，符合社会主义精神文明建设和弘扬中华民族优秀传统文化的要求。本案中，案涉皮肤病类商业医疗广告发布在江西省省会城市南昌市主城区西湖区的主干道两侧果壳箱上，虽不违反案涉合同的约定，但与“符合社会主义精神文明建设和弘扬中华民族优秀传统文化的要求”还存在极大差距，亦不符合创建文明城市对市容市貌的要求，在此情况下，西湖区城管局基于创建文明城市、弘扬社会主义核心价值观的需要，在法定职责范围内要求上诉人停止发布皮肤病、性病类商业医疗广告，系行使行政优益权的行为。

在行政协议的履行过程中，行政机关享有优益权，可以基于行政管理和公共利益的需要变更或解除协议，同时应依法给予协议相对人补偿。本案中，西湖区城管局仅要求某邦公司停止发布皮肤病、性病类商业医疗广告。但鉴于上诉人之前发布的广告均为此类商业医疗广告，应给予某邦公司重新寻找广告客户的合理时间（酌定为60天）。此期间某邦公司的合法合理损失，以及该公司因违反与第三人协议造成的合法合理损失，应予补偿。考量双方协议履行的实际情况、西湖区城管局未提起上诉以及二审期间表示认可原审判决认定金额属应给予某邦公司的合理补偿等相关事实，酌定西湖区城管局应给予的补偿金额为508450元。遂判决驳回上诉，维持原判。

【评析】

行政审判实践中，行政协议案件虽在2015年之前间或有之，但因缺乏诉讼法上的明确依据、立案上存在不同认识，未能形成规模化的诉讼类型。新《行政诉讼法》实施之后，行政协议案件被正式纳入行政诉讼受案范围，案件数量逐步增加，一些疑难问题随着案件审理不断出现，法院间的认识往往并不一致。细读一、二审法院裁判文书，两者间审理思路的明显不同一目了然：前者以合同关系为视角，以协议之诉审理之；后者以行政行为为视角，以行为之诉审理之。如何将行政协议嵌入到行政诉讼制度中，本案审理的两级法院给出了不同的分析路径，呈现出的是两幅说理图景。在不同的路径下，本案又折射出“行政优益权的行使”“行政协议案件的诉判关系”等基本问题。除此之外，本案还关涉城市垃圾的收集是否为行政任务，案涉协议是否为行政协议这一前提性问题，在此亦有理论辨析之必要。现分别从以下四个维度进行解读：

一、关于案涉协议是否在行政协议边界之内的问题

案涉协议是否属于行政协议，是审理行政协议案件首要明确的问题。判断案涉协议是否为行政协议，最新的司法解释给出了“四要素判断法”[①]，即目的要素、主体要素、意思要素、内容要素。对于本案所涉的道路果壳箱设置合作协议是否为行政协议，审理中的争论集中于目的要素和内容要素两方面，现分析如下：

在道路两侧设置果壳箱之事虽小，但追寻法律规范的脚印，在法律层面着落于《固体废物污染环境防治法》第四十八条中有关“县级以上地方人民政府环境卫生等主管部门应当组织对城乡生活垃圾进行清扫、收集、运输和处理”之规定。自法律以下，行政法规、地方性法规、规章等亦有进一步细化规定，如《城市市容和环境卫生管理条例》第二十一条第二款明确，城市街道两侧、居住区或者人流密集地区，应当设置封闭式垃圾容器、果皮箱等设施。根据《南昌市城市市容和环境卫生管理条例》第三十条、第三十二条规定亦可知，环境卫生设施包括垃圾容器、果壳箱；市容环境卫生主管部门应当按照国家规定的标准，在街道两侧、公共广场设置果壳箱。有关法律法规将道路两侧果壳箱的设置、使用纳入调整范围，应与立法目的密切相关，即“加强城市市容和环境卫生管理，创造清洁、优美的城市工作、生活环境，促进城市社会主义物质文明和精神文明建设”。[②] 因此，果壳箱设置虽小，但却关乎社会公共利益。不难想象，城市生活垃圾如得不到有效收集和及时清运，与城市长期“相伴而生”，则极易破坏城市优美的环境，对人们生产生活造成极大不便，公共利益会受到不同程度的深层次损害。

然而，“任何一个行政目的都很容易与公共利益相结合，则会使任何行政机关所为的行政意图，都可以挂上行政目的的名义，使得一个行政行为的公私法属性界分，亦显得模糊”。[③] 在现代社会，公共设施的管理与服务与私人物品相比虽显示出明显区别，但在目前法律制度安排下，“哪些有关公共设施

---

① 《最高人民法院关于审理行政协议案件若干问题的规定》第一条规定，行政机关为了实现行政管理或者公共服务目标，与公民、法人或者其他组织协商订立的具有行政法上权利义务内容的协议，属于行政诉讼法上的行政协议。

② 参见《城市市容和环境卫生管理条例》第一条规定。

③ 陈新民：《行政法学总论》，三民书局 2015 年版，第 340 页。

管理和利用行为可以归入行政诉讼仍不确定”。[1] 从职责与义务角度而言，依照规定设置果壳箱不仅及于有关行政主管部门，更是及于飞机场、火车站、港口、博物馆等公共企事业单位。因此，果壳箱的设置与使用本质上是否为公法属性仍存在不小争议。

但总体而言，废物箱的设置应是“有为政府”之手完成的公共服务项目，如仅靠市场主体的自发力量，是难以破解“垃圾围城”之困的。行政治理的触角实际上也早已延伸到废物箱设置、管理领域。从法信搜索情况看，较早对此作出专门规定的是 1987 年《上海市城镇环境卫生设施设置规定》。该政府规章明确组织实施部门为当时的市环境卫生管理局，废物箱设置间距依不同道路为 30—200 米不等。1989 年 3 月，原建设部发布实施 CJJ27-89《城市环境卫生设施设置标准》，废物箱设置间距依不同道路规定为 25—100 米不等。此后，废物箱设置间距有所调整，至 2018 年 11 月住房和城乡建设部发布《城市环境卫生设施规划标准》（GB/T50337-2018），按人流密集程度或土地使用强度将设置标准分为 30—100 米、100—200 米、200—400 米三个层次。

以上法律法规规章均表明，废物箱的设置是政府基于公共服务目的而产生的公共管理行为，且西湖区城管局与某邦公司双方以意思自治的方式，通过协商订立合作协议的方式，约定了道路上设置环保型果壳箱的具体条款，案涉协议与行政协议的目的要素和内容要素是相符合的，可以纳入行政协议管理。

二、关于本案是行为之诉还是协议之诉的问题

行政诉讼自 1989 年实行以来，就以被诉行政行为合法性的审查为中心。行政协议纳入行政诉讼范围后，“行为审查”模式受到挑战，有学者主张“应当改变以被诉行政行为合法性审查为中心的传统逻辑，转而引入关系视角，人民法院应当在行政协议法律关系的整体框架下对各方的权利义务进行恰当配置”。[2] 在“行为审查”与“关系审查”之间，如何在审判实践中予以取舍逐渐进入法官视野。“行为说”影响甚深，二审法院在整个案件事实中提炼出单方变更的通知行为，并在超过法定起诉期限情形下将实体上的合法

① 何海波：《行政诉讼法》（第二版），法律出版社 2016 年版，第 121 页。
② 陈天昊：《行政协议诉讼制度的构造与完善》，载《行政法学研究》2020 年第 5 期。

性审查转化为法律效力性判断，并在承认其效力的前提下判决行政机关予以补偿。这种裁判思路反映的是行政协议争议进入行政诉讼仍然是以“单方行为”之形态完成的。二审法院将行政协议履行中的违约赔偿争议转化为“通知行为合法补偿”之诉。“关系说”并不如此看待，特别是本案的履约争议。“人民法院在对行政协议履约争议进行审查时，必须基于整体的行政协议法律关系。”[①] 而行政协议法律关系，包括行政协议的成立与否，生效与否，有效与无效以及行政协议撤销、变更、解除、终止及执行等产生、变更和消灭的法律关系。[②] 一审判决依一方违约致使对方受损，对行政协议法律关系之下的各方权利义务进行了配置，最终作出赔偿50余万元的判决。

“行为说”与“关系说”如何区分取舍，在行政协议案件中应如何选择？总体而言，行政协议诉讼审理的更多的是行政协议法律关系，针对当事人的诉讼请求是否成立进行审查，即关系之诉。而传统的行政诉讼主要审查行为的合法性，即行为之诉。应该说，行政协议诉讼以关系之诉为主，行为之诉为辅。具体而言，行为之诉如行政机关行使行政优益权及其他的单方作为或不作为，按照一般的行政行为进行审查，关系之诉主要指的是除行政机关行使优益权行为及其他单方作为和不作为诉讼外，其他的一般为关系之诉。[③] 但即便如此，仍然带来一些困惑，比如本案中，行政机关以单方高权行为的形式拒绝履行或者变更协议致使违约情形发生，是审查行为还是审查法律关系？笔者认为，行政机关作出单方变更、解除行政协议的决定，公民、法人或者其他组织起诉请求判决行政机关依法履行或者依约履行行政协议的，应当释明引导公民、法人或者其他组织按照《最高人民法院关于审理行政协议案件若干问题的规定》第九条第一项的内容变更或增加诉讼请求。原告坚持仅起诉请求判决行政机关依法履行或者依约履行行政协议的，应驳回其诉讼请求，并可以在裁判文书中释明原告可针对单方行政行为另行主张权益。

三、关于本案行政机关是否在行使行政优益权的问题

本案一审并未涉及行政优益权，二审提出此问题。所谓行政优益权，是指行政主体在追求公共利益和实现行政管理目标过程中依法享有的主导行政

---

① 陈天昊：《行政协议诉讼制度的构造与完善》，载《行政法学研究》2020年第5期。

② 杨科雄、郭雪：《行政协议法律制度的理论与实践》，中国法制出版社2021年版，第236页。

③ 杨科雄、郭雪：《行政协议法律制度的理论与实践》，中国法制出版社2021年版，第236页。

协议签订、履行及单方变更、解除行政协议的强制性权力等。[①] 在行政协议履行中，如果私人利益和公共利益发生冲突，那么行政机关为了公共利益的需要，或者国家法律、政策或计划的变更，可以单方变更、解除行政协议。行政优益权是行政机关在合同法框架外作出的单方处置，换言之，行政协议本可以依约定继续履行，只是出于公共利益考虑才人为地予以变更或解除。如果是行政相对人违约致使合同目的不能实现，行政机关完全可依法律的规定或协议的约定采取相应的措施，并无行使行政优益权的必要。笔者认为，在应然状态下，行政优益权的行使应遵循一定条件：1. 确实属于公共利益需要；2. 充分协商在先，履行告知义务，对公共利益进行释明；3. 有效保障程序规范公开透明；4. 须符合比例原则；5. 应当对相对人造成的损失依法或者依约给予相应补偿。但其中何为公共利益，是否需要有明确的法律规范依据还是允许行政机关自由裁量，仍有不同意见。第一种意见是不需要有明确的规范依据，行政机关可自由裁量具体情境下是否存在公共利益。第二种意见是为防止恣意行政侵害合同自由，对行政机关在是否存在公共利益方面，不可承认其有自由裁量权，即认定存在公共利益必须有明确的规范依据。笔者认为，我国法治政府之下行政职权的行使，根本上是为了增进人民群众合法权益和维护公共利益，行政机关行使权力与公共利益维护是一致的，即使缺乏规范上的依据，也不能否认行政权力的积极功效。因此，不宜过分地苛求采用第二种意见，在以下情形法院可以支持行政机关行使行政优益权：（1）行政机关作出单方变更、解除协议的行政行为具有法律法规规章上的依据；（2）行政机关作出单方变更、解除协议的行政行为具有行政规范性文件上的依据，且该行政规范性文件合法、合理、正当；（3）行政机关作出单方变更、解除协议的行政行为虽没有法律法规规章及行政规范性文件上的依据，但不变更、解除协议可能出现严重损害国家利益、社会公共利益的情形，且变更、解除协议对公民、法人或者其他组织合法权益的损害符合比例原则。

本案中，西湖区城管局和某邦公司在协议内容规定方面，并未排除对皮肤病、性病类商业医疗广告的发布，只是在履行过程中，遇南昌市开展创建国家卫生城市，而案涉皮肤病、性病类商业医疗广告发布在省会城市南昌市主城区西湖区的主干道两侧果壳箱上，虽不违反案涉合同的约定，但与“符

---

① 王海峰：《试论行政协议的边界》，载《行政法学研究》2020 年第 5 期。

合社会主义精神文明建设和弘扬中华民族优秀传统文化的要求”还存在极大差距，亦不符合创建文明城市对市容市貌的要求。西湖区城管局负有市容环境卫生的监督管理职责，其要求某邦公司停止发布皮肤病、性病类商业医疗广告，是基于创建国家卫生城市的公共利益目的，也是在其职责范围内作出的单方行政行为，进而造成某邦公司可预期的经济损失，西湖区城管局的这种超出合同范围、基于公共利益而作出的单方通知行为即行使优益权。

承认公共利益优先并不否认个人利益的存在及实现。《最高人民法院关于审理行政协议案件若干问题的规定》第十六条对人民法院对行政机关行使优益权的行政行为进行审查作出了规定。行政机关合法变更或解除协议，但给行政相对人造成损失的，应承担补偿责任，若违法变更或解除，则应承担赔偿责任。具体到本案，二审法院亦认为西湖区城管局单方变更协议的行为是行使优益权，但以超过起诉期限为由未进行实体审理。二审法院在承认案涉协议依然有效的前提下，对西湖区城管局因变更协议对某邦公司造成的合法合理损失进行了分析，并判决西湖区城管局酌定给予补偿，此举也在一定程度上保障了某邦公司的合法权益。在社会主义市场经济运行过程中，确保法的安定性、稳定性和协议的安定性、稳定性，是极其重要的，这有利于保障市场主体的信赖利益。若不对行政优益权加以合理限制和规范，则很可能在一定程度上打破人们行为的可预见性结果，造成市场经济环境紊乱，行政机关公信缺失。通过规范和约束行政优益权的行使，可以最大限度维护行政协议的稳定性及行政机关的公信力，保障行政相对人合法权益，监督行政机关依法行政，推动法治政府和政务诚信建设。

四、关于行政诉讼诉判关系在本案中的一些思考

行政诉讼诉判关系，即行政诉讼中的相对人之诉讼请求与判决之间的关系。依诉则判，是行政诉讼的一项基本原则。针对行政协议属性中的协议性而言，诉判一致是原则，可以参照民事法律规范处理，法院应尊重当事人的处分权，不能诉外裁判。而针对行政协议属性中的行政性而言，诉判不一致现象在行政诉讼实践中屡见不鲜。尽管行政诉讼法规定提起行政起诉要有“具体的诉讼请求”，行政相对人关心的往往是其合法权益的实现，而行政审判的对象是被诉行政行为合法性，判决的作出同时要兼顾有效解决行政争议。但解决行政争议与审查被诉行政行为合法性并不完全相同，有时二者存在偏差。归根于行政诉讼的多元化目的需求，行政诉讼保障相对人合法权益是行政诉讼的最终目的，解决行政争议是实现合法权益保障的途径，解决过程又包括司法监督行政。

本案中，某邦公司起诉要求西湖区城管局承担违约损失赔偿责任，并提出一系列赔偿请求。从某邦公司的诉讼请求看，其认为西湖区城管局单方通知停止发布商业广告的行为是违约行为，造成了其经济损失，故主张违约损失赔偿并未主张确认变更协议的行为违法，只是基于协议的违约行为提起的诉讼。一审法院从行政协议的合同性角度出发，认为西湖区城管局的单方通知行为是违约行为，进而作出赔偿判决。二审法院从行政协议的行政性视角审查，认定单方通知行为是单方变更协议，系行政机关合法行使优益权，尽管某邦公司自接到通知之日起到提起诉讼超过了行政诉讼法规定的起诉期限，但法院依然结合实际，作出相应的补偿判决，体现了行政诉讼保护合法权益的目的。从以上分析可以看出，本案中，某邦公司的诉讼请求和最终的生效判决存在诉判不一致，二审法院在一审法院裁判的基础上，经过分析研究和酌情处理所体现的处理思路于维护行政相对人某邦公司而言，似乎更有利于保护其合法权益。

（作者单位：江西省高级人民法院　南昌铁路运输中级法院）

产权调换房屋未取得建设规划审批对房屋征收补偿协议的影响

马 越

【裁判要旨】

如果产权调换房源未获得相关行政审批手续，导致被征收人与产权调换房屋的开发主体签订的商品房买卖合同因为违反法律规定被认定无效，或者无法签订商品房买卖合同，从而最终导致产权调换补偿协议不能履行，被征收人对此可以提出履约之诉，但协议履行中是否存在违约的情形并不必然导致产权调换补偿协议无效。

【案情】

上诉人（一审原告）：刘某华。

被上诉人（一审被告）：武汉市汉阳区城区改造更新局。

上诉人刘某华的案涉房屋位于武汉市汉阳区人民政府（以下简称汉阳区政府）作出的《房屋征收决定书》征收范围内。2017 年 2 月 23 日，上诉人刘某华与被上诉人武汉市汉阳区城区改造更新局（以下简称汉阳区城改局）签订了《汉阳区国有土地上房屋征收补偿协议书》（以下简称被诉征收补偿协议），协议主要内容为：原房屋建筑面积 70.63 平方米、应给予未经登记房屋建筑面积 21.6 平方米；房屋评估单价 11294 元/平方米、总价 1434942.73 元；安置房屋为保和墨水湾 3-130A；安置房屋预测建筑面积 119.63 平方米；安置房屋单价 11540 元/平方米、总价 1380530.2 元；预计交房时间 2018 年 8 月 31 日。协议中约定的安置房源为被上诉人向武汉某泰置业发展有限责任公司（以下简称某泰公司）购买的保和墨水湾二期商品房，但该项目工程未经规划审批便建设。上诉人据此认定涉案建筑属于违法建设，且案涉还建房源未依法进行评估，遂向一审法院提起诉讼，请求确认被诉征收补偿协议无效。

该案一审中，某泰公司补办了案涉建筑的《建设用地规划许可证》（2020年8月25日核发）、《建设工程规划许可证》（2020年9月4日核发）、《建筑工程施工许可证》（2020年9月7日核发）；该案二审中，某泰公司补办了案涉建筑的《不动产权证》（2020年9月21日核发）、《武汉市商品房预售许可证》（2020年10月27日核发）。

【审判】

一审法院认为：被诉征收补偿协议属于行政协议，人民法院对行政协议的审查主要体现在合约性和合法性审查两方面。在合约性方面，被诉征收补偿协议是双方当事人的真实意思表示，对该协议的合约性予以确认。在合法性方面，被诉征收补偿协议中约定的还建安置房屋系未经规划审批的建筑，被告将此违法建设作为安置房源，明显构成重大违法的情形，故该协议不合法，双方签订的被诉征收补偿协议本应认定为无效，但由于案涉工程已在一审庭审前补办了建设工程规划许可手续，案涉工程违法的因素已经消除，根据《最高人民法院关于审理行政协议案件若干问题的规定》（以下简称《行政协议司法解释》）第十二条第三款“行政协议无效的原因在一审法庭辩论终结前消除的，人民法院可以确认行政协议有效”的规定，可以确认被诉征收补偿协议有效。至于刘某华提出安置房屋未进行评估、分户评估报告不符合法定形式的问题，属于程序上的瑕疵，尚不足以认定为重大且明显违法，不能据此认定协议无效。故刘某华要求汉阳区城改局确认行政协议无效的诉讼请求不成立。一审法院遂判决确认被诉征收补偿协议有效。刘某华不服，遂向二审法院提起上诉。

二审法院认为：根据《国有土地上房屋征收与补偿条例》（以下简称《征补条例》）第二十五条的规定，被上诉人作为征收部门具有与被征收人刘某华签订房屋征收补偿协议的法定职责。双方当事人签订的被诉征收补偿协议就补偿方式、补偿金额、用于产权调换房屋的地点和面积、产权调换房屋总价、结算差价、搬迁费、临时安置补偿费等事项进行了明确约定，系双方的真实意思表示，并不违反相关法律强制性规定。故被诉征收补偿协议不存在构成无效的重大且明显违法的情形，亦不存在依据民事法律规范应确认协议无效的情形。本案中，如果产权调换房源因为相关行政审批许可未予准许，导致被征收人与产权调换房屋的开发主体签订的商品房买卖合同因为违反法律规定被认定无效，或者无法签订商品房买卖合同，从而最终导致产权调换补偿协议不能履行，被征收人可以据此提出履约之诉，但协议履行中是否存在违约的情形并不必然导致被诉征收补偿协议无效。从案涉产权调换房源项目的建设情况看，其已经陆续取得了相关行政审批许可手续，产权调换房屋的交付条件正在逐步成就，相关交付工作正在推进。上诉人依据规范商品房买卖合同的《合同法》（现已失效）、《城市房地产管理法》、《城市房地产开发经营管理条例》等相关法律规定认为被诉协议无效，属于理解适用法律错误。综上，一审判决认定事实清楚，判决结果并无不当。二审法院判决驳回上诉，维持原判。

【评析】

本案的焦点为被诉征收补偿协议是否属于行政协议无效的法定情形。从法律规范层面讲，《行政诉讼法》第七十五条及《行政协议司法解释》第十二条规定了认定行政协议无效的情形应当是被诉行政行为重大且明显违法，具体表现为《最高人民法院关于适用〈中华人民共和国行政诉讼法〉的解释》（以下简称《行诉法解释》）第九十九条规定的四种情形：行为主体不适格；不当减损权利或增加义务；行政行为的内容客观上不可能实施；其他重大且明显违法的情形。同时，行政协议作为合同的一种类型，体现了合同各方当事人的合意性，行政协议无效的情形还应参照适用民事法律规范关于合同无效的相关规定。《民法典》的相关条款规定：无民事行为能力人实施的民事法律行为无效；行为人与相对人恶意串通，损害他人合法权益或以虚假的意思表示实施的民事法律行为无效；违反法律、行政法规的强制性规定或违背公序良俗的民事法律行为无效。结合本案，针对刘某华提起的确认行政协议无效之诉，人民法院应当对照上述法律规定的协议无效的法定情形，正确把握产权调换房交付与房屋征收补偿协议的关系，区分产权调换房未取得建设规划手续与商品房买卖合同中房屋未取得建设规划手续的法律后果的异同点，并结合产权调换房未取得建设规划手续的具体情形，依法进行裁判。

一、关于安置房源的交付是否属于房屋征收补偿协议的必要内容

为了公共利益的需要，征收国有土地上的房屋，应当对被征收人给予公平补偿。根据《征补条例》第二十一条、第二十五条规定，被征收人可以选择货币补偿或产权调换两种方式获取房屋征收补偿，并就补偿金额、支付期限、产权调换房地点及面积、临时安置费、过渡方式和过渡期限等事项，订立补偿协议。如果被征收人选择货币补偿的方式与房屋征收部门签订补偿协议，则房屋征收部门根据《征补条例》第十七条规定的补偿内容，并结合被征收房屋和被征收人实际，计算被征收房屋的货币补偿总价后与被征收人进行货币给付。被征收人选择货币补偿方式的，征收部门还可以根据征收项目实际情况和被征收人的诉求，向被征收人提供适当优惠房源供其选购。但该房屋的提供并非作为征收补偿协议的必要内容，被征收人可以自由选择是否购买该房屋，该房屋购买程序与一般商品房买卖程序并无实质区别，双方按照商品房买卖民事法律规范的相关规定享有权利并承担义务。

本案中，不同于货币补偿方式，被征收人刘某华选择产权调换的补偿方式与房屋征收部门汉阳区城改局签订被诉征收补偿协议。协议中约定了征收部门向被征收人支付的征收补偿、补助及奖励费用，约定了产权调换房屋坐落位置、建筑面积、房屋单价及总价款、交付方式及交付期限等内容，并约定了逾期交房的法律后果。房屋征收部门向被征收人约定交付的特定产权调换房，属于合同标的，也是房屋征收部门应当履行的主合同义务。此种情形下，特定安置房源的交付，是此类房屋征收补偿协议的必要内容。产权调换房作为协议标的物的合法性问题，是否对协议效力产生直接影响，则应当结合具体案件事实进行分类讨论，依法裁判。

二、标的物房屋未取得规划审批手续的法律后果辨析

本案中，上诉人刘某华根据规范商品房买卖活动的相关民事法律规范，主张因案涉产权安置房项目在未取得完备的规划审批手续前已进行开工建设，据此认定该建设项目系违建，遂诉至法院，请求确认被诉房屋征收补偿协议无效。一审法院主张涉案安置房建设项目在未依法取得审批手续时开工建设，明显构成重大违法的情形，本应认定被诉征收补偿协议无效，但因项目开发商在一审法庭辩论前获得了相关审批手续，故应当认定被诉征收补偿协议有效。笔者认为，上诉人及一审法院实际上混淆了标的物房屋未取得规划审批手续在商品房买卖合同中与房屋征收补偿协议中的不同法律后果。

（一）商品房买卖合同中标的物房屋未取得规划审批手续的法律后果

《最高人民法院关于审理商品房买卖合同纠纷案件适用法律若干问题的解释》第二条规定："出卖人未取得商品房预售许可证明，与买受人订立的商品房预售合同，应当认定无效，但是在起诉前取得商品房预售许可证明的，可以认定有效。"《城市房地产开发经营管理条例》第二十二条规定："房地产开发企业预售商品房，应当符合下列条件：（一）已交付全部土地使用权出让金，取得土地使用权证书；（二）持有建设工程规划许可证和施工许可证；（三）按提供的预售商品房计算，投入开发建设的资金达到工程建设总投资的25%以上，并已确定施工进度和竣工交付日期；（四）已办理预售登记，取得商品房预售许可证明。"综上，在商品房买卖活动中，标的物房屋取得预售许可是商品房买卖合同有效的前提条件，而取得建设工程规划等相关审批手续又是取得预售许可的前提条件，故标的物房屋未取得建设工程规划等相关手续即开工建设，其签订的商品房买卖合同应当确认无效，但在起诉前取得预售许可证的，可以认定为有效。

上述法律规范涉及的商品房预售（期房交易）制度是不同于商品房销售（现房交易）的一种房产交易制度。1994 年颁布的《城市房地产管理法》，对商品房预售制度的适用条件予以确定①，并在之后的相关法律规范中逐步完善。这种期房交易形式相较于现房交易，对于买受人而言，可能会面临更多的资金风险、房屋交付质量风险等风险点。国家出台相关法律法规，通过商品房预售许可等配套制度对商品房预售行为予以规制，对房地产开发企业资质，是否取得工程规划许可、施工许可和预售许可"三证"，建设项目投入资金比例及工程进度等内容进行全面审查，以最大程度降低买受人的购房风险。

（二）房屋征收补偿协议中的标的物房屋未取得规划审批手续的法律后果

与上述商品房买卖合同的规定不同，从现有法律规定和实践操作来看，房屋征收补偿协议中的产权调换房源，可以是现房，也可以是一个待建项目，如就地还建或就近还建项目，一般属于待建项目。仅以武汉市为例，对产权调换房屋需要在改建地段或者就近地段建设的项目，《武汉市国有土地上房屋

① 林粟凤：《论述我国的商品房预售制度》，载《法制博览》2017 年第 11 期。

征收与补偿操作指引》（以下简称《武汉市操作指引》）第五十八条对该项目建设及房屋产权调换房的交付程序进行了明确规定。即：房屋征收部门委托建筑设计单位设计房屋建筑方案并报规划部门初审；规划部门初审合格后出具意见书；房屋征收部门就拟建设房屋情况列入房屋征收补偿方案；对产权调换房价值进行评估并报备；房屋征收部门与被征收人签订补偿协议；房屋征收部门确定用于征收补偿房屋的相关基本情况，经审核后提交土地管理部门，纳入土地出让文件；房屋征收部门与土地竞得人、依法确定的开发主体签订房屋预订协议，锁定产权调换房源；产权调换房屋取得预售许可证之后，被征收人可以凭房屋征收部门开具的购房通知书和产权调换协议，与依法确定的开发主体签订商品房买卖合同；交付产权调换房屋时，房屋征收部门与被征收人根据产权调换协议的约定，结清产权调换房屋与被征收房屋价值差价。

房屋征收补偿过程中，被征收人如果选择产权调换，在房屋征收补偿协议中约定的产权调换房属于就地还建或就近还建的待建项目的情况下，在协议签订时该建设项目所在地块可能并非“净地”[①]，地上建筑物尚未完全拆除，住户尚未完全搬迁的情况较为普遍。从法律层面讲，根据《闲置土地处置办法》《国土资源部关于加大闲置土地处置力度的通知》等土地出让的相关政策规定，国有建设用地实行“净地”出让。《招标拍卖挂牌出让国有建设用地使用权规定》《城乡规划法》《建筑法》等相关法律规定，项目建设方或开发商应当通过招拍挂的方式签订国有土地使用权出让合同，方可向规划部门领取建设用地规划许可证，建设工程规划许可证，建设工程施工许可证等相关手续。但在实践操作中，房屋征收补偿及配套产权调换房源建设是一个多阶段的行政行为相互作用的结果。如果在房屋征收补偿协议签订时，即要求标的物房屋建设项目符合“净地”出让条件，取得国有土地使用权出让合同及相关规划审批手续，则会导致房屋征收项目进程拖延。所以，为保障还建房项目建设稳步有序推进，房屋征收部门根据《武汉市操作指引》规定的产权调换房的办理程序进行项目推进，已经能够最大程度上保障被征收人获得符合法律规定和协议约定的产权调换房，被征收人对标的物房屋的期待利益并未受到直接影响。

---

① “净地”出让，是指用于出让的土地应当权属清晰、安置补偿到位、无法律纠纷、规划条件明确、具备开发动工的基本条件，完成必要的通水、通电、通路、土地平整等前期开发。

对比上述两种不同情形，标的物房屋未取得建设规划手续在商品房买卖合同中和在房屋征收补偿协议中的法律后果明显不同。这是因为，一方面，在商品房买卖合同中，合同约束的为平等民事主体之间的法律行为，买受人和出卖人作为一般民事主体，其承担法律风险和处理法律纠纷的能力相对薄弱。相关民事法律规范约定标的物房屋以取得预售许可证为商品房买卖合同有效的前提条件，能够在最大程度上避免商品房买卖合同纠纷，规范项目开发商的商业开发行为，保障房屋买受人的合法权益。而在房屋征收补偿协议中，房屋征收部门作为行政主体，其作出的行政行为具有效力先定性。即行政行为一经作出，就推定为合法有效，一般情况下只有经过有权机关依照职权和法定程序审查认定，才能否定行政行为的效力。[①] 协议约定的产权调换房是房屋征收部门应当履行的主合同义务，系其职责所在。虽然还建安置房项目未批先建的情况较为普遍，但这是由项目建设进程的特殊性导致的，根据《武汉市操作指引》的相关规定，建设项目已经过了前期的规划设计审定、报批等程序，能够充分保证项目建设符合建设规划要求。同时，房屋征收部门是基于公共利益的需要实施房屋征收补偿工作，其作为行政主体，具有督促项目开发商与地方政府规划、建设等有关部门进行协调沟通，依照相关程序办理建设项目相关手续的职责和能力。

综上，基于政府公信力和行政部门间良好的协调运转机制，即便还建安置房存在未批先建的情形，但在还建房并不存在合法交付的实质性障碍，被征收人与房屋征收部门签订的房屋征收补偿协议没有法律明确规定的无效情形的情况下，不宜对该房屋补偿协议作无效认定。被征收人如因为产权调换房未取得规划审批手续而提起确认行政协议无效之诉，人民法院则应从以下几个方面予以考量，审慎裁判。

三、产权调换房未取得规划审批手续的不同裁判方式

（一）被征收人在产权调换房交付期限届满前尚未取得建设规划审批手续，提起行政诉讼的裁判方式

被征收人选择产权调换方式与房屋征收部门签订房屋征收补偿协议，一般会约定产权调换房屋的具体交付时间及交付方式，并对逾期交房产生的临时安置补偿费提高补偿标准。如果协议约定的安置房交付期限尚未到期，那

---

① 孙利编著：《行政法与行政诉讼法》，对外经济贸易大学出版社 2018 年版，第 30 页。

么被征收人获得产权调换房的期待利益未受影响，即便产权安置房源在建设过程中存在未批先建或其他不符合法律强制性规定的情形，但由于对被征收人的合法权益并未产生实际影响，故被征收人此时以产权调换房源建设中存在问题而提起行政诉讼，主张其与房屋征收部门签订的补偿协议无效，因缺乏诉的利益而不符合法定起诉条件，人民法院应当驳回其起诉。

（二）被征收人在产权调换房交付期限届满后仍未取得建设规划审批手续，提起行政诉讼的裁判方式

产权调换房交付期限届满后，被征收人对安置房源的期待利益向现实利益转变，该产权调换房未取得规划审批手续会对被征收人的合法权益造成影响，但也不能据此直接认定该房屋征收补偿协议无效。人民法院在案件审理过程中，应当查明该建设项目暂未取得建设规划手续的原因，如能在后续项目建设过程中采取补救措施取得相关规划手续，实现项目的合法建设和交付，则案件的争议焦点转向房屋征收补偿协议的履行问题。被征收人主张产权调换房在交付期限届满后因未取得规划手续，对其合法权益造成影响，则可以房屋征收部门为被告提起行政协议履行之诉。人民法院在查明事实的基础上，结合被征收人的实质诉求，根据《行政协议司法解释》第十九条之规定依法判决被告继续履约、采取补救措施或进行赔偿。

（三）确有证据证明产权调换房源无法取得建设审批手续，被征收人提起确认房屋征收补偿协议无效的裁判方式

相较于前述情形中的还建房建设项目虽存在未批先建的情形，但可以采取补救措施实现产权调换房的合法交付。现实中确实还存在少量因案涉地块的土地利用总体规划调整等因素导致无法取得建设用地规划、工程规划和房屋预售许可等相关手续而不能合法交付的情形。如“武汉市新洲区自然资源和规划局与武汉某地产集团有限公司土地行政管理案”① 中，开发商企业在合法取得案涉地块国有土地使用权后，又依法取得了案涉地块《建设用地规划许可证》《规划设计条件批复》《东方佳园三期建设项目核准文件》《国有土地使用权证》等相关手续，但后续因武汉市基本生态控制线划定等原因，该地块位于武汉都市发展区基本生态控制线底线区，不符合准入条件，不能

① 参见湖北省武汉市中级人民法院（2021）鄂01行终333号行政判决书。

办理规划审批手续，故开发商企业未能办理《建设工程规划许可证》，最终该地块由规划部门根据相关法律规定收回案涉国有土地使用权。再如“陈某涛等诉武汉市江夏区自然资源和规划局建设工程规划行政许可案”① 中，案涉澎湖湾项目属分期开发建设，项目总平面图已经规划部门审核通过并公示，前期项目均已顺利取得《建设工程规划许可证》。之后，武汉市出台《武汉市湖泊周边用地规划与建设管理办法》等相关规范性文件，临时增加了湖泊周边建筑退线距离要求。2019 年 4 月 3 日，住房和城乡建设部发布《关于别墅项目建设审批有关事项的通知》，要求地方建设部门立即暂停别墅项目的建设审批，造成澎湖湾四期项目在申请办理《建设工程规划许可证》时无法按照原项目总平面图中的别墅设计方案予以规划许可，最终项目建设方根据相关文件要求，向规划部门提交“规划设计条件（调整件）”后，规划部门按照相关程序规范，为项目建设方办理了《建设工程规划许可证》。由此可见，在还建房项目建设中，也确有可能存在因城市总体规划调整导致项目建设后续无法采取补救措施获得规划审批手续的情形，使得产权调换房无法合法交付。根据《行诉法解释》第九十九条第三项的规定，行政行为的内容客观上不可能实施的，属于《行政诉讼法》第七十五条规定的“重大且明显违法”的情形，人民法院应当判决确认被诉协议无效。同时，根据《行政诉讼法》第七十六条的规定，人民法院判决确认违法或者无效的，可以同时判决责令被告采取补救措施；给原告造成损失的，依法判决被告承担赔偿责任。综上，此种情形下，如原告坚持起诉要求确认协议无效，人民法院应当判决该协议中关于还建安置房的相关条款内容无效，并保留协议中其他条款的效力，同时可以结合原告的诉请，判决被告采取补救措施：如经双方重新协商一致后，采取更换新的还建安置房源的方式；或者将产权调换的补偿方式变更为货币补偿方式等。若双方仍未能就房屋征收补偿达成新的一致意见，可以按照法定程序，由房屋征收部门报请作出房屋征收决定的人民政府依照《征补条例》等相关规定作出房屋征收补偿决定。如因被告原因造成被诉征收补偿协议无效，给原告造成损失的，依法判决被告承担赔偿责任。

（作者单位：湖北省武汉市中级人民法院）

① 参见湖北省武汉市中级人民法院（2021）鄂 01 行终 244 号行政判决书。

行政允诺行为的司法审查标准

赵 锋

【裁判要旨】

新能源汽车生产补助行为属于行政允诺，系授益性行政行为，应当遵循法律优先原则，但在法律保留原则方面，既要严格把握组织法依据的标准，避免越权情形发生，又应适当放宽行为法依据的范围，在坚持法治主义的要求下，根据具体的事务性质，弱化解释有关形式上的法律依据要求，以保证行政措施的灵活性，更好地实现行政管理目标。对于此类行为的合法性审查，应当综合运用实定法规定，导入过程论视角，在利益衡量的基础上，作出合法性判断。具体而言，其合法性审查主要集中于以下几个方面：一是行政机关是否有作出行政允诺的权限；二是行政允诺的内容是否违背了法律、法规的强制性规定或是存在严重不合理之情形；三是行政机关撤销、废止或不履行允诺是否有法律依据。

【案情】

原告：苏州某客车制造有限公司（以下简称某客车制造公司）。

被告：财政部。

2015 年 9 月至 12 月，原告某客车制造公司原总经理杨某平在明知国家新能源汽车推广应用补助资金中有关 6 米纯电动客车国家补助标准在 2016 年比 2015 年大幅减少的情况下，为了使原告 2015 年预售车辆均在当年上牌，达到按照 2015 年政策获取国家补助资金的目的，指使并组织本单位相关员工，采用使用同一辆车重复过检测线获取检测报告、在钢板上打刻车架号后拓印骗取查验报告等手段，在未实际生产出车辆的情况下，从苏州市公安局交通警察支队车辆管理所骗取电动汽车车辆号牌及行驶证件。

2016年1月26日，财政部、科技部、工业和信息化部、国家发展和改革委员会通过检查发现原告存在无车上牌和先上牌后补生产等情况。2016年2月24日至2016年3月23日，财政部驻青海省财政监察专员办事处派员进驻原告公司进行财政检查。

2016年2月22日，原告向苏州市吴中区经济和信息化局上报2015年生产、销售电动汽车1292辆。因财政部驻青海省财政监察专员办事处检查人员进驻后在检查中发现该公司的问题及检查的深入，原告申请撤回1292辆申报材料，并重新准备申报材料。2016年3月22日，原告重新提交960辆新能源汽车补贴清算材料，后再次撤回。2016年6月，原告再次申报生产车辆940辆，其中标注2015年生产403辆，2016年生产537辆。

2016年9月13日，被告财政部根据检查结果，经审查后作出财监〔2016〕29号《财政部关于某客车制造公司新能源汽车推广应用补助资金专项检查的处理决定》（以下简称被诉决定），主要内容如下：

一、检查发现的主要问题

原告通过编造材料采购、车辆生产销售等原始凭证和记录，上传虚假合格证，违规办理机动车行驶证的方式，虚构新能源汽车生产销售业务，多申报2015年销售新能源汽车1131辆，涉及中央财政补助资金26156万元。上述行为违反了《私人购买新能源汽车试点财政补助资金管理暂行办法》（财建〔2010〕230号，以下简称230号办法）第八条和《财政部、科技部、工业和信息化部、发展和改革委员会关于继续开展新能源汽车推广应用工作的通知》（财建〔2013〕551号，以下简称551号通知）第二条的有关规定。

二、处理决定

针对上述问题，根据230号办法第十六条等相关规定，被告决定对原告停止执行中央财政补助政策，对原告2015年度销售的全部新能源汽车中央财政不予补助，并追回预拨的2015年中央财政补助资金4532万元。

原告不服，诉至法院。

另查明：杨某平等人因实施上述行为被苏州市姑苏区人民检察院指控犯诈骗罪，向苏州市姑苏区人民法院提起公诉。苏州市姑苏区人民法院经审理认为，被告人杨某平等人犯诈骗罪，并分别判处刑罚。被告人不服，提起上诉。江苏省苏州市中级人民法院经审理认为，原告的第一次申报数量虚假，虽然之后撤回此次申报，但系因检查组入驻等意志以外的原因。而且原告后两次仍申报虚假数据，应认定为犯罪未遂。至于原告2015年实际生产、交付的车辆数量，结合在案证据并从有利于被告人的角度出发，应认定为194辆。而2016年生产的车辆，不影响被告人以虚构事实、隐瞒真相等手段意图骗取国家补贴事实的成立。上诉人杨某平等人共同以非法占有为目的，采用虚构事实的方法，以单位名义骗取中央财政补助资金，数额特别巨大，其行为已经构成诈骗罪。各上诉人、原审被告人已经着手实行犯罪，由于意志以外的原因而未得逞，系犯罪未遂，均比照既遂犯予以减轻处罚。同时，考虑到本案未造成国家补贴实际损失，且各上诉人、原审被告人事后确有积极补救行为，二审法院对一审判决的量刑进行部分改判。

【审判】

北京市第一中级人民法院于2018年8月29日作出行政判决：驳回原告某客车制造公司的诉讼请求。宣判后，双方当事人均未提出上诉，判决已发生法律效力。

法院生效裁判认为：

第一，新能源汽车补贴行为属于行政允诺，系授益性行政行为，其应当遵循法律优先原则，但在法律保留原则方面，却不必具有行为法依据，否则就会因为法律的滞后性导致行政行为丧失应有的灵活性和应急性。考虑到目前尚无相关的法律对新能源汽车补贴事项作出规定，新能源汽车的相关行业主管部门基于产业发展、环境保护等行政管理目标制定230号办法和551号通知，其中经过严格的论证程序并经国务院同意，而且就被诉决定所援引的230号办法第八条、第十六条和551号通知第二条的规定而言，其内容也具有合理性，并未与法律原则、法治精神相抵触，不违反法律优先原则，也具有法律保留原则所要求的组织法依据，应当认定为合法有效。因此，对于原告针对230号办法和551号通知合法性提出的异议主张，法院不予支持。

第二，关于原告虚假申报补贴车辆的具体数量，生效刑事判决书已经认定原告2015年实际生产、交付车辆数量为194辆，同时考虑到证人证言中提到有些车没有签订交接单的情况，从有利于被告人的角度依法认定，该认定数字与另一证人的证言和记录、2016年4月25日财政部检查报告等其他证据中提到的数字大致相当。此外，根据买车客户的证言和销售合同等书证，原告 2015 年新能源汽车绝大部分销售合同均签订于 11 月、12 月，按照正常生产周期和上牌流程，这些车辆无法在 2015 年 12 月 31 日前达到申报条件所要求的存在注册登记信息，该情况与原告于 2015 年 12 月集中进货零部件，集中上牌的客观事实相符。由上可知，法院在相关刑事案件中认定的 194 辆系结合案件证据及当事人陈述、证人证言作出的推定，已经最大限度地考虑被告人的权利保护，原告提出的生产、交付数量缺乏事实根据，法院不予采纳。

第三，关于处理结论的适当性，根据上述事实认定可知，被告认定的原告 2015 年生产、交付 161 辆新能源汽车，与生效刑事判决书认定的 194 辆略有出入，但无论采用哪个数字，均远远小于原告的申报数量，即上述数量差异并不影响对原告骗取新能源汽车补贴行为情节的认定。在虚假申报过程中，原告采用了编造材料采购、车辆生产销售等原始凭证记录，伪造销售账目，涂改、编造生产记录，上传虚假合格证，违规办理机动车行驶证等一系列违法手段，多次虚假申报，骗补中央财政补贴，数额特别巨大，而且相关的组织者和实施者之后均被判处诈骗罪并追究刑事责任。基于原告上述虚假申报行为的恶劣程度，被告决定对原告停止执行中央财政补助政策，对原告 2015 年度销售的全部新能源汽车中央财政不予补助，并追回预拨的 2015 年中央财政补助资金 4532 万元，上述处理结论具有合理性，能够与原告虚假申报行为的情节相适应。综上，原告对于被诉决定处理结论提出的异议理由不能成立，法院不予支持。

【评析】

一、新类型行政案件的审理思路

新《行政诉讼法》扩大了行政诉讼的受案范围，第十二条明确规定了可诉的行政行为，同时还设定了兜底性条款。根据该规定，公民、法人或其他组织认为行政机关侵犯其他人身权、财产权等合法权益的，原则上均可提起行政诉讼。随着经济和社会的发展，行政机关的行政管理和公共服务方式也在发展变化，由此出现了一些新类型的行政行为，超出了新《行政诉讼法》第十二条明确列举的可诉行政行为的范围，但确实又对当事人的合法权益造成实际影响，应当纳入兜底性条款予以监督审查。

在对这些新类型行政行为进行合法性审查时，首先要明晰其行为属性。在缺乏明确法律规定的情况下，还需遵循行政法基本原理来确定其合法性构成要件，再根据这些合法性构成要件进行司法审查。具体而言，对于一个新类型行政行为，可首先考察其属于授益性行政行为还是侵益性行政行为。如果属于前者，就需要遵循给付诉讼的审查思路，重点审查原告的履责请求事项。如果属于后者，则可归入撤销诉讼的范畴，重点审查该行为的事实根据、法律依据以及作出程序。此外，授益性行政行为和侵益性行政行为在设定权限、实施主体、行为内容和实施程序等方面存在较大差异。如果错误界定了新类型行政行为的属性，则会使司法审查偏离正确的方向。例如，如果将本案被诉决定界定为行政处罚，则要首先考虑法律保留原则的适用，即此类行为的创设是否具有法律和行政法规层面的规定，否则将会构成越权无效之情形。

就本案而言，准确界定新能源汽车补贴行为的性质是准确审理本案的前提。结合新能源汽车补贴政策的目标定位及具体实施规定来看，新能源汽车补贴行为应当界定为行政允诺。行政允诺是指行政机关作出的采取或不采取特定措施的、具有法律约束力的承诺，其具有行政性、单方性、授益性、非强制性和自由裁量性等特征。而新能源汽车补贴行为完全符合上述特征，具体分析如下：

第一，新能源汽车补贴行为具有行政性。从 230 号办法和 551 号通知的描述可知，新能源汽车补贴政策的目标定位于加快汽车产业技术进步，着力培育战略性新兴产业，推进节能减排，促进大气污染治理。政府实施新能源汽车补贴行为是为了实现上述行政管理目标，该行为具有明显的行政性。

第二，新能源汽车补贴行为具有单方性。其以行政机关单方面的意思表示而成立，类似于一种单方承诺，无须相对人的同意。

第三，新能源汽车补贴行为具有授益性。从 230 号办法和 551 号通知的内容来看，行政机关要依据政策规定向符合条件的新能源汽车生产企业拨付补助资金，实行年初预拨、年度清算，任何符合条件的生产企业均可获得补助，从中获益。

第四，新能源汽车补贴行为不具有强制性。新能源汽车补贴政策仅对行政机关具有拘束力，对相对人不具有强制性。行政机关实施新能源汽车补贴政策，并不强制要求任何一个相对人作出相应的行为，而仅是发出的一种邀请，引导、鼓励和请求相对人为一定行为，并以给予相应的“报酬”作为对价。

第五，新能源汽车补贴行为具有一定自由裁量性。新能源汽车属于新兴产业，目前并无关于新能源汽车补贴的相关法律规定。是否实施新能源汽车补贴政策以及如何实施，均由相关行政机关研究确定，属于行政自由裁量权的范围。

综合上述分析可知，新能源汽车补贴行为完全符合行政允诺的特征，应当界定为行政允诺，其秉持的是协商、激励、引导的理念，是政府的一种非强制性的行政行为方式，有效促进了行政相对人对行政活动的主动参与和积极配合，体现了行政的民主、文明、宽容与高效，能够有效应对经济社会的高速发展，对构建和谐的行政管理关系发挥了积极作用。在上述分析的基础上，本案就应当按照行政允诺的合法性构成要件来对被诉决定进行合法性审查，而不是行政处罚或是行政许可。

二、行政允诺行为的合法性审查原理——法律保留原则在授益性行政行为中的理解与适用

允诺原本是私法的范畴，其进入公共行政管理领域是现代市场经济和服务行政发展的结果。行政允诺的出现极大丰富了行政执法的手段、观念和模式，也更大程度地实现了行政管理和公共服务目标。对于行政允诺，德国行政法学者哈特穆特·毛雷尔将其界定为“行政机关作出的采取或不采取特定措施的、具有法律约束力的承诺”。目前，我国尚无行政允诺方面的法律、法规，所以其在我国并非一个法定概念。即便如此，政府在行政管理和公共服务实践中还是大量采用此种措施来高效实现其行政目标，而本案就是由此引发的行政争议。

总的来说，行政允诺属于授益性行政行为，对于此类行为合法性审查的争议主要发生于法律保留原则的理解适用上，即授益性行政行为是否必须具有行为法依据。关于法律保留原则，2004 年国务院《全面推进依法行政实施纲要》在“依法行政的基本要求”中作出“合法行政”的规定，即“行政机关实施行政管理，应当依照法律、法规、规章的规定进行；没有法律、法规、规章的规定，行政机关不得作出影响公民、法人和其他组织合法权益或者增加公民、法人和其他组织义务的决定”。基于此，可以得出“侵益性行政行为必须具有行为法依据”的结论，即行政机关所实施的对当事人产生不利影响的行为必须有法律、法规、规章的明确规定，否则构成违法。而对于授益性行政行为，则没有作出硬性要求，于是产生争议。一种观点认为，法律保留原则属于普适性原则，并没有排除授益性行政行为，即授益性行政行为需同时具备组织法依据和行为法依据；另一种观点认为，《全面推进依法行政实施纲要》中仅对侵益性行政行为作出硬性规定，所以行政机关对于授益性行政行为的实施具有自由裁量权，不必具有行为法依据。还有一种观点则试图弥合两种观点之间的冲突，一方面认为法律保留原则属于普适性原则，所有的行政行为都应当遵循，即需同时具备组织法依据和行为法依据；另一方面又对行为法依据的内涵和外延进行扩张性解释，即认为授益性行政行为的行为法依据可以放宽，不仅局限于法律、法规、规章，还可以是规范性文件。同时强调，在此过程中，应坚持法治主义的要求，行政主体负有慎重推进的注意义务，确保规范性文件内容的适当性和制定程序的正当性。

第三种观点虽然从形式上弥合了前两种观点的冲突，但没有直接言明要害，即授益性行政行为的行为法依据是否可以突破人们对于“法律”这一概念的常规理解，进而放宽至规范性文件。如果可以，那么如何保证规范性文件的合法性和合理性？实际上，《全面推进依法行政实施纲要》在“依法行政的基本要求”中除作出“合法行政”的规定外，还提出了“合理行政”“程序正当”“高效便民”“诚实守信”“权责统一”等要求，授益性行政行为的行为法依据同样需要满足上述要求。因此，“授益性行政行为是否需要具有行为法依据”这一问题的探讨应该放到具体的语境中进行，即授益性行政行为不一定需要具有传统意义上的行为法依据，行政机关可以基于行政管理目标的需要，制定相关的政策规定来实施相应的具体措施，但该规定是否合法需要结合其内容加以考察，考察的对象包括内容的合理性和程序的适当性。

遵循上述原理，行政允诺行为的合法性审查主要集中在以下几个方面：一是行政机关是否有作出行政允诺的权限；二是行政允诺的内容是否违背了法律、法规的强制性规定或是存在严重不合理之情形；三是行政机关撤销、废止或不履行允诺是否有法律依据。

三、行政允诺合法性审查原理在本案中的具体运用

上文已就行政允诺合法性审查的原理进行阐释，下面就结合本案具体情形展示一下该原理的具体应用。

关于被告作出本案行政允诺的权限问题。本案中，被告联合其他部委发布的230号办法和551号通知即为对外作出的行政允诺，即只要新能源汽车生产企业生产的产品满足上述规范性文件设定的要求，就可以领取相应的补助资金。从案件审理的情况来看，并没有法律、法规或规章层面的规定来赋予被告及相关部委联合制定上述文件的权限，这是不是意味着该允诺行为违反了“法无授权不可为”之原则，法院应当以超越法定职权为由撤销其允诺？如果是这样，那就相当于否定了整个新能源汽车生产补助制度的合法性。

但事实并非如此。关于230号办法和551号通知的合法性，可从法律优先和法律保留两个原则进行审查。所谓法律优先，指的是一切行政行为都不得违反法律，且行政措施不得在事实上废止、变更法律，这一原则适用于一切行政活动。法律保留，是指行政机关只有在取得法律授权的情况下才能实施相应的行为，即行政行为不仅需要组织法依据，同时还必须有行为法依据。一般认为，仅有侵益性行政行为需要同时具有组织法依据和行为法依据，而授益性行政行为则只要求有组织法依据，并不一定要求有行为法依据。如上所述，新能源汽车补贴行为属于行政允诺，系授益性行政行为，其应当遵循法律优先原则，但在法律保留原则方面，却不必具有行为法依据，否则就会因为法律的滞后性导致行政行为丧失应有的灵活性和应急性。而被告作为全国财政主管部门，对于财政资金的使用具有组织法依据上的权限，科技部、工业和信息化部以及国家发展和改革委员会的管理职权均与新能源汽车行业密切相关，由这些部门联合制定新能源汽车生产补助的相关政策，符合组织法依据的要求，因此不存在越权情形。

关于允诺内容的合法性，考虑到目前尚无相关的法律对新能源汽车生产补助事项作出规定，新能源汽车的相关行业主管部门基于产业发展、环境保护等行政管理目标制定230号办法和551号通知，其中经过严格的论证程序并经国务院同意，而且就被诉决定所援引的230号办法第八条、第十六条和551号通知第二条的规定而言，其内容也具有合理性，并未与法律原则、法治精神相抵触，不违反法律优先原则，也具有法律保留原则所要求的组织法依据，应当认定为合法有效，被告可以将其作为具体实施新能源汽车生产补助行为的依据，结合案件具体情况作出相应的处理决定。

关于本案处理结论的合法性，根据查证事实可知，被告认定的原告2015年生产、交付161辆新能源汽车，与生效刑事判决书认定的194辆略有出入，但无论采用哪个数字，均远远小于原告的申报数量，即上述数量差异并不影响对原告骗取新能源汽车补贴行为情节的认定。在虚假申报过程中，原告采用了编造材料采购、车辆生产销售等原始凭证记录，伪造销售账目，涂改、编造生产记录，上传虚假合格证，违规办理机动车行驶证等一系列违法手段，多次虚假申报，骗补中央财政补贴，数额特别巨大，而且相关的组织者和实施者之后均被判处诈骗罪并追究刑事责任。基于原告上述虚假申报行为的恶劣程度，被告决定对原告停止执行中央财政补助政策，对原告 2015 年度销售的全部新能源汽车中央财政不予补助，并追回预拨的 2015 年中央财政补助资金 4532 万元，上述处理结论具有合理性，能够与原告虚假申报行为的情节相适应。综上，原告对于被诉决定处理结论提出的异议理由不能成立，法院最终判决驳回原告的诉讼请求。

（作者单位：北京市第一中级人民法院）

“合同僵局”违约方解除合同请求权在“行政协议僵局”中的适用

——某华公司、某富公司诉梧州市政府继续行政协议案

罗伊里 刘韦唯

【裁判要旨】

在地质灾害综合整治及土地一级开发项目工程中，约定国有土地使用权出让金作为投资固定回报的计算及结算支付方式，但实际上没有变相减免国有土地出让金，也没有控制出让土地价格，以不正当方式强化“招拍挂”程序中一方竞买者的竞争优势，排挤并损害其他竞买者参与竞买的权利，没有违背“招拍挂”的公开、公平、公正和诚信原则，则不属于违反国有土地使用权出让金“收支两条线”的情形。

行政机关基于行政优益权而享有的单方解除权，与“合同目的不能实现”的非违约方合同法定解除权、“情势变更”的当事人变更解除合同请求权、“合同僵局”的违约方请求解除合同权的性质、适用条件、法律效力等全然不同，须予以厘清。在行政协议履行过程之中，若出现了协议难以为继或事实上不可能实际履行等“行政协议僵局”情形，为避免不必要损失，行政机关可依据“合同僵局”的解除之法理作出单方解除行为。人民法院在审理前述单方解除行为合法性时，除适用《行政诉讼法》《最高人民法院关于审理行政协议案件若干问题的规定》规定外，亦可参照《民法典》《全国法院民商事审判工作会议纪要》关于“合同僵局”的违约方请求解除合同权的规定，全面审查行政协议的履行困境的情况、双方过错的程度，评判协议是否处于或即将处于僵局状态，最终依法评价协议相对人履行诉请合理性及行政机关单方解除行为的合法性。

【案情】

上诉人（一审原告）：梧州市某华投资有限公司（以下简称某华公司）。

上诉人（一审原告）：深圳市某富创展投资有限公司（以下简称某富公司）。

被上诉人（一审被告）：梧州市人民政府（以下简称梧州市政府）。

一审第三人：梧州市商贸物流园区管理委员会（以下简称商贸园区管委会）。

2013年2月，经梧州市政府研究批准，商贸园区管委会对园区中南部片区实施地质灾害综合整治和土地一级开发建设。同年5月，某富公司中标，并与商贸园区管委会签订《梧州市商贸物流园区中南部片区地质灾害综合整治项目合作投资协议书》（以下简称《合作投资协议书》），约定：本项目属地质灾害综合整治及土地一级开发项目工程，商贸园区管委会经批准并通过公开招标确定某富公司为本项目建设业主；某富公司应在合同生效之日起30日内设立本项目的项目公司，注册资金不少于人民币2000万元，以货币出资形式一次性到位，并办理项目公司成立所需的全部审批、登记手续，取得工商核发公司的营业执照。某富公司具体负责项目开发建设工作，所有本项目的建设工程立项、报建、施工许可证等相关政府审批手续，选聘相关测绘、勘察、设计、施工、报建、监理等单位，组织实施项目范围的建设工程均要求以某富公司名义报出，各项前期工作费用由某富公司负责，列入土地开发成本；同时，根据商贸园区管委会、某富公司双方成本投入比例约为3∶7，确定两方按4∶6比例对本项目综合整治后一级开发增值收益进行分配。商贸园区管委会承诺按园区项目整治综合片区全部出让土地收入，减去整治综合项目合作总投入和国家、自治区规定的政策性基金及征收缴纳的专项费用后余额部分的60%，支付给某富公司作为其投入项目的投资固定回报（包含劳务费、服务费等一切回报）。此外还约定，如当项目综合整治开发的每期土地招拍挂时无人报名竞买时，可逐步降价出让，仍无人竞买时，由乙方以不低于成本价作为起始价进行抄底摘牌。双方再根据出让收入的“收支两条线”程序进行结算。

同年6月，某富公司成立某华公司。2014年12月，商贸园区管委会、某富公司、某华公司签订《梧州市商贸物流园区中南部片区地质灾害综合整治项目合作投资补充协议》（以下简称《补充协议》），约定某富公司在商贸园区中南部地质灾害综合整治项目中的所有权利、义务均由某华公司承担，并由某华公司直接负责开展项目具体工作；亦约定《补充协议》属于《合作投资协议书》不可分割部分，具有同等法律效力。

2019年7月25日，商贸园区管委会以梧商物园函〔2019〕8号《梧州市商贸物流园区管理委员会关于解除合作投资协议的函》（以下简称8号解除函）函告某富公司及某华公司，《合作投资协议书》及《补充协议》因政策调整原因已无法继续履行，决定与某华公司、某富公司解除上述两份协议，并请其做好解除协议后的后续工作。2019年10月，某华公司、某富公司提起本案诉讼，请求判决梧州市政府继续履行《合作投资协议书》《补充协议》。

【审判】

梧州市中级人民法院一审认为，《国务院办公厅关于规范国有土地使用权出让收支管理的通知》规定，国土资源管理部门和财政部门应当督促土地使用者严格履行土地出让合同，确保将应缴的土地出让收入及时足额缴入地方国库，任何地区、部门和单位都不得以“招商引资”“旧城改造”“国有企业改制”等各种名义减免土地出让收入，实行“零地价”甚至“负地价”，或者以土地换项目、先征后返、补贴等形式变相减免土地出让收入。《国有土地使用权出让收支管理办法》第四条规定，土地出让收支全额纳入地方政府基金预算管理，收入全部缴入地方国库，支出一律通过地方政府基金预算从土地出让收入中予以安排，实行彻底的“收支两条线”管理。而本案《合作投资协议书》中约定的主要内容，使得土地收益分配给某华公司、某富公司，并没有全部列入财政预算，违反了国有土地使用权出让“收支两条线”的规定，损害了国家利益和社会公共利益，协议内容违法，应属无效。在协议无效的情况下，某华公司、某富公司请求梧州市政府继续履行协议依据不足，判决驳回某华公司、某富公司的诉讼请求。

某华公司、某富公司不服一审判决，向广西壮族自治区高级人民法院（以下简称自治区高院）上诉。

自治区高院二审认为，涉案项目旨在减轻政府开发建设土地的资金压力，通过招投标的方式引入社会投资主体进行地质灾害综合整治和土地一级建设开发，在园区与综合整治项目业主各自收回开发成本后，按照超额利润持比例分成的原则模式进行合作。《合作投资协议书》第六条“土地出让计划”、第十二条“投资固定回报”及第十四条“项目整治成本的收回以及固定回报的结算支付”等，是对涉案综合整治和开发地块的出让计划、投资固定回报计算及结算支付方式的细化约定，在具体结算时土地出让金仍要全部缴入地方国库，再通过地方基金预算从土地出让收入中予以安排支出，进行回报结算；并不存在变相减免土地出让收入的情形，没有违反国有土地使用权出让金“收支两条线”规定的情形。然而，在协议履行过程中，某华公司、某富公司虽然已经于2014年入场施工，建造了施工用的活动板房，完成了部分土地平整，但承诺的1亿元资金并未实际到位，且后续已经征收完成并交付的土地亦未能进行实质动工建设，目前涉案项目工程已经处于停滞状态多年。此外，梧州市政府亦负有及时完成涉案土地征收、建设项目审批、安排建设用地指标、调整项目规划等工作义务，但是前述工作能否按照涉案项目的计划进度及时完成具有一定的不确定性，因此，梧州市政府未能及时完成前述工作义务亦是涉案项目停滞的原因之一。故各方对于案涉《合作投资协议书》《补充协议》未能实际、全面地履行均负有一定过错。

《合作投资协议书》《补充协议》系双务行政协议，能否实际、全面地履行需要各方当事人遵守协作履行原则，即各方在严格履行自己义务的同时，也应尽力协助对方履行其义务，在整个履行过程中贯彻团结互助、互助协作的精神，才能使协议得到全面、实际履行。若一方或各方已经丧失了相互协作的意愿，协议便失去了继续履行的基础，若一概不允许协议当事人解除协议，则会陷入行政协议僵局；不仅会损害协议相对人的合法权益，亦会损害国家利益、社会公共利益。本案中，涉案项目已经实质停滞多年，梧州市政府、商贸园区管委会和某富公司、某华公司之间曾多次协商、接洽均无实质性结果，现又相互推诿责任，经法院协调也无法化解各方矛盾，因此各方已经失去信任、互助和协作的意愿，《合作投资协议书》《补充协议》已经丧失了继续履行的协作基础。若判决梧州市政府继续履行涉案协议，则会陷入协议僵局，将损害国家利益、社会公共利益，亦会损害某华公司、某富公司的合法权益。因此，某华公司、某富公司要求继续履行《合作投资协议书》《补充协议》的诉请，应不予支持。商贸园区管委会的解除函的解除事由虽然没有事实和法律依据，但是解除结果与法院不支持某华公司、某富公司继续履行的诉请是一致的。

综上，涉案《合作投资协议书》《补充协议》已丧失继续履行的协作基础，某华公司、某富公司要求继续履行协议的上诉理由不充分，法院不予支持。一审判决认定事实不清，适用法律错误，但判决结果正确，应予以指正后维持。根据《行政诉讼法》第八十九条第一款第一项之规定，判决驳回上诉，维持原判。

【评析】

一、国有土地使用权出让金“收支两条线”的理解

《国务院办公厅关于规范国有土地使用权出让收支管理的通知》《国有土地使用权出让收支管理办法》规定，国有土地使用权出让金实现“收支两条线”管理，严禁以“招商引资”“旧城改造”“国有企业改制”等各种名义减免土地出让收入，实行“零地价”甚至“负地价”，或者以土地换项目、先征后返、补贴等形式变相减免土地出让收入。实践中，如何理解国有土地使用权出让金“收支两条线”的禁止性规定存在分歧。

笔者认为，国有土地使用权出让金“收支两条线”规定目的在于加强国有土地使用权出让收入征收管理，确保将应缴的土地出让收入及时足额缴入地方国库，并依法予以支出。若一概将国有土地出让金的支出使用全部理解为土地收入的变相减少，显然不当。此外，根据《民法典》第三百四十七条第二款[①]、《招标拍卖挂牌出让国有建设用地使用权规定》第三条、第四条第一款规定[②]，工业、商业、旅游、娱乐和商品住宅等经营性用地以及同一土地有两个以上意向用地者的，应当采取招标、拍卖等公开竞价的方式出让，且应当遵循公开、公平、公正和诚信原则。因此，实行国有土地使用权出让金“收支两条线”规定，亦在于确保土地使用权出让“招拍挂”程序的公开、公平、公正和诚信原则，防范地方政府控制出让土地价格，以不正当方式强化一

---

① 《民法典》第三百四十七条第二款规定：“工业、商业、旅游、娱乐和商品住宅等经营性用地以及同一土地有两个以上意向用地者的，应当采取招标、拍卖等公开竞价的方式出让。”

② 《招标拍卖挂牌出让国有建设用地使用权规定》第三条规定：“招标、拍卖或者挂牌出让国有建设用地使用权，应当遵循公开、公平、公正和诚信的原则。”第四条第一款规定：“工业、商业、旅游、娱乐和商品住宅等经营性用地以及同一宗地有两个以上意向用地者的，应当以招标、拍卖或者挂牌方式出让。”

方竞买者的竞争优势，排挤并损害其他竞买者参与竞买的权利，导致国有土地出让金减少。本案中，涉案地质灾害综合整治及土地一级开发项目工程，实际是土地出让前的地质整治工程，因政府资金能力有限而引入社会投资主体参与地质灾害治理，符合相关政策精神，也不涉及国有土地使用权出让的问题。且民间资本参与投资建设并非无偿，而是需要投资回报的，否则不符合市场经济规律。因此，将治理后土地予以出让，并以出让所得的出让金约定为回报计算及支付方式，并没有导致国有土地出让金减少。在具体结算时，只要严格按照“收支两条线”模式予以结算支付即可。而且该约定也没有控制出让土地价格，以不正当方式强化“招拍挂”程序中一方竞买者的竞争优势，排挤并损害其他竞买者参与竞买的权利，并没有违背“招拍挂”的公开、公平、公正和诚信原则，不属于违反国有土地使用权出让金“收支两条线”的情形。

二、“合同目的不能实现”时非违约方享有合同法定解除权

契约是当事人之间的法律，必须严格遵守。根据《民法典》第一百四十三条“民事法律行为有效的条件”[①]、第四百六十五条“依法成立的合同效力”[②]、第五百零九条“合同履行的原则”[③]、以及第五百七十七条“违约责任”[④] 等规定，在不违背法律、行政法规的强制性规定的情况下，合同一经有效成立便具有法律效力，在当事人之间形成法律拘束力，各方都应当严格遵守并按照约定全面履行自己的义务，否则要承担相应的违约责任。在合同缔结后实际履行过程之中，若出现不可抗力或一方当事人违反合同义务等情形，致使合同履行难以为继，为避免不必要损失，当事人可以约定解除合同，或者由非违约方行使法定解除权解除合同。约定解除是当事人意思一致的结果，不宜作过多干涉，故《民法典》第五百六十二条对“合同约定解除”也仅作了原则性规定。法定解除则不同，这是法律赋予当事人单方消灭合同的权利，须由法律明定解除的正当化事由以示慎重；故《民法典》第五百六十

---

① 《民法典》第一百四十三条规定：“具备下列条件的民事法律行为有效：（一）行为人具有相应的民事行为能力；（二）意思表示真实；（三）不违反法律、行政法规的强制性规定，不违背公序良俗。”

② 《民法典》第四百六十五条规定：“依法成立的合同，受法律保护。依法成立的合同，仅对当事人具有法律约束力，但是法律另有规定的除外。”

③ 《民法典》第五百零九条规定：“当事人应当按照约定全面履行自己的义务。当事人应当遵循诚信原则，根据合同的性质、目的和交易习惯履行通知、协助、保密等义务。当事人在履行合同过程中，应当避免浪费资源、污染环境和破坏生态。”

④ 《民法典》第五百七十七条规定：“当事人一方不履行合同义务或者履行合同义务不符合约定的，应当承担继续履行、采取补救措施或者赔偿损失等违约责任。”

三条“合同法定解除权”[1]承继原《合同法》第九十四条[2]，将“合同目的不能实现”作为法理之基础，以“具体列举+概括规定”的方式对合同法定解除事由予以明文规定。值得注意的是，不论是原《合同法》第九十四条第二项至第四项，还是《民法典》第五百六十三条第一款第二项至第四项均贯彻“合同严守原则”，在根本违约情形下，唯有非违约方才享有合同法定解除权，违约方不享有法定解除权。

然而在司法实践中，还存在合同确实难以为继、事实上也不可能实际履行等“合同僵局”情形，此时，违约方仅能援引原《合同法》第一百一十条[3]主张实际履行抗辩，但却无权请求解除合同；若非违约方拒绝行使合同法定解除权，将使各方陷入合同履行不能之囹圄，导致双方权利义务失衡，亦违背了诚信和公平原则，有必要予以纠正。因此，自“某宇公司诉冯某梅商铺买卖合同纠纷案”[4]以来，立法机关、司法机关及理论实务界广泛关注“合同僵局”下，如何破解僵局以及违约方解除合同请求权等问题。

三、“合同僵局”时违约方的解除合同请求权

“合同僵局”并非严谨、明确的法律概念，主要是指合同在履行过程中出现了难以继续履行，或者事实上不可能实际履行，一方需要解除合同，另一方却拒绝解除合同之情形。这与《民法典》第五百三十三条第一款“情势变更”规定显然不同[5]，不能适用“情势变更”的变更、解除合同请求权规则。

诚然，“合同僵局”情形的出现与原《合同法》的立法不周延有关；原

① 《民法典》第五百六十三条规定：“有下列情形之一的，当事人可以解除合同：（一）因不可抗力致使不能实现合同目的；（二）在履行期限届满前，当事人一方明确表示或者以自己的行为表明不履行主要债务；（三）当事人一方迟延履行主要债务，经催告后在合理期限内仍未履行；（四）当事人一方迟延履行债务或者有其他违约行为致使不能实现合同目的；（五）法律规定的其他情形。以持续履行的债务为内容的不定期合同，当事人可以随时解除合同，但是应当在合理期限之前通知对方。”

② 原《合同法》第九十四条规定：“有下列情形之一的，当事人可以解除合同：（一）因不可抗力致使不能实现合同目的；（二）在履行期限届满之前，当事人一方明确表示或者以自己的行为表明不履行主要债务；（三）当事人一方迟延履行主要债务，经催告后在合理期限内仍未履行；（四）当事人一方迟延履行债务或者有其他违约行为致使不能实现合同目的；（五）法律规定的其他情形。”

③ 原《合同法》第一百一十条规定：“当事人一方不履行非金钱债务或者履行非金钱债务不符合约定的，对方可以要求履行，但有下列情形之一的除外：（一）法律上或者事实上不能履行；（二）债务的标的不适于强制履行或者履行费用过高；（三）债权人在合理期限内未要求履行。”

④ 参见《最高人民法院公报》2006 年第 6 期。

⑤ 《民法典》第五百三十三条第一款规定：“合同成立后，合同的基础条件发生了当事人在订立合同时无法预见的、不属于商业风险的重大变化，继续履行合同对于当事人一方明显不公平的，受不利影响的当事人可以与对方重新协商；在合理期限内协商不成的，当事人可以请求人民法院或者仲裁机构变更或者解除合同。”

《合同法》第九十四条赋予了非违约方合同法定解除权，但是该权利属于形成权，是否行使由非违约方决定，法律不宜干涉；此外，原《合同法》第一百一十条虽然规定了违约方的实际履行抗辩事由，但是却没有规定履行不能时合同自动消灭规则。[①] 因此，在合同难以为继、非违约方又拒绝解除合同的情形下，违约方便陷入合同履行不能，又无法从中脱身之囹圄，“合同僵局”由此而生。为回应实践需求，《民法典》第五百八十条新增第二款[②]，该条款在承继《全国法院民商事审判工作会议纪要》（以下简称《民商事审判会议纪要》）第四十八条[③]的基础上，明确了“合同僵局”下的违约方可以向法院或仲裁机构请求解除合同[④]；目的是解决实践中存在的“合同僵局”问题，完善合同违约责任制度。[⑤] 学界认为，该条款不仅弥补了合同法定解除权的漏洞，也是我国民法典的重大变革和大胆创新。[⑥]

值得注意的是，违约方的解除合同请求权与非违约方的合同法定解除权全然不同。简单而言，前者属于一项请求权，受诉讼时效限制，只能通过起诉或仲裁的方式行使，并由法院或仲裁机构予以评价，且评判的实质在于合同是否已陷入僵局之中，合同的解除时间由法院、仲裁机构确定。后者则属于一项形成权，受除斥期间限制，只要符合法定事由便可行使，可以以通知

---

① 《德国民法典》《法国民法典》中，均有关于合同永久履行不能的状态下合同应“自动”解除，给付义务当然发生消灭的规则。参见最高人民法院民法典贯彻实施工作领导小组主编：《中华人民共和国民法典合同编理解与适用（二）》，人民法院出版社 2020 年版，第 741 页。

② 《民法典》第五百八十条第二款规定：“有前款规定的除外情形之一，致使不能实现合同目的的，人民法院或者仲裁机构可以根据当事人的请求终止合同权利义务关系，但是不影响违约责任的承担。”

③ 《民商事审判会议纪要》第四十八条规定：“违约方不享有单方解除合同的权利。但是，在一些长期性合同如房屋租赁合同履行过程中，双方形成合同僵局，一概不允许违约方通过起诉的方式解除合同，有时对双方都不利。在此前提下，符合下列条件，违约方起诉请求解除合同的，人民法院依法予以支持：（1）违约方不存在恶意违约的情形；（2）违约方继续履行合同，对其显失公平；（3）守约方拒绝解除合同，违反诚实信用原则。人民法院判决解除合同的，违约方本应当承担的违约责任不能因解除合同而减少或者免除。”

④ 在民法典修订过程中，该条款几经删增。民法典合同编二审稿曾在合同解除条款中增加第三款（即第三百五十三条第三款）规定：“合同不能履行致使不能实现合同目的，有解除权的当事人不行使解除权，构成滥用权利对对方显失公平的，人民法院或者仲裁机构可以根据对方的请求解除合同，但是不影响违约责任的承担。”但争议较大，最终在民法典合同编三审稿中将该款删除。2020 年 5 月 22 日，民法典草案公布，前述二审稿中关于违约方解除合同的规定出现在违约责任章节第五百八十条第二款，变动后的条文对违约方申请解除合同的要件进行了简化，删除了“解除”一词，并代之以“终止”。

⑤ 参见最高人民法院民法典贯彻实施工作领导小组主编：《中华人民共和国民法典合同编理解与适用（二）》，人民法院出版社 2020 年版，第 736 页。

⑥ 参见石佳友、高郦梅：《违约方申请解除合同权：争议与回应》，载《比较法研究》2019 年第 6 期；王利明：《论合同僵局中违约方申请解约》，载《法学评论》2020 年第 1 期。

对方的方式行使，也可以通过起诉、仲裁的方式行使，合同的解除时间为对方收到解除通知之日等。此外，参照《民商事审判会议纪要》第四十八条规定，“合同僵局”的违约方解除合同请求权应当符合三个条件：一是违约方不能存在主观恶意。以防止违约方恶意违约并解除合同，侵犯非违约方的合法权益，危害交易秩序和交易安全。二是违约方继续履行合同会显失公平。赋予违约方解除合同请求权是为了纠正当事人利益失衡现象，以期平衡权利义务关系，若不存在显失公平的情形，合同还应继续履行。三是非违约方拒绝解除合同违反了诚信原则。在合同无法履行的情况下，非违约方不愿行使合同法定解除权的目的在于索要高额赔偿，显然违背了诚信和公平原则，造成双方利益失衡，法律上有必要予以纠正。①

四、“行政协议僵局”的行政机关单方解除行为

行政协议兼具“行政性”和“协议性”的双重特征。《行政诉讼法》第十二条第一款第十一项，② 将行政协议纠纷纳入行政诉讼受案范围；同时，第七十八条第一款③确立了审理行政协议案件的基本规则，所以人民法院既要对行政机关行使优益权的履行、变更及解除协议行为进行合法性审查，亦要对行政机关履行协议进行合约性审查。《最高人民法院关于审理行政协议案件若干问题的规定》（以下简称《行政协议司法解释》）明确了“让行政的归行政，协议的归协议”基本理念④，第二十七条规定了法律适用原

---

① 参见最高人民法院民事审判二庭编著：《〈全国法院民商事审判工作会议纪要〉理解与适用》，人民法院出版社 2019 年版，第 317—318 页。

② 《行政诉讼法》第十二条第一款第十一项规定：“人民法院受理公民、法人或者其他组织提起的下列诉讼：……（十一）认为行政机关不依法履行、未按照约定履行或者违法变更、解除政府特许经营协议、土地房屋征收补偿协议等协议的。”

③ 《行政诉讼法》第七十八条第一款规定：“被告不依法履行、未按照约定履行或者违法变更、解除本法第十二条第一款第十一项规定的协议的，人民法院判决被告承担继续履行、采取补救措施或者赔偿损失等责任。”

④ “基于行政协议的不同阶段、行政机关不同的行为状态，司法解释最终借鉴了大陆法系国家的‘两阶段论’，确立了行政协议纠纷‘两分法’的思路。让行政的归行政，协议的归协议。突出行政协议纠纷的行政纠纷特点，适当参照民事合同纠纷处理方式。”参见梁凤云：《行政协议司法解释讲义》，人民法院出版社 2020 年版，自序第 2—3 页。

则[①]，即优先适用行政法律规范，并可参照民事法律规范。[②] 这就意味着，“行政协议僵局”情形发生时，行政机关可以参照“合同僵局”的解除法理作出单方解除行为；法院在审理该解除行为时，要参照适用《民法典》《民商事审判会议纪要》关于“合同僵局”的违约方解除合同请求权规定及法理。

在司法实践中，并不乏“行政协议僵局”情形，多数的时候，行政机关会单方作出解除决定，解除已经陷入僵局之中的行政协议；这虽然不失为解决“行政协议僵局”的办法，但是根据《行政协议司法解释》第十六条第一款[③]规定，只有可能出现“严重损害国家利益、社会公共利益”时，行政机关才能基于行政优益权，行使单方解除权。在实践中，个案的“国家、社会公共利益”并非一个抽象概念或利益指向，而是具体且明确的利益，以防止行政机关滥用行政优益权。可见，以“国家、社会公共利益”为正当事由的单方解除权，与“合同目的不能实现”的合同法定解除权、“情势变更”的变更解除合同请求权及“合同僵局”下的解除合同请求权之间的性质、适用条件、法律效力等全然不同，要予以厘清。人民法院在审理“行政协议僵局”案件时，除适用《行政诉讼法》《行政协议司法解释》规定外，亦可参照《民法典》《民商事审判会议纪要》关于“合同僵局”的违约方解除合同请求权规定，全面审查行政协议的履行困境的情况，双方过错的程度，评判协议是否处于或即将处于僵局状态，最终依法评价协议相对人履行诉请合理性及行政机关单方解除行为的合法性。

值得注意的是，“合同僵局”的违约方解除合同请求权需要通过提起诉讼、申请仲裁的方式行使，合同违约方处于本（反）诉原告的诉讼地位。而我国行政诉讼制度中，行政机关不能作为原告提起行政诉讼，也不能在行政诉讼中提起反诉；因此，在“行政协议僵局”情形下，行政机关行使解除合

---

① 《行政协议司法解释》第二十七条规定：“人民法院审理行政协议案件，应当适用行政诉讼法的规定；行政诉讼法没有规定的，参照适用民事诉讼法的规定。人民法院审理行政协议案件，可以参照适用民事法律规范关于民事合同的相关规定。”

② “人民法院在审理行政协议案件时，在实体法方面，应当优先适用有关法律、法规或者规章的特别规定，没有特别规定的，适用合同法。”参见全国人大常委会法制工作委员会行政法室编著：《中华人民共和国行政诉讼法解读》，中国法制出版社 2014 年版，第 45 页。

③ 《行政协议司法解释》第十六条第一款规定：“在履行行政协议过程中，可能出现严重损害国家利益、社会公共利益的情形，被告作出变更、解除协议的行政行为后，原告请求撤销该行为，人民法院经审理认为该行为合法的，判决驳回原告诉讼请求；给原告造成损失的，判决被告予以补偿。”

同请求权存在诉讼制度障碍。对此，笔者认为不宜以诉讼制度障碍而否认“行政协议僵局”解除合同请求权的法理基础，实践中，应当允许并尊重行政机关作出单方解除行为，解除已经陷入僵局的行政协议。在单方解除行为作出后，可以在引起的履行协议、解除协议的行政诉讼中，对单方解除行为是否符合“行政协议僵局”解除合同请求权的实质构成要件进行全面审查。

本案情形亦是如此，涉案的地质灾害综合整治及土地一级开发项目工程已经实质停滞多年，各方当事人对此均有过错。虽然各方曾多次协商、接洽，但均无实质性结果，现又相互推诿责任，经协调也无法化解各方矛盾，可见各方已经失去信任、互助和协作的意愿；涉案行政协议已陷入无法为继的“行政协议僵局”，为避免损失扩大，应当予以解除。因此，对于某华公司、某富公司要求继续履行协议的诉请，应不予支持；而商贸园区管委会解除函的解除事由，虽然没有事实和法律依据，但是解除的处理结果与“行政协议僵局”解除协议请求权行使的结果是一致的。因此，从实质解决行政争议的角度出发，不宜撤销解除函，以避免引发新一轮行政诉讼，应当支持解除函的处理结果。此外，本案二审裁判后，各方当事人均服判息诉，认可该行政协议已经陷入了僵局不宜继续履行，没有就是否应予继续履行或者是否应予解除等申请再审。该协议解除后，协议相对人的损失可通过补偿、赔偿程序予以解决，鉴于一、二审中各方当事人均为就协议解除后的补偿、赔偿问题进行主张，若直接在本案二审中予以处理则会变相地剥夺当事人的上诉救济权，故二审文书对此予以释明并进行指引。在二审指引下，各方已就协议解除后的补偿、赔偿问题另案处理。

综上，在行政协议履行过程中，若出现了协议难以为继或事实上不可能实际履行等“行政协议僵局”情形，为避免不必要损失，应予以解除。人民法院在审理“行政协议僵局”案件时，要参照适用《民法典》《民商事审判会议纪要》关于“合同僵局”的违约方请求解除合同权规定，对协议履行困境进行全面性审查，在判决解除协议时要确定各方过错程度和责任承担，实质化解行政争议。

（作者单位：广西壮族自治区高级人民法院）

行政协议争议条款的解释方法

——周某莹不服北京市西城区人民政府单方终止公有住宅租赁合同案

韩继先

【裁判要旨】

1. 政府直管公房租赁合同属政府投资的保障性住房的租赁协议，属于行政协议范畴。

2. 行政协议争议条款的解释是案件审理的重要基础。行政协议的解释方法应当以文义解释为基础，结合协议文本整体，通过行政协议目的，考量公平原则进行价值衡量，以探寻协议条款的真实意思，维护双方当事人合法权益。

《北京市公有住宅租赁合同》第十二条规定的“中止合同”，为终止合同之意。在原承租人死亡、原告因未成年不能变更为承租人的情况下，公房被他人实际控制并转租，不利后果不应由原告承担。

【案情】

原告：周某莹。

被告：北京市西城区人民政府。

根据直管公房管理的相关规定及北京市机构改革的现状，北京宣房房屋经营有限公司一分公司（以下简称宣房一分公司）接受北京市西城区人民政府（以下简称西城区政府）的委托，依法履行对辖区内直管公房进行管理的法定职责。北京市西城区某房屋（以下简称涉案房屋）系宣房一分公司管理的直管公房，原承租人系原告周某莹之父周某。2005 年 5 月 7 日，周某去世，后承租人一直未做变更。周某莹户籍在涉案房屋内。涉案房屋于 2016 年 4 月 7 日发生火灾，火灾发生时涉案房屋的使用人为案外人王某某。

宣房一分公司于 2019 年 7 月 5 日向原告作出《告知书》，主要内容为：因涉案房屋被擅自转租，并于 2016 年 4 月 7 日发生火灾，导致该房屋及周边相邻房屋烧毁。按照《北京市公有住宅租赁合同》第十二条之规定，乙方（承租方）擅自将承租的房屋转租、转让、转借、私自交换使用、出卖或变相出卖使用权的，甲方（出租方）有权中止合同，收回房屋。第十三条规定，乙方要求解除合同时，须于一周前通知甲方。本合同中止时，双方需办理以下手续：1. 按租赁合同清点房屋及设备；2. 结清房屋租金、暖气费和应交纳的有关费用；3. 交清违约金和赔偿金。因周某已去世，现向原告作出告知如下：1. 该单位与周某签订的关于涉案房屋的《北京市公有住宅租赁合同》终止，该单位将房屋收回。2. 因发生火灾，房屋及房屋内所有物品已烧毁，不需办理清点房屋及设备的手续。3. 房屋租金已交至 2016 年 12 月，该单位可以退还 2016 年 4 月至 2016 年 12 月的房屋租金共计 191.7 元。周某莹不服，诉至法院。

原告周某莹诉称：

原告与周某系父女关系。2000 年，原告之父周某与大栅栏房管所签订公有住宅租赁合同。2001 年 11 月 28 日，原告出生，与周某共同居住在涉案房屋内两年以上，原告户口在该房屋处，除原告与周某外，没有其他家庭成员的户口在内。2005 年 5 月 7 日，原告父亲去世，原告无其他固定住所居住，原告之母赵某丽继续缴纳租金。2017 年 6 月 6 日，原告向宣房一分公司提出《关于原宣武区三井胡同 16 号房屋承租人更名的申请书》，宣房一分公司于 2017 年 8 月 3 日作出答复意见，对原告的更名申请不予办理。原告不服，诉至法院，最终生效判决认定被告西城区政府需要重新作出答复意见，但被告并未履行生效判决要求其履行的义务，反而于 2019 年 7 月 5 日作出《告知书》，要求收回涉案房屋。原告认为，该《告知书》认定事实不清，适用法律错误，程序违法。请求法院依法撤销宣房一分公司于 2019 年 7 月 5 日向原告作出的《告知书》。

被告西城区政府辩称：

涉案房屋系宣房一分公司管理的直管公房，原承租人为周某。2016 年 4 月 7 日，涉案房屋因发生火灾已经毁损灭失。火灾发生时该房屋的使用人是王某某。被告认为，依据相关规定，被告作出的答复并无不当之处，请求法院依法驳回原告的诉讼请求。

庭审中原告称，原告于其父周某去世后当年即向宣房一分公司申请过变更承租人，宣房一分公司以原告未满 18 周岁为由不予变更；且因原告及其母赵某与周某之母发生纠纷，原告及其母赵某被赶出涉案房屋，涉案房屋转租行为与原告无关。被告称，涉案房屋属于承租人擅自将承租的房屋转租的情形，认可系由周某之母转租他人；并认可按照之前掌握的标准，公房承租人应当年满 18 周岁。

【审判】

北京市第四中级人民法院经审理认为：本案中，涉案房屋为政府直管公房，属于政府投资的保障性住房的范畴，《北京市公有住宅租赁合同》系政府为了履行对辖区内直管公房进行管理的法定职责，而与承租人签订的关于公房租赁权利义务的协议，属于行政协议范畴。被告作出《告知书》，告知原告终止合同、收回房屋，属于因行政协议终止发生纠纷，根据《最高人民法院关于审理行政协议案件若干问题的规定》第四条第一款、第九条第七项的规定，属于行政协议案件，依法属于行政诉讼受案范围。

《北京市公有住宅租赁合同》第十二条规定，乙方（承租方）有下列情况之一的，甲方（出租方）有权中止合同，收回房屋：1. 擅自将承租的房屋转租、转让、转借、私自交换使用、出卖或变相出卖使用权的。第十三条规定，本合同中止时，双方需办理以下手续：1. 按租赁合同清点房屋及设备；2. 结清房屋租金、暖气费和应交纳的有关费用；3. 交清违约金和赔偿金。上述规定中虽使用“中止合同”，但从上述规定所指的解除合同、收回房屋的行为来看，应为终止合同之意。从该合同的体系来看，第十二条规定的目的的在于保障公房的合理使用，杜绝承租方滥用承租权。本案中，因宣房一分公司要求公房承租人须年满 18 周岁，原告在发生火灾前因尚未满 18 周岁而无法变更为合法的承租人，且原告称系因客观原因失去了对涉案房屋的控制。该事实尚需被告进一步调查。但若经查确如原告所述，在涉案房屋的使用权行使过程中，原告本身已属弱势一方，难以依法维权。此种情况下，涉案房屋如确因他人实际控制并进而转租，其不利后果不应由无法控制涉案房屋使用权的原告承担。宣房一分公司机械适用《北京市公有住宅租赁合同》第十二条的规定，造成明显不公的后果，属于认定事实不清、适用法律错误。依照《行政诉讼法》第七十条第一款第一项、第二项之规定，判决撤销宣房一分公司于2019年7月5日向原告周某莹作出的《告知书》。

一审宣判后，双方当事人均未上诉，本案一审判决现已发生法律效力。

【评析】

本案的争议焦点有二：一是政府直管公房租赁合同是否属于行政协议；二是行政协议争议条款应如何解释。

关于行政协议，理论界的探讨和争议由来已久。2014年修正的《行政诉讼法》第一次以法律的形式明确将行政协议纳入行政诉讼受案范围，该法第十二条第一款第十一项规定，人民法院受理公民、法人或者其他组织提起的认为行政机关不依法履行、未按照约定履行或者违法变更、解除政府特许经营协议、土地房屋征收补偿协议等协议的诉讼。自行政协议纳入行政诉讼受案范围以来，关于行政协议的边界、审理规则、裁判方式等一直颇受争议和关注。上述问题较为复杂，难以一文厘清，还须结合具体案件不断探索和完善。在此，笔者仅结合本案具体情况，对上述争议焦点问题分析如下：

一、政府直管公房租赁合同属政府投资的保障性住房的租赁协议，属于行政协议范畴

2019年通过的《最高人民法院关于审理行政协议案件若干问题的规定》进一步明确了行政协议的概念、范围、审理规则等。其中，第一条规定，行政机关为了实现行政管理或者公共服务目标，与公民、法人或者其他组织协商订立的具有行政法上权利义务内容的协议，属于《行政诉讼法》第十二条第一款第十一项规定的行政协议。第二条规定："公民、法人或者其他组织就下列行政协议提起行政诉讼的，人民法院应当依法受理：（一）政府特许经营协议；（二）土地、房屋等征收征用补偿协议；（三）矿业权等国有自然资源使用权出让协议；（四）政府投资的保障性住房的租赁、买卖等协议；（五）符合本规定第一条规定的政府与社会资本合作协议；（六）其他行政协议。"但是，在具体案件中，关于政府作为协议一方签订的协议究竟属行政协议还是民事合同仍然存在诸多争议，一个协议到底是属于行政协议，还是属于民事合同，有时很难判断。通说认为，认定行政协议的客观标准应包括以下四个方面：第一，目的要素，为了实现行政管理或者公共服务目标；第二，主体要素，协议的一方当事人是公法人（行政主体）；第三，意思要素，行政主体和行政相对人订立行政协议应当经过协商，意思表示一致；第四，内容要素，行政主体和行政相对人之间订立合同的内容是行政法上的权利义务。[①]

本案涉及的《北京市公有住宅租赁合同》，是关于政府直管公房的租赁合同，系政府为了维护公房管理秩序、保障公民的居住权，将国有公房承租给个人用于居住。从行政协议的要素来看，第一，合同订立的目的是对直管公房进行管理；第二，合同的一方是受政府委托的公房管理机构，政府作为委托机关属于承担法律责任的行政主体；第三，由承租人和公房管理机构签订合同，体现了双方协商一致的意思表示；第四，从协议的内容来看，合同涉及的政府直管公房，系政府投资建设的国有房屋，始于计划经济时代保障居民住房的一种福利制度，承租方享有的承租权实际上具有类似不动产物权的性质，行政机关公房租赁合同的订立、变更、解除等行为具有较强的行政管理色彩，涉及行政管理权的依法行使。综合上述分析，政府直管公房租赁合同属于政府投资的保障性住房的租赁协议，属行政协议范畴。

二、行政协议争议条款的解释方法

行政协议纠纷往往由双方当事人对协议内容的不同理解引起。在这种情况下，解决协议双方的纠纷实际上就要以对该协议的解释为基础。合同解释在合同法理论和审判实践中都是一个十分重要、疑难的问题，正如英国法官丹宁勋爵所说："在法律的日常实践中，最重要的问题是对文件的解释。"[②]行政协议的解释亦是如此。

本案中，被告认为涉案房屋符合《北京市公有住宅租赁合同》关于"中止合同"的情形，原告则认为涉案房屋不属于该协议中"承租方"擅自转租房屋的情形，被告终止合同属于认定事实不清、适用法律错误。上述争议源于对行政协议争议条款的理解不同，对争议条款如何解释在案件审理中就显得至关重要。协议双方当事人对具体条款和用语发生争议，需要通过解释予

---

① 梁凤云：《行政协议的界定标准——以行政协议司法解释第 1 条规定为参照》，载《行政法研究》2020 年第 5 期。

② ［英］丹宁：《法律的训诫》，群众出版社 2011 年版，第 31 页。

以明确。协议解释目的是通过阐明协议条款的含义，以探寻当事人的真意，从而明确当事人的权利义务关系，正确认定案件事实。关于行政协议的解释，目前尚无明确的规则。笔者下文尝试结合本案对行政协议的解释方法进行探讨。

笔者认为，对行政协议争议条款的解释，一方面，在合意性事项上，可以参考已经比较成熟的民事合同的解释方法。《最高人民法院关于审理行政协议案件若干问题的规定》第二十七条规定，人民法院审理行政协议案件，应当适用行政诉讼法的规定；行政诉讼法没有规定的，参照适用民事诉讼法的规定。人民法院审理行政协议案件，可以参照适用民事法律规范关于民事合同的相关规定。关于协议的解释方法，也可以参考民事法律规范中关于合同的解释方法。另一方面，应考虑行政协议的特殊性，立足行政协议自身的目的，从维护公共管理秩序出发，兼顾协议双方合法权益。具体解释方法如下：

（一）以文义解释为基础

《民法典》第四百六十六条第一款规定，当事人对合同条款的理解有争议的，应当依据本法第一百四十二条第一款的规定，确定争议条款的含义。第一百四十二条第一款规定，有相对人的意思表示的解释，应当按照所使用的词句，结合相关条款、行为的性质和目的、习惯以及诚信原则，确定意思表示的含义。

协议条款系由语言文字构成，欲确定协议条款的含义，必须先了解其所用词句的含义。因此，解释协议必须先由文义解释入手。文义解释是以协议当事人的内在意思为解释的原则，它关注的是协议条款所表达的当事人的内心想法。协议的条款由语言文字构成，解释协议必须先由词句的含义入手，依据协议条款用语的通常含义进行解释，即文义解释是协议解释的基础和起点。只有在适用文义解释方法无法确定表意人的真实意思，在解释目的无法实现的前提下才能选择、适用其他解释方法。①

（二）通过整体解释确定协议的真实意思

协议条款是协议整体的一部分，条款的各自含义以及相互之间的关联共同塑造着协议的整体意义，在进行文义解释时，往往离不开对协议整体的把握。因此，协议解释不能仅依赖词句单独的含义，还要与协议中的相关条款

① 梁慧星：《民法总论》，法律出版社 2001 年版，第 189 页。

联系起来进行整体分析判断，才能较为准确地把握该条款的真实意思。如果不把争议的条款或者词语与其上下文所使用的其他词语联系起来，而是孤立地去探究它的一般意思，就很难正确、合理地确定当事人的实际意图。相反，还可能产生不应有的误解。采用整体解释方法不仅在于理解各个部分的正确意思，更是为了不使各个部分的意思表示形成矛盾或冲突从而影响当事人实现为意思表示的目的。

本案中，《北京市公有住宅租赁合同》第十二条规定了甲方有权“中止合同，收回房屋”的情况。为理解“中止合同”的真实含义，需要结合整个协议的上下文内容进行整体解释。中止意为中途停止，中止的事件或行为有可能在之后继续。终止则表示事件或行为完全停止、结束。结合该条的“收回房屋”以及第十三条规定的“中止”合同时双方需办理清点房屋及设备、结清费用等手续来看，该条虽表述为“中止合同”，但实际意为结束合同的履行，“中止合同”实为终止合同之意。

（三）考虑行政协议的特殊性，结合行政协议的目的进行解释

行政协议作为现代行政管理活动的新方式，是社会治理模式转变的结果，体现了现代社会服务行政、给付行政的发展理念，有利于推动资源优化配置，推动实现行政管理和公共服务的目标。从根本上说，行政协议仍是行政机关行使行政管理职权的一种手段，其目的仍是实现行政管理或者公共服务目标。订立行政协议的目的是实现公共利益，解决行政协议争议也应当以保障协议所服务的公共利益为目标。因此，对行政协议的解释应从行政协议的目的出发，立足于实现行政管理目标、维护公共管理秩序。

（四）通过公平原则进行价值衡量

文义解释和整体解释往往基于协议本身，公平解释则从社会公理出发，立足于公共利益、善良风俗、诚实信用、公平合理等方面。如果依据以上解释方法得出的结论，将导致当事人之间利益明显失衡，则应当选择其他更为公平合理的解释方法；如果依据以上解释方法得出的结论，可能损害社会公共利益，则应当超越当事人的私利，选择对社会整体更为有利的解释方法和解释结论。实践中，应当以公平原则作为行政协议解释的重要价值导向，以平衡当事人之间的利益冲突，维护双方当事人的合法权益。

本案中，被告因认为房屋“承租方”存在“擅自将承租的房屋转租”的情况而决定将房屋收回，并向原告进行告知，这里对“承租方”的解释至关

重要。原承租人周某死亡时，原告尚不足4周岁。根据当时公房管理部门掌握的标准，承租人必须年满18周岁，因此，原告无法变更为合法的承租人；也因原告年幼，涉案房屋被案外人即原承租人之母实际控制，原告被迫搬离涉案房屋，后涉案房屋被实际控制人转租。从协议目的来看，公房管理制度的初衷在于保障公民的居住权、确保公房的合理使用，《北京市公有住宅租赁合同》第十二条规定的甲方有权“中止合同，收回房屋”的情况，明显是针对承租方滥用承租权的情形，尤其是该条第一项关于擅自将承租的房屋转租、转让、转借、私自交换使用、出卖或变相出卖使用权的，均具有违约的主观故意和滥用承租权的明显色彩，实际系针对承租方的具有惩罚性的措施。因此，对“承租方”应通过公平原则结合实际情况进行语义的限制解释，而不能扩大解释。首先，原承租人死亡后，公房管理部门未及时掌握相关情况并对涉案房屋予以合法处置，导致案外人实际控制了涉案房屋，案外人不属于法律意义上的“承租方”范畴。其次，因原承租人已经死亡，而原告是唯一符合变更承租人条件的人，因此，唯有原告可能符合“承租方”的条件，但其并未实施转租行为。最后，原告因年幼和客观限制已经丧失涉案房屋的居住权十数年，其权利难以依法维护，已处于弱势地位，若将案外人转租行为的不利后果加诸原告，则明显有违公平原则。综上，被告机械适用《北京市公有住宅租赁合同》第十二条的规定，造成明显不公的后果，属于认定事实不清、适用法律错误，法院判决予以撤销是正确的。

行政协议案件作为近几年进入行政诉讼程序的新类型案件，审理过程中往往伴随着诸多争议和疑难问题，民事合同的审理规则固然有可资借鉴之处，但理念上、实践中仍有诸多不同，还须通过不断研究和探索，不断完善行政协议自身的理论体系和审理规则。

（作者单位：北京市第四中级人民法院）

司法审查有限性与行政争议实质性化解的平衡

——张某诉天津市河北区住房和建设委员会不履行法定职责两案

甘小雨　袁　敏

【裁判要旨】

1. 原告向行政机关的法定代表人邮寄要求行政机关履职的申请书，由行政机关负责收件的人签收的，视为行政机关收到该履职申请。

2. 行政机关确认被征收人腾空房屋，完成交房、封房、选房程序后，其不得以房屋因不能归责于被征收人的原因被第三人无权占有为由拒绝签订征收补偿协议。

3. 原告要求行政机关签订征收补偿协议的理由成立，但行政机关明示拒绝的，为减少当事人诉累、实质化解争议，人民法院应当直接明确判决行政机关履行签订征收补偿协议义务。

【案情】

原告：张某。

被告：天津市河北区住房和建设委员会。

第三人：张小某，系原告张某弟弟，（2020）津0105行初83号案件追加张小某为第三人。

坐落于天津市河北区的某公产房屋，承租人和使用人系原告张某。2016年3月18日，天津市河北区人民政府作出津北政房征字（2016）第001号《房屋征收决定》，张某承租的房屋在征收范围内。天津市河北区人民政府同时公布《河北区三十五中学片区棚户区改造（旧城区改建）项目住宅平房房屋征收补偿安置方案》规定：选择产权调换的被征收人或公有租赁房屋承租人，按照搬迁先后顺序确定选房顺序，房屋征收现场办公室将对选房顺序号进行公示；确认了选房顺序号的被征收人或公有租赁房屋承租人按照房屋征收现场办公室通知的具体时间到现场选房，并签订《征收补偿协议》及办理结算手续；凡房屋相关权利存在纠纷的住户，应先搬离征收现场，后持有效司法文书和有关证件补办房屋征收补偿手续。2016 年 3 月 24 日，原告张某对涉案房屋搬迁完毕并将涉案房屋及附属物交与征收实施单位天津市内环建设开发公司，该公司对涉案房屋张贴封条，双方签订了《封房确认单》；同日，原告选择产权调换，原天津市河北区房地产管理局在《选择产权调换确认单》盖章确认。2016 年 5 月 31 日，原天津市河北区房地产管理局在《产权调换选房确认单》盖章确认，张某选择产权调换的房屋坐落于喜峰嘉园 7-1-1205 号，计划入住时间为 2018 年 9 月。张某搬出后，涉案房屋处于封房状态，后第三人张小某擅自入住该房屋。2018 年 12 月 27 日，因机构改革，原天津市河北区房地产管理局被撤销，其职权由被告继续行使。2019 年 10 月，征收实施单位在涉案房屋拆除前将第三人张小某安置到西青区亲和康园小区 2-1705 号房屋内，此后将涉案房屋拆除。2019 年 10 月 25 日，原告向被告负责人于某邮寄了《请求立即签订〈天津市国有土地上房屋征收补偿协议〉申请书》，经查询，该邮件已于 2019 年 10 月 26 日由被告门卫签收。因被告未对原告的申请作出处理，原告于 2020 年 1 月 3 日向天津市河北区人民法院提起行政诉讼。

【审判】

2020 年 5 月 27 日，天津市河北区人民法院作出（2020）津 0105 行初 4 号《行政判决书》，判决确认被告未对原告提出的《请求立即签订〈天津市国有土地上房屋征收补偿协议〉申请书》作出处理的行为违法；责令被告在本判决书生效后三十日内，对原告的申请作出处理。

2020 年 6 月 16 日，被告作出《关于申请履行法定职责的回复》，以第三人未能将被告提供的亲和康园小区 2-1705 临时周转房交回为由，拒绝与原告签订征收补偿协议。原告不认可该回复，再次提起行政诉讼。

2020 年 11 月 19 日，天津市河北区人民法院作出（2020）津 0105 行初

83号《行政判决书》，判决：一、撤销被告天津市河北区住房和建设委员会2020年6月16日作出的《关于申请履行法定职责的回复》；二、本判决生效后三十日内，被告天津市河北区住房和建设委员会与原告张某就被征收房屋天津市河北区育婴里17-22号22门订立房屋征收补偿协议。

（2020）津0105行初4号判决认为，根据《国有土地上房屋征收与补偿条例》（以下简称《补偿条例》）第二十五条规定，被告作为房屋征收部门，具有签订征收补偿协议的主体资格和法定职权。依据《行政诉讼法》第四十七条第一款规定："公民、法人或者其他组织申请行政机关履行保护其人身权、财产权等合法权益的法定职责，行政机关在接到申请之日起两个月内不履行的，公民、法人或者其他组织可以向人民法院提起诉讼。法律、法规对行政机关履行职责的期限另有规定的，从其规定。"本案中，原告张某于2019年10月25日向被告河北区住建委提出申请，被告于次日收到申请后，应在两个月内对原告的申请依法作出处理，现被告未在法定期限内履行其职责，违反了法律规定。

（2020）津0105行初83号判决认为，根据《补偿条例》第四条第二款"市、县级人民政府确定的房屋征收部门（以下称房屋征收部门）组织实施本行政区域的房屋征收与补偿工作"及《天津市国有土地上房屋征收与补偿规定》第四条第二款的规定，原天津市河北区房地产管理局具有组织实施河北区区域的房屋征收与补偿工作的主体资格和法定职责。根据《行政诉讼法》第二十六条第六款"行政机关被撤销或者职权变更的，继续行使其职权的行政机关是被告"的规定，河北区住建委作为本案被告主体适格。根据《补偿条例》第二十五条第一款规定："房屋征收部门与被征收人依照本条例的规定，就补偿方式、补偿金额和支付期限、用于产权调换房屋的地点和面积、搬迁费、临时安置费或者周转用房、停产停业损失、搬迁期限、过渡方式和过渡期限等事项，订立补偿协议。"本案中被告对原告书面要求与其签订征收补偿协议的申请，作出《关于申请履行法定职责的回复》，明确未与原告签订征收补偿协议的原因系第三人未能将被告提供的临时周转房交回。本案中，原告已依据《河北区三十五中学片区棚户区改造（旧城区改建）项目住宅平房房屋征收补偿安置方案》的相关规定，在签约期限内已搬迁完毕并将涉案房屋及附属物交与征收实施单位，被告对涉案房屋做封房处理。显然被告安排第三人进入临时周转房并非原告原因所致，且至今被告对临时周转房亦未采取任何救济措施，因此被告对原告作出的《关于申请履行法定职责的回复》没有依据，应予撤销。因被告亦确认了原告选择产权调换的具体房屋，因此被告应与原告签订房屋征收补偿协议。第三人关于涉案房屋系原告与其所共同拥有的房产，以及其在涉案房屋封房前已在未经登记建筑内居住，本案原告没有权利单独要求与被告订立补偿协议的抗辩意见，因无证据，法院不予采信。

【评析】

一、向行政机关负责人邮寄履职申请书，能否视为有效的申请方式？

依据《民法典》第六十一条、《民事诉讼法》第八十五条关于送达的规定，法定代表人是代表法人从事相关活动的负责人；申请人邮寄邮件系向法人的单位地址给法定代表人邮寄，且明显不是私人信件，故法定代表人收到邮件应当视为法人收到邮件。参照《最高人民法院关于适用〈中华人民共和国民事诉讼法〉的解释》关于送达的规定，行政机关的门卫作为行政机关负责收件的人，其签收邮件依法有效。行政机关在其门卫签收邮寄申请后，应当遵循高效便民的基本原则，及时将该申请按照本行政机关工作流程责成或交与相关部门处理。本案中，被告行政机关抗辩称其收取邮件登记簿上没有登记原告邮寄的履职信件，故原告并未向其机关提出申请，但经过查询证实被告行政机关的门卫签收，故视为被告收到原告的履行法定职责申请。需要进一步说明的是，笔者认为行政机关对于签收邮件具有更高的注意义务，申请人向行政机关提出履职申请，邮件上载明的收件人可能为行政机关、行政机关的内设机构、行政机关的法定代表人或负责人，只要在该邮件妥投的情况下，均可以视为行政机关收到了履职申请；行政机关不能因邮件载明的内设机构并不负责该项业务，应由其他内设机构负责而拒绝履职，而应当及时转交、转办并履职。

二、房屋征收部门能否以被征收房屋存在权属争议从而拒绝履行签订征收补偿协议职责？

按照本案安置方案规定，凡房屋相关权利存在纠纷的住户，应先搬离征收现场，后持有效司法文书和有关证件补办房屋征收补偿手续。一般情况下，不动产物权采用登记对抗主义，若因买卖、共有、赠与、抵押、婚姻、继承等法律事实而对房屋权属有争议，应通过诉讼等方式确认权属、解决争议，否则不能否定已经合法登记的房屋权利人。但在实践中也存在房屋的登记产权人已经死亡等房屋权属确实具有争议的情况，为避免错误补偿，可以允许实践中先确权后补偿的做法。

但本案中，涉案房屋并不存在权属争议，契证上载明承租人为本案原告，原告交房搬离后房屋被贴上封条，在庭审中第三人自述封条掉落进入涉案房屋，被告便将周转过渡房交给第三人使用。原告房屋已经腾空、交房、封房，被告也盖章确认，因此原告已经完全履行了交房义务，被告应当依法履行签订征收补偿协议的职责。此后涉案房屋被第三人无权占有，并非原告过错所致，被告不能因非原告过错发生的后果而不与原告签订征收补偿协议。而且依据《天津市国有土地上房屋征收与补偿规定》第二十三条“选择房屋产权调换的，产权调换房屋交付前，房屋征收部门应当向被征收人或者公有房屋承租人支付临时安置费或者提供周转用房……”之规定，第三人并非涉案被征收人或者公有房屋承租人，被告向其提供周转用房于法无据，更不可据此拒绝与原告签订征收补偿协议，很明显，被告拒绝履行职责缺乏事实根据。

三、行政机关应当履职但其明示拒绝履职的，应如何判决？

经过审理，若查明行政机关对相对人的申请不予答复或者拖延履行不置可否的，人民法院可以依据《行政诉讼法》第七十二条之规定判决其在一定期限内履行，本案的前一个案件（2020）津0105行初4号便是据此作出相应裁判，对此，法律学界基本无争议。若查明行政机关依法应当履职，但其在对当事人提出的履职申请进行审查后，明确表示不予受理或者不予履职，作为审判机关应当作何处理？综合来说有两种观点：第一种观点认为人民法院应判决行政机关重新作出具体行政行为，理由是：人民法院只宜采取原则性判决，不宜设定具体内容，否则就是司法权超越了其固有的有限性而侵犯了行政判断处理权，这样处理的弊端为：种种情形显示，重作判决并不能为相对人提供经济有效的法律救济，重新作出行政行为需要再次启动行政程序，行政机关应该作出什么样的行为并没有被指明，容易形成行政机关针对本质上的同一争议，重新作出后再次形成的行政争议，再次判决重作、再次作出并形成行政争议的恶性循环，不仅不利于及时有效保护相对人的合法权益，增加其诉累，更损害了司法权威，浪费司法资源。第二种观点认为应判决被告在一定期限内履行职责相应的具体内容，理由是：判断司法权是否侵犯行政判断权，不是以判决重作中是否负有相应具体内容为标准，而应以行政机关在重新作出时，有无进一步裁量审查的余地为标准，如果经审查没有再次裁量审查的余地，就可以责令其作出具体行政行为。本案采用了第二种观点，司法实践中亦有相关生效判例采取此种做法。[①] 这样做不仅是一种程序性裁判，更多的是实质介入，更有利于直接高效保护相对人的利益，彻底解决实质争议。笔者认为，此两种观点的争论实际上是“司法审查有限性”与“司法实际介入，实质性化解行政争议”的权衡。《行政诉讼法》虽未明确规定“司法审查有限性”原则，但是基于司法权的保守与被动的属性，在司法审判中应当恪守“司法审查有限性”原则，防止司法审查从有限转变为无限，背离司法权在行政诉讼中的本质属性。但多年来的行政诉讼历程表明，作为行政争议救济渠道的行政诉讼应确立的重要价值取向之一就是实质性化解行政争议。理解“司法审查有限性”原则，应当符合案件实际情形，如果根据审理查明的案件事实和应当适用的法律依据，只可能得出一个行政处理结论，其在此时并不具有进一步的裁量判断余地，则司法权进一步介入时机便相对成熟，可以进一步设定被告重新作出行为的具体内容，此时并不构成司法权代替、超越行政权的情形。本案中，被告具有签订征收补偿协议的法定职权，原告履行了腾空房屋、交房、封房的义务，则被告具有签订征收补偿协议的义务，后原告完成了选房义务，则其要求签订征收补偿协议的条件和时间均已经成就，故人民法院应当直接明确判决行政机关履行签订征收补偿协议义务。本案判决后，被告在法定期限内履行了安置补偿义务，原告顺利入住新居，案件得到圆满解决。

（作者单位：天津市河北区人民法院　天津市高级人民法院）

---

① 详见浙江省台州市玉环县人民法院（2011）台玉行初字第2号行政判决书；浙江省台州市中级人民法院（2011）浙台行终字第136号行政判决书。

涉国家秘密政府信息公开案件审查规则

——过保密期政府信息公开案件的审理思路

李炎铎　毕安迪

【裁判要旨】

涉国家秘密的政府信息公开申请不能简单以涉及国家秘密为由不予公开，还需要对国家秘密是否过保密期进行审查，如果保密期已过，也不能简单地认为可以予以公开，还需要进一步对是否解密、是否延期保密、是否定为工作秘密、定密机关是否同意公开等方面进行全面审查。

【案情】

原告：赵某升、武某斌、冀某福、吴某武（以下简称四原告）。

被告：北京市规划和自然资源委员会（以下简称市规自委）。

2020年3月11日，四原告向被告市规自委提交信息公开申请书，申请内容为：1.《建设工程规划许可证》（2015规建密字×号）附图（设计总平面图）；2. 核工业北京地质研究院西科研实验楼设计单位名称；3. "行政许可事项接收材料凭证"《补正材料通知书》和《北京市规划委员会关于核工业北京地质研究院西科研实验楼项目规划审核意见的复函》（2014规复函密×号）；4. 北京市规划委员会"建设项目规划条件"（2014规条密字×号）的附图（以下简称涉案信息）。2020年4月1日，市规自委作出市规划自然资源委2020第×号答告《答复告知书》（以下简称《告知书》）："依据《政府信息公开条例》第三十六条第三项规定，答复如下：您申请公开对应的信息涉及国家秘密，本机关决定不予公开。"

四原告诉称，四原告居住在北京市朝阳区小关北里某住宅楼。市规自委审批的核工业北京地质研究院西科研实验楼和四原告住宅楼“建筑间距”依总平面图城市坐标计算是12.99米；依实验楼总平面图标注建筑间距是13.16米。2020年1月9日四原告通过中共中央转国家保密局去信，请求《关于确认核地研院西科研实验楼建设项目为涉密工程的复函》（国保密［2014］×号，以下简称《复函》）是否包括四原告向市规自委申请《建设工程规划许可证》（2015规建密字×号）附图（设计总平面图）、核工业北京地质研究院西科研实验楼设计单位名称、“行政许可事项接收材料凭证”《补正材料通知书》和《北京市规划委员会关于核工业北京地质研究院西科研实验楼项目规划审核意见的复函》（2014规复函密×号）、北京市规划委员会“建设项目规划条件”（2014规条密字×号）的附图的相关政府信息。2020年1月21日，国家保密局秘书行政司回复不涉及四原告申请的四项政府信息。后2020年3月11日，四原告向市规自委提交信息公开申请书，申请公开涉案信息。2020年4月1日，市规自委作出《告知书》，决定不予公开。四原告认为市规自委扩大职权、证据不足；违反《政府信息公开条例》第五条的原则，属于滥用职权。故起诉要求市规自委公开涉案信息。

被告市规自委辩称：市规自委作出的《告知书》认定事实清楚，证据充分，适用依据正确，并无不当；市规自委在法定期限内作出行政行为程序合法。

法院经审理查明，四原告于2020年3月11日向市规自委申请公开涉案信息，市规自委于次日作出市规划自然资源委2020第×号-回《登记回执》，承诺于2020年4月2日之前作出书面答复。随后市规自委于2020年4月1日作出《告知书》，市规自委于次日将《告知书》邮寄给四原告，四原告于2020年4月3日签收。

本案审理中，四原告向法院提交相关证据证明涉案信息并非属于国家秘密，为核实涉案信息是否属于国家秘密，法院于2020年11月19日前往市规自委核实相关政府信息的定密情况，经核实，核工业北京地质研究院西科研实验楼项目定密时间为2014年5月28日，由国家保密局进行定密确认，保密期为五年，保密内容包括规划、设计、建设、监理和验收等环节。

【审判】

北京市通州区人民法院于 2021 年 1 月 4 日作出北京市通州区人民法院（2020）京 0112 行初 488 号行政判决：一、撤销被告市规自委于 2020 年 4 月 1 日作出的《告知书》；二、被告市规自委于本判决生效之日起二十日内对四原告的政府信息公开申请重新作出处理。

判决作出后双方均未上诉。

法院生效判决认为：根据《政府信息公开条例》第四条第一款规定，各级人民政府及县级以上人民政府部门应当建立健全本行政机关的政府信息公开工作制度，并指定机构负责本行政机关政府信息公开的日常工作。本案中市规自委作为建设工程规划行政许可管理部门，负有对四原告申请政府信息公开的职责。

根据庭审情况，本案中双方争议焦点在于：一、涉案信息是否属于国家秘密；二、在相关信息保密期限届满后政府信息公开应如何处理。

第一，涉案信息是否属于国家秘密的问题。四原告虽然提交国家保密局的相关回函以及其他已经公开的规划许可文件证明涉案信息不属于国家秘密，但是经法院前往市规自委对定密文件进行核实，涉案信息属于核工业北京地质研究院西科研实验楼项目所载信息，而该项目的规划、设计、建设、监理和验收等环节均被定密，因此，从核实情况来看，涉案四项政府信息均属于国家秘密。但是根据保密期限记载，相关信息保密时间自 2014 年 5 月 28 日始，保密期五年。

第二，国家秘密到期后信息公开的处理问题。涉及两点，第一点，国家秘密到期后相关信息的处理；第二点，国家秘密解密后相关信息的政府信息公开处理。

关于第一点，《保守国家秘密法》第十九条第一款规定，国家秘密的保密期限已满的，自行解密。《国家秘密定密管理暂行规定》第三十二条规定，国家秘密的具体保密期限已满、解密时间已到或者符合解密条件的，自行解密。《国家秘密解密暂行办法》第四条第一款规定，机关、单位应当定期审核所确定的国家秘密，建立保密期限届满提醒制度，对所确定的国家秘密，在保密期限届满前，及时做好解密审核工作。第七条第一款规定，国家秘密解密由确定该事项为国家秘密的机关、单位负责。第十一条规定，明确标注保密期限、解密时间或者解密条件的国家秘密，保密期限已满、解密时间已到或者符合解密条件，且未延长保密期限的，自行解密；解密时间为保密期限届满、解密时间到达或者解密条件达成之时。第十七条对解密程序进行了详细规定。根据上述规定来看，属于国家秘密的事项在保密期限届满之时原则上自行解密，但是同时又对解密程序进行了详细规定，包括解密主体、解密的拟办、审定、通知等，因此，保密期到期的国家秘密仍需要履行相应的解密程序，尤其是在信息保存主体与定密主体不一致的情况下，应当以定密主体的审核认定为准，从本案来看，在涉案政府信息保密期限届满后，定密机关是否对相关国家秘密履行解密程序，是否进行了审核，都需要进一步的核实和认定。

关于第二点，《国家秘密定密管理暂行规定》第三十六条第一款规定，机关、单位对所产生的国家秘密事项，解密之后需要公开的，应当依照信息公开程序进行保密审查。第二款规定，机关、单位对已解密的不属于本机关、本单位产生的国家秘密事项，需要公开的，应当经原定密机关、单位同意。《国家秘密解密暂行办法》第四条第二款规定，机关、单位应当建立健全与档案管理、信息公开相结合的解密审核工作机制，明确定密责任人职责和工作要求，做到对所确定的国家秘密保密期限届满前必审核、信息公开前必审核、移交各级国家档案馆前必审核。第二十五条第一款规定，国家秘密事项已解密，但符合工作秘密条件的，应当确定为工作秘密，未经原定密机关、单位同意不得擅自公开。根据上述规定来看，即使相关国家秘密到期、解密，是否可以进行信息公开还应进行如下处理：1. 产生国家秘密的机关和单位需要进行保密审查；2. 相关信息是否确定为工作秘密；3. 原定密机关、单位是否同意公开。但最终是否公开决定权在原定密机关、单位。

根据上述分析来看，对于涉及国家秘密到期的政府信息公开申请，被申请行政机关一方面需要向定密主体核实相关国家秘密是否解密；另一方面，在解密的情况下，需要明确是否被确定为工作秘密，且定密机关是否同意对相关信息进行公开。具体到本案来看，在涉案项目保密期限届满，四原告有合理理由相信涉案项目涉及的申请信息可以公开的情况下，市规自委仅单纯进行信息检索确定其为国家秘密，未进一步核实信息的保密期限、解密情形、定密机关意见等，显然属于履职不到位。

【评析】

《保守国家秘密法》第十九条第一款、《国家秘密定密管理暂行规定》第三十二条、《国家秘密解密暂行办法》第十一条均规定，对于保密期限已满且未延长保密期限的国家秘密，到期后自然解密。但是《国家秘密解密暂行办法》第四条、第七条、第十七条均对保密期限届满前国家秘密的解密主体、程序进行了规定，因此，也导致在审理保密期限届满的国家秘密政府信息公开案件中需要核实相应的解密问题，由此使审查内容、起诉主体等存在特殊性。

一、保密期届满的政府信息是否属于信息公开案件的审查范围

从目前的司法实践来看，涉国家秘密政府信息的审查方式是有限的形式审查，即定密机关的权限、依据与程序通常被认定为实质问题，属于行政机关的专业判断范围，法院一般不进行审查，司法审查主要集中于行政机关主张政府信息属于国家秘密是否有确实充分的证据支持。[①] 笔者以“保密期限”为关键词在裁判文书网中检索行政案件，共检索出 37 件，大多数案件均存在事实查明或者本院认为载明保密期限的审查情况。可见，对于保密期限是否属于司法审查范围并无异议。

但是，关于国家秘密是否已超过保密期，以及超过保密期后法院应如何审查，法院所持态度并不相同。有的判决认为“原告关于依据《保守国家秘密法》第十五条、第十九条规定，对于‘秘密’级别文件应当十年后自动解密的主张，缺乏法律依据。至于相关文件是否应予解密，并非信息公开案件审查范围，故其相关主张法院不予采纳。至于相关文件是否应予解密，并非信息公开案件审查范围”，但并未就是否超过保密期作出特别审查。[②] 有的判决则认为：“原告所申请公开的信息属于国家秘密，保密期限为十年，原告所申请公开的信息部分已过十年的保密期限，对于是否延长保密期限保密机关没有明确答复，也没有进行保密审查确定是否需要公开，第三人仅根据人社部、国家保密局《人事工作中国家秘密及其密级具体范围的规定》（人社发〔1989〕8 号）第二条第二项第一款规定所列事项涉及国家秘密事项为由依法

① 李广宇：《政府信息公开司法解释读本》，法律出版社 2011 年版，第 247 页。

② 北京市第一中级人民法院（2019）京 01 行初 755 号行政判决书。

不予公示，被告根据第三人的批示以该文件第二条第三项第二款之规定作出被诉告知书，系适用法律法规错误，依法应予以撤销。”

综上，关于涉国家秘密政府信息司法审查，对于是否应审查保密期限并无争议，但是如何审查保密期限以及保密期限届满政府信息的审查观点不一。笔者认为，这种分歧产生的基础是关于保密期届满政府信息审查的规定尚处于空白状态。虽然《保守国家秘密法》《国家秘密定密管理暂行规定》与《国家秘密解密暂行办法》集中规定了国家秘密及其定密、解密等程序，《信息公开条例》也针对涉国家秘密政府信息豁免审查作出了相应规定，但是，对于保密期限届满的涉国家秘密政府信息是否已解密、是否应公开以及相关公开程序缺乏明确规定。在此情况下，就出现有的法院倾向于进一步限缩有限的形式审查，将前述问题归为行政机关的专业判断范围，法院则不予审查的情况。

二、保密期届满政府信息的审理思路

根据《国家秘密定密管理暂行规定》第三十一条、第三十二条规定，国家秘密的解除存在两种方式：第一，对于因保密规定或保密范围调整而不再属于国家秘密的，以及因公开后不会损害国家安全和利益而不需要继续保密的，由定密单位及时解除；第二，对于国家秘密的具体保密期限已满、解密时间已到或者符合解密条件的，自行解密。结合体系解释、文义解释等方式来分析，对于及时解除的国家秘密应当履行必要的解密程序，而不是到期即公开；对于自行解密的国家秘密，应将其理解为由定密单位自行履行解密程序，不能简单等同于自动公开。二者均需要法院在司法审查过程中展开进一步的判断。

（一）是否履行解密程序或者延期保密程序

《国家秘密定密管理暂行规定》第二十七条规定，机关、单位认为需要延长所确定国家秘密事项保密期限的，应当在保密期限届满前作出决定。《国家秘密解密暂行办法》第四条规定了保密期限届满前必审核、信息公开前必审核、移交各级国家档案馆前必审核，并在第十七条对审核程序进行了详细规定。因此，在保密期届满的情况下，如行政机关可以提交相应的证据证明定密机关尚未履行解密程序或者已经进行了延期，那么势必不需要公开。但是如果没有证据表明存在上述情况，法院也不能轻易判决被告公开。这是因为信息公开主体与定密主体往往不是同一主体，因此到期前是否进行了解密审查、是否进行保密延期等均需要有定密机关进行决定，而定密机关可能进行了相应工作但是未通知保存机关，或者定密机关对上述工作一直没有进行，此时法院应当对信息保密情况进行核实。

（二）解密后是否认定为工作秘密

根据《国家秘密解密暂行办法》第二十五条第一款规定，国家秘密事项已解密，但符合工作秘密条件的，应当确定为工作秘密，未经原定密机关、单位同意不得擅自公开。由上，对于解密后的信息需要重点审查是否被确定为工作秘密。但是何为工作秘密，在目前的法律法规中均没有明确的概念界定，主要是在《公职人员政务处分法》《法官法》《检察官法》《公务员法》《人民警察法》等相关法律法规中提到了对工作秘密的保密问题。

根据上述规定来看，如果涉国家秘密的政府信息因为解密后被定为工作秘密不予公开，涉及如下问题：

1.《信息公开条例》对工作秘密的规定不足

从有关工作秘密的法律法规来看，只要是涉及工作秘密就不得泄露，但是《信息公开条例》并没有对涉及工作秘密的政府信息是否应予公开进行明确规定，只有国家秘密在解密后涉及工作秘密保密性审查的问题。而这种原则性规定一方面对工作秘密的保护程度并不高，容易造成工作秘密的泄露；另一方面工作秘密也可能被作为拒绝公开的理由，从而产生司法审查盲区，因而法院的审查尺度与审查方式还有待进一步探讨。

2. 工作秘密的审查路径

根据《国家秘密定密管理暂行规定》第十九条第二项规定，工作秘密不得被确定为国家秘密。2010 年 1 月 25 日国家税务总局印发的《税务机关工作秘密范围的规定》（国税发〔2010〕16 号）对税务机关工作秘密进行了规定，其定义是指税务机关内部在一定时间内只限一定范围人员知悉的，不属于国家秘密范围，但不宜公开，一旦泄露会给机关、单位的工作造成损害或被动的事项。《司法部关于印发〈国家司法考试命题工作保密规定〉的通知》第八条则通过列举式作出细化规定，属于工作秘密的信息和物品包括：题库入库试题、集中命制的备选试题、标准答案及存储上述信息的计算机、移动存储介质；考试后未公布的年度试题试卷、拼卷的手稿、分科审核稿以及存储上述信息的计算机、移动存储介质；未审定的试题、收集的资料；考试后经论证调整的标准答案。综上，工作秘密具有内部性与非公开性，其泄露会严重影响保密机关的利益。对于工作秘密的审查需要把握以下几点：

第一，工作秘密不能被认定为国家秘密。如果认定为国家秘密，那么保密等级、定密主体、保密范围等规定都严格依照国家秘密相关规定进行，可见，工作秘密无论在保密效力还是保密等级上都低于国家秘密。

第二，由被告对定密机制承担举证责任。因为相关法律对工作秘密的内涵与认定机制尚未形成统一的规定，属于机关、单位内部界定的，因此对于被认定为工作秘密的政府信息，需要被告提供相应的证据证明该信息属于工作秘密，例如是否履行了内部的认定程序、认定范围和保密机制，同时应提交相应的规范性文件。

第三，定密主体是否同意。《国家秘密定密管理暂行规定》第三十六条规定，机关、单位对所产生的国家秘密事项，解密之后需要公开的，应当依照信息公开程序进行保密审查。机关、单位对于已解密的不属于本机关、本单位产生的国家秘密事项，需要公开的，应当经原定密机关、单位同意。根据该规定，对于解密后的政府信息需要公开的，需要取得原定密主体的同意。

3. 工作秘密的审查强度

由于工作秘密不是法律规定的秘密形式，其保密级别低于国家秘密，法院的审查强度也应加强，不应限于有限的形式审查，而是应结合其他证据对政府信息是否属于工作秘密，不公开是否对当事人的权益会产生影响，公开对被告的工作是否会造成不利影响，以及定密主体的资格、请示材料、是否同意材料以及相关的互相送达程序等问题展开实质审查，综合认定是否应当予以公开。当然，对于工作秘密的质证可以参考国家秘密的质证方式，以避免工作秘密的泄露。

对于国家秘密引发的政府信息公开行政诉讼案件，涉及的实际操作问题更多于法律问题，需要在诉讼过程中不断发现新问题解决新问题，不断在保障信息知情权和信息保密需求之间形成平衡。

（作者单位：北京市通州区人民法院）

高校退学决定的合法性审查

——陈某不服上海外国语大学退学决定案

陈　颖　　王　灿

【裁判要旨】

近年来，在国家越发重视研究生培养质量、加强和改进教育评估督导和监测的背景下，许多高校为提升研究生学位论文质量，逐渐采取相应措施在盲审和答辩环节严把“出口关”。法院在审理学生因未通过毕业论文校际盲审而超过最长学习年限未完成学业被退学的行政案件中，应综合遵循正当性审查与合法性审查的双重面向，着眼于高校自主权的行使必须有利于强化对学术自由的保障功能，对涉及未通过毕业论文校际盲审是否具有参加毕业论文答辩资格的判断尊重高校合理的专业判断，对高校校规的适用坚持法律保留与合法性原则，对退学决定作出时的程序审查遵循正当程序原则的要求，以实现保障学生权益和尊重高校教育自主权之间的平衡。

【案情】

原告（上诉人）：陈某。

被告（被上诉人）：上海外国语大学。

原告陈某系被告上海外国语大学 2016 级 MBA 研究生。2018 年 6 月，原告完成了全部课程的学习并于 2018 年 8 月取得全部学分。2018 年 4 月 6 日，原告签署《上海外国语大学 MBA 论文延期声明》，申请将学位论文答辩时间从 2018 年 5 月延期至同年 12 月，上述声明载明：“本人承诺已知晓并遵守以下几点：……5. 学位论文延期后可能面临被抽中‘校际盲审’及‘上海市论文盲审’的概率增大等风险。”2018 年 9 月 14 日，原告再次签署《上海外国语大学 MBA 论文延期声明》，申请将学位论文答辩时间从 2018 年 12 月延期至 2019 年 5 月。原告毕业论文于 2018 年 4 月首次参加校际盲审，结论为不同意答辩。因原告申请复议，原告毕业论文于 2019 年 4 月参加校际盲审复议，结论为不同意答辩。2019 年 5 月，被告 MBA 学生办公室通过邮件告知原告需填写退学申请表办理退学流程，原告通过邮件提出了关于学籍和论文的异议。2019 年 7 月 1 日，被告老师通过微信告知原告应主动提交退学申请表，否则就强制退学。2019 年 7 月 2 日，被告下属国际工商管理学院作出《关于对超过最长学习期限的研究生启动相应处理程序的告知书》（以下简称《启动告知》）并通过快递送达原告。2019 年 9 月，被告研究生院通过校内行政请示处理单向校领导请示关于处理包括原告在内的 8 名超过最长学习年限研究生一事。2019 年 10 月 28 日，被告 2019 年第二十四次校长办公会议审议，决定同意对包括原告在内的 8 名未在学校规定的修业年限内完成学业的研究生予以退学处理。2019 年 10 月 22 日，被告作出《退学决定书》（以下简称被诉退学决定）。2019 年 10 月 30 日，被告下属国际工商管理学院作出《关于对超过最长学习期限的研究生处理结果的告知书》（以下简称《处理结果告知》）并通过快递送达原告。《处理结果告知》告知原告因未能在学校规定的最长学习期限内完成学业，按照《上海外国语大学研究生学籍管理规定》（上外研〔2017〕3 号；上外研〔2018〕7 号第一次修订，上外研〔2019〕7 号第二次修订）（以下简称《上外研究生学籍规定》）的相关条文，校内行政请示决定以及 2019 年 10 月 28 日第二十四次校长办公会议的最终决议，对陈某同学予以退学处理。相关公示将于 2019 年 11 月 6 日至 2019 年 11 月 11 日在上海外国语大学官网首页的通知公告栏内发布，请务必上网浏览公示，知晓相关内容。2019 年 11 月 6 日，被告研究生院在被告官网通知公告栏内发布了《关于对超过最长修业年限研究生处理结果的公示》，载明包括原告在内的 8 名研究生被予以退学处理。公示期间，原告未发送异议邮件。

原告陈某提起诉讼称，其于 2018 年 6 月完成了全部课程的学习，并于 2018 年 8 月、2019 年 1 月两次通过校内论文查重及校内论文盲审，论文得分在全年级属于中等。但被告仍不准予原告参加毕业论文答辩，实质剥夺了原告取得毕业证书和学位证书的权利。就被诉退学决定，原告认为：1. 根据入学时 2016 年的《上外研究生学籍规定》相关规定，原告不属于应予以退学的情形，被告根据2017年、2018年新的规定作出被诉退学决定，违背诚实守信原则。2. 原告超过最长学习期限是由于被告不安排调课、补课和2018年两次不准予原告参加论文毕业答辩所导致，被告应为此后果承担相应责任。3. 被告应书面告知原告享有要求听证的权利，被告作出被诉退学决定违背程序正当原则。4. 根据《上外研究生学籍规定》的相关规定，完成学位论文但论文答辩未通过者，应予结业。原告符合结业的条件，被告对原告直接作出被诉退学决定过于严厉，违背了合理行政、比例原则。5. 被告多次不平等对待原告，违背了公平公正原则。被告2017级MBA学生在同样没有取得足够学分的情况下，学校安排该级学生在获得全部学分前参加了毕业答辩。综上，请求法院判决确认被告作出的被诉退学决定违法。

【审判】

上海铁路运输法院一审认为，综合双方当事人的意见及庭审情况，关于争议焦点一，被诉退学决定认定原告未能在学校规定的最长学习期限内完成学业并予以退学处理，认定事实是否清楚。本案中，原告因未通过毕业论文校际盲审，从而未能参加毕业论文答辩，故被告认定原告未能在学校规定的最长学习期限内完成学业，并因此作出被诉退学决定。关于被告认定原告不得参加毕业论文答辩是否正确，法院认为，高等学校依法具有相应的教育自主权，有权根据相关法律、法规、规章的规定制定校纪、校规，作为受教育者的学生在校期间，也具有遵守学校规章制度的义务。因原告毕业论文校际盲审评审意见中“是否同意答辩”意见为“不同意答辩”，故被告认定原告论文为有异议的论文符合《上海外国语大学研究生学位论文“双盲”评审实施办法》（上外办〔2013〕32号文，上外研〔2017〕10号第一次修订；上外研〔2018〕19号第二次修订；上外研〔2019〕2号第三次修订）第三条、第八条之规定。原告申请复议后，复议评审意见中“是否同意答辩”意见仍为“不同意答辩”，故被告认定“双盲”评审出现异议，原告不得进行论文答辩亦符合上述规定。关于被告认定原告未能在学校规定的最长学习期限内完成学业是否正确。本案中，原告系上海外国语大学2016级MBA研究生，学制两年，最长修业年限为三年。原告应在2018年6月毕业，最长可延至2019年6月。原告在该学习期限内未能参加毕业论文答辩，被告认定原告未能在学校规定的最长学习期限内完成学业，并无不当。原告曾两次签署论文延期声明，分别申请将学位论文答辩时间从 2018 年 5 月延期至同年 12 月、从 2018 年 12 月延期至 2019 年 5 月，该两次论文答辩的延期均系原告申请，原告认为被告应承担其未能在学校规定的最长学习期限内完成学业的主张不能成立，法院不予采纳。

关于争议焦点二，被告适用《上外研究生学籍规定》作出被诉退学决定是否正确。首先，关于被告适用 2019 年修订的《上外研究生学籍规定》是否适当的问题。《上外研究生学籍规定》第四十二条规定与《普通高校管理规定》第三十条规定并不冲突。本案原、被告就被诉退学决定的法律适用问题存在争议，法院认为，《上外研究生学籍规定》自 2019 年 7 月 15 日起，就对被告及其在校学生发生效力。被告适用《上外研究生学籍规定》作出被诉退学决定并无不当。原告认为应适用 2016 年入学时的有关规定缺乏根据，法院不予采纳。其次，关于被告适用依据是否正确的问题。本案中，被诉退学决定适用《上外研究生学籍规定》的相关条文，却未列明引用的相关条文的具体条款。但被告在庭审中陈述的法律依据为《上外研究生学籍规定》第七章中第四十二条第五项，而《上外研究生学籍规定》中第七章是关于退学的专门规定，对于"未能在学校规定的最长学习期限内完成学业"的情形指向明确，其处理结论亦明确对应退学处理，法院予以确认。但被诉退学决定未列明适用的《上外研究生学籍规定》的具体条款，确有不妥，对此，被告在今后的工作中应引起重视，加以改进。关于原告认为其完成全部课程并取得学分和相应的英语、计算机等级证书，且通过了毕业论文查重和校内盲审，原告符合《上外研究生学籍规定》第四十九条关于"结业"的规定，被告对原告直接予以退学处理过于严厉且违背公平原则的主张，法院认为，《上外研究生学籍规定》第四十二条的规定并没有赋予学校在学生出现未在学校规定的修业年限内完成学业时作出除退学处理决定之外的裁量方式的余地。《上外研究生学籍规定》第四十九条的规定中，"论文答辩未通过"是"结业"的条件之一。本案中，原告未获得论文答辩资格，不适用关于"结业"的规定。故对于原告的该项主张，法院不予采纳。

关于争议焦点三，被告作出被诉退学决定的程序是否合法。本案中，被告未在《启动告知》内明确告知"相应的处理程序"为"退学处理"确有不当，但如争议焦点二中所述，《上外研究生学籍规定》中"在学校规定的修业年限内未完成学业的”明确对应退学处理，《启动告知》可证明被告事先告知了原告未能在学校规定的最长学习期限内完成学习任务的事实以及依据的《上外研究生学籍规定》。被告随后经校内行政请示程序、通过上海外国语大学 2019 年第二十四次校长办公会议审议，决定同意对包括原告在内的 8 名未在学校规定的修业年限内完成学业的研究生予以退学处理。2019 年 10 月 22 日，被告作出被诉退学决定。被告下属国际工商管理学院后于 2019 年 10 月 30 日作出《处理结果告知》并通过快递送达原告。《处理结果告知》告知陈某同学未能在学校规定的最长学习期限内完成学业的事实、法律规范依据以及退学处理结果，并告知相关公示的时间和查询方式，提醒务必上网浏览公示。被告研究生院随后在被告官网通知公告栏内发布的《关于对超过最长修业年限研究生处理结果的公示》载明了包括原告在内的 8 名研究生被予以退学处理，并告知了有异议者可发送异议邮件。上述程序并无不当，原告亦可通过一定方式和途径提出异议。关于原告主张被告应当书面告知原告享有要求听证的权利。法院认为，《普通高等学校学生管理规定》中第三章“学籍管理”第五节“退学”是关于退学的专门规定，该节并无有关书面告知听证的程序要求。对于原告的该项主张，法院不予采纳。

综上，原告未能在学校规定的最长学习期限内完成学业，被告有权根据不违背上位法规定的《上外研究生学籍规定》的规定作出被诉退学决定，认定事实清楚，证据确凿，法律适用正确，程序亦无不当，原告要求确认被诉退学决定违法于法无据。

据此，一审判决驳回原告陈某的诉讼请求。

陈某不服一审判决，向上海市第三中级人民法院提起上诉。

上海市第三中级人民法院二审判决驳回上诉，维持原判。现一审判决已生效。

【评析】

高校与学生的关系并不同于一般的行政管理关系，其对学生作出的退学处理决定兼具“行政权力”和“学术权利”双重属性。法院在审理高校行政案件时，既要强化司法监督，充分保障学生受教育权，也要保持司法谦抑和自制，适当尊重高校自主权。本案的典型性突出表现在以下两方面：一是本案原告系因未通过毕业论文校际盲审而导致超过最长学习年限被退学，具有一定典型性；二是审查方法上典型，在遵循法律保留原则之下，本案既在涉及专业判断上适当尊重高校自主权，保持司法谦抑和自制，又遵循正当程序原则充分保障学生受教育权，对如何妥善处理好尊重高校自主权与保障学生受教育权的关系具有借鉴意义。

一、对未通过毕业论文校际盲审是否具有参加答辩资格应尊重高校合理的专业判断

关于争议焦点一，被诉退学决定认定原告未能在学校规定的最长学习期限内完成学业并予以退学处理，认定事实是否清楚。首先，被告因原告未通过毕业论文校际盲审，从而认定其不得参加毕业论文答辩，该学术评价涉及高校的教育自主权，法院应尊重其合理的专业判断。《上海外国语大学研究生学位论文“双盲”评审实施办法》第三条规定：“‘双盲’评审意见反馈之前或‘双盲’评审出现异议，申请人原则上不得进行论文答辩。”因原告毕业论文校际盲审评审意见中“是否同意答辩”意见为“不同意答辩”，故被告认定原告论文为有异议的论文符合上述规定，且该学业方面的标准与要求有利于培养高素质人才与高等教育事业的发展。其次，被诉退学决定认定原告未能在学校规定的最长学习期限内完成学业并予以退学处理，所依据的事实是否有证据支撑。《上海外国语大学硕士专业学位论文评阅书》《上海外国语大学 MBA 论文延期声明》等证据可以证明原告经两次论文延期，其学习年限最长可延至 2019 年 6 月，但在该期限内，原告未获得论文答辩资格，在学校规定的学习年限内未完成学业。故被告认定原告未能在学校规定的最长学习期限内完成学业，事实清楚，证据充分。《上海外国语大学研究生学位论文“双盲”评审实施办法》第三条规定：“‘双盲’评审意见反馈之前或‘双盲’评审出现异议，申请人原则上不得进行论文答辩。如有特殊情况，申请人须以书面形式提出申请，经导师、学科专业点负责人、院（系、所）负责人和学位评定分委员会审核同意，报研究生院学位办备案后方可进行答辩。”第八条规定：“异议处理：（一）异议是指两份评审意见中任意一份出现下列情况之一：1. 单项评价要素出现差评；2. 总体评价出现差评；3. 总体评价意见为‘不同意答辩’。（二）有异议的学位论文须修改后进行复议，复议的论文通过评审后方可参加答辩。如第一次复议仍有异议，该论文必须进行不少于半年的修改，再申请第二次复议。第二次复议仍有异议，学位申请无效。

申请人提交复议论文、复议申请表及相关材料前需经导师、学科专业点负责人审核同意……（四）进行复议的论文评审人应为原提出异议的评审人，进入申诉程序的情况除外。（五）自学位论文初次提交评审之日起计算，全部复议、申诉的总期限不得超过一年，逾期未申请复议或申诉者，学位申请无效。”

二、适用高校校规的前提是符合法律保留原则与合法性原则

关于争议焦点二，被告适用《上外研究生学籍规定》作出被诉退学决定是否正确。首先，被告适用的 2019 年修订的《上外研究生学籍规定》与现行教育法律法规并不冲突，均规定学生在学校规定的年限内未完成学业的，学校可予以退学处理，符合法律保留与合法性原则。其次，被诉退学决定适用《上外研究生学籍规定》的相关条文，却未列明引用的相关条文的具体条款，确有不妥，但被告在庭审中陈述的法律依据为《上外研究生学籍规定》第七章中第四十二条第五项，而《上外研究生学籍规定》中第七章是关于退学的专门规定，对于“未能在学校规定的最长学习期限内完成学业”的情形指向明确，其处理结论亦明确对应退学处理。故被告适用《上外研究生学籍规定》作出被诉退学决定，适用依据正确。

三、遵循正当程序原则充分保障学生权益

关于争议焦点三，被告作出被诉退学决定的程序是否合法。首先，被告认定原告未能在学校规定的最长学习期限内完成学业，其下属国际工商管理学院于 2019 年 7 月 2 日作出《启动告知》并通过快递送达原告，随后经校内行政请示程序、通过上海外国语大学 2019 年第二十四次校长办公会议审议，决定同意对包括原告在内的 8 名未在学校规定的修业年限内完成学业的研究生予以退学处理。2019 年 10 月 22 日，被告作出被诉退学决定。被告下属国际工商管理学院后于 2019 年 10 月 30 日作出《处理结果告知》并通过快递送达原告。《处理结果告知》告知原告未能在学校规定的最长学习期限内完成学业的事实、法律规范依据以及退学处理结果，并告知相关公示的时间和查询方式，提醒务必上网浏览公示。被诉退学决定作出的程序合法。其次，在案证据显示，自 2019 年 4 月起，被告通过邮件、微信等方式多次与原告就论文、最长学习年限等事宜进行过沟通，实际履行了相关告知义务并听取了原告异议，符合正当程序原则的要求。

综上，原告未能在学校规定的最长学习期限内完成学业，被告有权根据不违背上位法规定的《上外研究生学籍规定》的规定作出被诉退学决定，认定事实清楚，证据确凿，法律适用正确，程序亦无不当，原告要求确认被诉退学决定违法于法无据。

（作者单位：上海铁路运输法院）

行政行为的送达瑕疵对行政诉讼裁判的影响

——张某某诉山东省某县人民政府房屋征收行政补偿申请再审案

章文英　周　琳

【裁判要旨】

行政机关作出行政决定之后，应当依法送达给行政相对人。是否依法送达，对行政行为是否发生效力以及起诉期限的计算等具有直接影响。但在具体适用时，不能机械地将送达瑕疵与行政行为未生效予以等同，而应当合理运用送达制度的法律精神，准确认定送达与行政行为效力之间的关系，既要依法保障行政相对人的法定知情权、诉权等权益，也要避免送达制度被不当利用而影响正常的行政管理秩序。

【案情】

再审申请人（一审原告、二审上诉人）：张某某。

再审被申请人（一审被告、二审被上诉人）：山东省某县人民政府。

张某某提起本案诉讼，诉称其在某县某城镇北关居委会万道口街一胡同9号南邻拥有合法的房屋。因棚户区改造项目，其房屋被划定在征收范围内。某县人民政府于2018年就此房向其儿子张某峰作出过某政征补字〔2018〕第14号征收补偿决定，后被菏泽市中级人民法院判决撤销。之后，张某某从未收到任何征收补偿决定书。2020年2月29日上午，有人来到张某某家中，向其送达某县人民政府作出的《履行房屋征收补偿决定催告书》。张某某让儿子张某峰于2020年3月2日前往某县住房和城乡建设局询问。某县住房和城乡建设局向张某峰出示了某县人民政府于2019年4月26日向张某某作出的某政征补字〔2019〕第6号《房屋征收补偿决定书》。张某某认为，某县人民政府作出的该房屋征收补偿决定认定房屋价格与周边类似商品房价格差距甚大，且存在程序违法情形，为此请求：1. 依法撤销某政征补字〔2019〕第6号《房屋征收补偿决定书》；2. 诉讼费用由某县人民政府负担。

【审判】

一审法院认为，根据《行政诉讼法》第四十六条第一款的规定，除法律另有规定外，公民、法人或者其他组织直接向人民法院提起诉讼的，应当自知道或者应当知道作出行政行为之日起六个月内提出。本案中，某县人民政府提交的关于被诉补偿决定的送达回证显示，2019年6月14日征收部门两名工作人员向张某某直接送达被诉房屋征收补偿决定书时张某某拒绝签字，并在备注处有两名以上张某某所在社区工作人员签字见证；某县人民政府提交的视频资料显示，上述征收部门工作人员向张某某送达时，张某某接收了被诉房屋征收补偿决定书，但拒绝签字。以上两份证据相互印证，能够证明某县人民政府向张某某送达了被诉房屋征收补偿决定书，能够证明2019年6月14日张某某收到了被诉房屋征收补偿决定书，张某某即应当知道该征收补偿决定已经作出且知晓该房屋征收补偿决定书的内容，而该被诉房屋征收补偿决定书载明了提起行政诉讼的权利及六个月的起诉期限。张某某于2020年3月5日提起本案诉讼，明显超过了法定六个月的起诉期限，且没有《行政诉讼法》第四十八规定的情形，依法裁定驳回起诉。案件受理费50元，待裁定生效后予以退还。

张某某不服一审法院裁定提起上诉，请求撤销一审裁定，指令一审法院继续审理。理由如下：第一，一审中某县人民政府的举证不符合法律规定。一审中，某县人民政府所提交的光盘视听资料，既不是原件，又没有当庭播放，是经过加工处理后的视频，不可用作证据。第二，本案一审裁定事实认定错误。一审裁定认为“张某某接收了被诉房屋征收补偿决定书”与案件事实严重背离。张某某根本就没有取得过征收补偿决定。在其拒收的情况下，某县人民政府直接将补偿决定书留在集市上而不是留置在被送达人的住所，不符合法律关于留置送达的规定。

二审法院认为，《行政诉讼法》第四十六条第一款规定，除法律另有规定外，公民、法人或者其他组织直接向人民法院提起诉讼的，应当自知道或者应当知道作出行政行为之日起六个月内提出。本案中，某县人民政府在原审中提交的关于被诉补偿决定的送达回证及视频资料显示，2019 年 6 月 14 日征收部门两名工作人员向张某某本人直接送达被诉房屋征收补偿决定时张某某拒绝签字，送达回证备注处有两名以上张某某所在社区工作人员签字见证。上述证据相互印证，能够证明某县人民政府向张某某本人送达了被诉房屋征收补偿决定书，且有两名以上社区工作人员见证。即使张某某本人拒绝接收该文书，也应当视为已经送达，产生了相应的送达法律后果。该被诉补偿决定书明确载明了提起行政诉讼的权利及六个月的起诉期限。原审法院认为张某某于 2020 年 3 月 5 日提起本案诉讼明显超过了法定起诉期限，且没有《行政诉讼法》第四十八条规定的情形，裁定驳回其起诉，并无不当。综上，原审法院裁定认定事实清楚，适用法律正确，张某某的上诉请求不能成立，不予支持。依法裁定驳回上诉，维持原裁定。

张某某不服一、二审裁定，向最高人民法院申请再审，请求撤销一、二审裁定，发回一审法院重新审理本案。最高人民法院经审理后，裁定驳回再审申请。

【评析】

本案以超过起诉期限为由裁定驳回起诉，核心争议在于是否超过起诉期限。因征收补偿决定已经载明诉权，争议集中于起诉期限的起算点，具体表现为行政相对人是否收到被诉房屋征收补偿决定书，送达方式是否符合法律规定以及对起诉期限的影响。这些争议的解决，关键在于要正确理解送达制度的法律精神、送达的法定要求以及送达瑕疵对起诉期限的要求。

一、送达制度的法律精神

所谓送达，是指司法机关、执法机关等按照法定程序和要求，将诉讼文书或法律文书送交给收件人的活动。送达主要适用于有书面载体的文书，对于事实行为等则不存在送达问题。送达的目的在于使收件人了解送达文书的内容，在此基础上进一步主张自身的相关权益。诉讼文书和法律文书一经送达即发生一定的法律后果，相关期限的计算以送达之日开始起算。具体到行政行为，行政机关作出行政决定后，应当依法送达给受行政行为效力影响的主体，反之行政行为对该主体不发生法律效力。但根据影响的主体不同，行政行为的生效情况也有所不同，主要包括两类情形：一是未对任何主体送达的，行政行为仍然由行政机关内部掌握，尚无使其对外发生法律效力的意思表示，一般可将其认定为内部性行为或阶段性行为，视为行政行为尚未成立或生效。二是具有对外送达的意思表示并采取实际送达措施。具体又可分为符合法定送达要求以及不符合法定送达要求两种情形，对于前者情形，行政行为在送达之日对外发生效力，并无太多分歧。但对于后者情形，因送达的法定要求包含多方面，如送达方式、送达对象、送达时间等，若送达不及时、不全面或不准确等不符合法定要求而对相关主体合法权益造成损害的，相关主体则可以依法就行政行为送达问题提出异议，进而主张对行政行为的合法性或效力予以否定。人民法院在对行政行为的效力或合法性进行判断时，应当结合送达制度的法律精神，对照不同的送达不合法情形作出相应认定。对此，需要进一步梳理送达的法定要求、送达不合法的具体表现及其对当事人合法权益产生的影响等。

二、送达的法定要求

目前，关于行政执法的送达要求，我国尚无统一的行政程序法，主要散见于行政行为以及行政领域的相关行政法律规范中。如《行政处罚法》第六十一条规定：“行政处罚决定书应当在宣告后当场交付当事人；当事人不在场的，行政机关应当在七日内依照《中华人民共和国民事诉讼法》的有关规定，将行政处罚决定书送达当事人。”《行政强制法》第三十八条规定：“催告书、行政强制执行决定书应当直接送达当事人。当事人拒绝接收或者无法直接送达当事人的，应当依照《中华人民共和国民事诉讼法》的有关规定送达。”《行政许可法》第四十四条规定：“行政机关作出准予行政许可的决定，应当自作出决定之日起十日内向申请人颁发、送达行政许可证件，或者加贴标签、加盖检验、检测、检疫印章。”《行政诉讼法》第一百零一条规定，行政诉讼的送达问题，《行政诉讼法》没有规定的，适用《民事诉讼法》的相关规定。前述规定都未对送达的具体要求进一步予以明确，但均指向可以适用《民事诉讼法》有关送达的规定。另外，在送达制度的法律精神方面，行政执法、行政诉讼与民事诉讼之间，并无本质不同。因此，有关行政行为的送达要求，可以参考《民事诉讼法》的相关规定，具体为第七章第二节“送达”第八十七条至第九十五条规定。前述规定有关送达的法定要求主要体现在送达方式方面，具体为：其一，送达方式包括直接送达、留置送达、转交送达、委托送达、电子送达、公告送达等。其二，直接送达为优先送达方式，但在符合相应法定条件情形下，可以依法选择其他送达方式。其三，不同的送达方式，适用的具体要求不同。如留置送达方式，文书应当留在受送达人的住所；在各种送达方式都无法送达时，才能选择公告送达。除送达方式要求外，还有送达时间上的要求，如行政许可应当在决定作出时七日内送达；送达对象上的要求，即受行政行为影响的对象包括行政相对人及利害关系人，行政主体均应当向其送达。

三、送达瑕疵对行政诉讼裁判结论的影响

送达瑕疵对行政诉讼裁判结论的影响，应当根据实际情况作出判断。具体包括以下可能：其一，送达时间不合法的。可以认定为行政程序瑕疵，将其作为确认违法判决的事由之一。之后，由行政相对人决定是否进一步提起行政赔偿之诉。如行政许可决定的送达时间晚于法定要求的，人民法院不宜以此为由否定行政许可决定的效力，但因此对行政相对人合法权益造成损失的，行政相对人可以主张获得相应赔偿。其二，送达对象不合法的。送达对象包括行政相对人以及利害关系人，未被送达的对象，行政行为通常对该主体不发生效力。但未向所有行政相对人送达的，则行政行为本身并不发生效力。需要注意的是，未被送达的当事人，尽管行政行为依法对其不发生效力，但其合法权益却可能实际受到影响，此时可以就行政行为提起行政诉讼。如已向行政相对人送达而未向利害关系人送达的，行政行为对行政相对人已经发生效力，而这客观上会对利害关系人的合法权益产生实际影响。利害关系人可以对行政行为提起行政诉讼，但因行政行为未向其送达，在计算起诉期限时则与实际送达情形有所不同。其三，送达方式不合法的。送达方式直接影响是否实际送达，一般对照法定要求作出判断即可，但客观上，也可能出现送达法定状态与实际收到文书情况不一致的情形，主要为符合法定送达要求但被送达人实际未收到文书的情形，以及不符合法定送达要求但被送达人实际收到文书的情形等。对于这些特定情形，要具体情况具体分析，按照送达的实际情况作出认定，但因其与一般处理原则相冲突，应当遵循证据优势原则，即由否定法定状态的主张者承担严格的举证责任，证明实然状态的送达事实成立，推翻应然状态的送达事实。以本案为例，房屋征收部门的工作人员已经实际将被诉房屋征收决定送给再审申请人，再审申请人亦已实际接收，但拒绝在送达回证上签字，送达人则邀请两名社区工作人员见证并拍摄视频作为已实际收到的证据。再审申请人虽不否认该事实，但主张该送达方式属于留置送达，而地点并非其住所，送达方式不符合法律规定。根据送达方式的法定要求来看，留置送达确实应当送至住所，但再审被申请人提供的证据可以充分证明受送达人已经实际接收了被诉房屋征收决定，人民法院最终认定被诉房屋征收决定已经实际送达之事实。另外，还需要注意的是送达与起诉期限起算点之间的关系。起诉期限的起算点为行政相对人知道或者应当知道行政行为之日起。而推定知道或应当知道行政行为的依据主要为行政相对人已经收到行政决定，收到的方式则主要为送达。因此，送达的时间与起诉期限的起算点通常相同。但二者并非完全等同关系，在特定情形下可能存在相互分离的情形，如利害关系人可能并未被送达，但确实可能知道被诉行政行为。换言之，只要有证据证明，行政相对人确实知道或者应当知道行政行为的，即可起算起诉期限，而非限定于以依法送达之日为起算点。具体到本案，即使送达方式不完全符合留置送达的法定要求，但因行政相对人客观上已经接收征收补偿决定，也可以推定其实际已经知晓行政行为内容。因此，人民法院认定超过起诉期限，从一般推定角度看，并无不当。

（作者单位：最高人民法院）

调查研究

涉集体土地征收行政执法问题的调研报告

——以漳州市五年来529件生效案件为分析样本[①]

福建省漳州市中级人民法院行政庭课题组

【摘要】近年来，涉集体土地征收案件已成为行政诉讼案件的重要来源，行政机关在该类案件实体判决中败诉率较高，在集体土地征收中的行政执法问题凸显。本调研报告以2016—2020年529件福建省漳州市行政机关为被告的涉集体土地征收的生效案件为样本进行分析，总结该类案件的主要特点、行政机关在集体土地征收中存在的主要问题及原因，并从立法、执法、司法三个维度提出推进集体土地依法征收的建议，以期对推动行政机关依法征收集体土地，促进法治政府建设，从源头上预防集体土地征收行政争议的产生有所裨益。

【关键词】集体土地征收　败诉　问题　主要原因　建议

引言

随着经济社会的飞速发展和城镇化建设的快速推进，集体土地征收引发的行政争议已成为中级人民法院受理的行政诉讼案件的主要来源，且多为系列案件、群体性案件，影响社会稳定的风险较大，化解难度也较大。在全面

---

① 本调研报告为福建省漳州市中级人民法院2021年度党组重大课题调研报告；于2022年1月荣获第九届全国行政审判优秀业务成果（调研类）三等奖。

推进依法治国的大背景下，行政机关在涉集体土地征收案件实体判决中有较高的败诉率，一定程度上损害了法治政府的形象和公信力。本次调研选取2016—2020年以福建省漳州市行政机关为被告的涉集体土地征收的生效案件为样本，分析行政机关在集体土地征收中存在的主要问题及原因，以习近平法治思想为指导提出相应的对策建议，为推进集体土地依法征收、提升法治政府建设水平建言献策。

一、漳州市涉集体土地征收行政诉讼案件的主要特点

经统计，截至2021年5月17日，法院于2016—2020年间审结并已生效的漳州市涉集体土地征收行政诉讼案件[①]共计529件，通过分析这些案件的裁判文书，可以发现漳州市涉集体土地征收行政诉讼案件具有以下主要特点：

（一）从案由看，行政强制类远多于其他类型的案件

案由反映了行政诉讼案件的被诉行政行为的类型。529件案件中，行政强制类227件，占案件总数的42.91%；行政赔偿类72件，占案件总数的13.61%；土地（房屋）行政征收（除行政强制及履行补偿安置职责之外的行政征收的各个阶段）类58件，占案件总数的10.96%；要求履行法定职责类55件。除此之外，政府信息公开类41件，行政复议类（非维持原行政行为）21件，行政协议类19件，行政处罚、土地行政登记、治安行政管理等其他类型36件。具体案由分布如图1所示：

① 调研统计时，将因漳州市集体土地征收引发的各类行政诉讼案件均统计在内。

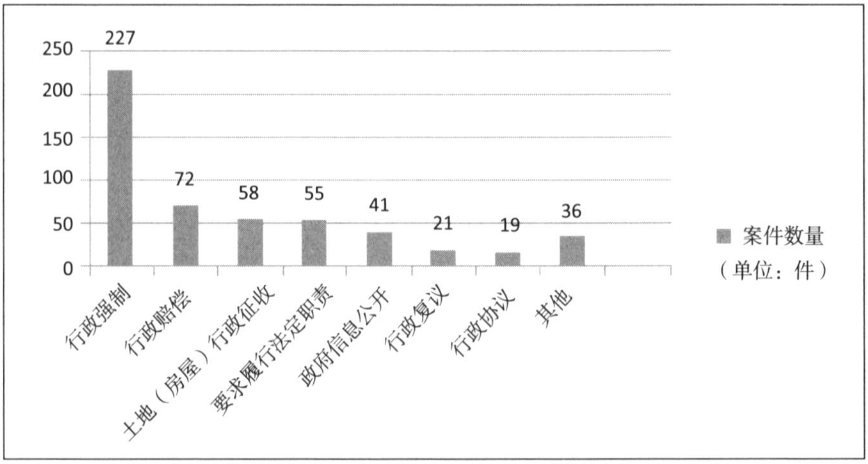

图 1：529 件漳州市涉集体土地征收案件案由分布图

（二）从被告构成看，县级政府、乡镇政府或街道办为被告的居多

因很多案件系以多个行政机关作为共同被告，在统计被告进行归类时，复议维持的案件均统计至原行政行为的行政机关项下；因县级以上人民政府为被告的行政诉讼案件由中级人民法院进行管辖，但复议维持的案件以原行政行为的行政机关确定级别管辖，故以县级以上人民政府单独为被告或为共同被告的（因复议维持作为共同被告的除外），均分别统计至省级政府类、设区的市级政府类、县级政府类；因绝大多数征迁为乡镇政府或街道办组织实施，故以乡镇政府或街道办单独为被告及乡镇政府或街道办与其他行政执法部门作为共同被告的案件，均统计至乡镇政府或街道办类。统计结果如图 2 所示，可以看出，涉集体土地征收案件中当事人提起行政诉讼时多将县级政府、乡镇政府或街道办列为被告，这主要是因为县级政府是集体土地征收的组织者，而实施单位多为乡镇政府或街道办。

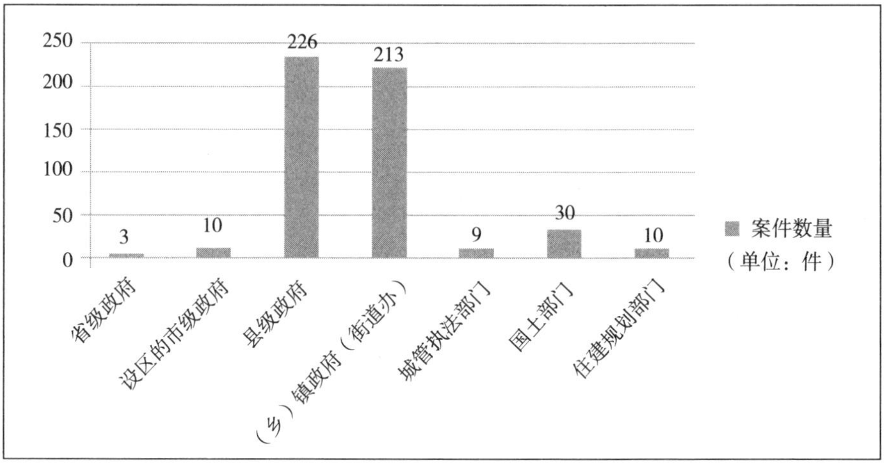

图 2：529 件案件被诉行政机关分布图

（三）从裁判结果看，实体判决中行政机关败诉居多

如图 3 所示，529 件案件中，除协调化解撤诉一部分外，近 1/3 案件被裁定不予立案、驳回起诉（含驳回对县级政府的起诉，对其他被告的起诉移送其他法院管辖）或整个案件移送管辖，属程序空转，仅有 46.5%的案件最终作出实体判决。而作出实体判决的 246 件案件中，行政机关败诉案件 164 件，占实体判决的 66.67%（如图 4 所示）。

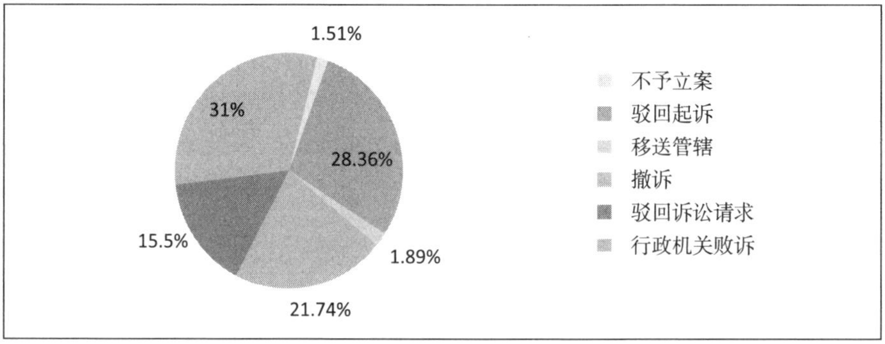

图 3：529 件案件裁判结果占比图

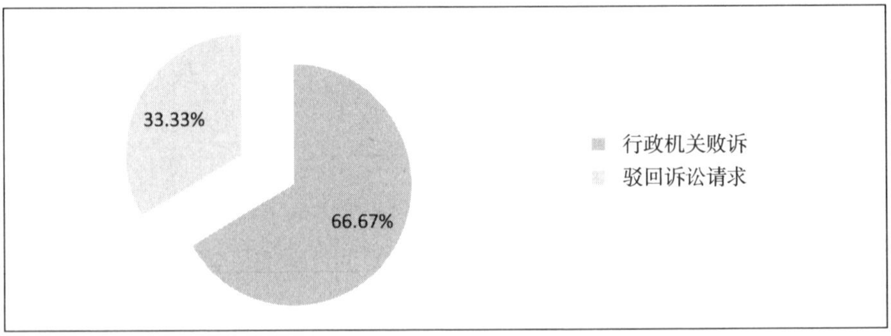

图 4：实体判决中判决结果的分布比例图

二、行政机关在征收集体土地中存在的问题

分析样本中的 164 件行政机关败诉的涉集体土地征收案件，可以总结出行政机关在征收集体土地过程中主要存在以下三大问题，这些问题亦是全省乃至全国在涉集体土地征收行政执法中存在的问题。

（一）违反法定程序

有的行政机关在实施征收过程中，未严格依照法定程序进行，主要表现为未经有批准权政府（国务院或省级人民政府）批准征收就实施一系列征收行为（简称未批先征）、超出有批准权政府批准的范围征收土地（简称少批多征）、未依法进行公告或公告的内容不完整、实施强制拆除未依法定程序进行等，最终因违反法定程序而败诉。

案例 1：X 区（县级）政府在省政府批准征收案涉片区集体土地前，就于 2017 年 4 月发布征地拆迁通知，征收案涉片区集体土地。法院认为该征地拆迁行为属未批先征，严重违反法定程序，遂判决确认被诉征收行为违法。

案例 2：省政府作出农用地转用和土地征收的批复后，L 市（县级）政府发布征收土地方案和征地补偿安置方案的通告，但因该通告中未依照当时有效的《征收土地公告办法》[①] 的规定，公告办理征地补偿登记的地点及青苗的种类、数量等内容，导致公告内容不完整，违反法定程序；且根据旧

① 《征收土地公告办法》自 2002 年 1 月 1 日开始施行，2020 年 3 月 20 日废止。

《土地管理法实施条例》[1] 第二十五条第三款规定，征地补偿安置方案的公告主体应当是市、县人民政府土地行政主管部门，而非市、县人民政府，法院遂判决确认该市政府组织实施征收原告洪某房屋所在土地的行为违法。

案例3：T公司面积1210.08平方米的厂房在征收范围内，其中678.44平方米已与征收拆迁公司签订《房屋征迁补偿安置协议》，领取了补偿费并搬迁封房，自愿交付给Z政府拆除。2018年4月4日，Z政府组织拆除了T公司1210.08平方米厂房。虽然Z政府主张未签订协议的531.64平方米厂房系因T公司违章抢建厂房且未自行纠正而进行强制拆除的，但因Z政府并未依据《行政强制法》第四十四条的规定履行相应的公告、限期当事人自行拆除等法定程序，属违反法定程序，法院遂确认Z政府对T公司531.64平方米厂房强制拆除行为违法。

（二）超越职权

行政机关应在法定职权范围内行使行政职权，不应超越自己的职权范围作出行政行为。根据《土地管理法实施条例》的规定，在集体土地征收过程中，被征收人要是不自愿交出土地，行政机关对于地上附着物没有强制执行权。但实践中行政机关往往因申请强制执行用时较长，选择直接强制拆除（铲除）被征收土地上的房屋等地上附着物或青苗而导致败诉。

案例4：G政府因强制拆除位于某集体土地征收范围内的林某的房屋而被林某诉至法院，法院经审理认为，G政府未提交相关土地行政主管部门责令林某交出土地的证据及由土地行政主管部门向人民法院申请并由人民法院裁定准予强制执行的有关证据，故G政府强制拆除林某房屋超越职权，遂判决确认被诉强拆行为违法。

（三）不履行法定职责

征收集体土地，应对被征收人进行安置补偿；并依法履行法定的政府信息公开职责。实践中仍存在行政机关在法定期限内未对个别被征收人予以安置补偿的情况；还有的行政机关未依法公开应主动公开的涉土地征收方面的

---

① 2021年4月21日国务院第132次常务会议对《土地管理法实施条例》进行修订，2021年7月2日中华人民共和国国务院令第743号公布修订后的《土地管理法实施条例》，自2021年9月1日起施行。故以2021年修订为界点，本文将2021年修订前的《土地管理法实施条例》简称旧《土地管理法实施条例》，2021年修订后的《土地管理法实施条例》简称为新《土地管理法实施条例》。

政府信息或对当事人的政府信息公开申请逾期未依法作出答复。

案例5：陈某诉至法院，主张其在L市（县级）政府组织征收集体土地时，主动腾房，经过多年的沟通仍未得到安置。L市（县级）政府主张就案涉宗地已与杨某签订《房屋拆迁安置补偿协议书》，且补偿款已被杨某领取。法院经审理认为，村委会证明陈某与杨某的宅基地属同在一块地中，陈某房屋已倒塌，只剩下部分墙体及条石基础等。陈某、L市政府均确认双方没有签订补偿安置协议，从L市政府与杨某签订的《房屋拆迁安置补偿协议书》看无法体现陈某的补偿款已包含在杨某户内，且杨某也认为其已领取的补偿款没有包括陈某的补偿款，陈某未领取到补偿款，故判决L市政府应按案涉征地拆迁补偿安置方案对陈某被征迁的构筑物履行拆迁安置补偿义务。

案例6：洪某某和刘某因土地、房屋被征收，向被告G镇政府邮寄书面政府信息公开申请，申请公开其房屋的危房鉴定报告。G镇政府签收后逾期未依法作出答复。后因G镇政府在诉讼过程中向洪某某和刘某提供了其申请公开的鉴定报告，判决履行政府信息公开职责已无实际意义，法院遂判决确认G镇政府未在法定期限内就洪某某和刘某的政府信息公开申请作出答复的行为违法。

三、存在违法违规征收行为的主要原因剖析

（一）集体土地征收相关的法律制度不完善

根据行政诉讼法规定，人民法院审理行政案件以法律和行政法规、地方性法规为依据，参照规章。党的十八大以来，立法质量不断提升，法治之网越织越密，为经济社会发展提供了引领和保障。但我国土地征收立法仍供给不足，与快速发展的社会经济不相适应。法律制度的不完善，容易造成行政机关无所适从，既不利于征收、补偿工作的快速顺利进行，也不利于被征地农民合法权益的保障，甚至造成征地纠纷久拖不决，影响建设项目的整体推进。

1. 中央立法方面

旧《土地管理法》[①]、旧《土地管理法实施条例》和《征收土地公告办

① 因2019年8月26日第十三届全国人民代表大会常务委员会第十二次会议《关于修改〈中华人民共和国土地管理法〉、〈中华人民共和国城市房地产管理法〉的决定》对《土地管理法》进行了第三次修改，故以2019年的修改为界点，本文将之前2004年修改的《土地管理法》简称为旧《土地管理法》，2019年修改并于2020年1月1日开始施行的《土地管理法》简称为新《土地管理法》。

法》对征收程序与补偿的形式、内容、标准规定不是特别明确，对征收程序中的法律救济途径亦未进行明确规定，导致有的当事人针对集体土地征收过程中各个阶段的行为分别提起行政诉讼，占用了一定的司法资源和行政资源。新《土地管理法》虽对土地征收制度进行了修改和完善，但也仅用七个条文（第四十五条至第五十一条）对土地征收制度进行了规定，其中仅有一个条文是规定征收程序的（主要规定征收申请审批前期工作的程序），而对于征收审批通过后组织实施征收的程序和征收审批未通过的该如何处理等均未进行规定。与新《土地管理法》相配套的《土地管理法实施条例》的修订工作直至 2021 年 7 月 2 日总理签署国务院令公布新《土地管理法实施条例》才完成，后于 2021 年 7 月 30 日在中国政府网上向社会各界公布，自 2021 年 9 月 1 日起施行。因此，2020 年 1 月 1 日新《土地管理法》施行之日起至 2021 年 9 月 1 日新《土地管理法实施条例》施行前，集体土地征收程序在可适用法律法规方面出现“青黄不接”状态，给行政机关组织实施集体土地征收行为及法院司法审查集体土地征收行为带来了巨大的挑战。

2. 地方立法方面

各省份原先虽有根据旧《土地管理法》制定实施《土地管理法》办法（属地方性法规），但在新《土地管理法》实施之后，除辽宁省外，其他省份均未再进行修订。笔者于 2021 年 7 月 30 日在法信平台输入“集体土地征收”关键词，点击“标题”“模糊查询”查找集体土地征收的相关规定，查询到标题中含有“集体”“土地”“征收”三个关键词的现行有效的地方性法规 3 部，均是 2020 年以前制定的，其中省级地方性法规 1 部，即《广东省征收农民集体所有土地各项补偿费管理办法》（2008 年修正），市级地方性法规 2 部（杭州市、宁波市各 1 部）；现行有效的地方政府规章 6 部，包含省级政府规章 2 部（重庆市、山西省各 1 部）；市级政府规章 4 部（合肥市、马鞍山市、温州市、金华市各 1 部）；其中大部分的地方政府规章是 2020 年以前制定的，只有《重庆市集体土地征收补偿安置办法》（2021 年 7 月 1 日起施行）、《温州市市区征收农民集体所有土地管理办法》（2020 年 12 月 15 日起施行）是新《土地管理法》施行后制定的，成为与新《土地管理法》相配套的地方政府规章的典范。

3. 调研样本所在地立法方面

调研样本所在的福建省仅在《福建省实施〈中华人民共和国土地管理

法〉办法》中对集体土地征收进行了规定，而未制定专门规范集体土地征收的地方性法规或规章，且该办法尚未根据新《土地管理法》进行修改，存在一定滞后性；省内部分设区的市（如厦门市等）对集体土地征收也只是制定规范性文件，并未制定地方性法规或规章；漳州市则未制定与集体土地征收相关的地方性法规、规章及适用于规范全市范围的规范性文件。

（二）行政机关违法征收的代价远低于依法征收的成本

1. 违法征收责任人员的法律责任难以落到实处

对于违法征收的法律责任，新、旧《土地管理法》只规定了非法批准征收、使用土地的行为的法律责任，对违反法定程序实施征收行为的法律责任并未进行明确。且因司法实践中征地批复原则上不可诉，导致缺乏司法监督，非法批准征收的法律责任也难以落到实处。《国家赔偿法》虽然在规定了违法征收、征用财产的行政赔偿责任后，也规定了赔偿义务机关赔偿损失后，应当责令有故意或者重大过失的工作人员或者受委托的组织或者个人承担部分或者全部赔偿费用。对有故意或者重大过失的责任人员，有关机关应当依法给予处分；构成犯罪的，应当依法追究刑事责任①，但实践中据此问责违法征收拆迁工作人员的情况较少，除非是造成非常严重的后果才会追究直接责任人员的责任。

2. 违法征收赔偿责任与依法补偿标准差距不大

实践中，行政机关违法征收，即使进入行政诉讼程序被法院判决撤销、确认违法、履行法定职责、赔偿等情形，这些败诉判决中真正能让行政机关感觉到违法代价的也只有判决赔偿。但根据《国家赔偿法》规定，违法征收财产，首选赔偿方式是返还财产；其次应当返还的财产损坏的，能够恢复原状的恢复原状，不能恢复原状的，按照损害程度给付相应的赔偿金；再者应当返还的财产灭失的，给付相应的赔偿金，而且给付的赔偿金按直接损失给予赔偿。而实践中，被征收人的房屋等地上附着物被征收人强制拆除发生损失需要判决赔偿，因相关财产已经灭失而只能判决给付相应的赔偿金且只赔偿直接损失。最高人民法院判例也仅明确赔偿标准不应低于被征收人依据补偿安置方案可以获得的征收补偿，赔偿金额应包括被征收房屋的价值、违法强制拆除造成的物品损失等，被征收人按照补偿安置方案应当获得的搬迁费、

---

① 详见《国家赔偿法》第四条第四项、第十六条规定。

临时安置费、停产停业损失等，可以视为《国家赔偿法》规定的“直接损失”。但对于“不应低于”被征收人依据补偿安置方案可以获得的征收补偿的司法裁量，因“高于”补偿安置方案可以获得的征收补偿的幅度不好把握，难以形成统一的裁判标准，且担心判决赔偿金额过分高于补偿标准会造成已签订安置补偿协议的被征地农民对所获得的征收补偿不满，导致之后被征地农民因期待更高的赔偿而不配合行政征收，影响社会的稳定与行政征收的推进，法院往往选择“等于”补偿安置方案可以获得的征收补偿确定赔偿金额，最多也就“略高于”补偿安置方案可以获得的征收补偿确定赔偿金额。而对于当事人聘请律师的高额费用，法院普遍认为不属于直接损失，不在国家赔偿范围。除此之外，行政机关因违法征收而败诉的代价多是导致绩效考核扣分及付出信访维稳的成本等。

3. 行政机关依法征收的时间成本和经济成本较高

首先是时间成本。2020 年以前开始实施征收的，根据旧《土地管理法》、旧《土地管理法实施条例》规定，依法应履行发布拟征地公告、确认调查结果、组织征地听证、拟定“一书四方案”并上报审批、发布土地征收公告、征地补偿登记、拟定征地补偿安置方案并公告、落实征地补偿安置费用、签订补偿安置协议或作出征地补偿安置决定、（责令）交出土地、申请法院强制执行等复杂的规范程序。单单计算从作出征地补偿安置决定或责令交出土地决定到实施强制执行的用时，短则几个月，长则一年以上，具体程序如图 5 所示。且房屋征收非诉执行案件探索实行由法院审查作裁定、政府组织实施的“裁执分离”原则，待法院作出准予执行的裁定后，组织实施强制搬迁、拆除行为的仍是政府。2020 年后开始实施的土地征收行为，至 2021 年 9 月 1 日期间仍处于可适用法律法规“青黄不接”状态，但根据新《土地管理法》和新《土地管理法实施条例》，调整后的集体土地征收程序并未比原先的程序简化，强制执行方面未进行修改，仍需向法院申请。

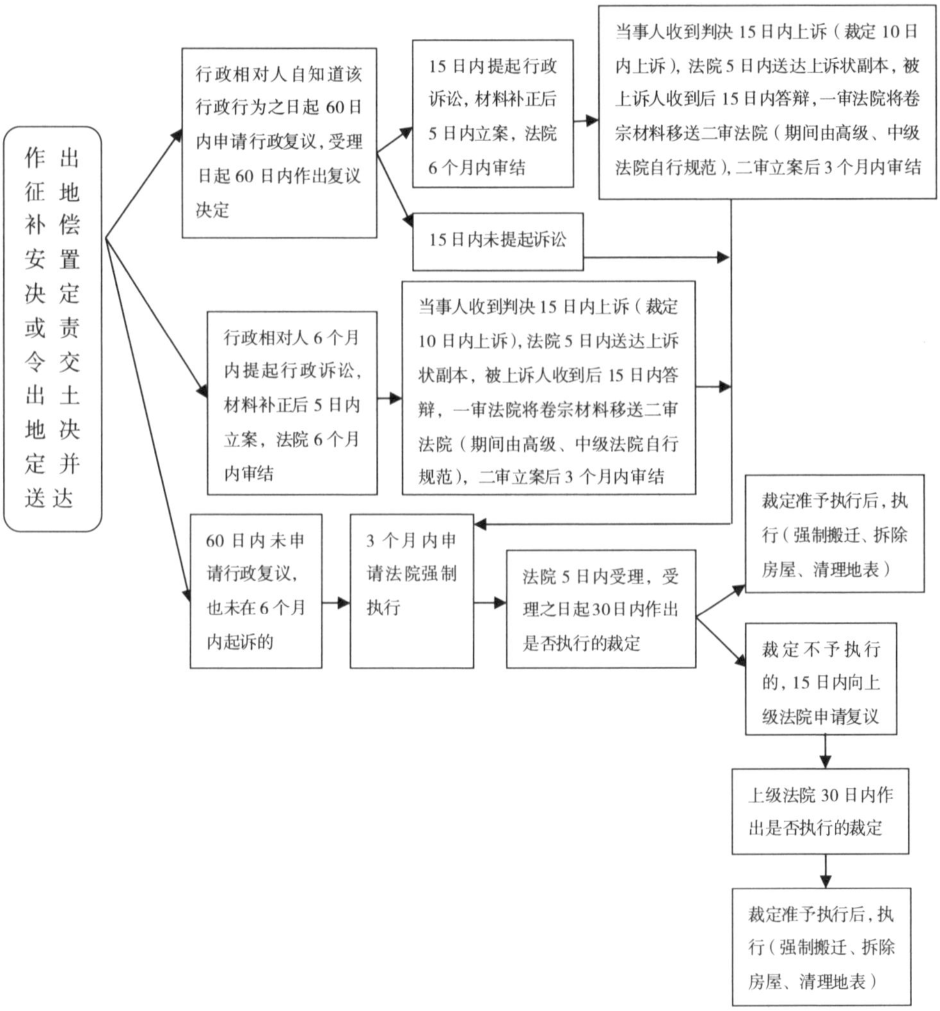

图5：从作出征地补偿安置决定或责令交出土地决定到实施强制执行的流程图

其次是经济成本。政府大多委托征收拆迁公司进行征迁，毫无疑问，征收周期拖得越长，对于政府来说，投入的经济成本越大。行政机关依法征收的成本与违法征收所付出的代价相对比，行政机关基本都是选择强制拆除，形成了不遵循征收程序规定的行为惯性，导致有些征收程序尤其是申请强制执行的规定落实不到位。

（三）行政执法人员法治思维和程序意识较弱

在全面依法治国大背景下，个别行政执法人员对依法行政的重要意义认识不足，法治思维跟不上时代的要求，在土地征收方面未能带头尊法守法、严格执法，对程序违法的后果认识不足。按照程序法理论，行政程序立法对于保证政府公共权力正确行使、保护公民合法权利不受公权力侵害具有重要的制度价值。公平与效率是行政程序的一般价值取向。其要求是：行政机关必须公正地行使其行政权力，保障公民的权利，限制行政权的滥用；不经过法定行政程序，任何个人或行政机关不得作出影响公民权利的行政决定，行政机关违反法定行政程序所作的决定无法律效力。但行政执法人员往往片面重视行政行为的实体性处理，轻视法定程序和正当程序的重要性和独立价值，不遵守法定程序，导致行政行为程序违法而被撤销或确认违法。

四、推进集体土地依法征收的对策建议

“法者，治之端也。”法治兴则国家兴，法治衰则国家衰。在推进全面依法治国的大背景下，要坚持以习近平法治思想为根本遵循和行动指南，在法治轨道上推进国家治理体系和治理能力现代化。

（一）推进科学立法，完善集体土地征收法律制度

法律是治国之重器，良法是善治之前提。坚持立法先行，充分发挥立法的引领和推动作用。

1. 加强地方立法探索，完善各地土地征收补偿规定

各省份应根据新《土地管理法》和新《土地管理法实施条例》的规定，尽快启动对实施《土地管理法》办法的修订工作，补充细化土地征收补偿的相关规定。各级地方政府还可借鉴重庆市、温州市等地的立法经验，探索在不抵触上位法的前提下以地方性法规或规章等形式专门制定集体土地征收补偿安置实施细则，以规范、可操作性强的征收程序和补偿安置细则在保障被征地农民的合法权益的同时提高政府行政效率，从源头上减少行政争议。为避免公告时间过短及集体土地征收程序久拖不决，建议在地方立法中明确规定征收土地公告的公告时限（如与预公告时限一致，不少于十个工作日）、作出征地补偿安置决定的时限（如在县级以上地方政府发布征收土地公告后六十日内）。

2. 修改《国家赔偿法》，丰富违法征收行政赔偿方式

对于未予以补偿安置就强制拆除（无法恢复原状）的违法行政行为引发

的行政赔偿，《国家赔偿法》对此类情况规定的赔偿方式过于单一，只有支付赔偿金一种方式，因近年来各地房价上涨过快，判决支付赔偿金实质上降低了被征地农民的生活水平，但法院苦于缺乏判决赔偿安置房屋的法律依据而往往选择判决支付赔偿金。因此，建议对《国家赔偿法》中违法征地赔偿方式的相关规定进行丰富，可参照具体征地补偿安置方案中的补偿方式进行赔偿。

3. 完善违法违规征地的法律责任规定，违法必究

新、旧《土地管理法》和《国家赔偿法》虽规定了非法批准征收行为及违法征收土地的责任，但仍不完善。中央亦曾三令五申禁止违法违规拆迁，如《国务院办公厅关于进一步严格征地拆迁管理工作切实维护群众合法权益的紧急通知》（国办发明电〔2010〕15 号）、《中共中央纪委办公厅、监察部办公厅关于加强监督检查进一步规范征地拆迁行为的通知》（中纪办发〔2011〕8 号）、《国土资源部办公厅关于严格管理防止违法违规征地的紧急通知》（国土资电发〔2013〕28 号）中均有强调依法查处违法违规征地行为，但均主要针对引发群体性或恶性事件的违法违规征地行为。只有完善违法违规征地的直接负责的主管人员和其他直接责任人员的法律责任制度，并严格执行这些规定，才能真正防止违法违规征地、暴力征地行为，维护社会和谐稳定。

4. 及时修改相关司法解释，为行政审判提供明确规则

建议尽快修改《最高人民法院关于审理涉及农村集体土地行政案件若干问题的规定》，使之与最新的法律法规、司法解释等相适应，并在该司法解释中明确土地征收过程中可诉和不可诉的行政行为，以防止当事人针对征收过程中各个环节的行为均提起行政诉讼，既浪费行政、司法资源，又在一定程度上影响了征收的进程。

5. 适时修改法律，赋予行政机关适当的强制执行权

实践中，征收过程中大多行政机关都未申请强制执行，而是径直实施强制拆除（清理）行为，使申请法院强制执行的规定虚置，引发了许多强制拆除及行政赔偿案件。规定征迁案件的强制执行需要向法院申请的主要意义在于“征收补偿决定的合法性、正当性需要受到司法机关的监督，经人民法院审查确认合法有效的，才能进入执行程序”。[①] 但赋予行政机关强制执行权，

① 参见《最新法律文件解读丛书》编辑委员会编：《行政法官必备法律司法解释解读》（第三版）（下册），人民法院出版社 2019 年版，第 1673 页。

并不意味着征地补偿安置决定或责令交出土地决定不受司法监督，当事人不服征收安置补偿决定或责令交出土地决定的，可以提起行政诉讼。即使未提起行政诉讼，根据《行政强制法》规定，行政机关有强制执行权的，行政机关还需要进行催告、作出强制执行决定，当事人针对强制执行决定还可以提起行政诉讼，但不发生停止执行的法律后果。因此，赋予县级以上地方人民政府对征地补偿安置决定或责令交出土地决定具有强制执行权，一定程度上可以提高行政效率，且不会减弱司法机关对决定合法性、正当性的监督。但为保证被征收人能够获得充分的补偿，可规定县级以上地方人民政府在作出强制执行决定前，应根据征地补偿安置决定或征地补偿安置协议为被征收人预留足够份额的安置房或宅基地，并将搬迁费、过渡费等货币补偿款进行公证提存。

（二）坚持严格执法，促进法治政府建设

“奉法者强则国强，奉法者弱则国弱。”习近平总书记指出，行政机关是实施法律法规的重要主体，要带头严格执法，维护公共利益、人民权益和社会秩序。①

1. 加强执法培训，强化“三大意识”

行政机关要加强执法培训，推动行政执法人员切实做到尊法、学法、守法、用法，牢固树立依法行政理念，严格规范公正文明执法，尤其要强化“三大意识”。一要强化职权法定意识。习近平总书记指出：“各级政府一定要严格依法行政，切实履行职责，该管的事一定要管好、管到位，该放的权一定要放足、放到位，坚决克服政府职能错位、越位、缺位现象。”② 行政机关要树立“法无授权不可为，法有规定必须为”的行政执法理念，既不得越位滥权，也不得怠于履行法定职责。二要强化程序意识。程序之于权力，犹如缰绳之于骏马，操之在手则驾驭自如，脱缰失序则为祸甚烈。行政机关选择违反法定程序实施征收往往是为了提高行政效率，但实际上“欲速则不达”，违法征收表面上是提高征收速度，却并不一定提高征收的效率，需要耗费很多精力、物力、财力应对被征收人的信访、复议、诉讼等，而且损害了

---

① 参见《依法治国依法执政依法行政共同推进法治国家法治政府法治社会一体建设》，载《人民日报》2013 年 2 月 25 日。

② 参见《正确发挥市场作用和政府作用 推动经济社会持续健康发展》，载《人民日报》2014 年 5 月 28 日。

法治政府的形象和公信力，不利于社会和谐稳定发展。因此，要严格按照法定程序行使职权、履行职责，坚决防止遗漏法定步骤、颠倒法定顺序、超过法定期限等违反法定程序的行为。三要强化文明执法意识。习近平总书记曾强调，涉及群众的问题，要准确把握社会心态和群众情绪，充分考虑执法对象的切身感受，规范执法言行，推行人性化执法、柔性执法、阳光执法，不要搞粗暴执法、“委托暴力”执法那一套。①

2. 依托网络科技力量，实现“阳光征收”

通过政府官方网站、广播电视、微信公众号及张贴公告等多渠道主动依法公开征地相关政府信息，方便群众查询获取，并加强村务公开，让集体土地征收工作在“阳光”下运行。各地在经济、科技条件具备的情况下，可借鉴江苏省阜宁县的“阳光征收”经验，开发阳光征收平台软件，平台中采用统一格式的安置补偿协议，工作人员在录入被征收人、被征收土地、地上附着物、青苗等信息后，系统自动计算补偿金额并分配协议编号，生成安置补偿协议；同时实现集体土地征收政务网上办理、信息公开、自助查询，让数据多跑路，让群众少跑路，有效提升行政效率和解决征收不透明等问题，让人民群众切实感受到公开、公平、高效。

3. 充分发挥行政复议监督职能，敢于“刀刃向内”

行政复议既是倒逼依法行政的“助推器”，也是反映法治政府建设质量的“晴雨表”。在集体土地征收领域尤其要充分发挥行政复议公正高效、便民为民的制度优势和化解行政争议的主渠道作用。强化复议机关的监督优势和资源调配优势，在行政复议过程中对征收过程中作出的违法行政行为要依法予以纠正，解决被征收人的实际利益诉求，实质性化解行政争议的同时提升政府公信力。复议机关还可通过梳理集体土地征收共性问题，发现行政执法薄弱环节及突出问题，加强监督检查，推动完善制度建设，引导人民群众有序参与社会治理，推进社会治理体系和治理能力现代化。

（三）坚持公正司法，充分发挥行政审判监督职能

行政机关征地拆迁工作的规范有序，离不开司法的监督；法治政府的高水平建设，亦离不开司法的助力。

---

① 参见《十八大以来重要文献选编》（上），中央文献出版社 2014 年版，第 722—723 页。

1. 优先审理涉重点项目征收案件

为保证重点建设项目的推进，法院可在力所能及的范围内对涉重点项目征收案件开辟绿色通道，优先审理，坚持“快立、快审、快执”工作原则，建立“立审执”一体快速反应机制，在确保审判公正的基础上，实现涉及重大项目集体土地征收案件高效快速处理。对行政机关申请非诉审查和执行的案件，符合规定的，加快裁定准予执行。

2. 司法建议促依法行政

法院要充分发挥行政审判监督职能，坚持合法性审查原则，依法审理涉集体土地征收行政案件，监督行政机关依法行使职权。对审理行政案件过程中发现行政机关征地过程中存在的问题，主动与被诉行政机关沟通，适时发出司法建议，督促行政机关及时纠正集体土地征收工作中的不当之处，促进行政机关规范征收行为。

3. 深化行政司法良性互动

继续通过府院联席会议、共同研讨座谈、联合调研等多种形式强化行政司法良性互动。大力推广福建首创的庭上行政机关负责人出庭应诉示范、行政执法人员庭审旁听观摩、庭后通报行政审判情况、联动讲评行政应诉表现、破解依法行政依法应诉难题的“五位一体”以庭代训常态化新机制，通过以庭代训提升行政执法和应诉能力，推进更高水平法治政府建设，提高社会治理法治化水平。

关于集体土地征收补偿协议纠纷案件的调研报告

——以2018—2020年中国裁判文书网公布的裁判文书为分析样本

崔吟楠

【摘要】集体土地征收补偿协议引起的行政诉讼案件呈现出群体诉讼、化解难度较大、审级较高的特点。对于该类案件的审理要对补偿协议的签订、履行、变更以及解除等行政行为的合法性进行全面审查，同时兼顾公共利益的维护和私法主体权益的保护。人民法院在审理该类案件时存在法律适用、相关权利人是否具有补偿资格的认定、相关争议裁判标准不统一等问题，还有待进一步明确和解决。预防和化解该类纠纷，需要从完善立法、制度保障、行政机关依法行政以及人民法院实质化解纠纷的裁判理念等方面形成合力。

【关键词】集体土地征收　征收补偿协议　行政诉讼

较之国有土地上房屋征收相对成熟的立法和制度安排，农村集体土地征收中则存在诸多尚未解决的问题。尤其是自2015年5月1日以来，行政协议纳入行政诉讼的受案范围，因集体土地征收补偿协议引起的行政诉讼也占据较大的比例。2020年1月1日起实施的新《土地管理法》中引入预征收补偿协议制度，规定征收机关申请征地前应先和被征收人签订预征收补偿协议；该法第六十二条允许农村村民出卖、赠与宅基地上的房屋。2021年1月1日起实施的《民法典》中明确规定居住权人等用益物权人也是征地补偿安置的对象。新法的实施给行政机关依照法定程序征地、审查补偿对象以及人民法院实质化解纠纷都带来新的挑战和要求。本文以新法为背景，通过检索裁判文书网，查看了2018—2020年公开的300余份关于征收补偿协议引起的行政争议案件，有针对性地挑选出其中的170份作为样本进行分析，从实践中存在的问题出发，针对如何预防和化解此类纠纷，从立法、执法及司法三个方面提出建议。

一、基本情况

170余份样本中，最高人民法院裁判文书40余份，高级人民法院裁判文书约40份，中级人民法院裁判文书约60份，基层人民法院裁判文书约30份。其中，涉及撤销预征收补偿协议案件约18件、确认补偿安置协议无效案件约63件、撤销正式征收补偿协议案件约40件、要求撤销地方人民政府裁决决定书案件约26件、涉及补偿协议的履行以及行政机关单方变更或者解除协议的案件约23件。

从裁判结果看，一审驳回原告诉讼请求或者起诉的约114件；判决确认补偿协议无效或者判决撤销补偿协议的约28件；判决征收机关继续履行补偿协议义务的约13件；判决变更协议内容的约15件 。

从以上数据明显可以看出，针对征收补偿协议提起的行政诉讼，原告败诉的几率较高。通过分析，还发现以下特点：

（一）从原告的诉讼请求来看，要求撤销签订的（预）征收补偿协议及确认协议无效的案件占较大比例

170份样本中，诉请撤销未生效的预征收补偿协议案件约占10.6%；诉请撤销正式征收补偿协议及确认协议无效案件约占60.6%。其中以签订的征收补偿协议显失公平为由的案件约占16%；以征收补偿协议系胁迫、欺诈情形下签订为由的案件约占34%；以签订的征收主体不适格为由的案件约占22%；相关权利人要求确认征收机关与第三人签订的补偿协议无效的案件约占28%。

以上数据说明，征收补偿协议虽在双方平等协商的基础上签订，但由于行政机关在签订协议过程中未对相关法律法规、政策等进行详细说明、解释或者工作方式方法存在不足，导致被征收对象签订协议后“反悔”的情况较多。

（二）从结案方式看，裁定驳回起诉和判决驳回诉讼请求的占比较高

170余份调研样本中，一审涉及撤销预征收补偿协议的诉请，一般以不属于行政争议受案范围为由裁定驳回起诉。理由是征地申请被有权部门批复前，征地机关与被征地对象签订的预征收补偿协议，对双方的权利义务不产

生实质影响，不属于行政诉讼受案范围。只有征地申请得到批复后，行政机关具体实施征地行为，预征收补偿协议才生效，生效后的征收补偿协议属于行政案件的受案范围。

而涉及确认补偿安置协议无效的案件，主要以原告不能提供证据证明行政机关存在重大且明显违法情形为由，驳回其诉讼请求；涉及撤销（正式）征收补偿协议的案件，主要以原告不能举证存在胁迫、欺诈、重大误解、显失公平等违法情形为由，驳回其诉讼请求。

（三）群体诉讼较多，有一定的社会影响

170 余份调研样本中，涉及群体诉讼案件居多。原告方少则几个人，多则几十人甚至上百人针对同一行政行为提起行政诉讼。如赵某某等 11 人诉某县人民政府、某区人民政府、某村民委员会请求确认征收补偿协议无效案；刘某某、何某某等 29 人诉某街道办事处要求履行补偿协议、支付征地补偿款案。

由于农村集体土地征收是对成片土地的开发和利用，涉及的人数众多，且有着相同的利益和诉求，容易引发群体诉讼。即使开始是个人起诉，也容易形成扩散，引起更多人相继起诉，容易造成一定的社会影响。如周某等 131 人起诉某市某区人民政府、某省某市自然资源局某分局征收补偿协议案。

（四）起诉的被告主体较多

170 余份样本中，大多数案件的被告都在三个以上，有些甚至从市人民政府到村民小组起诉了五六个机关或单位，有些机关或单位其实与原告的诉请无关，但也被列为被告，给相关机关或单位造成不必要的负担。其中起诉区、县人民政府及土地主管部门的约占 90%；起诉镇政府或者街道办事处的约占 40%；起诉征地办公室（征地中心）的约占 50%以上；起诉管委会的约占 50%；起诉村民委员会或者村民小组的约占 10%。上述比例分布的原因在于同一行政案件中，上述机关或单位往往同时被列为被告。

（五）上诉案件及再审案件数量偏多，审级较高

170 余份调研样本中，不服一审判决上诉案件约占 70%以上；二审维持原裁判后，向高级人民法院或者最高人民法院申请再审案件比例达 50%以上。征地项目事关当地经济发展和社会稳定，事关被征收群体的切身利益，当裁判结果没有达到预想的效果时，当事人往往倾向于向更高级别的法院寻求结

果。也有一部分当事人故意滥用诉权，企图通过诉讼方式给行政机关增加压力，甚至边诉讼边信访，以期达到目的。

二、原告败诉的原因分析

（一）不具备起诉资格

依据征收补偿协议纠纷的受案范围，提起诉讼的原告应该是协议的签订主体以及被征收土地的承包人或实际使用人以及与征收补偿协议存在利害关系的主体。170余份样本中，不具备原告资格的情形主要包括以下几类：

一是违反《最高人民法院关于审理涉及农村集体土地行政案件若干问题的规定》第三条和第四条中关于原告主体的规定，以个人名义起诉。

该规定第三条第二款规定，农村集体经济组织成员全部转为城镇居民后，对涉及农村集体土地的行政行为不服的，过半数的原集体经济组织成员可以提起诉讼；第三条第一款、第四条规定村民委员会或农村集体经济组织对涉及农村集体土地的行政行为不起诉的，过半数的村民可以以集体经济组织名义提起诉讼；土地使用权人或者实际使用人对行政机关作出涉及其使用或者实际使用的集体土地的行政行为不服的，可以以自己的名义提起诉讼。即只有村民委员会或者农村集体经济组织、超过半数的村民及土地使用权人或者实际使用人，才有权对涉及农村集体土地的行政行为提起行政诉讼，村民个人没有原告资格。

如陆某与某市某区人民政府、某区某街道办事处土地征收补偿协议纠纷一案，陆某要求变更征收补偿协议，但陆某所在的村民委员会已于之前被撤销，原村民全部转为城镇居民，涉案土地补偿协议系经济社就其所有的集体土地与征地单位协商签订，故陆某无权要求变更协议。

二是不符合2014年《土地管理法实施条例》第二十六条“土地补偿费归农村集体经济组织所有；地上附着物及青苗补偿费归地上附着物及青苗的所有者所有。征收土地的安置补助费必须专款专用，不得挪作他用”的规定，未区分被征收的集体土地的所有权人和使用权人，以个人名义起诉确认补偿内容仅涉及土地补偿费和安置补助费的征收协议无效。

如倪某要求确认某区征地办公室与某村村民委员会签订的《补偿协议》无效案，而该协议内容仅涉及土地补偿费和安置补助费，不涉及地上附着物和青苗补偿，因此倪某作为土地使用权人无权对该协议提起行政诉讼。

另外，土地征收过程中，与土地使用权的变更或者行使相关联的是土地征收决定、限期搬迁决定、强制清除地上附着物等行为，以及对青苗、地上附着物的补偿等事项，土地使用权人如对上述行为或事项不服，方可依法主张。

三是依据2004年《土地管理法》第四十七条规定，征地补偿参照原土地用途。故集体土地上房屋的承租人不属于需要补偿安置人员的范围。

如某公司对征地机关与第三人签订的安置补偿协议提起诉讼，法院认为某公司系集体土地上房屋的承租人，不属于征收集体土地需补偿安置人员的范围，征收集体土地应支付的补偿费用也不包括房屋承租人的相关补偿费用。

2020年1月1日起实施的新《土地管理法》对该条进行了变更，在第四十八条第三款规定，征收农用地的土地补偿费、安置补助费标准由省、自治区、直辖市通过制定公布区片综合地价确定。制定区片综合地价应当综合考虑土地原用途、土地资源条件、土地产值、土地区位、土地供求关系、人口以及经济社会发展水平等因素；该条第四款规定征收农用地以外的其他土地、地上附着物和青苗等的补偿标准，由省、自治区、直辖市制定。对其中的农村村民住宅，应当按照先补偿后搬迁、居住条件有改善的原则，尊重农村村民意愿，采取重新安排宅基地建房、提供安置房或者货币补偿等方式给予公平、合理的补偿，并对因征收造成的搬迁、临时安置等费用予以补偿，保障农村村民居住的权利和合法的住房财产权益。从以上规定可以看出，新法仅规定土地补偿费、安置补助费标准应考虑原用途，不包含地上附着物，意味着今后集体土地上房屋的承租人也可能纳入补偿对象之列。

四是在集体土地上建造房屋或者房屋的出资人系城镇居民，不具有农村集体经济组织成员身份，因违反《国务院办公厅关于严格执行有关农村集体建设用地法律和政策的通知》（国办发〔2007〕71号）关于农村住宅用地只能分配给本村村民，城镇居民不得到农村购买宅基地、农民住宅或“小产权房”的规定，不属于补偿安置对象。

如曾某、冯某等8人系联建房屋的出资人，均系城镇居民，其要求撤销某区人民政府征收补偿行为一案，被依法驳回诉请。

而依据新《土地管理法》第六十二条第五款、第六款“农村村民出卖、出租、赠与住宅后，再申请宅基地的，不予批准。国家允许进城落户的农村村民依法自愿有偿退出宅基地，鼓励农村集体经济组织及其成员盘活利用闲置宅基地和闲置住宅”的规定，说明2020年1月1日以后国家允许农村村民出卖、赠与宅基地上的房屋，那么，涉及宅基地的征收，作为不具备农村集体经济组织成员身份的房屋买受人及受赠人也应该可以基于宅基地的使用人和房屋所有权人获得相应的补偿。

（二）举证能力普遍较弱

原告一般是被征地农民，其收集证据的意识和能力普遍较弱，对签订补偿协议过程中，行政机关可能存在的不正当方式或者欺诈、胁迫、恶意串通等违法行为无法举证证明，法院一般以原告的诉请无事实和法律依据为由，驳回其诉讼请求。

如魏某要求确认其与某县国土资源局签订的征收补偿协议无效一案，再审法院认为，协议约定的内容已经实际履行完毕，被诉征收补偿协议不存在重大且明显违法情形，认定魏某的诉请无事实和法律依据。

（三）争议的补偿协议签订于修法之前

依据2019年发布的《最高人民法院关于审理行政协议案件若干问题的规定》第二十八条可知，2015年5月1日之前签订的行政补偿协议不属于行政诉讼的受案范围。对于此前拆迁人与被拆迁人之间因房屋安置、补偿问题发生的纠纷，应通过民事诉讼途径予以解决。

如某公司诉某开发区管理委员会、某街道办事处确认征收补偿协议违法一案，因案涉补偿协议签订于2014年1月27日，故该协议产生的争议不属于行政诉讼的受案范围。

三、征收补偿协议被确认无效或者被撤销的主要情形

涉及确认征收补偿协议无效或者要求撤销补偿协议的样本中，其中有28件被撤销或者确认无效，约占27.2%，反映出行政机关在与相对人签订补偿协议中存在的主要问题：

（一）违反平等协商的原则

征收补偿协议兼具“行政性”和“合同性”双重属性。民事合同与行政协议的主要区别在于民事合同以实现意思自治达成合意为目的，而行政协议

的目的在于实现公共利益，意思自治仅为实现公共利益的手段，然而行政机关在缔约的过程中因为受到其权限、职能及相关制度等因素的限制，可能为了维护缔约成本及实现公共利益目的的紧迫性而利用其强势地位将其意志强加于相对人。如征收机关对协议相对人设定明显不对等的条件或者义务，实质上不具有合意基础，违反了“禁止不当联结”原则，存在显失公平的情形。某公司诉某市某区人民政府请求撤销征收补偿安置协议一案，某市中级人民法院一审认为，某区政府对被征收人获得搬迁费用人为附加了不平等条件，明显违反法律强制性规定，补偿明显不合理，行政协议显失公平，判决撤销双方签订的补偿协议。某区人民政府上诉后，二审法院认为补偿协议为某公司合法合理的搬迁补贴额附加了不平等条件，违反了合同所应遵循的公平、平等的基本原则，驳回上诉，维持原判。

（二）征收补偿协议损害了相关权利人的合法权益

新《土地管理法》规定，集体土地的权利人包括土地所有人、土地使用人。即补偿对象一般包括农村集体经济组织、农村集体经济组织成员、农村集体土地的承包人、地上附着物的所有人和实际使用人。实践中，有的征收机关未深入调查，在签订协议时对当事人提出的异议不予审查，而是以事后再协商处理等理由或者其他不正当手段与户主先签订协议，而对未在补偿安置协议中涉及的相关权利人的诉求置之不理，导致争议发生。

1. 户籍与产权不一致的情形

征收机关对集体土地征收一般以“户籍”为分配原则。涉及集体土地上房屋征收时，由于各地“户籍”和“产权”管理体系及其相互关系的不顺畅，实践中存在一些符合分户条件且已经合法取得宅基地的村民尚未分户的情况，在这种“户籍”与“产权”关系不一致的情况并非村民个人原因导致的前提下，单纯以“户籍”为标准安置补偿，以“户籍”的不独立性否定“产权”的独立性而忽视个人利益，存在显失公平的情形，而应适当兼顾被征收房屋的“产权价值”，体现出房屋的居住价值，从而确保被征地农民合法权益的最大化。

如周某不服某高级人民法院对其诉某市政府征地安置补偿行政裁决作出的行政判决一案中，最高人民法院认为周某与其母侯某已于2006年分户别居，侯某在未授权的情况下与某市新城建设办公室于2007年签订的《住房安置协议》处分了周某的房屋，周某也始终对该协议不予认可，侯某代表周某处分安置补偿利益的权利基础不复存在，故以侯某签订的该协议为由，将周某及其母亲合并安置，显然于法无据，显失公平。

2. 涉及外嫁女的补偿问题

《妇女权益保障法》第五十六条第一款规定，村民自治章程、村规民约，村民会议、村民代表会议的决定以及其他涉及村民利益事项的决定，不得以妇女未婚、结婚、离婚、丧偶、户无男性等为由，侵害妇女在农村集体经济组织中的各项权益。即结婚出嫁并非已婚妇女丧失原先所在农村集体经济组织成员的法定条件。只要出嫁女的户籍未迁出，并继续履行村民义务，就应当享有与其他村民同等的权利。征地机关对外嫁女是否符合补偿资格未进行调查，就剥夺符合条件外嫁女的补偿资格或者不认可其村民资格，将其排除在补偿安置对象之外，侵犯其合法权益。

如金某诉某市某区人民政府履行补偿安置职责案中，金某离婚后，回到娘家所在村生活，并参加该村集体分配、新型农村合作医疗。后金某父亲代表其户与征收部门签订搬迁安置协议书，但协议书中户内成员不含金某，未对金某进行补偿安置。金某在前夫所在村亦未获得拆迁安置权益。法院审查后认为，金某虽原为出嫁女，但其并未迁转户口且未在前夫家参与集体分配，未获得拆迁安置权益，故应认定金某符合安置补偿资格。

四、法院审理涉及集体土地征收补偿协议纠纷案件存在的分歧及当下主流观点

（一）法律适用问题

170 余份调研样本中，对于征收补偿协议合法性的审查，在适用法律方面，主要有三种做法：有的裁判文书既适用行政法律法规及司法解释的相关规定，又同时适用民事法律法规（原《合同法》）的相关规定；有的裁判文书仅适用民事法律法规的相关规定，而没有适用行政法律法规及司法解释的相关规定；有的裁判文书优先适用行政法律法规的相关规定进行说理裁判，民事法律法规仅作为补充适用。

征收补偿协议虽然具有双重性质，但其核心体现的是“行政性”，故在行政诉讼中，无论是从程序上还是从实体上均应优先适用行政法律法规及司

法解释的相关规定，只有在确有需要情形下才可以适用民事法律规范。如果在适用法律时可以选择适用行政法律规范或者民事法律规范，将导致裁判标准的混乱。只有在行政法律法规没有规定的情况下，才能补充适用民事法律规范。

在确认征收补偿协议无效的案件中，依据《最高人民法院关于审理行政协议案件若干问题的规定》第十二条第二款规定，人民法院可以适用民事法律规范确认行政协议无效。对该款不能理解为人民法院在审查征收补偿协议是否存在无效的情形时可以直接依据《民法典》第八条、第一百三十二条、第一百五十三条、第一百五十四条等相关条文，而应首先依据《行政诉讼法》第七十五条和《最高人民法院关于适用〈中华人民共和国行政诉讼法〉的解释》第九十九条规定，只有适用该法律及司法解释无法准确判断的情况下，才可适用《民法典》的相关规定。

如某市某村村民小组诉某省某区人民政府与某乡人民政府订立土地征收补偿协议行为一案，不服某省高院作出的行政判决，向最高人民法院申请再审，最高人民法院经审查后指出，当事人起诉订立行政协议的行为，同样适用《行政诉讼法》关于起诉期限的规定，不得以民事实体法上的诉讼时效替代起诉期限法定立案条件的审查。2015 年 5 月 1 日新《行政诉讼法》实施后，当事人对修改后的《行政诉讼法》实施之前的行政行为提起行政诉讼的，人民法院首先要审查至 2015 年 5 月 1 日，其起诉期限是否届满。超过法定起诉期限的，应不予立案受理；未超过起诉期限的，按修改后的《行政诉讼法》规定的起诉期限计算。剩余起诉期限超过修改后的《行政诉讼法》规定的六个月的，以六个月为限；剩余期限不足六个月的，以剩余期限为限。本案中，补偿协议于 2015 年 10 月 15 日签订，至 2015 年 12 月 15 日村民知道协议内容，起诉期限应从知道协议内容的次日计算六个月。但原告于 2017 年 8 月 29 日起诉，显然已超过起诉期限。一、二审法院本应对原告之诉请裁定不予立案，或者驳回起诉，受理该项诉请并作出实体判决不妥当。

又如某市开发区管委会不服某省高院行政判决，向最高人民法院申请再审，最高人民法院经审查后指出：行政协议具有行政性和协议性双重属性。但是，突出的是它的行政性特性。因此在法律适用上要优先适用行政诉讼法和行政实体法法律规范，而不是既可以适用行政法律规范，又可以适用民事法律规范，民事法律规范仅是人民法院审理行政协议案件的补充规则。即行政法律规范没有规定的，在不与行政法的基本原则相抵触的情况下，人民法院可以补充适用民事法律规范。一、二审未按《行政诉讼法》《土地管理法》等相关行政法律规范判断行政协议的有效性，而是按照合同法律法规审理本案不妥，最高人民法院予以指正。

（二）胎儿能否作为补偿安置对象并在补偿协议中充分体现其权益的问题

170份样本中，涉及胎儿是否能够作为补偿安置对象的问题，只有少数法院认为应该将征地公告发布时的胎儿作为正常补偿对象予以补偿；多数法院则认为征地公告发布时尚未出生的胎儿，不属于征地补偿安置的对象，征收机关可对征地中尚未出生的胎儿适当考虑或者留存一些征收权益。即在签订补偿协议时对于胎儿的权益采取适当保护原则，权益保护程度可能完全取决于征收机关的意愿。如李某诉某区政府履行征地补偿一案，李某之法定代表人在李某未出生前与某区人民政府签订《房屋拆除补偿协议》时增加的补充条款载明，李某于十个月内出生，可凭其户口本、出生证明与合法有效证件享受80000元补助和1人份额的购房指标。后李某认为应按照正常人口予以补偿安置，诉至法院。一、二审法院均以李某在征地公告发布时尚未出生不符合补偿安置资格为由驳回其诉请。

2018年11月，最高人民法院在李某、杨某四人不服某市人民政府征收安置补偿四案的再审行政裁定书中指出，胎儿的合法权益应当受到保障。原《民法总则》第十六条规定，涉及遗产继承、接受赠与等胎儿利益保护的，胎儿视为具有民事权利能力。但是胎儿娩出时为死体的，其民事权利能力自始不存在。本条从法律上明确规定胎儿利益保护的范围为“涉及遗产继承、接受赠与等”。胎儿在生理上的特殊性决定了其作为民事主体，享受权利是主要的，承担义务是次要的。胎儿存在于母腹之中，无意思能力、行为能力及责任能力，故其作为民事主体所承担之义务，除非来自继承，殆无其他来源。但其享受的权利确是相当广泛的，除了遗产继承和接受赠与，还有其他涉及胎儿利益保护的情况，在司法实践中要结合具体情形判断是否属于胎儿的权益保护范围。对胎儿权益的保护，在集体土地征收过程中应当得到落实和贯彻。由于我国实行的是家庭联产承包责任制，依据《农村土地承包法》的立法宗旨和精神及有关政策规定，土地是村民的基本生活资料和生活保障，按户口属地原则，村民应享有户口所在村的土地承包权和土地补偿分配权，作为其基本生活资料和生活保障。土地补偿费是农村集体所有权丧失的补偿，具有为集体经济组织成员的基本生活提供保障的功能。土地补偿费分配权是基于集体经济组织成员的身份而产生的。在征收集体土地时，应把胎儿列为安置对象进行补偿。尤其是对集体经济组织全部集体土地予以征收的，应充分考虑胎儿的特殊情况，给予特殊保障。

显然，最高人民法院对将胎儿作为征地补偿对象持明确肯定的态度。《民法总则》虽已废止，但《民法典》第十六条沿用了其第十六条的规定，故涉及胎儿的此类案件，在能够符合新增人口补偿的条件下，应预先将胎儿作为补偿安置的对象，并在签订的补偿安置协议中按照正常人口予以补偿和安置，当然可以附加相关合理条件，如出生于新增人口的截止时间节点之前等。

（三）因继承纠纷引起的确认补偿协议无效的案件，不同地区法院的裁判观点不一致

170 余份样本中，有近 20 件案件的原告认为对协议标的物拥有继承权益，而征地机关却与其他继承人签订了征收补偿协议，原告由此要求确认行政机关与其他继承人签订的补偿协议无效。样本中涉及不同地区、不同审级的法院，主要有以下三种裁判观点：

观点一认为案件中的继承权问题属于民事纠纷，在原告诉请的行政争议中应适用民事规范一并审理，查明原告的确对被征收标的享有继承权益后，以行政机关“认定事实不清、证据不足”为由确认补偿协议无效。

观点二认为原告所诉纠纷属于民事诉讼范围，与被诉行政协议“不存在行政法意义上的利害关系”，原告不具备主体资格，驳回原告起诉。

如原告姚某认为被拆迁房屋系其父母之祖产，其拥有合法继承权，要求确认行政机关与第三人签订的补偿安置协议无效一案中，一审法院认为征收机关签订补偿协议时遗漏了姚某，审理后确认补偿协议无效；该案上诉后，二审法院则以姚某不具备行政法上的原告资格，撤销一审判决并驳回原告起诉。

观点三认为当事人的继承权并不直接等同于补偿安置权，当事人可以通过民事诉讼途径另行主张对补偿款进行分割，驳回诉请。

如原告肖某与某市某区征地拆迁服务中心、某区人民政府、第三人肖某

确认补偿协议无效一案，原告肖某主张补偿协议无效的理由是认为其因继承而获得被征土地上房屋的所有权，征收机关未与其协商签订协议。一审法院认为肖某应通过民事诉讼主张对房屋补偿款进行分割。

显然，第一种观点不利于征收补偿协议的稳定性，协议被确认无效后，行政机关需要重新协商并达成补偿协议，可能增加行政成本，也不利于征收工作的稳定进行；第二种观点认为原告没有提起行政诉讼的资格，不利于化解纠纷；第三种观点则更加符合实际，在认定补偿协议不存在明显且重大违法的情况下，向当事人释明通过民事途经解决纠纷，能够兼顾行政公信力和私法的利益保护，更加合理。

五、预防和化解集体土地征收补偿协议纠纷的对策和建议

（一）从立法角度：完善相关立法，从制度上预防

1. 建议出台集体土地征收与补偿条例或者办法

农村集体土地征收涉及多个环节，由于相关立法的不完善，具体实施过程中存在诸多问题，容易引发争议，故应该出台针对集体土地征收与补偿的条例或者办法，从制度上规范行政权。

就征收补偿环节而言，一是要确定签订征收补偿协议的行政主体。针对原告无法准确判断签订征收补偿协议的行政主体，为避免原告错列、漏列、乱列被告导致诉讼成本增加及给相关行政机关徒增负担的情况，应依据新《土地管理法》及 2021 年 9 月 1 日起实施的新《土地管理法实施条例》的相关规定，将签订补偿协议的行政机关予以明确。

新《土地管理法》第四十七条规定，国家征收土地的，依照法定程序批准后，由县级以上地方人民政府予以公告并组织实施。县级以上地方人民政府应当组织有关部门测算并落实有关费用，保证足额到位，与拟征收土地的所有权人、使用权人就补偿、安置等签订协议。2021 年 9 月 1 日起实施的新《土地管理法实施条例》第二十九条第一款规定，县级以上地方人民政府根据法律、法规规定和听证会等情况确定征地补偿安置方案后，应当组织有关部门与拟征收土地的所有权人，使用权人签订征地补偿安置协议。从文义上理解，签订补偿安置协议的主体可能是市、县人民政府，也可能是市、县人民政府组织的有关部门，故应明确规定补偿协议只能由市、县人民政府及其

土地主管部门与被征收人签订。即使市、县人民政府将该事项委托给其他行政机关或者组织，也应以市、县人民政府的名义签订，而不是以受委托的机关或者组织的名义签订。

二是要完善签订征收补偿协议的相对人，充分保护相关权利人的合法权益。明确签订协议的相对人，实质是确定补偿的权利主体范围。土地征收中的被征收人，系指因土地征收而丧失权利或致其权利受到影响的人。新《土地管理法》将补偿协议的相对人界定为土地的所有权人、使用权人。2021年《民法典》实施后，依据第一百一十七条及第三百二十七条规定，为了公共利益需要，依照法律规定的权限和程序征收、征用不动产或者动产的，应当给予公平、合理的补偿。因不动产或者动产被征收、征用致使用益物权消灭或者影响用益物权行使的，用益物权人有权依据《民法典》第二百四十三条、第二百四十五条获得相应补偿。故签订协议的相对人除了农村集体经济组织、农村集体经济组织成员、农村集体土地的承包人、地上附着物的所有人和实际使用人，还应包括宅基地使用权人、建设用地使用权人、居住权人等用益物权人，应在之后出台的规范文件中予以明确规定，此外，集体土地上的主要权利人还包括抵押权人、土地承包经营权的转承包人及土地上房屋的承租人等，是否也应纳入补偿的范围，涉及签订补偿安置协议的被征收人主体范围是从宽还是从窄的问题，修法时应依据理论及实践操作进行充分考虑。

2. 完善征收机关单方变更补偿协议或者不履行补偿协议义务的相关责任

征收机关与被征收人签订征收补偿协议后，因公共利益的需要，征收机关实施的单方变更或者不履行补偿协议的行为，或者存在其他阻碍补偿协议正常履行的行为，若变更协议或者不履行协议的原因在于国家法律法规、政策的突然变化导致继续履行将使公共利益受损，行政机关的先前行政行为没有明显过错，则行政机关应就给被征收人造成的损失承担补偿责任；若是因为征收机关在协议履行的过程中怠于履行某项义务或者存在其他明显过错而迟延履行协议，后来出现了继续履行将可能损害公共利益的情势变化，则行政机关应因其过错而向被征收人承担违约责任。

3. 建议引入征收补偿协议诉前监督机制

现在的法律法规对征收补偿协议的履行缺乏有效监督，很多补偿协议签订后，双方因为一些原因发生争议，一般发生群体诉讼后才意识到问题扩大，不但矛盾难以调和，也加剧了法院案多人少的困境，同时也给征收机关正常开展征地工作带来阻碍和困扰。建议从立法层面引入对征收补偿程序的监督机制，可通过法检派人监督、法律顾问及设立专门监督机构等形式进行诉前监督，能够及时发现问题并督促征收机关及时解决，还能向征收机关提供有效的法律建议及意见，避免矛盾累积。

（二）从行政机关角度：坚持依法行政，减少争议

1. 依法协商并签订预征收补偿协议

新《土地管理法》引入预征收补偿协议，行政机关应在其法定职权内，严格依照《土地管理法》及其实施条例等相关法律法规的规定，与被征收人平等协商，采取合法方式达成补偿合意。即使行使自由裁量权，也应在不突破法律法规及规章的规定，不侵犯国家、集体及他人合法权益的前提下，实现公共利益和私权保护的目的。对于签订协议过程中相关利害关系人或者权利人提出的异议或者诉求，应及时回应，存在的问题应及时化解，以免引发更多的行政诉讼，甚至缠诉缠访，影响征收工作平稳有序地进行。

2. 严格限制行政优益权的行使

征收补偿协议是双方基于平等协商签订的对相对人丧失被征收标的的补偿内容，关系到被征收人的根本利益和生活保障，一旦协议签订，双方都应按照协议的约定履行各自义务，非法定或者特殊原因，双方均不得随意更改或解除。对于补偿协议签订后出现的可能严重损害国家利益、社会公共利益的情况，为了维护国家利益及社会公共利益，行政机关可以行使优益权，不经过相对人的同意单方变更、解除行政协议，但应当就相关情况向相对人予以释明，并及时就由此造成的损失依法或者依约给予补偿，以防止相对人因不理解而产生纠纷。

3. 践行行政机关负责人出庭制度

集体土地征收涉及众多人员的切身利益，且利益冲突难以调和，因而通过调解方式化解的几率较小，一般都是矛盾已经激化后被征收人才向原告提起行政诉讼。对于被征收人来说，征收机关负责人出庭，一方面可以使其感受到征收机关解决争议的诚意；另一方面也有助于被征收人直接向征收机关负责人表达诉求，征收机关负责人对相关问题的回复和解答在被征收人看来肯定更有可信度和说服力，更能提升被征收人对相关问题的认同感，有利于

行政诉讼的有效化解。

（三）从人民法院裁判角度：坚持依法裁判，实质化解矛盾

1. 充分发挥司法能动性，引导当事人正确维权

同一个征地程序中涉及征地公告发布、签订补偿协议、履行补偿职责、征收土地及房屋等不同的行政行为，也涉及不同的行政主体。而征收补偿协议引起的行政争议大概有三类：一是要求确认征收补偿协议无效或者要求撤销、解除征收补偿协议；二是因行政机关履行补偿协议的行为产生的争议，如行政机关未履行或者未依约履行补偿协议；三是因行政机关单方作出的变更、解除征收补偿协议引起的争议。当事人对涉及征收补偿协议的诉请中，因为不善于选择签订协议的主体，往往将其所了解或知晓的行政主体全部列为被告，导致大多数案件的被告有三个以上的机关或者单位，而适格的被告可能只有一个，甚至可能没有适格被告，在此情况下，人民法院应结合当事人的诉讼请求和理由，准确确认原告起诉的行政行为及争议类型，就相关问题主动向原告释明，以帮助其起诉适格的被告，正确表达诉求和理由。

对于征收机关单方撤销补偿协议的情形，原告向人民法院提起要求征收机关继续履行补偿协议的诉请，人民法院应当就征收机关撤销协议行为是否合法一并予以审查，并作出公平合理的裁判，而不能迳行以补偿协议已撤销，原告诉请继续履行协议的前提和事实已不存在为由，驳回诉讼请求。

2. 兼顾征收补偿协议的稳定性和被征收人的利益保护

行政协议的出现是国家治理能力和治理方式的重要转变，通过行政相对人参与行政行为的作出过程，将传统管理手段中行政被动接受、行政机关单方作出决定的情形转变为双方协商的过程，行政协议兼具“行政管理”和“民事契约”两种性质。具体到征收补偿协议，对行政机关稳步推进征地工作具有重要意义，因而对征地补偿协议的审查，既要严格依法审查，还要兼顾公共利益、行政管理目标实现、双方意思自治以及政府公信力的维护等相关因素。

在原告不能举证证明征收补偿协议存在《行政诉讼法》第七十五条规定的实施主体不具有行政主体资格或者重大且明显违法情形及《民法典》第八条、第一百三十二条、第一百五十三条、第一百五十四条等相关条文规定的无效情形下，一般不能否定征收补偿协议的效力。同样，在原告不能举证证

明补偿协议存在胁迫、欺诈、重大误解、显失公平等情形下，也不能轻易予以撤销。

3. 统一裁判标准，提升司法公信力

征收补偿协议作为行政协议的一种，其引起的诉讼系一种新类型的行政案件，由于法律法规及相关司法解释尚不健全，一些问题还没有形成一致的认知。征收补偿协议纠纷除适用《土地管理法》《土地管理法实施条例》《行政诉讼法》《最高人民法院关于审理行政协议案件若干问题的规定》及《民法典》等法律法规外，还要适用地方性法规以及当地政府对征地具体问题的规范、政策等，故就相关问题各地人民法院不可能达到统一的标准，但各地至少应该在全省范围内或者某一地区范围内统一裁判标准。高级人民法院应对全省范围内关于征收补偿的案件进行调研，对司法实践中存在的不同观点、法律适用问题以及相关问题在认定上存在的分歧进行研究，在不违反上位法的前提下，结合本地区实际，出台统一的审判工作指引类文件，并抄送相关行政机关，在本辖区内形成统一的认知和共识，避免上下级法院对某些涉及当事人切身利益的问题发生分歧，导致发改案件上升，上诉率和申诉率占比较大，否则既增加了当事人的诉讼成本，也不利于征地补偿工作有序地进行，更浪费司法资源，影响司法公信力。

（作者单位：陕西省西安市周至县人民法院）

关于涉民企行政案件司法审查若干问题的研究

——以江苏行政审判实践为样本

江苏省高级人民法院行政庭课题组

【摘要】 优良的营商环境是形成高标准市场体系、高水平开放型经济新体制的关键环节，而法治是营商环境不断优化最根本、最稳定、最长久的保障。人民法院应发挥行政审判司法职能，积极营造法治化营商环境，让民营企业“进得来、留得住、发展好”。人民法院在审理涉民企行政案件时应把握注重利益平衡、依法保护产权、祛除经营壁垒、监督诚信履约、纠正违法行政、促进依法经营六大基本原则。对于涉工伤认定、市场监督、国有土地上房屋征收与补偿等重点领域的涉民企行政案件，法院应当充分研究和积极回应争议问题，统一裁量标准，为服务民营企业发展提供有力司法保障。

【关键词】 民营企业　行政审判　产权保护　司法审查　营商环境

引言

十九届五中全会指出，“十四五”规划主要目标之一是要基本建成高标准市场体系，基本形成更高水平开放型经济新体制。优良的营商环境是形成高标准市场体系、高水平开放型经济新体制的关键环节，而法治是营商环境不断优化最根本、最稳定、最长久的保障。人民法院应发挥行政审判司法职能，积极营造法治化营商环境，让民营企业“进得来、留得住、发展好”，关系到整个社会经济发展的大局。近年来江苏法院充分认识到行政审判对优化营商环境的重要意义，自觉将保障民营企业合法权益作为当下行政审判工作的主线和提升整体工作水平的突破口，通过依法行使行政审判职能，正确处理政府与市场的关系，为服务民营企业健康发展提供有力的司法保障，为推动长江经济带高质量发展助力。

为总结近年来审理涉民企行政审判经验，江苏高院行政庭成立专项课题组，就近年来全省涉民企行政案件审判经验，设计了专门的统计表格，按企业类型、涉及领域、行为类型、裁判结果等方面，对全省 13 个市审理的涉民企行政案件进行了分类梳理、统计；就涉民企行政执法疑难问题，与市场监督部门、税务部门、公安机关等部门开展了联合调研；就企业面临的行政风险和问题，实地走访了南京、苏州、常州等地民营企业，与企业家座谈交流，形成如下调研报告。

一、全省涉民企行政案件基本情况

2017 年至 2019 年，全省法院受理各类行政案件 95418 件，涉及企业的有 19769 件。涉企案件中，涉民企的有 17984 件，占 90.97%。三年来受理的涉民企案件占整个行政案件受理总数的 18.85%。2017 年受理的 18469 件一审行政案件中，涉民企案件 3487 件，占 18.88%；2018 年受理的 20064 件一审行政案件中，涉民企案件 3922 件，占 19.55%，同比增长 12.47%；2019 年受理的 20462 件一审行政案件中，涉民企案件 4091 件，占 19.99%，同比增长 4.3%。三年来，全省法院受理的一审涉民企行政案件数每年均有所增长，但同比增幅有所下降；其在全省一审行政案件受理数的占比逐年增长，但占比增速相对趋缓。

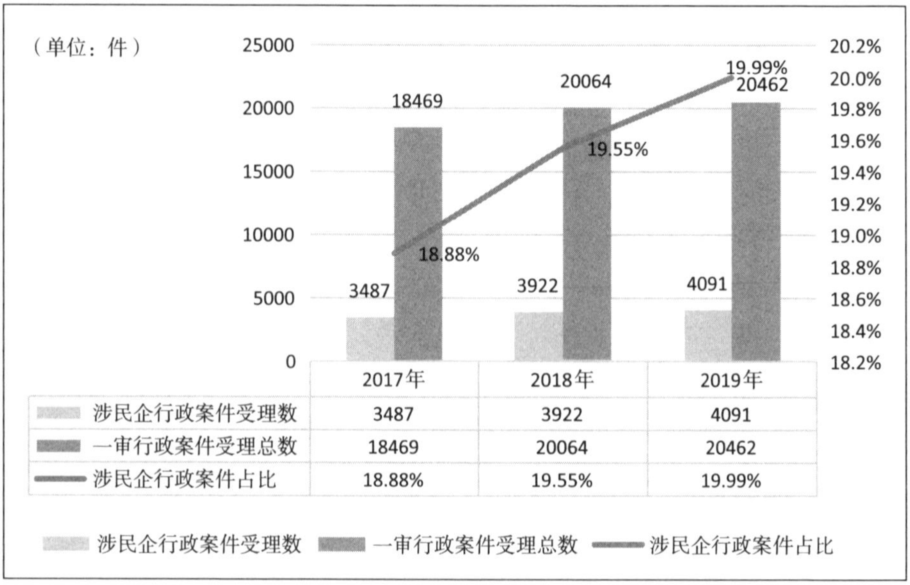

图 1：2017—2019 年全省法院一审涉民企行政案件受理数

三年来全省法院受理的涉企行政案件中，诉讼当事人为民营企业和国有企业的案件占比分别为 90.97%和 9.03%，民营企业参与案件数量是国有企业的 10.08 倍，表明民营企业是涉企行政诉讼的主要参与主体。从企业的体量看①，大型企业参与的案件为 2061 件，占比为 11.46%；中型企业参与的案件为 2829 件，占比为 15.73%，小微企业参与的案件为 13094 件，占比为 72.81%，表明目前中小企业是行政诉讼的主要参与者。从案件涉及的企业类型看，参与诉讼的民营企业主要为公司，占案件总量 95.74%，参与诉讼的公司中有限责任公司占比为 97.54%，股份有限公司仅占比为 2.46%。

① 大型企业、中型企业和小微企业的划分标准参见国家统计局印发的《统计上大中小微型企业划分办法（2017）》。

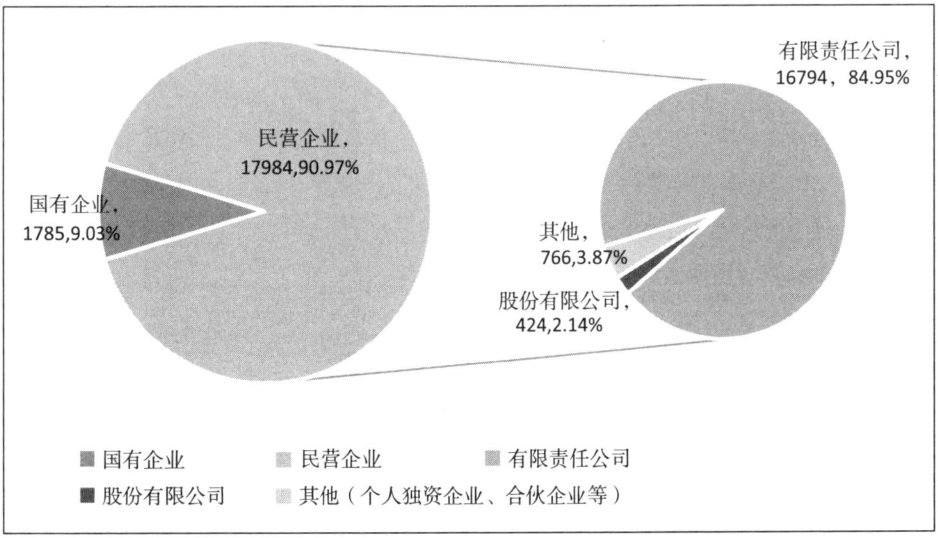

图 2：2017—2019 年全省民营企业参与行政诉讼情况

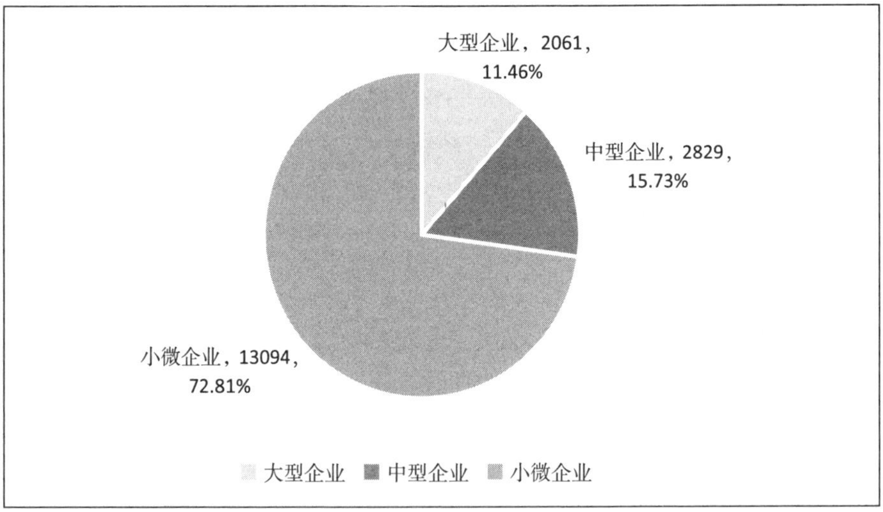

图 3：2017—2019 年参与行政诉讼的民企体量情况

2017 年至 2019 年，全省法院审结各类行政案件 74062 件，其中审结涉民企行政案件 14068 件，占比 18.99%。具体情况是：2017 年审结涉民企行政案件 4369 件，占比 18.69%；2018 年审结 4666 件，占比 18.81%，同比上涨 6.8%；2019 年审结 5033 件，占比 19.45%，同比上涨 7.87%。三年来，全省法院审结的涉民企行政案件数持续走高，增幅逐年扩大，占比持续上升。

图 4：2017—2019 年全省法院涉民企行政案件审结数

从一审案件结案方式看，三年来以判决驳回诉讼请求方式结案为最多，共计 3792 件，占 41.32%；以裁定准予撤诉方式结案为次之，共计 2875 件，占 31.33%；以裁定驳回起诉方式结案列第三位，共计 1782 件，占 19.42%；以调解方式结案 15 件，占 0.16%。三年来，一审涉企行政案件中判决被告败诉 713 件，行政机关败诉率 7.77%，低于全省一审行政案件行政机关败诉率 0.25 个百分点。从前述数据看，2019 年一审涉民企行政案件中，行政机关败诉率在 2018 年小幅上升后又出现回落，且低于 2017 年的败诉率，呈现整体下降趋势。

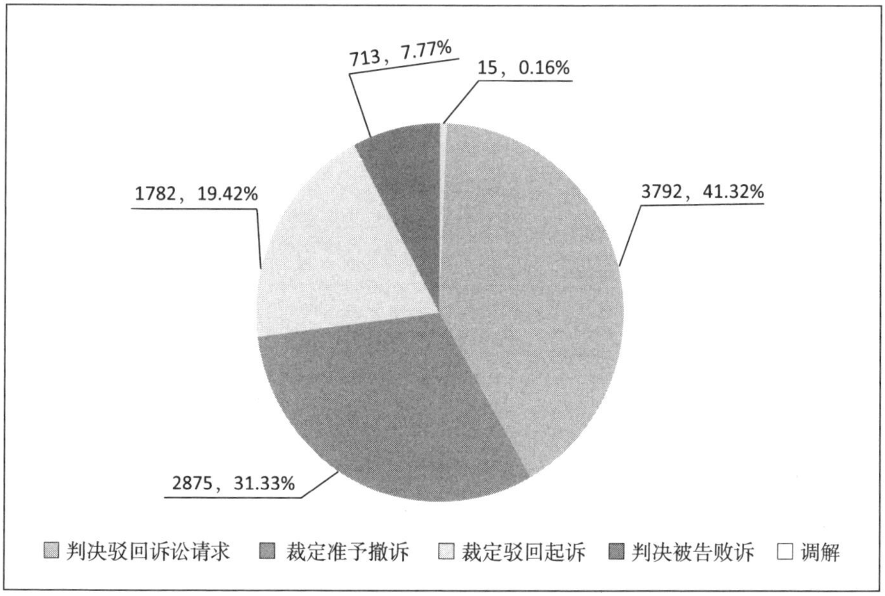

图 5：2017—2019 年全省法院一审涉民企行政案件结案方式

二、当前涉民企行政案件呈现的主要特点

（一）地区受案情况差异较大

从地区分布看，三年来，苏南地区受理一审涉民企行政案件 5721 件，占 49.75%；苏中地区受理 2223 件，占 19.33%；苏北地区受理 3556 件，占 30.92%。全省涉民企行政案件受案情况地区差异大，经济较为发达的苏南地区案件多发易发，占到全省受案总数的一半。从受案数的增幅来看，苏南和苏北地区均保持每年小幅上涨的趋势，而苏中地区继 2018 年受案量大幅增长，同比增长率 29.4% 后，2019 年受案数出现较大回落，同比下降 12.11%。

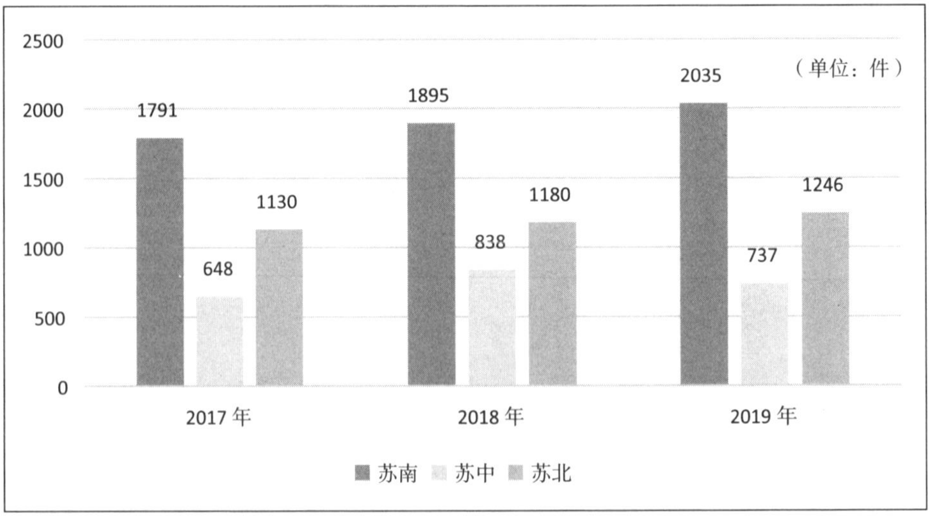

图 6：2017—2019 年全省各区域涉民企行政案件变化情况

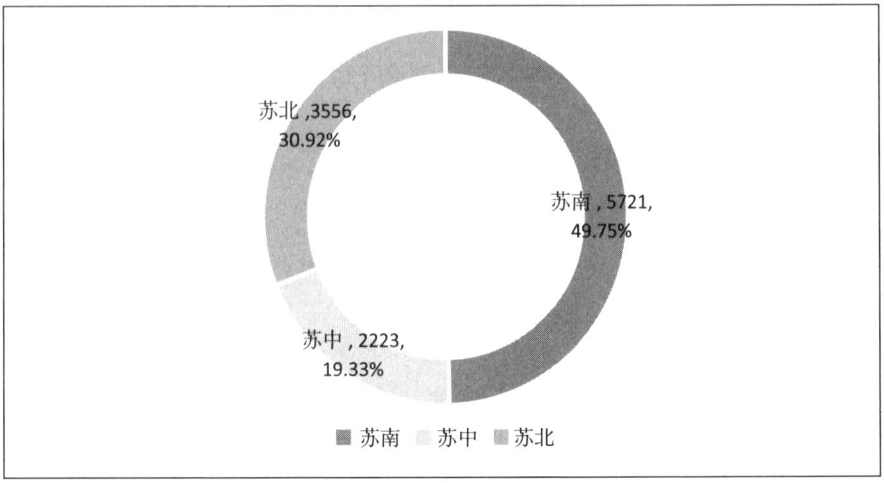

图 7：2017—2019 年全省涉民企行政案件区域分布情况

地区受案差异还表现在即使是在同一个区域中也存在明显的不均衡特点。在苏南地区，三年来，南京和苏州受理的一审涉民企行政案件均超过 1600 件，而镇江受案量仅为 525 件，不到南京和苏州的三分之一。在苏中地区，南通三年来受理一审涉民企行政案件 1024 件，约为扬州和泰州两地受案的总和。在苏北地区，徐州三年来受理一审涉民企行政案件 1203 件，位居全省第三位；盐城受理 934 件，位居全省第六位；而淮安和宿迁三年来仅受理 445

件和 392 件，列全省末两位，与徐州、盐城受案数相差 1.1—2.1 倍。

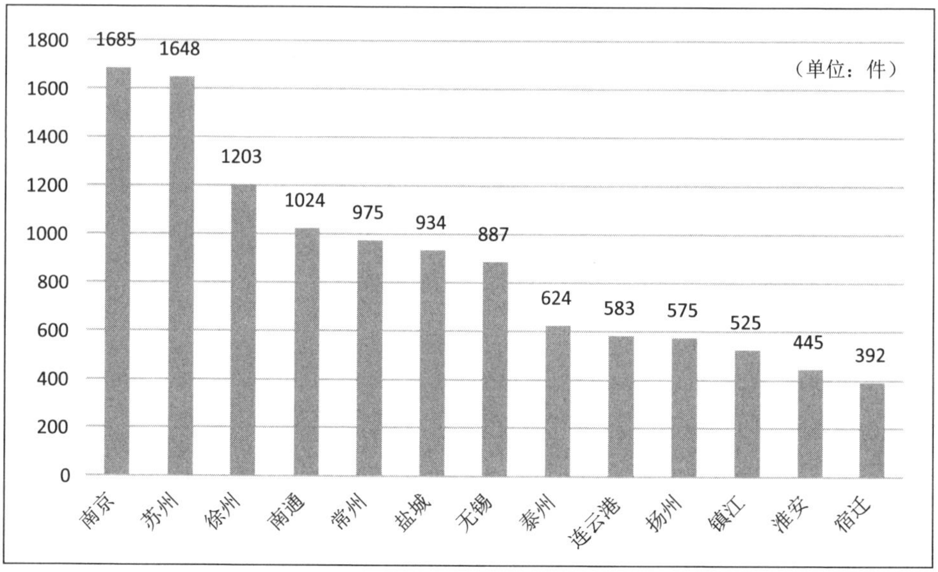

图 8：2017—2019 年各市一审涉民企行政案件受案数

（二）涉及领域分布较广

从案件类型看，三年来全省法院受理的涉民企行政案件主要集中在劳动与社会保障、城乡建设、土地管理、市场监督、环境保护和公安六大领域。其中劳动与社会保障 8308 件，城乡建设 4630 件，市场监督 2185 件，土地管理 892 件，环境保护 503 件，公安 431 件，上述合计 16949 件，占整个涉民企行政案件总数的 94.24%。另外，三年来，全省法院还受理了 219 件涉及税务管理、138 件涉及交通运输管理、26 件涉及盐业管理、15 件涉及教育管理和 13 件涉及金融监管的涉民企行政案件。

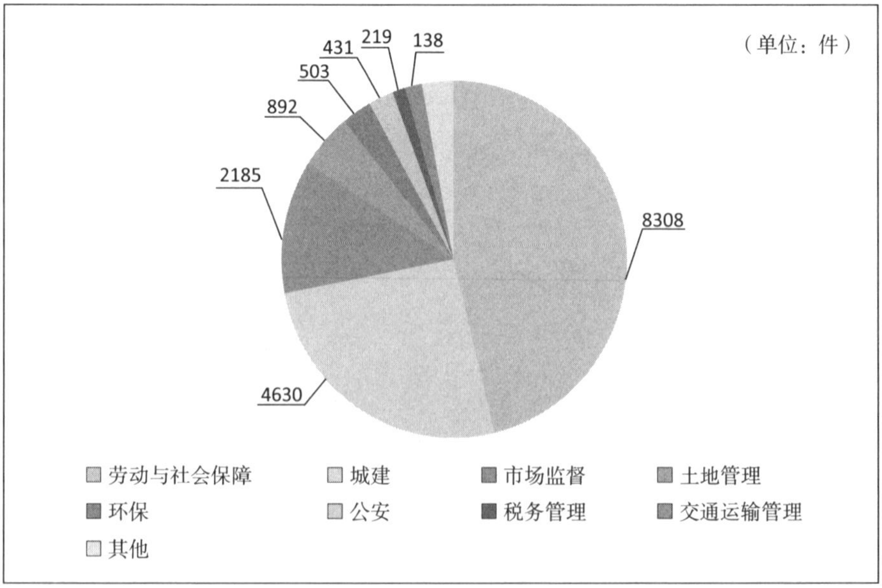

图 9：2017—2019 年各行政管理领域涉民企行政案件情况

从前述数据看，涉民企行政案件涉及执法领域较广，司法需求多样化，民营企业的发展不仅要求行政机关依法行政，还需要法院更加注重府院联动，共同创造良好的营商环境。

（三）被诉行为类型广泛

全省法院受理的涉民企行政案件主要集中在行政确认、行政登记、行政处罚、行政强制等方面，其中涉及行政确认 7917 件，占比 44. 02%；行政登记 1964 件，占比 10. 92%；行政处罚 1852 件，占比 10. 3%；行政强制 1705 件，占比 9. 48%，合计 13438 件，占整个涉民企行政案件总数的 74. 71%。行政确认案件中又以工伤认定较为突出，占 95. 78%，行政登记、行政处罚、行政强制案件均占比较少。在案件类型相对集中的同时，也呈不断扩大趋势，三年来还受理了民企涉案安全生产的行政案件 78 件、涉水利 41 件、涉农业 32 件、涉海关 17 件、涉教育 15 件、涉民政 14 件、涉金融 13 件等，几乎囊括了所有的行政诉讼案件类型。此外，涉及不履行法定职责 1046 件，行政许可 640 件，政府信息公开 543 件，行政复议 529 件，行政协议 470 件，行政征收与补偿 320 件，行政赔偿 188 件，行政给付 51 件，其他行政行为 759 件。

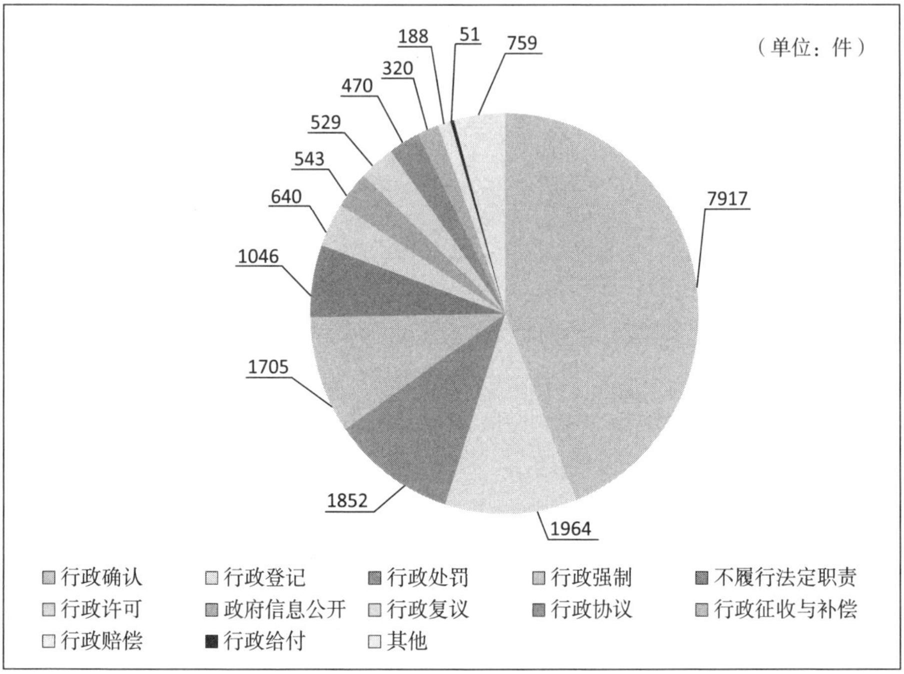

图 10：2017—2019 年涉民企行政案件被诉行政行为类型统计

（四）负责人出庭应诉积极

2017 年至 2019 年，一审涉民企行政案件中，行政机关负责人出庭应诉 7522 件，行政机关负责人出庭应诉率 81.97%，其中 2017 年为 2024 件，出庭应诉率 71.07%；2018 年为 2503 件，出庭应诉率 80.15%，同比上涨 9.08%，高于全省行政机关出庭应诉率 2.71 个百分点；2019 年为 3008 件，出庭应诉率 93.82%，同比上涨 13.67%，高于全省行政机关出庭应诉率 1.46 个百分点。

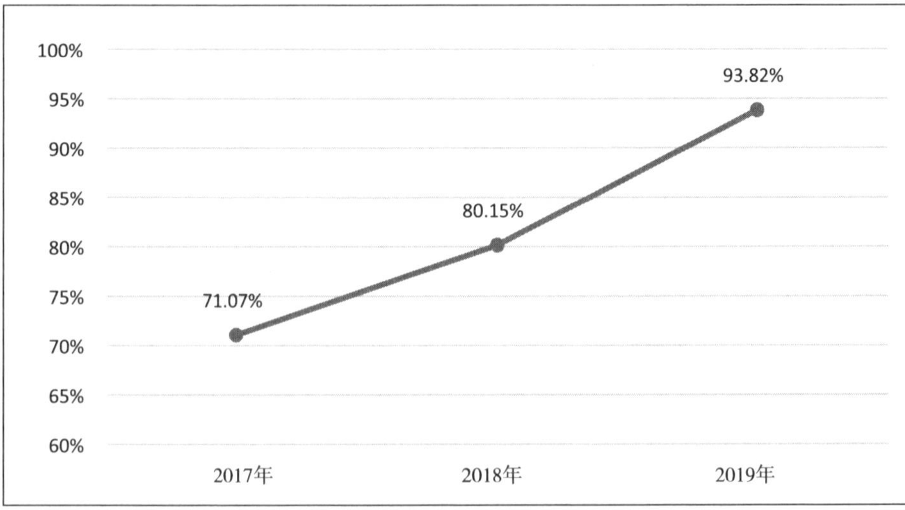

图 11：2017—2019 年一审涉民企行政案件行政机关负责人出庭应诉率变化情况

其中常州地区负责人出庭应诉率达到 100%，盐城、南通、连云港、泰州、宿迁地区超过 95%，充分体现了全省行政机关负责人对涉民企行政案件审理的高度重视。

（五）案件审理期限较短

三年来全省法院一审涉民企行政案件的平均审理天数为 115. 9 天，其中 2017 年为 106. 98 天；2018 年为 122. 82 天，同比增长 14. 81%；2019 年为 119. 23 天，同比下降 2. 92%。二审涉民企行政案件的平均审理天数为 75. 4 天，其中 2017 年为 76. 65 天；2018 年为 84. 77 天，同比增长 10. 59%；2019 年为 67. 01 天，同比下降 20. 95%。从前述数据看，一、二审涉民企行政案件审判效率较高，一审涉民企行政案件法定审限内审结率达 85. 63%，二审法定审限内审结率达 85. 56%。

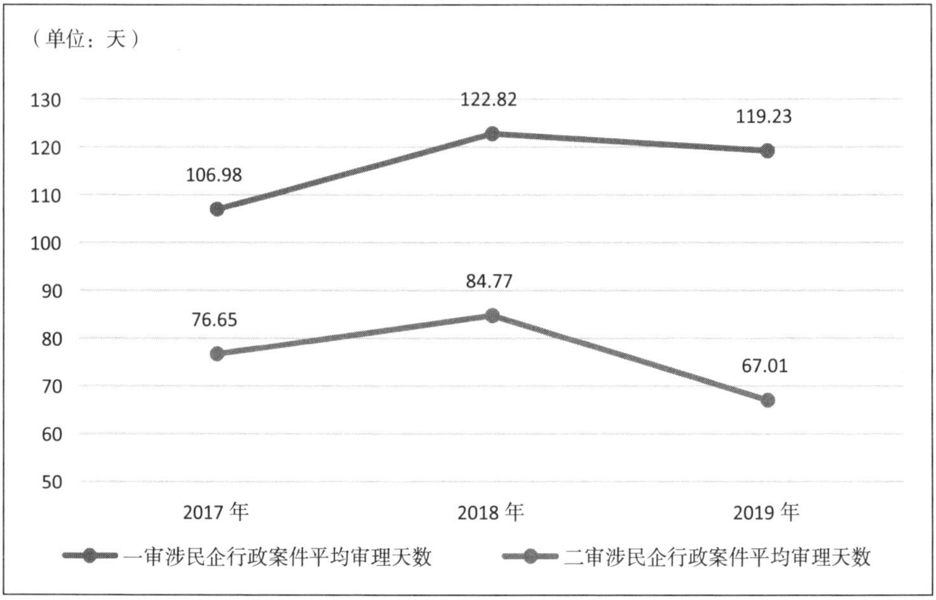

图12：2017—2019年涉民企行政案件平均审理周期

虽然从总体来看，一方面，近九成案件均在法定审限内完成审理，体现了全省法院在涉民企纠纷中兼顾效率与公平，助力民营企业解决行政纠纷，实现健康发展。但另一方面，部分涉民企案件，特别是工商行政登记、行政征收与补偿、房屋强拆与赔偿和招投标投诉处理等行政案件，案件情况比较疑难复杂，涉及民营企业生存和发展的重大权益，法院在审查时秉承更加审慎的态度，也会出现一些审限过长的问题。

（六）矛盾化解成效显著

2017年至2019年，全省法院结案的一审涉民企行政案件中，原告撤诉的分别为887件、1030件和958件，合计2875件，撤诉率为31.33%，高于全省行政案件撤诉率6.14个百分点。

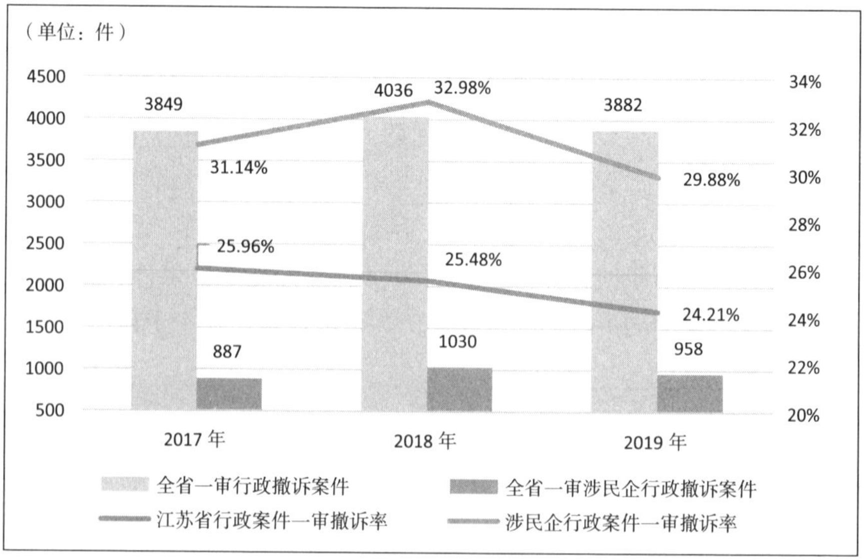

图 13：2017—2019 年涉民企一审行政案件撤诉情况

二审涉民企行政案件中，上诉人撤诉案件共计 653 件，撤诉率 15. 38%，其中 2017 年二审撤诉案件为 228 件，撤诉率 16. 88%；2018 年二审撤诉案件 234 件，撤诉率 17. 35%；2019 年二审撤诉案件 191 件，撤诉率 12. 35%。

图 14：2017—2019 年涉民企二审行政案件撤诉情况

（七）服判息诉率较高

从裁判效果来看，2017 年至 2019 年全省法院涉民企行政案件平均服判息诉率为 53.73%，高于行政案件总体服判息诉率。13 个地市中有 12 个地市服判息诉率在 50%以上，淮安、无锡、徐州和扬州的服判息诉率均超过 60%。以上数据在一定程度上反映出民营企业诉讼“态度”相对“理性”。民营企业对某一行政行为不服时，除直接针对该行政行为提起诉讼外，缠诉、滥诉的情况比较少，以不同诉由不断提起类似诉讼的现象明显少于自然人。

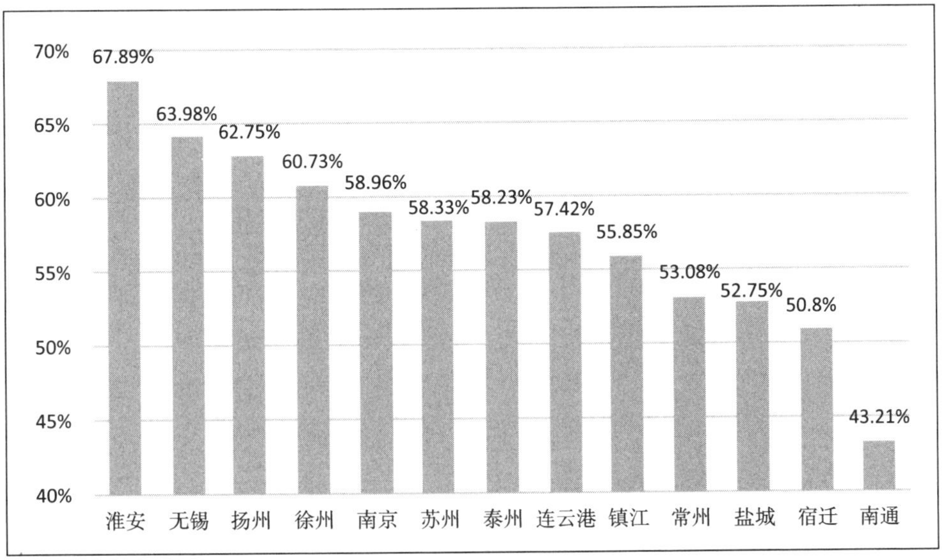

图 15：2017—2019 年全省涉民企行政案件服判息诉情况

（八）败诉原因较为复杂

从败诉原因上看，一审判决行政机关败诉的 713 件涉民企案件中，因事实不清、证据不足败诉 348 件，占 48.81%；因违反法定程序败诉 170 件，占 23.84%；因适用法律错误败诉 86 件，占 12.06%；因不履行法定职责败诉 69 件，占 9.68%；因超越职权、滥用职权败诉 40 件，占 5.61%。

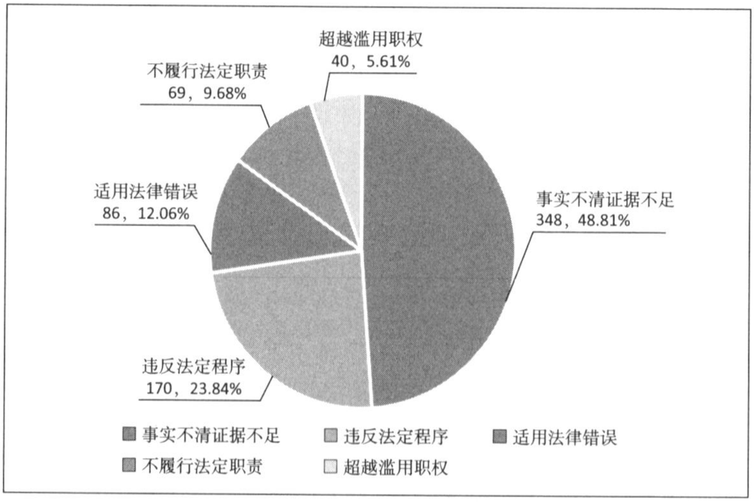

图 16：2017—2019 年一审涉民企行政案件行政机关败诉原因

从败诉机关层级看，一审审结的涉民企行政案件中，市级政府败诉 8 件，市级机关败诉 151 件，区县政府败诉 28 件，区县机关败诉 424 件，乡镇政府（街道办事处）败诉 102 件，区县行政机关及乡镇政府（街道办事处）败诉合计 554 件，占 77.7%。上述数据表明，基层政府及区县级行政机关仍是营商环境司法保障的薄弱环节，其执法能力有待进一步提高。

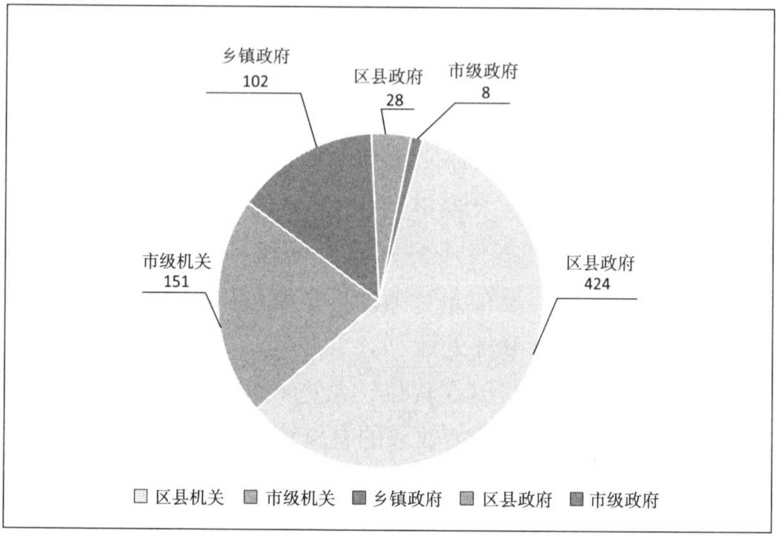

图 17：2017—2019 年一审涉民企行政案件行政机关败诉层级

从败诉领域看，三年来全省一审涉民企行政案件中，行政机关败诉案件主要集中在城乡建设、市场监督及劳动与社会保障三大领域。其中城乡建设276件，占38.71%；市场监督213件，占29.87%；劳动和社会保障114件，占15.99%。此三大领域民营企业合法权益保护亟待加强。

三、涉民企行政案件审理需把握的几个重点原则

通过对江苏法院三年来审结的涉民营企业行政案件的分析，我们认为行政审判在依法保护民营企业合法权益方面应当坚持以下六个原则：

（一）注重利益平衡

一是强化服务大局、履职尽责的观念。涉民营企业行政案件的审判应融入大局、服务大局、保障大局。特别是在推进长三角一体化及江苏高质量发展走在前列的进程中，对于涉及民营企业经营，与城市重点建设项目有关的土地房屋征收补偿、行政登记、行政许可、安全生产、工伤保险等行政案件，更应当强调依法高质高效审理。二是精准施策，服务“六稳”“六保”。今年是全面建成小康社会和“十三五”规划收官之年，也是脱贫攻坚决战决胜之年。党和政府从疫情防控和经济形势出发，强调加大“六稳”工作，落实“六保”任务，提出要加快形成以国内大循环为主体、国内国际双循环相互促进的新发展格局。涉民营企业行政案件的审判工作必须紧扣“六稳”“六保”工作大局，做到突出政治站位、突出审慎司法、突出善意司法、突出和谐稳定，在统筹推进经济社会发展方面有新的作为。三是把握衔接点，正确处理《民法典》与行政审判的关系。涉民营企业行政案件民行交叉情况多，特别是在《行政处罚法》《行政复议法》等行政法律法规修改之际，行政审判既要落实《民法典》精神，又要贯彻相关行政法律规范修订的要求，正确认定和处理涉民营企业行政案件中的民事责任和行政责任，准确适用法律，统一裁判尺度和标准。尤其是在面对突发应急事件时，对于涉民营企业行政案件的审判，更需统筹应急事件处置和社会稳定、经济发展之间的关系，坚持把人民群众生命权和健康权放在首位，营造和优化法治化的营商环境，实现办案法律效果、社会效果和政治效果的有机统一。

（二）依法保护产权

一是严格审查侵害企业产权行为。对于涉民营企业产权的行政处罚、行政强制，要严格职权依据和程序合法性的审查，对于行政机关超越法定职权

处罚，滥用检查权、扣押权的，坚决予以纠正。要充分保障民营企业在行政程序中的知情、陈述、申辩、听证等各项权利。要严格区分违法所得和合法财产，坚决制止将扣押合法财产作为办案手段。对于行政机关违法强制导致企业涉案财物损毁的，应当依法判决予以赔偿。二是协调公共利益和企业利益的关系。对于涉民营企业动产与不动产征收征用的，要加强对行政机关职权依据、法定程序、征收范围、安置补偿方式的司法审查，有效解决征收征用中超越职权、滥用职权、程序不规范、补偿不合理等侵害民营企业合法产权的问题。三是避免用现行法律标准衡量企业过去行为。要遵循法无明文规定不溯及既往的原则，以发展的眼光客观看待和依法妥善处理改革开放以来各类民营企业经营中存在的不规范问题，兼顾实质正义和形式正义。要坚持信赖利益保护原则，防止因政策的变化、法律法规的修正，导致民营企业合法权益受到侵害。

（三）祛除经营壁垒

一是遵循许可、审批条件法定。要通过严格的司法审查，进一步规范行政机关的行政许可和审批行为，对于行政机关超出法律、法规规定，擅自设置许可、审批等限制性实体和程序条件的，应作出否定性评价。二是把握立法本意，监督“变相拒绝”行为。在无法律、法规及规章授权的情况下，行政机关在民营企业申请许可环节，恣意变通许可条件所作出拒绝性决定的，应认定为违法。民营企业要求行政机关履行法定职责请求成立的，在撤销行政机关拒绝性决定的同时应一并作出责令行政机关履职判决，避免增加企业诉累，及时化解行政争议。三是平等保护各类企业。无论是国内企业还是国外企业、无论是国企还是民企、无论是大企业还是中小企业、无论是不是互相竞争的企业，都应当一视同仁，尤其是政府采购、国有土地出让、行政许可等涉及多方利益的行政行为，更要求注重对经营权、竞争权做到平等对待，监督行政机关对市场和资源的调控公平公正，能够起到激发市场活力的作用。

（四）监督诚信履约

一是加大审查行政协议的履行，防止行政机关随意违约。要加大对政府违反协议约定，特别是因为职权转隶、领导更替等原因单方变更、解除协议的监督力度，扎紧政府不诚信的篱笆。二是加大审查行政允诺，保障企业的信赖利益。要严格审查行政机关履行在招商引资、产业发展中作出的承诺，督促行政机关做到诚实守信。对行政机关不履行行政允诺的，应当依法予以纠正。三是加大审查单方解除行政协议的行为，监督行政优益权的行使。对行政机关行使行政优益权的审查重点，要围绕是否符合法定的行使条件，是否符合比例原则，是否对民营企业的损失依法给予相应补偿等方面进行。对于行政机关确因国家利益、社会公共利益等事由行使行政优益权的，民营企业要求合理补偿的，应依法予以支持。

（五）纠正违法行政

一是重点监督行政机关乱作为。“法无授权皆禁止”，对于无法律、法规或规章授权的情况下，行政机关违法干预民营企业经营，侵犯民营企业经营自主权、财产权的，要从严认定违法，责令行政机关改正。对于执法力度而言，要防止过度执法、轻错重罚，监督行政机关是否乱作为，是否遵循比例原则，是否把对民营企业的不利影响降到最低。二是防止行政机关不作为。现代行政理念已经从“管理得最少的政府是最好的政府”过渡到“能提供优质服务的政府是最好的政府”。行政审判在监督行政机关是否尊重和维护民营企业经营自主权上，应当有所不为，更应当通过对行政不作为的法律监督，督促行政机关积极行使职权，防止行政机关怠于履职给民营企业合法权益带来不利影响，监督行政机关在保护民营企业合法权益上积极作为。三是推进府院联动，促进行政争议实质性解决。要加强行政审判领域的司法建议工作，针对涉民营企业案件审理中发现的个性和共性问题，及时向有关行政机关发送司法建议，促进行政机关规范行为、完善管理。进一步完善涉民营企业案件司法建议反馈机制，对行政机关不反馈、不落实司法建议的情况，及时通报给有关主管部门。针对矛盾复杂突出的涉民营企业案件，诉前要支持政府运用多元化纠纷解决机制化解矛盾纠纷。进入诉讼程序后，要坚持依法裁判和协调化解相结合，加强与行政机关的协调配合，形成化解行政争议合力，促进涉民营企业行政争议实质性化解。

（六）促进依法经营

一是转变司法理念，坚持惩罚与教育相结合。一方面，对于民营企业违法违规经营、破坏市场秩序、不正当竞争的，人民法院应当依法认定，支持行政机关依法惩处；另一方面，人民法院要积极支持配合政府，通过依法裁判、协调和发布保护民营企业依法经营典型行政案例等方式，积极引导民营企业遵纪守法、诚实守信、公平竞争、恪尽责任，彰显行政审判依法维护民营企业合法权益的决心和使命。二是规范企业在重点领域的经营活动。对于民营企业涉及环保、食药监、安全生产等关系到人民群众生命权、健康权的违法经营活动，行政审判应当支持行政机关依法从严从重查处，从源头上保障人民群众生命健康安全。三是建立沟通机制，提升企业依法经营意识。民营企业通过各种形式参与社会治理，是国家治理体系和治理能力现代化的重要方面。行政审判应及时总结涉民营企业行政案件的相关法律问题，加强以案释法、送法进企，强化民营企业守法经营意识，提高民营企业守法经营能力，帮助民营企业规避行政风险。

四、重点领域涉民企行政案件的司法审查

（一）工伤认定领域

工伤认定是一种行政确认行为，是实现劳动者基本权利的重点保护手段，在促进民营企业健康发展和维持良好社会秩序、确保社会稳定方面起到了积极有效的作用。所谓工伤，核心在于伤害与工作相关，如何诠释这种相关性是审理工伤认定行政案件的重点。[①] 由于法律规范不健全以及人力资源和社会保障部门依法行政能力不足等原因，工伤认定行政争议频发。现就工伤认定行政案件司法审查中存在的相关问题，提出以下意见和建议。

1. 工伤行政案件的举证责任分配

工伤认定行政案件的司法审查与一般行政案件的司法审查存在区别，该类案件的举证责任分配也有其特殊性。实践中就举证责任分配问题易产生争议，受伤害职工一般主张自己应当认定为工伤，而用人单位一般不倾向于认定为工伤。为合法有效保护劳动者权益，同时积极促进民营企业健康发展，有必要对涉民营企业工伤认定行政案件中的举证责任问题予以明确。

工伤认定中的主管部门是社会保险行政部门，行政相对人是受伤害职工，申报主体是用人单位。用人单位与拥有行政确认职权的社会保险行政部门相比较为弱势，但是相对于受伤害职工又较为强势。第一，受伤害职工或其利害关系人承担申请工伤认定的初步证明责任。一般而言，对于损害事实，受伤害职工最为清楚，也最易获得证据，因此受伤害职工应当就其人身权受到

① 参见郑晓珊：《工伤认定一般条款的建构路径》，载《法学研究》2019 年第 4 期。

伤害的事实提供证据证明。工伤认定程序依申请启动，根据《工伤保险条例》第十八条的规定，受伤害职工应当承担推动工伤认定程序开始的初步举证责任。第二，民营企业对否定构成工伤承担举证责任。《工伤保险条例》第十九条第二款规定，职工或者其近亲属认为是工伤，用人单位不认为是工伤的，由用人单位承担举证责任。但工伤认定中还是不可避免地会存在民营企业与受伤害职工之间的争议。例如受伤害职工认为属于重伤的，民营企业有可能认为只属于轻伤。但从《工伤保险条例》等法律规定的立法精神上看，民营企业对否定构成工伤承担举证责任，这里的否定不仅包括民营企业不认定为工伤的情形，也包括受伤害职工认为属于重伤但民营企业认为只属轻伤的情形。在消防工程公司诉西安市人民政府及陕西省西咸新区人社民政局行政确认案中，法院认为用人单位没有有效证据推翻当事人认定工伤的主张，因此判决驳回了用人单位的再审申请。[①] 第三，社会保险行政部门负有调查职责。《工伤保险条例》第十九条第一款和《工伤认定办法》第九条规定要求，社会保险行政部门可以依职权主动对事故伤害进行调查核实。社会保险行政部门是在工伤事故已经发生并且用人单位或受伤害职工申请后才进行工伤审核的，工伤行政确认属于依申请的行政行为，这与依职权主动收集证据、认定事实的行政处罚等行政行为不同，社会保险行政部门相对来说没有举证优势。但社会保险部门作为工伤认定法定主体，用人单位拒不举证或举证不能时，仍应依照《工伤认定办法》第十七条的规定，根据受伤害职工提供的证据或者调查取得的证据，依法作出工伤认定决定。社会保险行政部门此时应当更加注重对于证据认定把握的整体性，不可偏信采用一方当事人的证据。并就最终作出的工伤认定决定的合法性，承担在诉讼程序中的举证责任。在某电镀有限公司诉常州新北区人社局劳动保障行政确认案中，法院认为区人社局以区市场监督管理局的调查结果认定事故发生时涉案职工为某电镀公司员工，进而认定某电镀公司为案件用工主体，因相关证据无法形成证据链，案涉工伤认定证据不足，最终判决撤销区人社局作出的工伤认定。[②] 从上述案件可见，社会保险行政部门要对主要证据进行深入调查核实，也要将主要证据与其他证据之间进行关联分析，防止最终的事实认定中出现偏差。

---

① 详见最高人民法院（2019）最高法行申 1941 号行政裁定书。

② 详见常州市新北区人民法院（2020）苏 0411 行初 3 号行政判决书。

2. 疫情期间工伤案件的特殊认定

为保障民营企业职工权益，推动企业复工复产，实现疫情防控与经济发展双胜利，应当视情况对疫情期间发生的工伤案件进行特殊认定。

2020 年 1 月 23 日，人力资源和社会保障部、财政部和国家卫生健康委发布《关于因履行工作职责感染新型冠状病毒肺炎的医护及相关工作人员有关保障问题的通知》，明确在新型冠状病毒肺炎预防和救治工作中，医护及相关工作人员因履行工作职责，感染新型冠状病毒肺炎或因感染新型冠状病毒肺炎死亡的，应认定为工伤，依法享受工伤保险待遇。并特别规定，未参加工伤保险的，由用人单位按照法定标准支付，财政补助单位因此发生的费用，由同级财政予以补助。上述规定解决了疫情期间医护及相关工作人员在工作中因感染致病的工伤认定问题。有关规定突破了传统工伤中仅适用于参保人员的规定，但这个规定没有包括其他劳动者，我们认为，劳动者因为复工，并且确认是在工作场所感染新冠病毒的，可以视情况认定属于工伤。保护劳动者权益与民企健康发展息息相关，只有尊重劳动者、维护劳动者的合法权益的企业才具生命力，才有长远的发展前景。[①]

（二）市场监督与管理领域

建成完善的社会主义市场经济体制，必须建立完善的市场监督法制。维护公平竞争、推进市场经济体制的完善离不开行政机关的依法行政，也离不开人民法院的公正审判。人民法院通过审理涉及市场监督与管理领域的行政案件，加强执法监督，支持依法行政，保护民营企业的合法权益。

1. 虚假登记问题

工商登记的主要功能在于确认市场主体资格并监管其经营行为。只有在秩序井然的市场环境下，民营企业才能蓬勃发展。目前在该领域因冒用他人名义而引发的工商登记类行政争议颇多，司法尺度亦不统一。有的判决认为，只要证明登记材料上的签名不是本人所签，工商登记机关不能举证证明原告参与公司经营的，就判决撤销工商登记。有的判决认为，证明未参与公司经营的举证责任在原告方，即便签名不是原告所签，也不能直接判决撤销。为了规范市场秩序，创造良好的营商环境，法院应加强对虚假登记案件的司法

---

① 参见李静：《危机中的制度空间：重大疫情期间劳动关系的特殊调整研究》，载《中国人力资源开发》2020 年第 5 期。

审查力度，统一司法审查标准。

最高人民法院在《关于审理公司登记行政案件若干问题的座谈会纪要》中规定，因申请人隐瞒有关情况或者提供虚假材料导致登记错误的，登记机关可以在诉讼中依法予以更正。登记机关依法予以更正且在登记时已尽到审慎审查义务，原告不申请撤诉的，人民法院应当判决驳回其诉讼请求。原告对错误登记无过错的，应当退还其预交的案件受理费。登记机关拒不更正的，人民法院可以根据具体情况判决撤销登记行为、确认登记行为违法或者判决登记机关履行更正职责。公司法定代表人、股东等以申请材料不是其本人签字或者盖章为由，请求确认登记行为违法或者撤销登记行为的，人民法院原则上应按照前述规定处理，但能够证明原告此前已明知该情况却未提出异议，并在此基础上从事过相关管理和经营活动的，人民法院对原告的诉讼请求一般不予支持。在纪某诉南京市某区市场监督管理局一案中，法院认为虽然市场监督管理局在登记时已经尽到审慎审查义务，但在案证据可以证明，南京某建材有限公司在设立登记中提交了虚假材料且情节严重，依法应予撤销。[①]在企业申请工商登记时，工商行政机关不仅要审查申报材料是否完整齐全并符合法定形式，而且应以行政法一般原则中的合理行政原则为依据、以登记机关判断与识别能力为限度、在专业范围内对申报材料的签字盖章等内容的真实性尽到审慎审查责任。登记材料上的签名不是本人所签，工商登记机关不能举证证明自己已经尽到了审慎审查义务的，登记机关可以在诉讼中依法予以更正，若拒不更正，人民法院可以根据具体情况判决撤销登记行为、确认登记行为违法或者判决登记机关履行更正职责。

2. 产权保护问题

2016 年 11 月 4 日，中共中央、国务院正式印发了《关于完善产权保护制度依法保护产权的意见》（以下简称《意见》），将产权保护工作纳入了法治建设的轨道，对完善我国产权保护制度，推进产权保护法治化作出了全面部署。为全面贯彻落实《意见》，最高人民法院于 11 月 28 日发布了《关于充分发挥审判职能作用切实加强产权司法保护的意见》和《关于依法妥善处理历史形成的产权案件工作实施意见》两个司法文件，为党中央和国务院制定的关于产权保护的重大国策提供了重要司法保障。市场监督管理部门在民企产

① 详见南京铁路运输法院（2018）苏 8602 行初 1375 号行政判决书。

权保护工作中具有重要的职能，市场监管行为与市场发展息息相关。行政审判工作在贯彻《意见》以及最高院的文件过程中，应当把握以下几点：

一是要树立保护优先的审判理念。法院三大审判主业中，行政审判与大局中心工作最接近，服务大局的作用更加突出。江苏法院充分认识到通过行政审判促进民营经济发展和改善营商环境的作用，在涉及民营企业相关案件中，树立保护优先的司法理念，认真贯彻落实党中央关于保护各种所有制经济权益和合法利益的要求，健全以公平公正为核心原则的产权保护制度要求，在审判案件时一视同仁保护各类市场主体的合法权益，加大对行政机关涉民营企业合法权益行为的审查力度，不偏不倚，客观中立。让民营企业家专心创业，放心投资，安心经营。

二是要审慎审查处罚、强制等行政行为的合法性。在众多行政行为中，行政处罚、行政强制、行政征收是强制性最强、干涉性最大、对民营企业产权保护影响最甚的几类行为。因此，法院加大对这几类案件的审查力度，是保护民营企业产权的重要抓手。对于涉民企行政处罚案件，首先，要严格审查行政处罚的职权依据，防止无权的行政机关越权作出行政处罚。其次，要审查该行政处罚是否兼具必要性和适度性，要从司法监督的角度减少“滥用”或“重用”行政处罚的现象。最后，坚持正当程序原则，除了实体审查行政处罚认定事实、适用法律及量刑的适当性和合法性，还要审查处罚过程中是否重点保障当事人告知、陈述、申辩等程序性权利。对于涉民企行政强制案件，要杜绝以扣押合法财产作为办案手段，以行政强制措施代替行政处罚的行为。要在最大限度内降低强制措施对企业生产经营活动的不利影响。[①]对于违法强制行为造成的财务损毁，要依法及时予以赔偿。

三是要促进有效市场和有为政府更好结合。党的十八大报告指出，要建设职能科学、结构优化、廉洁高效、人民满意的服务型政府。行政机关不光要防止行政权过度行使侵犯私有财产权，也要承担起法定职责，通过行政手段规范市场秩序，促进有效市场和有为政府更好结合。法院要加大对行政机关不作为的监督，督促行政机关积极履职，弥补私法自治的不足，为民营企业发展提供有效的保护。

---

① 参见江必新：《行政审判在产权保护工作中的定位和功能》，载《人民司法》2017 年第 7 期。

（三）国有土地上房屋征收与补偿领域

近年来，随着城镇化建设不断推进，涉国有土地上房屋征收与补偿领域的行政争议频发。对于涉民企行政征收案件，如果处理不好会影响企业发展和社会稳定。针对该类涉企行政案件，法院应当加强以下方面的审查：

一是要加大对征收补偿协议案件的审查力度。行政审判要注重依法平等保护民营企业的产权，防止行政主体随意违约侵害企业利益。首先，要加大对政府违反承诺，单方变更、解除合同的监督力度。其次，要注意保障国家利益和公共利益，对于政府确因公共利益等事由行使行政优益权的，要依法予以支持，但也要给予企业合理补偿，尽量减轻企业损失，降低对企业的影响。最后，要加大对职权依据、法定程序、征收范围、安置补偿等要件的司法审查力度，审查补偿决定是否公平合理。如郭某某诉泰兴市人民政府房屋征收补偿一案，郭某某用自有房屋经营酒店并部分出租他人经营火锅店，上述经营用房位于征收范围内。2019 年 1 月 21 日，泰兴市人民政府作出泰政房补〔2019〕1 号征收补偿决定，决定补偿其房屋、机器设备、搬迁费用等共计 37586594 元。郭某某不服，诉至市中院请求撤销上述补偿决定。市中院经审理后发现案涉征收补偿过程中评估标准明显不合理，补偿价格与同一地块其他房屋价格相差较大，且未考虑郭某某为配合搬迁提前解约等造成的实际损失。市中院多次前往征收现场组织双方进行协商，最终经法院主持调解，郭某某与泰兴市人民政府自愿达成协议，由泰兴市人民政府对郭某某给予一次性补偿，为郭某某挽回损失近 3800 万元。

二是要加强对被征收民营企业补偿安置方式选择权的保障力度。一方面，专业性较强的企业，例如工矿企业，难以采用产权调换方式安置，但由房屋征收部门实行货币补偿又会侵犯其补偿安置方式选择权。另一方面，被征收房屋是产能落后企业、僵尸企业的，存在营业条件限制及地区产业政策导向无法或难以提供产权调换房源的情形，如只提供货币补偿或可用居住等其他用途的房屋供产权调换，补偿安置方式选择权又难以保障。法院要发挥司法职能，既保障民营企业补偿方式选择权，又不影响产业升级大战略。当前，我国正处在从追求数量到注重质量的产业升级阶段，严格环境保护、淘汰落后产能是必然的选择。法院在案件审理过程中也要充分发挥职能作用，支持国家产业战略升级。在房屋征收时，除常见的住宅外，一些小化工、小作坊以及长期处于停产停业、濒临倒闭的企业也在征收范围之内。按照《国有土地上房屋征收与补偿条例》的规定，这些小企业也应当拥有补偿安置方式选择权，依法可以选择异地安置。但是，这些企业要么产能低下，要么所处产业不符合当地规划，要么污染比较严重，要么规模非常小，所以当地政府难以保障其工业用地的需要，只能以货币方式予以补偿。法院在审查该类案件时，应当视情况认定货币补偿的合法性。法院在作出判决时要考虑裁判的可执行性，因为一些地区根本无法提供工业用地；同时还要考虑当地的产业政策，在产业集聚区，产能落后的小企业很难达到入驻产业园的标准。因此，在行政机关提供了足够的证据，能够证明被征收企业属于当地淘汰之列，且货币补偿已经足额到位的情况下，法院应当认可货币补偿的合法性。但是，对于职工人数较多的大型企业、新型产业以及纳税大户，要尽可能考虑产权调换，保证优质产业生产，保障职工依法就业，维护社会安定秩序。

三是要公平合理补偿被征收民营企业损失。首先要合理补偿企业职工的损失。征收会导致企业停产停业、员工停工，甚至出现企业解散、员工解聘的情况。因企业被征收而给员工带来的损失应当进行补偿，但如何安置补偿，在法律法规中并没有详细规定，实践中，一些员工数量成百上千的大企业面临征收时，行政机关应当充分考虑这些员工的就业处境，尽量采用产权调换的方式，帮助企业恢复正常生产，防止失业率上升。其次要明确被征收民营企业停产停业损失补偿标准。《国有土地上房屋征收与补偿条例》第二十三条规定，对因征收房屋造成停产停业损失的补偿，根据房屋被征收前的效益、停产停业期限等因素确定。在法律实践中，补偿的标准、依据一般由地方政府以政策性文件规定，因此各地补偿标准不同，计算方法也不同。对于停产停业损失也应当由评估机构进行评估确定。针对企业的经营性质、经营状况、盈利情况进行个案评估，才能确保补偿的公平公正。当然具体数额也可以由当事人依法协商确定。

规范性文件

最高人民法院关于印发《关于完善四级法院审级职能定位改革试点的实施办法》的通知

法〔2021〕242号

各省、自治区、直辖市高级人民法院，新疆维吾尔自治区高级人民法院建设兵团分院：

根据中央全面深化改革委员会审议通过的《关于完善四级法院审级职能定位的改革方案》（中政委〔2021〕45号）和第十三届全国人大常委会第三十次会议作出的《全国人民代表大会常务委员会关于授权最高人民法院组织开展四级法院审级职能定位改革试点工作的决定》（人大常会字〔2021〕38号），结合工作实际，经认真研究，最高人民法院制定了《关于完善四级法院审级职能定位改革试点的实施办法》，已于2021年9月16日由最高人民法院审判委员会第1846次会议通过，自2021年10月1日起施行。现将文件印发给你们，请认真组织实施。实施过程中遇有情况和问题，请及时层报最高人民法院。

最高人民法院

2021年9月27日

关于完善四级法院审级职能定位改革试点的实施办法

为进一步深化诉讼制度改革，明确四级法院审级职能定位，加强审级制约监督体系建设，实现依法纠错与维护生效裁判权威相统一，推动法律正确统一适用，根据中央全面深化改革委员会审议通过的《关于完善四级法院审级职能定位的改革方案》、第十三届全国人民代表大会常务委员会第三十次会议作出的《关于授权最高人民法院组织开展四级法院审级职能定位改革试点工作的决定》和相关法律规定，结合审判工作实际，制定本办法。

一、一般规定

第一条 各级人民法院应当根据本办法，健全工作衔接机制、完善内设机构设置、优化审判力量配置，在实现审判重心进一步下沉的同时，推动将涉及重大国家利益、社会公共利益和具有普遍法律适用指导意义的案件交由较高层级法院审理，逐步实现基层人民法院重在准确查明事实、实质化解纠纷；中级人民法院重在二审有效终审、精准定分止争；高级人民法院重在再审依法纠错、统一裁判尺度；最高人民法院监督指导全国审判工作、确保法律正确统一适用。通过依法有序开展试点工作，充分发挥四级两审审级制度优势，加快推进审判体系和审判能力现代化，为全面建设社会主义现代化国家提供有力司法服务和保障。

二、完善行政案件级别管辖制度

第二条 下列以县级、地市级人民政府为被告的第一审行政案件，由基层人民法院管辖：

（一）政府信息公开案件；

（二）不履行法定职责的案件；

（三）行政复议机关不予受理或者程序性驳回复议申请的案件；

（四）土地、山林等自然资源权属争议行政裁决案件。

第三条 中级人民法院对于公民、法人或者其他组织以县级、地市级人民政府为被告提起的诉讼，根据本办法第二条不属于本院管辖的，应当及时告知其向有管辖权的基层人民法院提起诉讼；当事人坚持起诉的，可以将案件直接移送有管辖权的基层人民法院。

三、完善案件提级管辖机制

第四条 基层人民法院对所管辖的第一审民事、刑事、行政案件，认为属于下列情形之一，需要由中级人民法院审理的，可以报请上一级人民法院审理：

（一）涉及重大国家利益、社会公共利益，不宜由基层人民法院审理的；

（二）在辖区内属于新类型，且案情疑难复杂的；

（三）具有普遍法律适用指导意义的；

（四）上一级人民法院或者其辖区内各基层人民法院之间近三年裁判生效的同类案件存在重大法律适用分歧，截至案件审理时仍未解决的；

（五）由中级人民法院一审更有利于公正审理的。

中级人民法院对辖区基层人民法院已经受理的第一审民事、刑事、行政案件，认为属于上述情形之一，有必要由本院审理的，应当决定提级管辖。

第五条 中级人民法院对所管辖的第一审民事、刑事、行政案件，认为属于下列情形之一，需要由高级人民法院审理的，可以报请上一级人民法院审理：

（一）具有普遍法律适用指导意义的；

（二）上一级人民法院或者其辖区内各中级人民法院之间近三年裁判生效的同类案件存在重大法律适用分歧，截至案件审理时仍未解决的；

（三）由高级人民法院一审更有利于公正审理的。

高级人民法院对辖区中级人民法院已经受理的第一审民事、刑事、行政案件，认为属于上述情形之一，有必要由本院审理的，应当决定提级管辖。

第六条 本办法所称具有普遍法律适用指导意义的案件，是指法律、司法解释规定不明确或者司法解释没有规定，需要通过司法裁判进一步明确法律适用的案件。

第七条 案件报请上一级人民法院审理的，应当经本院院长批准，至迟于案件法定审理期限届满三十日前报送；涉及法律统一适用问题的，应当经审判委员会讨论决定。

第八条　上级人民法院收到下一级人民法院根据本办法第四条、第五条提出的请求后，由立案庭转相关审判庭审查，并应当在十五日内作出下述处理：

（一）同意提级管辖；

（二）不同意提级管辖。

中级、高级人民法院根据本办法第四条、第五条提级管辖的案件，应当报上一级人民法院立案庭备案。

第九条　上级人民法院决定提级管辖的案件，由检察机关提起公诉的，应当同时书面通知同级人民检察院。

原受诉人民法院收到上一级人民法院同意提级管辖的文书后，应当在十日内将案卷材料移送上一级人民法院，并书面通知当事人；对检察机关提起公诉的案件，应当书面通知同级人民检察院，将案卷材料退回检察机关，并书面通知当事人。

第十条　按本办法提级管辖案件的审理期限，自上一级人民法院立案之日起重新计算。

向上一级人民法院报送期间和上一级人民法院审查处理期间，不计入原审案件审理期限。

四、改革再审程序

第十一条　当事人对高级人民法院作出的已经发生法律效力的民事、行政判决、裁定，认为有错误的，应当向原审高级人民法院申请再审；符合下列情形之一的，可以向最高人民法院申请再审：

（一）再审申请人对原判决、裁定认定的基本事实、主要证据和诉讼程序无异议，但认为适用法律有错误的；

（二）原判决、裁定经高级人民法院审判委员会讨论决定的。

当事人对高级人民法院作出的已经发生法律效力的民事、行政调解书申请再审的，应当向相关高级人民法院提出。

第十二条　当事人根据本办法第十一条第一款第一项向最高人民法院申请再审的，除依法必须载明的事项外，应当在再审申请书中声明对原判决、裁定认定的基本事实、认定事实的主要证据、适用的诉讼程序没有异议，同时载明案件所涉法律适用问题的争议焦点、生效裁判适用法律存在错误的论证理由和依据。

再审申请人提交的再审申请书不符合前款要求的，最高人民法院应当给予指导和释明，一次性全面告知其在十日内予以补正。再审申请人无正当理由逾期未予补正的，按撤回申请处理。

第十三条 最高人民法院应当自收到民事、行政再审申请书之日起三十日内，决定由本院或者作出生效判决、裁定的高级人民法院审查。民事、行政申请再审案件符合下列情形之一的，最高人民法院可以决定由原审高级人民法院审查：

（一）案件可能存在基本事实不清、诉讼程序违法、遗漏诉讼请求情形的；

（二）原判决、裁定适用法律可能存在错误，但不具有法律适用指导意义的。

最高人民法院决定将案件交原审高级人民法院审查的，应当在十日内将决定书、再审申请书和相关材料送原审高级人民法院立案庭，并书面通知再审申请人。

第十四条 原判决、裁定适用法律确有错误，且符合下列情形之一的，最高人民法院应当裁定提审：

（一）具有普遍法律适用指导意义的；

（二）最高人民法院或者不同高级人民法院之间近三年裁判生效的同类案件存在重大法律适用分歧，截至案件审理时仍未解决的；

（三）最高人民法院认为应当提审的其他情形。

最高人民法院对地方各级人民法院、专门人民法院已经发生法律效力的判决、裁定，发现确有错误，且符合前款所列情形之一的，可以裁定提审。

第十五条 高级人民法院对受理的民事、行政申请再审案件，认为原判决、裁定适用法律确有错误，且符合本办法第十四条第一款第一项、第二项所列情形之一，需要由最高人民法院审理的，经审判委员会讨论决定后，可以报请最高人民法院审理。

最高人民法院收到高级人民法院根据前款规定提出的请求后，认为有必要由本院审理的，裁定提审；认为没有必要的，不予提审。

第十六条 当事人向最高人民法院申请再审的，最高人民法院应当向其释明委托律师作为诉讼代理人的必要性。

对于委托律师有困难的再审申请人，最高人民法院应当及时告知其有权申请法律援助。

五、完善最高人民法院审判权力运行机制

第十七条 最高人民法院立案庭和各巡回法庭、知识产权法庭的诉讼服务中心根据法律、司法解释和本办法第十二条的规定收取申请再审材料，确保材料齐全；材料齐全的，交由相关审判庭、巡回法庭、知识产权法庭的审判人员审核。

第十八条 因统一法律适用、审判监督管理等工作需要，最高人民法院相关审判庭和各巡回法庭、知识产权法庭可以向审判管理办公室提出申请，报院长批准后，组成跨审判机构的五人以上合议庭。最高人民法院院长认为确有必要的，可以直接要求就特定案件组成跨审判机构的合议庭，并指定一名大法官担任审判长。

最高人民法院开庭审理具有普遍法律适用指导意义的案件，可以结合案件情况，优化庭审程序，重点围绕案件所涉法律适用问题展开。

第十九条 最高人民法院相关审判庭和各巡回法庭、知识产权法庭认为有必要召开跨审判机构的专业法官会议，研究解决跨部门的法律适用分歧或者跨领域的重大法律适用问题的，可以向审判管理办公室提出申请。

最高人民法院各审判机构或者跨审判机构召开的专业法官会议，涉及法律适用问题的，应当形成纪要，统一送审判管理办公室备案。各审判机构之间存在重大法律适用分歧，经专业法官会议讨论未能解决的，由审判管理办公室呈报院长提交审判委员会讨论。

六、附则

第二十条 本办法第二条、第三条仅适用于北京、天津、辽宁、上海、江苏、浙江、山东、河南、广东、重庆、四川、陕西省（市）高级人民法院辖区内的中级、基层人民法院。

本办法关于中级人民法院的规定，海事法院、知识产权法院、金融法院和铁路运输中级法院等可以参照适用；关于基层人民法院的规定，互联网法

院、铁路运输法院等可以参照适用。

第二十一条 各高级人民法院应当根据本办法，结合对应开展的试点工作，制定具体实施方案和相关制度规定，并于 2021 年 11 月 5 日前报最高人民法院备案。

各高级人民法院在制定实施方案、修订现有规范、做好机制衔接的前提下，自本办法实施之日起全面启动试点工作，试点时间两年。2022 年 7 月 31 日前，各高级人民法院应当形成试点工作中期报告报最高人民法院。

各高级人民法院应当结合试点工作实际，在中央相关政策指导下，积极争取省级组织部门、机构编制部门的支持配合，优化辖区法院的机构人员编制、员额，推动编制、员额配置向基层和办案一线倾斜。关于优化各级人民法院编制机构、法官配备的相关问题，另行规定。

第二十二条 本办法由最高人民法院负责解释。

第二十三条 本办法报全国人民代表大会常务委员会备案，自 2021 年 10 月 1 日起施行。之前有关司法解释、司法指导性文件的规定与本办法不一致的，按照本办法执行。

中级人民法院于本办法实施之前受理的第一审行政案件，实施当日尚未审结的，应当继续审理，并按照相关法律规定作出裁判。

最高人民法院于本办法实施之前受理的民事、行政申请再审案件，实施当日尚未审查完毕的，应当继续审查，并按照相关法律规定作出处理。

附件：

1. 民事决定书（最高人民法院决定交高级人民法院审查用）
2. 民事通知书（最高人民法院通知再审申请人用）
3. 民事请示（高级人民法院向最高人民法院报请提审用）
4. 民事裁定书（依高级人民法院报请同意提审用）
5. 民事批复（最高人民法院不同意提审用）
6. 行政诉讼决定书（最高人民法院决定交高级人民法院审查用）
7. 行政诉讼通知书（最高人民法院通知再审申请人用）
8. 行政诉讼请示（高级人民法院向最高人民法院报请提审用）
9. 行政诉讼裁定书（依高级人民法院报请同意提审用）
10. 行政诉讼批复（最高人民法院不同意提审用）

附件 1

民事决定书（最高人民法院决定交高级人民法院审查用）

中华人民共和国最高人民法院

决 定 书

（××××）最高法民决……号

××××高级人民法院：

根据《全国人民代表大会常务委员会关于授权最高人民法院组织开展四级法院审级职能定位改革试点工作的决定》和《最高人民法院关于完善四级法院审级职能定位改革试点的实施办法》第十一条、第十三条的规定，现将再审申请人×××因不服你院（××××）……号民事判决/民事裁定（写明再审申请对应的生效判决、裁定案号）提起的再审申请，交由你院审查。请你院依照《中华人民共和国民事诉讼法》及相关司法解释的规定审查处理。

××××年××月××日

（院印）

附件 2

民事通知书（最高人民法院通知再审申请人用）

中华人民共和国最高人民法院

通 知 书

（××××）最高法民通……号

×××（再审申请人）：

根据《全国人民代表大会常务委员会关于授权最高人民法院组织开展四级法院审级职能定位改革试点工作的决定》和《最高人民法院关于完善四级法院审级职能定位改革试点的实施办法》第十一条、第十三条的规定，本院将你/你单位因不服××××高级人民法院（××××）……号民事判决/民事裁定（写明再审申请对应的生效判决、裁定案号）提起的再审申请，交××××高级人民法院审查处理。请等待审查结果。对高级人民法院审查后作出的判决、裁定仍然不服的，可以依照《中华人民共和国民事诉讼法》第二百零九条的规定，向人民检察院申请检察建议或者抗诉。

特此通知。

××××年××月××日

（院印）

附件 3

民事请示（高级人民法院向最高人民法院报请提审用）

关于……（写明再审申请人及案由）一案报请提审的请示

（××××）……民申……号

最高人民法院：

再审申请人×××因与被申请人×××……（写明案由）一案，不服××××人民法院/本院（××××）……号民事判决/民事裁定，向本院申请再审。本院依法组成合议庭进行了审查，并经审判委员会讨论，现已审查终结。

×××申请再审称，……（概述再审请求、事实和理由）。

本院认为，×××的再审申请符合《中华人民共和国民事诉讼法》第二百条第×项规定的情形，同时……（写明报请提审的事实和理由）。

依据《全国人民代表大会常务委员会关于授权最高人民法院组织开展四级法院审级职能定位改革试点工作的决定》和《最高人民法院关于完善四级法院审级职能定位改革试点的实施办法》第十五条的规定，现报请你院提审该案。

以上请示，请批复。

附：案卷×宗

××××年××月××日

（院印）

附件 4

民事裁定书（依高级人民法院报请同意提审用）

中华人民共和国最高人民法院

民 事 裁 定 书

（××××）最高法民申……号

再审申请人（一、二审诉讼地位）：×××，……。

法定代理人/指定代理人/法定代表人/主要负责人：×××，……。

委托诉讼代理人：×××，……。

被申请人（一、二审诉讼地位）：×××，……。

法定代理人/指定代理人/法定代表人/主要负责人：×××，……。

委托诉讼代理人：×××，……。

二审上诉人/二审被上诉人/第三人（一审诉讼地位）：×××，……。

法定代理人/指定代理人/法定代表人/主要负责人：×××，……。

委托诉讼代理人：×××，……。

（以上写明当事人和其他诉讼参加人的姓名或者名称等基本信息）

再审申请人×××因与被申请人×××……（写明案由）一案，不服××××人民法院（××××）……号民事判决/民事裁定，提起再审申请。

××××高级人民法院经审查认为……（写明高级人民法院审查意见及报请提审的理由）。

本院认为，……（写明对高级人民法院报请提审的事实与理由的分析意见）。

依照《中华人民共和国民事诉讼法》第二百条第×项、《全国人民代表大会常务委员会关于授权最高人民法院组织开展四级法院审级职能定位改革试点工作的决定》和《最高人民法院关于完善四级法院审级职能定位改革试点的实施办法》第十五条的规定，裁定如下：

一、本案由本院提审。

二、再审期间，中止原判决/原裁定的执行。

审 判 长 ×××

审 判 员 ×××

审 判 员 ×××
××××年××月××日
（院印）
法官助理 ×××
书 记 员 ×××

附件 5

民事批复（最高人民法院不同意提审用）

关于对……（写明再审申请人及案由）一案

报请提审的批复

（××××）最高法民申……号

××××高级人民法院：

你院《关于……一案报请提审的请示》收悉。经研究，批复如下：

不同意……一案由我院提审。

此复。

××××年××月××日
（院印）

附件 6

行政诉讼决定书（最高人民法院决定交高级人民法院审查用）

中华人民共和国最高人民法院

决 定 书

（××××）最高法行决……号

××××高级人民法院：

根据《全国人民代表大会常务委员会关于授权最高人民法院组织开展四级法院审级职能定位改革试点工作的决定》和《最高人民法院关于完善四级法院审级职能定位改革试点的实施办法》第十一条、第十三条的规定，现将再审申请人因不服你院（××××）……号行政判决/行政裁定（写明再审申请对应的生效判决、裁定案号）提起的再审申请，交由你院审查。请你院依照《中华人民共和国行政诉讼法》及相关司法解释的规定审查处理。

××××年××月××日

（院印）

附件7

行政诉讼通知书（最高人民法院通知再审申请人用）

中华人民共和国最高人民法院

通 知 书

（××××）最高法行通……号

×××（再审申请人）：

根据《全国人民代表大会常务委员会关于授权最高人民法院组织开展四级法院审级职能定位改革试点工作的决定》和《最高人民法院关于完善四级法院审级职能定位改革试点的实施办法》第十一条、第十三条的规定，本院将你/你单位因不服××××高级人民法院（××××）……号行政判决/行政裁定（写明再审申请对应的生效判决、裁定案号）提起的再审申请，交由××××高级人民法院审查。请等待审查结果。对高级人民法院审查后作出的判决、裁定仍然不服的，可以依照《最高人民法院关于适用〈中华人民共和国行政诉讼法〉的解释》第一百一十七条的规定，向人民检察院申请抗诉或者检察建议。

特此通知。

××××年××月××日

（院印）

附件 8

行政诉讼请示（高级人民法院向最高人民法院报请提审用）

关于……（写明再审申请人及案由）一案报请提审的请示

（××××）……行申……号

最高人民法院：

再审申请人×××因与被申请人×××……（写明案由）一案，不服××××人民法院/本院（××××）……号行政判决/行政裁定，向本院申请再审。本院依法组成合议庭进行了审查，并经审判委员会讨论，现已审查终结。

×××申请再审称，……（概述再审请求、事实和理由）。

本院认为，×××的再审申请符合《中华人民共和国行政诉讼法》第九十一条第×项规定的情形，同时，……（写明报请提审的事实和理由）。

依据《全国人民代表大会常务委员会关于授权最高人民法院组织开展四级法院审级职能定位改革试点工作的决定》和《最高人民法院关于完善四级法院审级职能定位改革试点的实施办法》第十五条的规定，现报请你院提审该案。

以上请示，请批复。

附：案卷×宗

××××年××月××日

（院印）

附件 9

行政诉讼裁定书（依高级人民法院报请同意提审用）

中华人民共和国最高人民法院

行政裁定书

（××××）最高法行申……号

再审申请人（一、二审诉讼地位）：×××，……。

法定代理人/指定代理人/法定代表人/主要负责人：×××，……。

委托诉讼代理人：×××，……。

被申请人（一、二审诉讼地位）：×××，……。

法定代理人/指定代理人/法定代表人/主要负责人：×××，……。

委托诉讼代理人：×××，……。

二审上诉人/二审被上诉人/第三人（一审诉讼地位）：×××，……。

法定代理人/指定代理人/法定代表人/主要负责人：×××，……。

委托诉讼代理人：×××，……。

（以上写明当事人和其他诉讼参加人的姓名或者名称等基本信息）

再审申请人×××因与被申请人×××……（写明案由）一案，不服××××人民法院（××××）……号行政判决/行政裁定，提起再审申请。

××××高级人民法院经审查认为……（写明高级人民法院审查意见及报请提审的理由）。

本院认为，……（写明对高级人民法院报请提审的事实与理由的分析意见）。

依照《中华人民共和国行政诉讼法》第九十一条第×项、《全国人民代表大会常务委员会关于授权最高人民法院组织开展四级法院审级职能定位改革试点工作的决定》和《最高人民法院关于完善四级法院审级职能定位改革试点的实施办法》第十五条的规定，裁定如下：

一、本案由本院提审。

二、再审期间，中止原判决/原裁定的执行。

审 判 长 ×××

审 判 员 ×××

审 判 员 ×××

××××年××月××日

（院印）

法官助理 ×××

书 记 员 ×××

附件 10

行政诉讼批复（最高人民法院不同意提审用）

关于对……（写明再审申请人及案由）一案
报请提审的批复

（××××）最高法行申……号

××××高级人民法院：

你院《关于……一案报请提审的请示》收悉。经研究，批复如下：

不同意……一案由我院提审。

此复。

××××年××月××日

（院印）

征稿启事

《行政执法与行政审判》是最高人民法院针对行政审判工作出版发行的唯一的综合指导性图书。丛书自出版以来，深受全国各地法院行政审判法官、行政执法人员和专家学者的普遍欢迎和好评。对各级法院行政审判工作具有权威的指导作用，对各级各部门行政机关依法行政和行政法、行政管理专业的专家学者具有较强的参考作用。

本丛书及时刊登行政法的最新司法解释、司法文件、司法政策及解读，具有典型和指导意义的审判案例及分析，行政执法和行政审判的调研信息及成果等内容，设有“大法官论坛”“理论探索”“案例分析”“实务争鸣”“调查研究”“司法文件”等栏目。现编委会竭诚向全国的行政执法和行政审判理论和实务工作者征稿。来稿要求：

一、稿件应属未公开发表的作品。请勿一稿两投。

二、优先发表在本书所涉领域有创见的、高水平的文章，来稿采用与否以理论和实务价值为标准。

三、稿件引文应当注明出处，注释体例参见本书“写作体例说明”。

四、稿件最好为附打印稿的 word 文件电子版。

五、稿件一经发表，文责自负，但编者保留对来稿进行技术性加工处理的权利。文章一经采用，由本编辑部统一付给稿酬。

六、来稿请按以下联系方式寄送：

地址：北京市东城区东交民巷 27 号

最高人民法院行政审判庭　章文英

邮编：100745

请在信封正面注明“《行政执法与行政审判》来稿”字样。

E-mail：zgfyxzt@ sohu. com

《行政执法与行政审判》编委会

写作体例说明

一、交付稿件要求

（一）总体要求

齐（不缺页、不缺件）、清（稿面清楚）、定（已定稿的稿件）。提供稿件电子版，并附打印清样，出版社视清样为最终定稿。

（二）具体要求

纸样用 A4 纸，单面打印。

电子版内容一定要与提供的清样内容相同。

二、编辑体例

正文编码顺序按：一、（一）1.（1）①第一，其一，等来编排。

三、技术规范

数字用法：

统计数字、时间、物理量等均用阿拉伯数字（如：100kg　45.8 万元　11 个月　4.9 万册　12.4 亿人）；法条号尊重原文，即原文是汉字的用汉字，原文是阿拉伯数字的用阿拉伯数字。

注释方法：

1. 一般原则

（1）注释采取页下注，注释号每页重新起算；

（2）引注作品的，注释应完整；

（3）作者为三人或三人以上的，首次引用时应显示全部作者，重复出现时可在第一作者之后加“等”字样。

2. 著作引文注释范例

一般格式：作者/书名/出版社/出版年代/页码

如：×××/×××编著/×××主编：《×××》，××出版社××年版，第××页。

3. 文章引文注释范例

一般格式：作者/文章题目/引自何种出版物/出版时间/页码

（1）著作中文章

××：《文章名》，载××主编：《书名》，××出版社××年版，第××页。

（2）期刊中的文章

××：《文章名》，载《期刊名》××年第×期。

（3）报纸上的文章

××：《文章名》，载《报纸名》××年××月××日，第×版。

图书在版编目（CIP）数据

行政执法与行政审判．总第88集／中华人民共和国最高人民法院行政审判庭编．—北京：中国法制出版社，2023.4

ISBN 978-7-5216-3181-4

Ⅰ．①行… Ⅱ．①中… Ⅲ．①行政执法-中国-丛刊②行政诉讼-审判-中国-丛刊 Ⅳ．①D922.11-55②D925.318.2-55

中国版本图书馆CIP数据核字（2022）第223518号

责任编辑　周琼妮（zqn-zqn@126.com）　　封面设计　杨鑫宇

行政执法与行政审判（总第88集）

XINGZHENG ZHIFA YU XINGZHENG SHENPAN（ZONG DI-88 JI）

编者/中华人民共和国最高人民法院行政审判庭

经销/新华书店

印刷/三河市紫恒印装有限公司

开本/710毫米×1000毫米　16开　　印张/20　字数/264千

版次/2023年4月第1版　　2023年4月第1次印刷

中国法制出版社出版

书号 ISBN 978-7-5216-3181-4　　定价：68.00元

北京市西城区西便门西里甲16号西便门办公区

邮政编码 100053　　传真：010-63141600

网址：http：//www.zgfzs.com　　**编辑部电话：010-63141807**

市场营销部电话：010-63141612　　**印务部电话：010-63141606**

（如有印装质量问题，请与本社印务部联系。）